Isaac Getz
アイザーク・ゲッツ
Brian M. Carney
ブライアン・M・カーニー
鈴木立哉 訳

フリーダム・インク

Freedom, Inc.

How Corporate Liberation Unleashes Employee Potential and Business Performance

「自由な組織」成功と失敗の本質

英治出版

子どもたちへ
ブライアンより、ルーク、ジェームズ、アリシアへ
アイザークより、エリーとアデーレへ

Freedom, inc.

How Corporate Liberation Unleashes Employee Potential and Business Performance

by Brian M. Carney and Isaac Getz

謝辞

本書には著者として二人の名前が挙がっているが、多くの人々による貢献がなければ執筆も、出版もできなかった。

まずは、ブライアン・M・カーニーの若い家族に心からの感謝をささげたい。このプロジェクトには構想から調査、執筆に至るまで何年もの月日を要したが、その間、サマンサ、ルーク、ジェームズ、アリシアの忍耐強い支援がなければ、読者は本書を手にすることはなかっただろう。

本書で取り上げた各企業で働くすべての人々にも本当にお世話になった。あまりにも多くの協力を得られたため一人ひとりのお名前を挙げることはできないが、皆さんが提供してくれた大量の資料、知見、そして英知がなければ私たちは本書を書けなかった。

もちろん、個別に取材して本書でも集中的に取り上げた次の皆さんには格別の感謝の意をささげたい。

ボブ・デイビッズ（シー・スモーク・セラーズ、第四章）
ゴードン・フォワード（チャパラル・スチール、第二章）
リサ・ヨロネン（SOL、第一二章）
デビッド・ケリー（IDEO、第一三章）
ジャック・ライマン（GSI、第九章）
スタン・リチャーズ（リチャーズ・グループ、第一一章）
リチャード・ティアリンク（ハーレーダビッドソン、第六章）

ジェフ・ウェストファール(バーテックス、第五章)

ジャン＝フランソワ・ゾブリスト(FAVI、第一章)

これらの自由な企業を実現した人々を「解放型リーダー」と呼んでいるが、彼らの的確な判断力と洞察力のおかげで、私たちは思考を具体化させ、本書に表現するための言葉に落とし込むことができた。

私たちが出会った二人の解放型リーダーは、本書の二〇〇九年版を書き終える前に亡くなった。

ボブ・コスキ(サン・ハイドローリックス、第五章)

ロバート・マクダーモット(USAA、第一〇章)

二人の死によってこの世界は豊かを失ったが、本書を通じて彼らの業績にふさわしい内容を少しでも伝えられればと願う。二〇一五年にはジャック・ライマンもこの世を去った。社員を愛し、社員に愛された経営者だった。この三人はいずれも並外れた人格者で、寛大な心を持ち、ユーモアのセンスに優れ、良識を兼ね備えていた。安らかに眠っていただきたい。

ビル・ゴア(W・L・ゴア&アソシエーツ、第一章)

ハリー・クアッドラッチ(クアッド・グラフィックス、第九章)

この二名は、私たちがこのプロジェクトを始める前に亡くなっている。ゴアのバート・チェースとレ・ルイス、そしてクアッド・グラフィックスのジョエル・クアッドラッチ、トム・クアッドラッチ、カール・フリッチェンは、私たちに彼らのリーダーシップのあり方と考え方を話してくれた。心から感謝したい。

本書では、ここに挙げた人々の思想や心情を誠実に伝えたつもりだが、もし何らかの欠点があればすべて私たちの責任で、優れた点は私たち以外の協力者のものである。

本書の執筆と編集を進める過程で、私たちは何度も「僕らは幸運だったたから前進できたかもしれない」と話した。ところが実際に我々を後押ししてくれたのは単なる運ではなく、皆さんの善意だったのだ。障害が立ちはだかるたびに、天使のような人たちが現れて私たちの課題を克服しようと手を差し伸べてくれた。ヘザー・ブジョング、ロー・ディアンジェロ、アネット・ゴダール・ファン・デル・クローン、ジェイソン・ライリーは、知ってか知らずか、私たちが助けてほしいと思ったちょうどよいタイミングで現れてくれた。

二〇〇九年版の編集を担当したジョン・マヘイニーは、私たちが良い出来栄えだと思っていた原稿をさらに改良するよう叱咤激励してくれた。ジョンと彼のかけがえのない代理人、クリス・ダールは本書の価値を信じ、私たちにそのビジョンを実現する勇気と機会を与えてくれた。クリスは、キャロライン・アイゼンマンとともに、この二〇一五年版も担当してくれた。二人はまさしく本書の「生みの親」であり、彼らがいなければ本書の出版はかなわなかっただろう。

最後になったが、ブライアンは『ウォール・ストリート・ジャーナル』の同僚たちの支援、励まし、理解がなければ本書を書き終えることができなかった。特にポール・ジゴー、ロバート・ポロック、ブレット・スティーブンス、テイラー・ビューリーに感謝している。同様にアイザーク・ゲッツは、ESCPヨーロッパ・ビジネススクールの支援にも感謝したい。偶然だが、同校はほぼ二〇〇年前に、ビジネス・リーダーで自由（フリーダム）の偉大な標榜者であったジャン＝バプティスト・セイによって設立された。本書のプロジェクトを進めていた期間中、アイザークのリサーチ・アシスタントの多くは退屈になりがちな作業に取り組んでくれたのだが、中でもマリー・エリザベート・ホルムが、私たちの書いた原稿を何度も読み直してくれたことは特筆しておきたい。ルーシー・カーニーの優れた観察眼も多くの誤字脱字を見逃さなかった。

皆さんからは、とてもお返しできないほどのご厚意とご努力をいただいた。

ありがとう。

凡例

- 読みやすさを考慮して、適宜改行や太字の処理を施した
- 原注は番号を振って巻末に掲載、訳注・書籍名には＊印をつけて、ページ下部に掲載した
- エピローグは著者の許諾を得た上で再編集を行った

はじめに

自由（フリーダム）は効く。

政治でも経済でも、娯楽でも家庭生活でも、私たちは生活のあらゆる側面で、誰にも何にも縛られることなく自分で何でも決めたいと思っている。だが、こと仕事になると、官僚的な仕組みやルールがはびこって多くの人がそれらに縛り付けられ、制約され、抑圧され、束縛されてしまっている。職場のルールなど、仕事でベストを尽くせるかどうかとは何の関係もないのだが。こうした制約のおかげで、誰もが職場では自分の思い通りにならないと感じ、ストレスや疲労感によってやる気をなくしてしまう。

驚くべきことに、このような問題はすでに、いや数十年前から十分に理解されていた。一九二四年に、３Ｍ（スリーエム）の伝説的なＣＥＯのウィリアム・Ｌ・マックナイトはこの問題を簡潔に要約している。

「自分の周囲に柵が置かれると、人はただ従順な羊になってしまう。人にはそれぞれが必要としている場所を与えたほうがいい」

マックナイトはこの信念を胸に、３Ｍで働く人々が創造性と主体性を発揮できる環境づくりに取りかかった。

しかし、マックナイトが３Ｍに築いた文化（カルチャー）は称賛されはしたものの、こぞって真似されることはなかった。それから六〇年後に、日本の実業家の松下幸之助は太平洋の向こう側を眺めて、競争相手であるアメリカの実業界がいまだにフレデリック・Ｗ・テイラーの「科学的管理法」にとらわれていることを喝破した。科学的管理法とは、作業員全員に狭い範囲内での反復作業と詳細な手順を指定して業務を体系化し、作業員がその手順に完璧に従うことを要求する経営手法だ。

私たちは勝利し、欧米の工業諸国は敗れ去ることになるでしょう。なぜなら、皆さんのアメリカの会社は今もなおテイラー主義に従っているからです。もっと悪いのは皆さんの頭の中です。上司が考える仕事をしている間、労働者は工具を使って作業していればよい、ということなのですから。

（しかし）よい経営の本質とは、上司の頭からアイデアを取り出して、労働者の手に生かすことにあるのです。私たちはテイラー主義を超えています。ビジネスは、いまやかなり複雑で難しく、企業が生き残るためには大きな危機を乗り越えなくてはなりません。したがってその存続は、日々知力を振り絞れるかどうかにかかっているのです。[1]

注意してほしいのは、松下は、従業員を解放することが素晴らしいとか、そうすれば従業員が幸せになるとか、そのほうがマネジャーたちが真人間に近づくとか主張していたわけではないことだ。**「企業の存続は、日々知力を振り絞れるかどうかにかかっているのです」**と言ったのだ。毎日出勤してくる社員一人ひとりが持つありったけの知力に加えて、自社のビジネスに関するありったけの知識を使ってできることをすべてやらなければ、金を失うだけでなく会社の存続さえ危うくなる、ということだ。

今この文章を執筆している二〇〇九年初頭、アメリカ合衆国と世界の経済は悲惨な状況にある。国内経済は急速に縮小を続け、企業利益は激減している――中にはもはや消えてしまった会社も多い――そして、毎月五〇万人のアメリカ人が職を失っている。誰もが何かを恐れている。マネジャーは、利益を維持するか回復しないと、仕事がなくなるとおびえている。現場の従業員は、自分が上司の責任を押しつけられて首を切られるのではないかという不安にさいなまれている。

保証しよう。損益計算書のどこにも現れてこない無駄を省き、顧客をつなぎとめ、新たな顧客を獲得するための重要な機会はすぐそこにある。そう、あなたが雇っている人々の頭の中にあるのだ。

しかしちょっと待ってほしい。自社を救う方法を従業員に尋ねるのはまだ早い。まずは本書を読んでみていただきたい。社員に答えを促してすぐに答えてもらえるほど簡単なことであれば、読者はすでに実践しているだろう。人は自分が置かれた環境に順応するものだ。マックナイトが**「自分の周囲に柵が置かれると、人はただ従順な羊になってしまう」**と言ったのはそういうことだ。柵を見ているうちに、いつの間にか、しかもほとんど気がつかないうちに羊になってしまうのだ。

さて、先ほど取り上げた松下幸之助の発言には、いささか不公平なところがある。マックナイトの観察が示す通り、従業員を工場の歯車にするという「テイラー主義」の問題は、実はかなり前から認識されていたからだ。カリスマ経営者のなかには、この自主性の不足を何とか解決しようとほとんど強迫観念に囚われているような人もいる。だが「従業員に権限を与える」という名の下にどれほど多くの文献が執筆され、どれほどのエネルギーが費やされようとも、「ディルバート」*の世界は、ほとんどの企業でうんざりするほど一般化している。

こうしたことから読者は、官僚主義、トップダウンによるコントロール、そしておそらくはジョージ・オーウェル風の社風は、現代でビジネスを回すための仕方ないコストなのだと結論づけるかもしれない。それを嫌うのは結構だが、果たしてそれなしで生き残ることは可能なのだろうか。

本書で紹介する、人々が解放された企業（「解放企業」と呼ぶことにする）は「イエス」と言っている。それどころか、

＊ ディルバート：アメリカのコマ割り漫画。作者はスコット・アダムス。 ディルバートという技術者を主人公にした、事務系で、管理的な職場を皮肉ったユーモアで知られている。

自らそれを実証している。企業の業種はハイテクから製造業、サービス業から金融、重工業まで多岐にわたる。しかも、現在、世の中であまりに主流派となっているコントロールの仕組みを一切手放しているにもかかわらず、どの会社も業績を伸ばしているのだ。

本書は四年を超える研究が結実したものだ。その過程で、私たちは二つのことを確信するようになった。

第一に、どの会社も、自由の文化が成功に結びついている。

第二に、本当の意味で解放された会社が現在では比較的珍しいとしても、各社での経験や教訓を他社に応用できる可能性がある、ということだ。

官僚主義の問題は肥満に少し似ている。「体重を減らす方法」や「太らない方法」を考えるときに、答えに困ることはあまりないだろう。研究に次ぐ研究の結果、「消費するよりも多くのカロリーを摂取すれば体重が増える」というのはもはや自明の真理だ。

誰もがこのことを知っている。証拠は明白で、どうすれば理想体重になれるかの道筋も明らかだ。だが、（私たち筆者も御多分にもれず）その通りにできない人がますます増えているのは、ある習慣が自分にとって悪いとわかりきっていても、人はついそれに頼ってしまうものだからだ。アスリートやファッションモデルのスラッとした体型に憧れて「いつかそうなりたい」と決心したとしても、自分の机に戻るとつい、チョコレートバーをもう一口かじってしまうというわけだ。

その意味では、本書に登場する解放企業はスーパーモデルのように見えるだろう。北フランスの自動車部品メーカー〈ＦＡＶＩ〉やウィスコンシン州ミルウォーキーにある〈ハーレーダビッドソン〉本社には世界中の経営者が見学に来る。ハーバード・ビジネス・スクールは、自由な職場のケーススタディーとして、フロリダ州サラソータの〈サン・ハイドローリックス〉を取り上げている。

他社の経営者たちは（競合他社でさえ）、こうした企業を遠目には称賛する。しかし自分たちのやり方を変えないし、今後も変えないだろう。だが、「変えない」とは「できない」ことを意味しない。その気になればできるのだ。

本書で調査した「解放企業」のあり方が非常に多様であるという事実からしても、この点は間違いないと私たち筆者は確信している。フランスの金属部品メーカーも、アメリカのテキサス州の保険会社も、ペンシルベニア州のソフトウエア会社も人々の解放に成功している。そしてメンバーを自由にする「解放型リーダー」が、数十年にわたって機能不全に陥っていた組織文化を変え、「解放企業」をゼロから立ち上げられるのであれば、そこにはどんな会社でも得られる学びがあるはずだ。

たとえば、次のような学びがある。

① **指示をやめて、耳を傾けよう**――それから、メンバーが本質的に平等であることを阻むあらゆる象徴（シンボル）や慣行を廃止しよう。

② **何事も隠し立てせず積極的にビジョンを共有して、全員にとってビジョンが「自分のもの」になるようにしよう**――しかし、ステップ1の前にこれを行わないようにしよう。平等な扱いを受けていない人たちは、あなたのビジョンを拒否するからだ。

③ **いたずらにチームのモチベーションを上げようとするのをやめよう**――当然だ。その代わりに、メンバーが成長し、自分で方向性を決められるような環境づくりをしよう。つまり自分で自分のモチベーションを上げるよう促すわけだ。ステップ2を通じてビジョンがメンバーに理解されれば、あとは彼らに任せておけば大丈夫だ。

④ **油断しないようにしよう**――会社の自由を守るために、経営者はその文化の守護者（キーパー）になるべきだ。第四章

で紹介する解放型リーダーの一人、〈シー・スモーク・セラーズ〉のボブ・デイビッズは言う。「スープに一滴の尿が入っただけですべてが台無しだ。それを取り除くことはできないのだから」[2]。自由を守るには、永遠に警戒し続けなければならないのだ。

こうした原則は普遍的なものだが、本書で紹介するどのリーダーも、これらをそれぞれの組織の環境に合わせながら実践しなければならなかった。そしてもちろん、読者であるあなたもそうなるはずだ。つまり本書は、これらの原則をどんな状況にも実践できる公式として提供できるわけではない、ということだ。自由とは、煎じ詰めれば、公式の敵である。仮に私たちやあなたが、今後目の前に起こるあらゆる状況とその対処法を知っていれば、自由は必要ないだろう。もっと言えば社員さえいらないかもしれない。なぜなら、答えはすでにそこにあるからだ。

このパラドックスを指摘したのが、ロバート・C・タウンゼンドだ。タウンゼンドは、自由と組織というテーマについて最も優れた、そして最も深く探究した先駆的な思想家の一人である。そして、解放型リーダーでもあった。タウンゼンドは次のような警鐘を遺している。

「職務記述書は、どんなによくできていても、その仕事を固定化してしまう……最悪の場合には、その仕事の内容を説明も理解もできない人事担当者によって作成されていることさえある。作成と定期的な改訂に金がかかるだけでなく、モラル破綻の元凶でもあるのだ」[3]

同じように、あなたが自社の解放に向けた改革を始めてもそれに柔軟性がないとすれば、おそらく自由の要素が足りないのだ。

タウンゼンドは、一九五〇年代、当時はまだトラベラーズ・チェックの取扱会社にすぎなかったアメリカン・エキスプレスで、リーダーとしての経験を積み始めた。業界初のチャージカード（翌月または翌々月に一括払いとなるクレジットカード）の事業を始めるべく、「パスポートとトラベラーズ・チェックの中間ですから」と巧妙にまくし立てて、消極的な会社幹部を口説き落とした。さらに銀行業への進出でも先頭に立った。

だがそれ以上に重要だったのは、管理職になった瞬間から、部下たちに徹底的な自由を与えるリーダーシップを実践したことだ。後に本人が語っているように、「マネジャーに昇進したら、自分が部下の時に嫌だったことをことごとく廃止し、あればいいなと思っていたものを取り入れるべきだ」と考えていた。[4] だが、彼が率いていたのはアメリカン・エキスプレスの一部門だったため、全社を変えることはできなかった。

そのチャンスが訪れたのは一九六二年だ。〈エイビス〉という、一三年連続で赤字を出し続けていた瀕死のレンタカー会社に乞われてCEOに就任した時だった。わずか三年でエイビスに自由をもたらし、数千人の従業員のやる気と行動を解き放った。一九六五年には、アメリカで有数の高成長企業になっていた。同社の「私たちはもっと懸命に挑戦します」というモットーは当時の経験から来ている。

その年に、一九六〇年に最も買収に積極的な多国籍企業の一社として名を連ねていたITTは、タウンゼンドが成し遂げた企業再生に注目して同社を買収した。タウンゼンドは辞任し、五年後に『組織を再生する』[*]を出版した。そこには数々の格言がアルファベット順に並べられているが、これは社内の解放に向けた組織改革の初期バージョンといえるかもしれない。

格言集は「A／宣伝（Advertising）――宣伝部門全体をクビにし、これまで付き合っていた代理店との契約をすべて解除せよ」で始まり、「W／長居していると嫌がられる（Wearing out）――どんな人間でも、五、六年以上CEOを続けるべきではない」で終わる。同書は当時ニューヨークタイムズ紙のベストセラーリストで数週間にわたってランキング一位を獲得し、現在も出版されている。ペンシルベニア大学ウォートンスクールの「リーダーシップおよび組織変革センター」は、現在も同書を「経営者の必読書」としてナンバーワンのビジネス書と評価している。

＊『組織を再生する』
Up the Organization（未邦訳）

だがそれでも、タウンゼンドの助言は今なお世間で広く受け入れられているとは言えない。
このことを特に嘆いているのではないかと思われる人物が、マサチューセッツ工科大学のダグラス・マクレガー教授だ。マクレガーの学術分野における業績は、まさにタウンゼンドがビジネスの場で経験したことをそのまままとめたと思われるほどだ。

一九六〇年に出版した『企業の人間的側面』*は、これ自身が官僚主義と人間性に関する古典的著作である。マクレガーは、会社経営には「X理論」と「Y理論」の二つのアプローチがあると指摘した。マクレガーによると、それぞれの理論は、人間性に関する異なった見方に基づいている。

X理論の考え方

① 普通の人間は生来仕事が嫌いで、できれば仕事をしたくないと思っている。
② したがって、大半の人々は強制されたり、コントロールや命令をされたり、処罰するぞと脅（おど）されたりしなければ、組織の目標を達成するために十分な力を出さないものである。
③ 普通の人間は命令される方が好きで、責任を回避したがり、あまり野心を持たず、何よりも安全を望んでいるものである。

Y理論の考え方

① 仕事に身も心も打ち込むのはごく当たり前のことであり、遊びや休憩の場合と変わりはない。
② 外からのコントロールや脅しだけが、組織を目標に向かわせる手段ではない。人は、自分が進んで定めた目標のためには、自分で方向性を決めて、自律的に働くものである。

＊『企業の人間的側面』
高橋達男訳、産業能率大学出版部、新版 新訳版、1970年

③献身的に目標達成に尽くすかどうかは、それを達成して得られる報酬しだいである。最も重要な報酬は、自我（エゴ）や自己実現のニーズが満たされることであるが、組織の目標に向かう努力を通じてそれらのニーズが得られるようにすることは可能である。

④普通の人間は、条件次第では責任を引き受けるばかりか、自ら進んで責任を取ろうとする。

⑤組織の問題を解決するための想像力、創意工夫する力、創造力は、一部の人だけでなくたいていの人にある程度備わっている。

⑥現代の企業においては、従業員の知的能力はほんの一部しか生かされていない。[6]

マクレガーは、一九五〇年にはＹ理論の方がＸ理論よりも優れていると確信していたので、『企業の人間的側面』が出版されるずっと以前に、Ｘ理論の寿命は長くないと予測していた。[7] もっとも、この予測は実現しなかった。おそらく、善人であるマクレガー氏はダイエットを試みようとしたことがなかったのだろう。

ダイエットが難しいのは、今ここで食べる喜びが直観的に楽しいのに対して、病気になるといった身体へのダメージは、その瞬間が訪れるまで潜んでいるからではないだろうか。官僚主義にも同じことがいえる。本書をお読みいただければわかるように、自社の従業員を威圧的に統制すると、あらゆる種類の隠れた費用が発生する。貸借対照表の利益にとどまらず、経営者であるあなたの健康や、従業員の健康にものしかかる費用だ。

それでも、最も意志の弱いダイエット実践者にすら現実と向き合わざるを得ない瞬間はある。本書の中で紹介する「解放型リーダー」の一人、ＦＡＶＩの元ＣＥＯジャン＝フランソワ・ゾブリストには、次のような逸話がある。

ＦＡＶＩには多くの他社の経営者がよく訪問しているが、この時もその素晴らしい社風と業績を耳にしたある会社のＣＥＯが、自分の目と耳で確かめたいとやってきた。[8] そのＣＥＯが工具収納室の前を通り過ぎると、驚いたことに入口のドアに鍵がかかっていなかった。しかも四角い部屋の一つの面にはそもそも壁すらなかった。つまり収納室を密室にする方法が事実上なかった。ゾブリストの説明によると、ＦＡＶＩは、解放企業として社員を全面的に信頼しているので、人々は仕事に必要なものだけを取っていき、しかもそれを誰に断ることもなく自由に使えるのだという。

ちょうどその時、一人の機械作業員が収納室にやってきたので尋ねてみた。

「あなたが取りに来た部品がなかったらどうなるのですか」

「そんなことは起きません。箱に残っていた最後の部品を使った人は、倉庫から次の箱を取ってくるからです」と作業員は答えた。

「素晴らしい」と言ってさらに尋ねた。「でも、倉庫から箱がなくなったらどうなります？」

「簡単です」と作業員は答えた。「倉庫に残っていた最後の箱を取ってきた人は、調達担当の社員に知らせて注文してもらうのです」

「もし担当者が発注しなかったらどうなるのですか？」と訪問者はなお食い下がった。さすがに今度こそ作業員は気の利いた答えをできないだろうと思ったという。

一呼吸を置いて、作業員は簡単に答えた。「お客様、それは『よきマナーとは何か』、という問題かと存じます」。そうして、必要な道具を取って持ち場へと戻っていった。

視察したＣＥＯが話した相手は、単なる、金属部品メーカーでは珍しい、礼儀正しい機械作業員ではなかった。ＦＡＶＩの解放された文化の産物だった。そして彼が「よきマナー」と呼んだものは、実は、会社が自由であるときに、トップダウンのルールの代わりに機能する基準のことだったのだ。

件のＣＥＯは、自分の会社を社員の「よきマナー」に委ねることはできないな、と考えながら帰ったかもしれない。

しかし、ルールはどんなに厳しくても、人々がそれに従う意思がなければ意味を持たないのだ。

世の中に数多くいる官僚が頭の中で犯している大きな過ちは、少なくとも「ルール」と呼ばれている何かがあれば、正式な取り決めがないよりはましだと思い込んでいることだ。しかし、そうしたルールの大半は、社員のモラルを低下させる大きな要因になっているばかりでなく、彼らの正しい振る舞いを邪魔している。ルールがあまりに息苦しくなると、人々がよい仕事をするための唯一の方法は、「時にはどんな代償を払ってでもルールを回避する」ということになる。すると、十中八九、非常に少数の不心得者があなたの会社に害を及ぼすことになるはずだ。今のような時代に、社員の大半にそのような負担を押しつけながらビジネスを続けてしまってよいのだろうか？

謝辞　3
はじめに　7

1　動き出すフリーダム・インク……23
HOW企業とWHY企業
「おかしな」ビジネスの終わり　25
信頼のバケツ　28
失敗の公式　31
皆が同じボートにのっている　34
千のイノベーションを生むゴア　37
手袋の交換コスト　39
清掃員がもたらした感動　44

2　3%のための経営？……50
官僚主義がもたらす莫大なコスト
HOW企業の隠れたコスト　59
R&Dはイノベーションにつながらない　63
会計士が語らないコスト――無気力という病　68
職場を蝕むストレス　70

3　職人からオートメーションへ……76
HOW企業の起源
官僚主義がしぶとい理由　83
平和を実現したサルたち　86
サルにできるなら、ヒトにもできる？　90

4　「自由」＝「何でもあり」ではない……92
解放企業を実現するビジョンとは
人間にできる最高のワインをつくる　102

5 始めた理由……111
改革の引き金となった「怒り」と「羨望」
台所で学んだリーダーシップ 113
羨望から実践へ 122
信じる人と疑う人 128

6 真に「平等な関係」を目指す……132
労働組合やマネジャーとパートナーになる
サポート役としてのリーダー 137
マネジャーたちを撃たないで！ 141
円形組織 145

7 既存企業を解放する……150
直接の語りかけが変化を生む
芝刈り機と娼婦 156
逆委任 168
博愛の心が社員の大胆さを解き放つ 173

8 解放が失敗するとき……179
モチベーションの本質とは何か
人のモチベーションを上げることはできるのか 182
創造性を発揮するとはどういうことか 184
正しい「養分」 188
失敗の本質は何だったのか 192
デンマークの奇跡 197
デンマーク王国では何が腐ったのか 206

9 セルフ・モチベーション……211
成長を促す組織をつくる
操舵手から成長を促すリーダーへ 217
現場で育てる 220
リーダーが自然に育つ環境を整える 228
誰もが気づかなかったビジネスチャンス 234

10 「失われたブーツ」を求めて……249
コールセンターに尊厳を取り戻す
「最高の仕事」ができているか 262
官僚主義はいつでも顔を出す 266
コントロールという幻想 269
「Y理論」の労働組合 276

11 業界の悪しき常識に立ち向かった者たち……280
縦割り意識をどう乗り越えるか
自由な職場で働くことの「精神的所得」 290

12 解放型リーダーシップの秘密……294
矛盾と知恵はいかにして自由を支えるか
清掃員からサービス・エージェントへ 303
西洋と東洋の思考の違い 306
矛盾の説明 309
「計画・準備・実行」では革命を起こせない 312

13 究極の矛盾……316
世界的デザインファームが追求する幸福の文化
「苛立たせる職場にはしない」という決意 318
友人たちのためのデザイン 321
遊び場から生まれる創造力 324
幸せな職場はカルトにあらず 332

14 蝶には編隊飛行ができない理由 336
秩序と自由の絶妙なバランスを保つ

ルールを求める欲望を抑える 338
言葉の意味と伝統の維持 342
永遠の警戒を怠らない 344
自由を永続させるために、愛情を込めて慈しむ 348
人間は「長方形」ではない 357
自由は「微弱信号」を強くする 360
鳥籠から飛び去る鳥たち 364
同じ川に二度入ることはできない 368

エピローグ 解放への道 373

グーグルの20%ルールの誤り 374
原子力の安全を保つのは「現場の力」 377
柔軟さこそが複雑さへの解 380
なぜ役所でも自由な働き方が実現できたのか 383
「唯一無二のワイン」と「組織」をつなぐもの 387
組織を解放する哲学とリーダーシップ 393
解放型リーダーが歩む4つのステップ 396
日本——不信も監視もない世界へようこそ 398

原注 413
索引 414

1 動き出すフリーダム・インク

HOW企業とWHY企業

読者は「ゴアテックス」と聞いてその素材を知らなくても、ゴアテックスの機能は知っているのではないだろうか。それは、「確実に防水してくれるもの」だ。このブランドがあまりにも成功したため、「バンドエイド」のように、ブランドとしての認知がなくなるほど強力な普通名詞となってしまった。一九七一年にゴアテックスが発明されて以来、数多くの競合製品が生まれてきた。中には、ゴアテックスよりも優れた機能を持つと謳うものさえある。しかし読者がどこかの店舗に入り、手にしたスキージャケットが防水性かどうかを知りたくなったときには、恐らく「これ、ゴアテックスですか？」と尋ねるのではないだろうか。

これは、市場シェアだけでなく、「精神的なシェア」でも一つのブランドが業界を独占している状況であり、世のマーケティング担当者が夢見る、いや気を揉む状況といえる。ゴアテックスが現在の地位を築き上げ、一つの製品ジャンル全体を象徴するようになるまでの道程は、二つの過激なアイデアをめぐる物語だ。

ビル・ゴアとジュネヴィーヴ・ゴア夫妻は、ポリテトラフルオロエチレン（ＰＴＦＥ）と呼ばれるポリマー（化合物）には市場性があると考えた。ところが、当時勤めていたアメリカ最大手の化学系複合企業デュポンは、二人のこのアイデアには関心を抱かなかった。

今日、ＰＴＦＥは「テフロン」という商品名で最もよく知られている。用途は広範囲に及ぶが、中でもフライパンの焦げつきを抑えたり、パイプの漏れを防いだりする魔法のポリマーで、非常に滑りやすく、吸着性の強いヤモリの足がくっつかない唯一の物質であることが知られている。ところでPTFEは、一九三八年に行われた実験の失敗から発見されたものなのだ。デュポン社の研究員ロイ・プランケットは、自動車のエアコン用冷却器を開発していたが、その実験中にガスボンベの一つが固形化した。ボンベを切り開くと、中のテトラフルオロエチレン（TFE）が「重合していた」、つまり、白い滑らかな一種のプラスチックになっていた。三年後にデュポンはこの物質で特許を取得したものの、あくまでも他社向けに製品の原材料として販売することで満足していた。フランス人のマーク・グレゴワールが、これをフライパンに付着させて（フッ素樹脂加工）、こびりつきのないフライパンを発明したのは、その一三年後である。

ビル・ゴアには別のアイデアがあった。電気ケーブルに高性能の絶縁体として使えるのではないか、と考えたのだ。しかし、デュポンはあくまでも化学素材メーカーで電気製品を取り扱ってなかったため、関心を示さなかった。そこで、ゴアは四六歳の時（子どもが四人いた）にデュポンを退職し、PTFEのライセンスを取得し、ブリッジ（トランプゲーム）クラブの仲間たちから創業資金を集めて自宅の地下室に仕事場を構えた。[1]

その後、PTFEの可能性に関しては、ビル・ゴアの読みが正しかったことが判明する。とはいえ、ゴアテックスやその他千以上にも及ぶ革新的な製品をこの世にもたらし、〈W・L・ゴア&アソシエーツ〉を売上高数十億ドル規模の、航空宇宙産業からエレクトロニクス、エネルギー、そして医薬品業界に至る幅広い市場でのトップ企業に押し上げたのは、ゴア夫妻で考えたもう一つのアイデアの方だった。PTFEと同様にアイデア自体も、ある意味でデュポンからの借り物である。大成功を収めた重合物（テフロン）の時と同様、ビルは長年自分の働いてきた会社が手がけていない分野に目を付けた。

ビル・ゴアは、同僚を互いにどう呼び合うか、そして自分の仕事についてどんな言葉を使うかが、自分たちの考え方や行動に影響を与えると考えた。そこで、社員を「アソシエート（仲間）」、社員の仕事を「コミットメント（自ら定める業務上の約束）」、マネジャーを「リーダー」と言い換えた。

もちろん、ジョージ・オーウェルが『一九八四年』で示したように、現実を変えずに名称だけを変えることは可能である。しかし、ビル・ゴアは心から「人々の働き方そのものを変えていきたい」という野心を抱いていた。

「おかしな」ビジネスの終わり

レ・ルイスは、現在ではゴアの製造部門のリーダーを務めているが、同社における最初のアソシエートの一人だった。一九六五年当時のゴアについて、次のように回想する。

「あれは創業間もない頃のことでした。工場は一棟、従業員は七〇名、そして嘘みたいな話ですが、管理職（スーパーバイザー）が一二名もいたのです。私は管理職（スーパーバイザー）の一人で、当社で最初の管理職向けハンドブックを書くことにしました。ハンドブックには、未使用の有給休暇をどう処理するかなど、管理職に必要な指針が書かれています」

ルイスが後に「おかしな」と表現したこの期間は、成功したほとんどのスタートアップ企業が経験する。企業が成長し始めると、やがて同僚の顔と名前が一致しなくなり、誰が何をどうしているのかを常に把握できるわけではない状況に陥る時期がやってくる。そのうち、秩序を復活させるか、確立しなければと決意する人が現れる。ルイスのような積極的なマネジャーが、自分の考えを紙にまとめて皆に伝えようと決意し、人々に仕事のやり方を教える最初のマニュアルが作成される。

読者がもしその手のマネジャーであれば、能力を発揮して、自分の知見を引き継ぐ絶好の機会だと考えるかもしれない。これを楽しいとさえ感じる人も出てくるだろう。オイルがたっぷり塗られた機械のようにスムーズに動く、まったく新しい社会のルールをつくるのと同じように思えるのではないか。

だがルイスの「楽しみ」は長続きしなかった。今日、ルイスが求めていたようなハンドブックは、この会社では考えられない。では、創業者のビルは、初期の時代にこうしたマニュアルにどう対応したのだろう。

ルイスによると、ビル・ゴアの素晴らしいアイデアは、デュポンでの経験の産物だという。[2] ルイスは当時、ゴアから次のように説明された。

「(デュポンが)あるプロジェクトに着手すると、まず小さなチームが招集されるが、メンバーは平等で、上下関係はまったくなかったよ。全員がよく働くし、全員がスキルや知識を持ち寄ったものだ」

ゴアにとっては、それこそが理想的な働き方だった。しかし、デュポンでは、「そのプロジェクトがある段階まで来ると、全員がそれぞれ元いた組織、つまり上下関係の非常に厳しい以前の指揮命令系統にことごとく戻ったんだ」。

ゴアの考え方は単純明快だった。もしこのような、活発なコラボレーションが起こる、上下関係のない解放された組織構造が、物事を速く進めることが求められる重要なプロジェクトで機能するのなら、会社全体をどんな時でもそのように経営すべきではないか？

そこでデュポンを退職して自分自身の会社を始める時に、まさにその仕組みで経営しようとしたのだった。ルイスによると、ビル・ゴアは「いつか自分で会社を立ち上げたら、上下関係のない自由な組織にしたいと決めていたそうです。なぜならそのようにして初めて、本当の意味で多くの人々の創造力が刺激されると考えていたからです」。それでも、ゴアが自分のアイデアを実現する効果的な方法にたどり着くまでには、一定期間の試行錯誤があった。

ちょうどその頃にルイスの管理職用（スーパーバイザー）ハンドブックを見つけたことで、ビル・ゴアは踏ん切りをつけた。ルイスは冷静に振り返る。

「ビルは渋々（ハンドブックを）受け入れていましたが、私が工場での作業用に購買用紙を導入したいと言ったのが運の尽きでした。ビルは申請書の類いが大嫌いだったのです」

　ビル・ゴアは管理職（スーパーバイザー）たちを夕食に連れ出すことにした。この毎月の夕食会がほどなくして、リーダーシップの価値観と原則を学ぶ場に変わっていった。ルイスは振り返る。

「夕食会では、人をリードする方法を教わったのですが、それはほとんどソクラテス的なアプローチでした。ビルは、どうリードするべきか、そして、どう『支援する』かについて話してくれました。ちなみに当時の私たちは『管理職（スーパーバイザー）』だったので『リードする』という表現を仕事で使っていませんでしたし、『支援する』という表現も会社にはありませんでした。そして、私たちが抱えているさまざまな問題について語り、一人ひとりに尋ねてくれたものです。『あなたならどうしますか？』と。そうして多くの問題に対してどう対処するか、さまざまなアイデアに耳を傾けてくれました。実際のところ、あれは間違いなく対話でした。ビルは決して、たとえば『あなたがやるべきことはこれだ』という方向に会話を持って行こうとはしませんでした。そうではなくて『あなたはこの問題を解決したのですか？　同じような経験をされた方はほかにいますか？』という尋ね方をしました。そうしながら、私たちにさまざまな価値観とその判断方法を徐々に教え込んでくれました」

　こうして「おかしな期間」は終わった。それ以降、ルールや方針を書いてみようとする管理職（スーパーバイザー）はいなくなった。ゴアにはもはや管理職（スーパーバイザー）という職種自体がなくなったからだ。そして、管理職（スーパーバイザー）ではなく「リーダー」たちが、人々への指示ではなく、支援に大半の時間を割くようになっていった。しかし、ビル・ゴアが、それ以前とは根本的に異なる働き方という、デュポンで発見した二つ目のアイデアを完全に実現するには、まだしばらくの時間と実験を要することになる。

信頼のバケツ

話は一九八〇年代半ばまで一気に飛ぶ。その一三年前から、ルイスはよい条件を求めてゴアを離れ、従来の指揮統制型の大企業に勤めていたが、そこで得た知見を生まれ故郷のデラウェア州ニューアークに戻ってゴアに還元することにした。その間、ゴア自体はルイスが以前勤めていた時よりもはるかに大きくなり、アメリカの国内外にいくつもの工場を持ち、数千人規模にまで成長していた。その状態は完璧に見えた。工場は真新しい施設に移ったばかりで、製造部門のリーダーに就任したばかりのルイスは大きな角部屋を与えられ、自分が重要な役職にいることを実感していた。「私は自信満々でした。『ついにこの地位まで上り詰めたぞ』という感じです。おわかりでしょう?」。やるべきことは山ほどあった。業務は非効率的で、現場で使われていた生産技術にはあきれてものが言えなかった。

「なんと、コンピュータもなく、縦横の罫線入りノートに手で数値を記入して製造工程を管理していたのです」

そこで、ルイスはやり方をすべて改めることにした。一定の規律を持ち込み、これまでのやり方がいかに時代錯誤かを示し、コンピュータ・スプレッドシートと呼ばれる当時流行していたツールを使うよう命じた。

それは正しいことのように思われた。ゴアは規模が非常に大きくなっていたものの、コンピュータを使う現代的な業務管理方法の領域では大手の競合他社に遅れていた。ルイスの提案した行動指針は申し分のないもので、ほかの会社なら受け入れられていたはずである。ルイスに見えていなかったのは、自分が離れていたあいだにゴアが大きく変わっていたという点だった。

ルイスは自分の試みを六カ月続けたが、唯一得られた結果は、再び会社を離れようかとまで思ってしまう気分だけだった。その理由は、当時の社長でビルの息子であるボブ・ゴアがコンピュータを毛嫌いしていたことではない(ちなみに「ビルは申請書の類いが大嫌いで、ボブはコンピュータ嫌いだったのです」とルイスは説明した)。どのアソシエートも、ルイスの方針に従わないどころか、ルイスの話に耳を傾けようとすらしなかったからだ。

「私は他社で一三年間実践してきたやり方を使っていました。大きな権力、大きな影響力といった、他人よりも大きな何かを追い求めているうちに、はたと気がついたのです。『ゴアという組織が何かをお前は知っているだろう。かつて自分がいた組織じゃないか。それなのになぜ、こんなトップダウンのようなことを試しているんだい?』と。それは一種の天からの啓示でした」

そこで再び発見したのが、かつてあのソクラテス的な夕食会でビル・ゴアが自分やほかのアソシエートに教えてくれた、リーダーシップの価値観と原則だった。ルイスはそれを「黄色いレンガ道」と名付け、次のように説明した。

「アソシエートたちに『どこに行きたいですか?』と尋ねて、『エメラルド・シティーです』という答えが返ってきても、『あの黄色いレンガ道に沿って行きなさい』とは言わないようにするべきです。* なぜなら、自分の知識を使って切り開いていくことこそが正しい道だからです。もし通るべき道筋を示すと、アソシエートたちはこう言うはずです。『頭がおかしいのではないですか。私たちは森を抜けていきますよ』と。そこで、あなたはレンガを取り出して彼らに同行し、一個ずつ彼らの前に投げるのです――答えを与えるのではなく、アイデアや情報を与え、一人ひとりが自分なりの答えを見つけるように仕向けるわけです。すると、新しいレンガを踏みつけるたびに、(あなたへの)信頼度が上がるでしょう。……当時の私は、まったく信用されていませんでした。しかし、地道にレンガを投げているうちに、少しずつアソシエートたちから信用されるようになっていきました」

ルイスは、大工場を率いる大きな責任や、業務改善に関する自分の知識と経験のすべてをもってしても、自分

＊ 黄色いレンガ道：『オズの魔法使い』で主人公ドロシーが歩いていく道で、魔法使いの住む、きらめくエメラルド・シティーに続いている。目標や夢に向かって進む人生の旅を象徴する言葉。

が「信頼のバケツ」をいっぱいにするまでアソシエートたちがついてくることはない、ということに改めて気づいた。「リーダー」とは、単にマネジャーの別名ではないことを学んだ。リーダーとは、ほかの人々が自然とついていく人なのだ。ルイスが復帰した時のゴアは、この文化（カルチャー）がすでに相当強くなっていたので、ルイスはこれにまともにぶつかって跳ね返されたあげくに、危うく指揮統制型の世界に戻りそうになった。

だが古いタイプの企業でさえも、同じような力学が成り立つ。従来型の企業の場合は、すべての緊張が水面下に隠れているだけなのだ。ゴアのCEO、テリー・ケリーはこう語る。

「多くの企業に見られるのは、上の意思決定を社員たちが心から支持していないという状況です。時間がたつにつれて、決まったことが骨抜きになっていくのです。実際にその決定が実行されないこともあるでしょう。したがって、たとえば『当社は中国に進出しよう』という意思決定が非常に迅速に決まったとしても、その後にあらゆる種類の抵抗に遭うのです[3]」

こうした企業では、従業員たちはあからさまな抵抗をしないかもしれない。しかし、もしマネジャーからの真摯な相談がなかったり、マネジャーに信頼が寄せられていなかったりすれば、生産性は静かに、しかし毎日低下を続けていくのだ。その積み重ねによって、いつか倒産に至るかもしれない。

ゴアが他社と違うのは、アソシエートたちは上司から真摯な相談を受けているし、それに対して自分で選択する自由があるということだ。本書にはさまざまな解放企業が紹介されているが、どの企業にも共通する特徴の一つがこの「自由」である。そして、外部の世界から戻ってきたレ・ルイスには従わないと選択したことで、ゴアのアソシエートたちは、結果的にはルイスの望みをかなえることになった。アソシエートたちから自分の仕事の進め方に対する有益なフィードバックが提供されたからこそ、ルイスは方針を変え、優れたリーダーへと脱皮できたのだから。これとは対照的にやってしまいがちなのが、自分自身や家族、同僚に不平不満を抱きながらも、実際には身を潜めて静かにして、周りの注意を引かない程度に仕事をする、というものだ。会社が思っていたほどの業績を上げられない場合の、目に見えないが深刻な原因は、そういう職場の雰囲気にあるのではないだろうか。「それはそうだろう」とあなたは思うかもしれない。しかし、いったいどうすれば、誰かが舵を取らなくても、全員を同じ方向に動かせるようになるのだろう？　いったいなぜ、人々が自由に行動しながら、会社を犠牲にして自己利益を追求するような行動を抑えることができるのか？

ゴアには、こうした課題を乗り越える習慣がある。そして、お察しの通り、それは大半の企業の考え方とは少し違うものだ。ゴアの人たちは、四つの原則の中で会社生活を送っている。まずは何よりも「**フリーダム**（自由）」がある。しかしそれは「**フェアネス**（公平性）」「**コミットメント**（自ら定める業務上の約束）」「**ウォーターライン**（喫水線：それ以上下がると会社に損害を与えるギリギリのライン）」の三つの原則と合わせて捉えられている。この四原則について知っておくべきなのは、多くの企業にあるミッション・ステートメントやバリュー・ステートメントとは異なり、アソシエートはこの原則について真剣に考え、原則の中で「生きている」という点だ。フェアネス、コミットメント、ウォーターラインがゴアの自由を機能させているのだ。

失敗の公式

「フェアネス」とは、他者に公平であることだ。これは自社の内外を問わない。ルイスによれば、ゴアにはサプライヤーと顧客を公平に扱うという考え方がある。フェアネスは社内の人々にも当てはまる。つまり、アソシエートに敬意を払い、平等に接するということだ。ただしルイスは、誰の助けも借りずにこの原則を理解できたわけではない。

一九六〇年代半ば、ルイスがまだ若手の管理職（スーパーバイザー）の時に、会社はPTFEでコーティングしたケーブル（当時は唯一の商品だった）の開発過程で起こる問題に日々対処しながら何とか事業を回していた。あるバッチ生産が失敗した時、ルイスは不良なケーブルをはぎ取れば素材を再利用できるし生産効率が上がるはずで、これは我ながら素晴らしいアイデアだと思いついた。

「そこで、私は工場の裏手に三人の女性を呼んで、一人ひとりにワイヤー用スプール（針金を巻き取るためのリール）を渡して腰を下ろしてもらいました。そして不良ケーブルの束をそこに置き、ナイフなどケーブルをはがす道具を渡して作業をお願いしたのです。すると彼女たちはその、地底のような作業場所に座りこんで、世間話をしながらワイヤーをはがし始めました。私は『これでいい。万全だ。よーし、ここでワイヤーをはがし、またコーティングすればいいんだ。同じ素材を使えるってわけだ』と思いました。当時の我が社は、不良品を捨てるほどの余裕がなかったのです」

ルイスが自分の思いつきに有頂天になったことは言うまでもない。ところが、ビル・ゴアは、ルイスに助言を与える必要を感じていた。

ルイスが女性たちを残して製造現場に戻ってくると、ビルが待っていた。ルイスは話を続けた。

「『少し時間ありますか？』とビル・ゴアから声をかけられました。『もちろんです』と答えると、私たちは作業場を出て、工場内に一つだけあった事務所に入りました。当時は工場全体の中で黒板があるのはそこだけでした。ビルはドアを閉めると、『そこに座ってください』と言いました。私が腰をかけると、ビルは黒板に『失敗の公式』と書いて、下線を引きました」

ゴアは、その下に箇条書きで次のことを書いたという。

▼不適切な照明を提供すること
▼座り心地のよくない椅子を提供すること
▼まめをつくるような道具を手渡すこと

「ビルは、そのようなことを八つほど書き並べました。本当です。そして『後ろでワイヤーをはがしているのは、あなたの指示によるものですか？』と尋ねました。『はい』と私が答えると、ビルは何も言わずに部屋を出て行ってしまったのです」

フェアネスとはつまり、人間の尊厳が損得勘定の犠牲になってはならないということだ。ルイスは、銀行口座の残高が減り続けて苦境に陥っているスタートアップのために自分は経費を節約している、と考えていたのかもしれない。ビル・ゴアは、それは倹約ではなく、長い目で見ると失敗につながるような短期的な思考であると捉えていた。

しかし、ゴアの「失敗の公式」にはもっとはるかに深い教訓があった。ルイスは、欠陥ワイヤーの損失をどう埋めたらよいかという問題を抱えていた。そして、ある一つの解決策を従業員に押しつけた。そうすればうまくいくはずだ、と考えたわけだ。

しかし、ワイヤーをはがして、暗い作業場に座って古いスプールを処理するのはルイス自身ではなかった。それを命じたことが、実は作業をする女性たちの創意工夫を邪魔していたことに、ゴアから指摘されるまで気づかなかったのだ。ルイスは彼女たちに、不良ワイヤーを再利用するよいアイデアがないか、あるいはその仕事をするためにどんな道具や条件が必要かを尋ねなかった。自分が解決しようと思っている問題が正しいかどうかを自問することさえしなかった。仲間であるアソシエートたちを本能的に自分と同等に見ていなかった。ルイスと同じように、彼女たちも自分の仕事のやり方をわかった上で給料をもらっている人々だ、と見なしていなかったのだ。自分の会社が従来の会社とは違うものになろうとするのであれば、人々を不当に扱うリーダーがいることは許せないとビル・ゴアは考えていた。それもまた、失敗の公式だったからだ。

皆が同じボートにのっている

ゴアでは、アソシエートは「ジョブ」ではなく、「コミットメント」を持っている。これもまた、単なる記号ではない。ジョブとは、上司があなたに与える、組織図の枠にはまった何かのことだ。コミットメントとは、**同僚に対してあなたが誓う一種の約束で、それをするもしないもあなたの自由意思に任されている。**コミットメントはジョブよりも流動的だ。アソシエートは、自分の業務量と新たなプロジェクトへの適応力をにらみながら、一つ、二つ、あるいはそれ以上のコミットメントを同時に持つことがある。業務上の必要に応じてコミットメントに取り組むことも、そこから離れることもできる。入社したばかりの人にジョブが課せられることはなく、自分の才能やスキル、経験を最も生かせると感じる分野でコミットメントを探すよう促される。

この意味で、コミットメントはジョブとは対極にある。誰かから押しつけられるものではなく、自分で選ぶものなのだ。つまりゴアのアソシエートたちは、従来のヒエラルキーによる指示命令から解放されている、ということでもあるのだ。

しかし、「それは自由ではなく、無秩序への道なのではないか」と思う人もいるかもしれない。今日は「この活動がやりたいのでそれに取り組みます」とコミットする。しかし明日になると、別の活動に目移りしてそれに「再コミット」し、現在のチームに大穴を開けて去ってしまうことになるのではないか、と。確かに一定の規律がないと、コミットメントに関するこの自由はすぐに崩壊するだろう。そこに登場するのが「信頼のバケツ」なのだ。

「明日までに書類を仕上げる」から「数年間にわたるプロジェクトをやり遂げる」まで、アソシエートが一つのコミットメントを守るたびにそのバケツには一滴の水が入る。アソシエートが誰かを助けたときにも、そのたびに一滴の水が加えられる。コミットメントは自発的なものだが、いったん完了したら、水は貯めておいた方がいい。そうしておかないと、バケツの水はたちまち干上がってしまい、それとともに、ほかのアソシエートと協力する能力も落ちていく。チームメートにまず相談したり、自分の関与度を徐々に減らしたり、同僚たちの仕事に支障が出ないようにする――そういった努力をしないでコミットメントから離脱すると、チームの活動に穴を開けるだけではない。信頼のバケツにも大きな穴となって、新しいチームで働くチャンスが一気に萎んでしまう。ゴアの企業文化は、会社が規律を定めて無秩序を避ける、という方策はとらない。自主的な規律に委ねているのだ。

「ウォーターライン」の原則は、自己規律によって自由が無秩序に陥るのを防ぐもう一つの方法だ。同社独特の用語「ウォーターライン・デシジョン」とは、「ボート（会社）」を沈めかねない意思決定のことを指す。ある決定が莫大な支出を伴うか、会社に大きな影響をもたらして会社の命運を左右するほど重要だとアソシエートが感じたときには、正しい判断へのヒントを得るためにリーダーや他のアソシエートに相談しなければならない。「企業が自由である」とは「何のチェックもない」ことではない。ゴアでは、ウォーターラインがあるからこそ、自由が責任を伴って行使される。

だが、ウォーターライン・デシジョンを下す権限が組織図上で与えられているわけではないことは、ルイスが初めてゴアに戻ってきた時に気がついた通りだ（何しろ、ゴアには今でも組織図がない）。ゴアのリーダーが他の人々を引っ張るための一つの方法は、「信頼のバケツ」を一杯にすることだ。ルイスが他社から戻った時はバケツが空だったので、誰にも耳を傾けてもらえなかった。

ウォーターラインは、もしこれを広く解釈すれば、隠れた統制の仕組みになりかねないという懸念はあるかもしれない。しかし、アソシエートの日々の業務にウォーターラインが関わってくることはさほど多くない。ゴアでは、個人でイニシアチブを立ち上げて取り組むことと、リスクを厭わない姿勢が強く推奨されている。ビル・ゴアは、「最近何か失敗をしましたか？」と工場内を尋ねて回るのを日課にしていた。答えが「いいえ」だと、次のように言ったものだ。「あなたは十分なリスクを取っていないのですね」。だが言うまでもないが、もしそのリスクが、自分から申し出たコミットメントを守れないほど大きいときには、すぐに周りの同僚に伝えておかなければならない。そうしないと、自分の「信頼のバケツ」に穴を開けることになる。

その成果はどんなふうに現れているのだろう。アソシエートたちにとっては、ゴアという会社は、自分のやりたいことを追求するかけがえのない自由を感じられる場所であり、それを実現しているのが充実した「仕事」、もとい「コミットメント」の仕組みだ。一方で会社全体にとっては、その成果は業績で証明されている。ゴアは、自由というプリンを食べ続けて五〇年になるが、その美味しさにいまも魅了されている。ビル・ゴアはＰＴＦＥと呼ばれる地味な化合物と、ＰＴＦＥでコーティングしたワイヤーとケーブルという商品で創業した。今日、ゴアの売上高は三〇億ドルを上回り、この一〇年間の成長率は年平均で一〇％を超えている。最も有名な防水性のメンブレン（無数の細かい孔（あな）が開いた薄い膜）をつくっているだけでなく、かつてどの五年計画でも予測できなかった方法でイノベーションを起こし続けているのだ。

千のイノベーションを生むゴア

ゴアがギター弦に進出した経緯を紹介したい。これは世界中のほとんど誰もが気づかない間に市場シェアトップになった製品なのだが、驚くべきことにゴアがこの数十年にわたって成長してきた典型的な方法で、つまり計画なしに現在の地位に上り詰めた。その「エリクサー」ギター弦は、一般的な製品の三倍の価格で売られているプレミアム商品だ。しかしこの製品も、ゴアテックスがそうであったように、この会社が何度も何度も遭遇してきた、幸運な偶然の結果誕生したのである。ゴアの医療機器部門で働いていたアソシエート、デイブ・マイヤーズは自転車愛好家で、自分の自転車の変速用ギアに使用するケーブルの性能に不満を抱いていた。[4]そこで、空いた時間を使って金属ケーブルをPTFEでコーティングして改善できないかを調べることにした。この試みは成功したものの、そこで生まれた製品「ライド・オン」自転車用ケーブルは大して売れなかった。しかし、その間にマイヤーズは別の発明にも情熱を傾けていた。PTFEでコーティングされた、巨大操り人形向けのワイヤーづくりだ（それが何かは尋ねないでほしい）。

その過程でマイヤーズは、ゴアにとってまったく新しい、もっと利益に結びつくような商品アイデアを思いついた。ギターの弦が古くなるのは、錆びるからだ。しかも演奏者の指の汚れや垢で劣化は加速する。そこで、弦をPTFEでコーティングすれば、この問題は解決するのではないかと思いついた。マイヤーズはギターを弾かなかったので、同僚のチャック・ヒーバーシュトライトの知見を拝借することにした。そして、通常の弦よりも音質がよく、音の持続時間が三倍のギター弦「エリクサー」が誕生した。ところが、売り方がまったくわからず、当初の（従来の方法による）販売努力は大失敗。そこで、ギター雑誌の付録といった形での無料配布に方針転換する。

これが当たった。そして今日、ゴアはギター弦市場の三分の一を占めるようになった。

ゴアテックスそのものも、ビルの息子、ボブ・ゴアによって発見された偶然の産物である。一九六九年、ボブはPTFEを薄く引き延ばして、繊維の中に織り込もうとしたが、なかなかうまくいかなかった。腹立ちまぎれに、ボブは、型から押し出したばかりのPTFEを一片取り出して引っ張ってみた。すると、それはどんどん伸びて、薄くて柔軟性のある強力な素材となり、薄板にすると通気性と防水性を兼ね備えていた。こうして「エクスパンデットPTFE（伸ばしたPTFE）」、略してePTFEが発明され、ボブは一九七六年に特許を取得した。その後はスポーツウェアメーカーとして躍進する物語だ。

ゴアの実績が素晴らしいことは事実ではあるが、創業者のビル・ゴアにはいくつか有利な点があったことは否定できない。ゼロから会社をつくり上げることができたこと。そして、自分が構築している文化になじめる態度や価値観を持った人々を採用できたこと。もっとも、「失敗の公式」に従いがちなマネジャーの癖に対処しなければならないこともあった。そうして、人々が積極的に最も貢献できる役割を自ら見つけられるようにした。ビル・ゴアは、円滑なコミュニケーション環境を維持するために、一つのオフィスではアソシエートが一五〇名を超えないようにするという原則を導入した。さらには、創業者兼CEOという立場を活用して、指揮統制型の文化が一滴でも会社の井戸を汚さないよう手を尽くし、他社にはめったに見られないほど自由な環境をつくり上げた。

しかし、もしあなたの会社にそうした要素がなければ、どうすればいいのだろう？　アメリカ、デラウェア州の地球の反対側では、ジャン＝フランソワ・ゾブリストがまったく同じ問題に直面していた。一九八三年四月にFAVIという社名の金属部品メーカーを引き継いだ時だ。

手袋の交換コスト

ＦＡＶＩは、古い経済（オールド・エコノミー）そのものを代表する企業で、水道の蛇口用部品と自動車のシフトフォーク＊のメーカーだ。ファミリー企業だったところに、ゾブリストは空からパラシュートで舞い降りたようにＣＥＯに就任した。

実は、本当にヘリコプターでやってきたのである。ＦＡＶＩのオーナーは物事を唐突に進めるのが大好きだった。行き先も告げずにゾブリストをヘリコプターに乗せ、一時間後にＦＡＶＩの工場に到着すると、前代未聞のやり方でこの会社のトップの仕事をオファーした。オーナーはヘリコプターが到着するや全従業員を集め、ゾブリストを含む全員に、彼が新しいＣＥＯだと告げたのだ。そして、工場にやってきた時と同じく突然去っていった。

それから三週間、オーナーからは何の連絡もなかったが、ある日電話が鳴った。オーナーは言った。

「みんなは君を食べなかったかね？」[5]

「ええ」とゾブリストは答えた。

「じゃあ、大丈夫だ。そのまま社長でいてくれたまえ」。そして一息つくと、こう付け加えた。「君の任務は次の通り。金儲けをすること。刑務所に行かないこと。以上だ」

ゾブリストは、極端な言い方をするオーナーの癖をよく知っていたので、その命令をこう解釈した。「法律の範囲内で、あなたのしたいように自由にしてくれて結構です」と。ゾブリストにとっては願ってもない条件だった。

ところが間もなくして、ＦＡＶＩの従業員たちがあまり自由でないことに気がついた。ある日ゾブリストが工具収納室の前を通りかかった時、社内の雰囲気の一端を知ることになった。そこには従業員のアルフレッドが閉じた窓の前で何かを待っていた。

＊　シフトフォーク：変速機内でギアを切り換える部品。

「何を待っているのですか？」とゾブリストは尋ねた。[6]

「手袋の交換です」とアルフレッドは答え、すぐに言葉を継いだ。「これが上司からの伝票と、古い手袋です」

こうしてゾブリストは会社の慣行を知った。作業員は自分の手袋を使い切ると職長にそれを見せる。職長が手袋交換の伝票を切る。作業員はそれを持って作業場を横切り――同僚たちと雑談をしたり、恐らくトイレに立ち寄ったりしながら――工具収納室のベルを鳴らし、管理人が出てくるのを待って伝票と古い手袋を渡す。そこで新しい手袋を受け取って持ち場に戻る。このプロセスには、管理人が居合わせてベルを鳴らすとすぐに対応してくれたとしても、優に一〇分はかかるだろう。

そこで、ゾブリストが会計部門に問い合わせたところ、アルフレッドが働いている装置を動かすのに一時間当たり一〇〇ドル相当のコストがかかるとの答えが返ってきた。つまり、作業に必要な手袋一組を交換するたびに一五ドル以上、手袋自体にかかる費用の二倍近くかかることが判明したのだ。手袋の交換にかかる本当のコストは非常に高く、たとえば手袋を無料で従業員に配り、何人かが自宅のガーデニング用に時々追加の一組を家に持ち帰ったとしても、そちらの方が会社には安くつく、ということなのだ。

もちろん、大半の会社と同様に、ＦＡＶＩの帳簿には「手袋の購入」という費目はあったが、手袋の交換作業で失われた生産性までは記録していなかった。ゾブリストが発見したように、実際には手袋を厳重に保管することでＦＡＶＩは数千ドルを失っていたのだが、このコストは公式の財務諸表には反映されないのだ。

そして、手袋問題は氷山の一角だった。調べれば調べるほど、こうした官僚的な無駄が次々と見つかった。このままの状態を続けていくと、会社はいずれ潰れるか、そうでなければ中国に移るしかない――これが、就任後に社内を見て回った後にゾブリストが出した結論だった。実際、ゾブリストがＦＡＶＩの経営を任された頃のヨーロッパでは、伝統的な製造業の大半でまさにそういう事態が起こっていた。しかし、ゾブリストには新たなアイデアがあった。そして、彼のリーダーシップの下、ＦＡＶＩは他社が失敗していく中で大成功を収めたのだ。

ゾブリストはまずタイマーを撤去した。従業員は「時間ではなく、ものづくりのために働くべきだ」と考えたからだ。[7] それと同時に、タイマーをなくしたのと同じ理由で残業手当を廃止し、前年の支払額と同額まで給与を引き上げた。ゾブリストは自分のリーダーシップ哲学を、独特の言葉で表現している。

「会社には二種類ある。『どうするか』（フランス語の comment）を追求する会社である『ＨＯＷ企業』と、『なぜ』（フランス語の pourquoi）を考え続ける会社である『ＷＨＹ企業』だ」

ＨＯＷ企業は、機械をどこに置き、いつ持ち場に着き、いつ持ち場を離れるかなど、仕事のやり方を教えることに時間を費やす。すると、二つの結果が生じる。第一に、「仕事を完了したかどうか」「顧客は満足か」といった本当に重要なこと以外の点で従業員を判断するようになる。第二に、仕事のやり方に関する数え切れないルールを変更することが、不可能ではないにしても難しくなる。このカートを別の場所に移したいときは上司の許可が必要で、その上司は彼の上司に尋ねる必要があり……というように、終わりのない「ハウの連鎖」ができあがる。その結果、ゾブリストが言うように、その命令系統の誰かに逆らわないと仕事ができなくなってしまうのだ。

ＷＨＹ企業は違う。無数のハウの代わりにたった一つの問いかけで片がつくのだ。

「なぜ、あなたはそれをしているのか？」

答えはいつも同じで、「お客様を幸せにし続けるため」だ。この掟を守っている限り、ゾブリストはどうやって仕事をするかについては心配していない。ＦＡＶＩにおける自由とは、ハウの連鎖を一つのホワイで置き換えることを意味した。

ただし、そこに至るまでの道は容易ではなかった。以前は、シフトの終業ベルがなると我先にタイムカードを押して家に直行しようと、あらかじめ何人かの従業員がタイマーの周りをたむろしていたものだが、もはや時間に縛られなくなった彼らが、今は何もなくなったその場所をまだ物欲しそうに見ている様子を思い出しては、ゾブリストはにっこり笑った。

しかし、現場の労働者以上に苦労したのは、ミドル・マネジメントの取り扱いだった。まずは説得を試みたが、彼らはなかなか動こうとしなかった。部下たち全員が自由に動くようになると、自分たちには仕事がほとんどなくなることがわかっていたからだ。

そこで、ミドル・マネジメントを完全になくすことにした。給料を据え置いたまま、管理職を会社にとってもっと役立つポジションへと異動させたのだ。人事部門（ヒューマンリソース）も廃止した。なぜなら、人間（ヒューマン）は資源（リソース）ではなく、人（ピープル）だからだ。

管理職を廃止したあとは、二四〜五人ずつの自主運営チームで現場を回すように組織の形を変えた。各チームが製品ごとに特定顧客の担当となり、顧客のニーズになるべく寄り添い、顧客が満足しているかどうかを直接確認できる体制となった。チームは、自分たちのリーダー候補を任命することも、辞めさせることもできる。そして各チームのリーダーがゾブリストに報告する、という可能な限りフラットな組織にした。[8]

すると、驚くほどの成果が現れた。FAVIは、この二五年にわたって毎年平均して三%ずつの値下げをし、納品に一度も遅れたことがなく、グローバル化時代に高い競争力を維持し、自動車部品業界ではヨーロッパで首位の座を譲っておらず、実際、ヨーロッパで製造されるすべての自動車の半分にはFAVIが提供するシフトフォークが搭載されるという、自動車部品のサプライヤーとしては圧倒的な市場シェアを誇る。ヨーロッパに残っていた最後の競合他社を買収し、電気ローターなどの画期的な真ちゅう製品をまったく新しい市場に投入し、今や完全に姿を消してしまったヨーロッパの競合他社とは異なり、中国に部品を輸出している。そして、二〇〇九年の景気後退も見事に乗り越え、この時期に諸外国の競合他社の多くが撤退した結果、ヨーロッパのシフトフォーク市場で七〇％のシェアを獲得するようになった。

自社の企業文化について素晴らしい言葉を並べるＣＥＯは多い。彼らは「我が社の社員は最大の財産だと考えています」とことさらに強調する。まるで、どこかにＣＥＯ向けの秘密の特別セミナーでもあって、「従業員の皆さん、恐れることなく上司にどんどん問題をぶつけてください」とか「たとえば私がズボンのチャックを開けたまま部屋に入ってきたら遠慮なく言ってください」と従業員に向かって言うように教育されてきたかのようである。

ところが、実のところ、大半の社員はそんな言葉を一言も信じていない。ほんのささいなことからでも、そういうリーダーはぼろを出す。ＣＥＯは、新しいアイデアは大歓迎だと言うだろう。そして、社内に最新技術を使った「提案箱（サジェスチョン・ボックス）」のような専用ウェブサイトをつくるよう従業員に指示するはずだ。しかしそこに寄せられるアイデアが生かされることはない。丁寧に回答を返すよう訓練されたアシスタントが読んで仕分けした提案の大半が、「提案委員会」のようなかしこまった組織によって却下されるからだ。

しかし、ＦＡＶＩをはじめ本書で紹介する組織は違う。本当に違う。大小さまざまな方法で、特に自社の社員に対してそれを立証しているのだ。ゾブリストが「皆さんの仕事は、ただただお客様を幸せにすることです」と言うときには、その他すべての指標を廃止して自分の発言が真実であることを証明する。この会社の業績が物語るように、その結果は見事としかいいようがないが、実は「下から見ると」、つまり従業員の目にも、驚くべき変化が起きているのだ。

清掃員がもたらした感動

一九八五年、ゾブリストがCEOに就任して二年後のこと。午後八時三〇分、社員全員が帰宅した後の職場で夜間清掃員のクリスティーヌが仕事をしていると、工場の電話が鳴った。クリスティーヌはそのことを知らなかったのだが、電話をかけてきたのは、FAVIにとっては新規の重要顧客であるイタリアの自動車メーカー、フィアットの監査人だった。彼はパリの空港に到着したばかりで、FAVIから誰かが迎えに来てパリ郊外のピカルディまで車で送ってくれると思っていた（空港からピカルディまでは九〇分かかる）。翌日の朝一番でFAVIとミーティングをする予定で、FAVIの工場がフィアットの品質基準に合っているかを確認することになっているという。

クリスティーヌは、電話の相手が空港で出迎えを待っている訪問者であることを知ると、待ち合わせ場所を決めて電話を切った。ゾブリストがこのいきさつを振り返る。

「私はその日、監査人の方が到着する予定だった午後七時まで待っていたのですが、多分何か不都合が生じたのだろうと考え、帰宅していたのです。翌日の朝八時三〇分に、私の事務所で会った時にはびっくりしましたよ。彼はこう言いました。『昨晩は、とっても不思議なことが起きましてね[9]』」

フィアットの監査人によると、前日はあまりに急いでいたので、遅刻の連絡ができなかったという（当時、携帯電話はなかった）。空港に着いてFAVIからの迎えが誰もいないことがわかって会社に電話した。すると驚いたことに、電話に出たのは控え目な女性の声だった。彼は、確かに約束の時間には遅れたけれども、FAVIは自分を迎えに来てくれるという約束だったと説明した。すると、電話に出た女性が来てくれて、空港で彼を救い出し、ホテルまで自動車で送って「ごゆっくりお休みください」と言って別れた。

フィアットの監査人はゾブリストに言った。

「彼女はとっても親切で、丁寧だったのですが、奇妙なことに、どうも私がどこの会社から来た誰なのかをまったくご存じなかったようなのです」

しかし、もっと奇妙だったのは、この重要な訪問者を乗せてくれた謎の運転者の正体がまったくわからないことだった。

ゾブリストはミーティングを終えると何人かに電話して、ようやくクリスティーヌにたどり着いた。そこで明らかになった顚末は以下の通りである。クリスティーヌは訪問者の電話を切ると、とっさに社有車の鍵の一つを取った（その鍵は常に工場の入口の近くにぶら下げてあり、車を必要とする従業員なら誰でも利用できるようになっていた）。そして空港まで車を走らせ、訪問者をホテルに送り届けると会社に戻り、三時間前に中断した清掃を終わらせたのだという。

さらに、彼女はそのことを誰にも話す必要を感じなかった。自分がなすべき仕事を持っていたにもかかわらず、三時間をかけて空港まで往復した。社有車を使う往復二〇〇マイル（約三二〇キロ）の「出張」をするのに誰の承認も得なかったのは、ただ、その送り迎えが「正しい」と思えたからだ。会社は空港への出迎えを監査人に申し出ており、その義務を果たす人がほかにいなかったので、まったくためらうことなく、さらに自分がしたと認めてほしいと訴えることもなくそれを実行した、というわけだった。

これがＨＯＷ企業とＷＨＹ企業の違いだ。夜間の清掃員であるクリスティーヌは、恐らくそれまで一度も、会社の車を仕事に使ったことなどなかったはずだが、監査人から電話があった時、これは会社に貢献できるチャンスだと捉えて実行した。ゾブリストはこう解説する。

「会社の問題に直面する時の彼女は、もはや『清掃員』ではなく、ＦＡＶＩなのです」

こうした姿勢が従業員の間に定着してほしい、とかなわぬ望みを抱く会社は多い。実際、万が一ＨＯＷ企業で従業員が会社のためにそんなに長時間持ち場を離れていたとしたら、その後には恐らく次のうちのどちらかが起きたはずだ。

最悪のケースでは、クリスティーヌは「持ち場を離れたこと」だけでなく、「会社の資産である車を無断使用したこと」を理由に罰せられたかもしれない。あるいは、（こちらの方が少しはましだが）会社は、清掃員が持ち場を離れた長さに驚きつつも、彼女を英雄扱いする可能性もある。

ゾブリストはどちらもしなかった。

「人々の行為を褒めたり罰したりすると、そうした行為が善悪の基準になってしまいます。クリスティーヌは自分が何か特別なことをしているとは考えませんでした。当社では、問題に直面して解決策を見つけると、誰もがただ実行に移します。事前に誰かに伝える必要も、許可を求める必要もないですし、事後にお礼を言う必要もありません」

そして、満足そうな笑みを浮かべると、ゾブリストはこう付け加えた。「ところで、クリスティーヌの自発的行動のおかげで、この監査人は当社の品質基準を一〇％引き上げてくれたんですよ！」

ゾブリストがアルフレッドと工具収納室の前で会ってから、クリスティーヌがとっさの判断で空港までの送り迎えをするまでの期間はわずか二年だった。しかしこの間に、ゾブリストはＦＡＶＩで働く多くの従業員の習慣に目覚ましい変化を実現させていた。

ＦＡＶＩの解放された従業員たちが日常業務の中で示した素晴らしい行為の事例は無数にある。手配していたトラックが間に合わず受注した製品が納期に間に合わないかもしれない事態が発生した時、担当者はゾブリストの協力も得て、ヘリコプターをチャーターして約束の時間に顧客の元に届けた。作業現場で働く労働者からは次のような話を聞いた。ある顧客企業向けの製品に欠陥が見つかった時、彼はただちに同僚と一緒にドイツまで出向いて問題に対処したのだが、事前に上司の許可は一切取らなかったという。「なぜですか?」という私たちの質問に対して、彼はただ肩をすぼめただけだった。それは正しいこと、いや、まったく当たり前のことのように思われたからだ。

空いた時間に革新的で利益率の高い製品を開発できる人々や、顧客を満足させる創造的な方法をとことん見つけ出そうとする人々を喉から手が出るほど欲しいという企業は多い。しかし本当は、こういう人々はまさに今、どこの会社にもいるのだ。製品の品質に興味なさそうに見える技術者や、顧客の革新的な提案に興味なさそうな営業担当者、そして、そう、どんなことにも関心を示したことのなかったように見える、いやそもそもいることすら意識されない清掃員……。彼らはただ、自分たちを尻込みさせている束縛から解き放たれる必要があるだけなのだ。本書で取り上げる「解放企業」は、それを実現するための秘密を発見した。

従業員一人ひとりの独創力と才能を引き出すことで、解放企業は競合他社が失敗するなかで成功してきた。自社よりも規模が何倍も大きな、古い考えにとらわれた既存企業に立ち向かい、創業者たちが夢にも思わなかったほどの成長を成し遂げたのだ。

こうした企業には、従業員が六〇〇人程度のＦＡＶＩのように、強靱だが小粒な会社から、従業員二万六〇〇〇人を抱える巨大保険会社〈ＵＳＡＡ〉まで、規模もさまざまだ。

「解放企業」はサービス業界にも製造業界にも存在する。たとえば、〈ヒューレット・パッカード〉は上場企業で、従業員の大半は労働組合に属している。驚くべきことに、一九八六年に上場した際の主な理由は、「社内解放ムーブメント」を始められるからだったという。当時のＣＥＯリチャード・ティアリンクによると、もし上場しなければ、会社を牛耳っていた銀行家たちにその試みは阻止されていたはずだ、というのである。「どんな時でも、銀行家と向き合うくらいなら、株主と向き合う方がましですよ」とティアリンクは述べている。[10]

一九九八年、油圧バルブの世界的メーカーであるサン・ハイドローリックスも上場した。解放的な文化を構築してからすでに何年もたっており、上場後一〇年たってもその独特な文化を一グラムも失っていなかった。とはいえ、アメリカ合衆国で最大の独立系広告会社〈リチャーズ・グループ〉など、現在も株式が未公開で、今後も永遠に上場予定がない企業も多い。

各社のありようは相当異なるものの、どのリーダーも、「社員に自由に動いてもらえるような企業文化をつくる」という決意がまったくぶれていなかった。

ビル・ゴアと彼が成長を見守った一連のリーダーたちは、アソシエートの行動が会社の原則にかなっているときには支援と激励を与え、それに違反しているときにはルイスとのやりとりであったように「少し時間ありますか?」と声をかけるなど、日々の小さな言動を通じて文化づくりを実践していた。

リチャーズ・グループのように、社員の間にあった仕切り板を文字通りなくしてしまった会社もある。創業者のスタン・リチャーズは、ダラス事務所のレイアウトを変更して、人と人とが直接向き合うための障害物を一切撤去したのである。こうした対応の一つひとつは、各社の置かれている業界や、どのような状態から社内の解放を始めているかによって異なる。しかし、リチャーズ・グループやゴア、サン・ハイドローリックスのように、ゼロから始めて傑出した存在になったのか、あるいはUSAAやハーレー、FAVIのように長期間にわたる停滞の時期を経て変貌したのかにかかわらず、どの会社も従業員に本来備わっているポテンシャルを解放するといかにすさまじい力が発揮されるかを十分に理解している。

会社のポテンシャルを引き出すことは容易ではない。そのためには、自分の働く会社は何ができるかについての確固たる信頼が必要である。社員たちは、自分たちの総力を結集できれば、どんな個人でも、CEOでさえも全員の力にはかなわないことを、心から信じているのである。この点を考慮すれば、ジャン＝フランソワ・ゾブリストが、CEOとしての自分の目標は「なるべく何もしないことだ」と言った意味が、読者にもピンとくるのではないだろうか。事業を運営する上でHOW企業のどこが間違っているのか、そしてそれを変えることが可能なのかを十分理解していただくために、私たちがどうやってこの結論にたどり着いたかをご紹介していこう。

2 3%のための経営？
官僚主義がもたらす莫大なコスト

ジャン＝フランソワ・ゾブリストがＨＯＷ企業（「どうするか」を追求する会社）と呼んだ組織は、階層型、官僚的、あるいは指揮統制型の企業としても知られている。そして、残念なことに、あまりにも多くの人々がこうした企業の実態をよくわかっている。（時に長すぎる）指揮命令系統、手続き重視の意思決定、トップダウンといった用語は、それぞれ何を重視するかが少しずつ異なるものの、大半の大企業にはごく普通に見られる仕組みである。しかし、こうした組織構造は、ＨＯＷ企業の本質を支えるために生まれてきたものなのだ。その本質とは、現場の人々はコントロールされるべきであり、仕事のやり方を指示される必要がある、という前提だ。

この前提を支えているのは、人間について経営者が抱いている深い信念だ。人はそもそも働きたくもないし学びたくもないものだと経営陣が（しばしば無意識に）信じているなら、人々は指示を受け、コントロールされるべき存在だとみなされるようになるのも当然だろう。そう考えると、「指示」によって統制する権限を上司に与えるヒエラルキーを設けるのは実に理にかなっている。こうして、方針や手続きを決めて指示や統制の多くを日常化することが、ごく自然に行われるようになる。

第三章で見るように、産業革命期にはこれらが「当たり前の秩序」として確立していった。当時の企業は、あまり教育を受けていない労働者を雇わなければならなかった。ただ同時に、この種の組織構造を持ったＨＯＷ企業が、当時から今日に至る過去二世紀にわたって順調に成長してきたことは認める必要がある。

実際、ＨＯＷ企業は多くの点で目覚ましい業績を上げてきた。経済史家のアンガス・マディソンによると、新興工業国は、従来型組織のおかげで人類史上かつてなかったほどの経済成長を成し遂げた。その結果、それ以前には世界中で一握りのエリートしか享受できなかった物質的に豊かな生活を、多くの人々が送れるようになった。[1]ややミクロの視点で言うと、従来のＨＯＷ企業は、物質的な進歩と革新的な製品を世界にもたらすことで、私たちの日常生活を形作っていった。この点には疑問の余地はない。

二〇世紀のドイツの社会学者マックス・ウェーバーの目には、「官僚組織」の成功と支配は完璧に理にかなっていた。それは、「他のどの組織形態よりも技術的に優れているからだ」と論じた。ウェーバーは、「資本主義市場経済の要件は、「厳格に官僚的な組織」によってのみ充足可能であり、そのような組織こそが「正式の職務を……正確かつ明瞭に、継続的に、そして可能な限り迅速に達成する能力がある」と主張した。

そしてウェーバーは、その他の組織形態は、一九二二年というめまぐるしく動いていた世界を後退させるだけだろう、とも述べた。[2]そして今日に至っても、企業が成果を上げるには、官僚的な独裁体制でなければならないと考える経営学者がまだ存在している。ある経済学者は最近、次のように述べた。「もちろん、俊敏性や柔軟性を身につけたいなら、そして何よりも競争をかいくぐって利益を上げたいなら、経営者は独裁的な権力を振るうだろう。企業が富を生み出せるかどうかは、経営者の権力にかかっている。このように、アメリカの産業界ではトップダウンの権力が働いており、それが濫用されるおそれもある。この事実を否定するのは馬鹿げている」。[3]だが、ウェーバーの時代以降、この見解に異を唱え、官僚主義に反論する経営学者が次々と現れた。[4]

従来型企業による未曽有の経済成長には、「人」という一定の対価を払わなければならなかった、とする資本主義の批判者たちの見解は正しい。産業革命の初期には、従来のＨＯＷ企業の大半の労働条件は、世界の最貧国の労働搾取工場に現在見られるものとあまり変わらなかった（当然、児童労働も蔓延していた）。

労働者の基本的な権利と労働環境が守られるようになった後も、人の犠牲が減ることはなかった。労働者と経営者との頻繁な摩擦、ストライキ、山猫スト（一部の組合員による非公式のストライキ）や死者を出すほどの暴動は今も存在している。もちろん、好戦的な労働組合と横暴な経営陣がいるからこうした紛争が起きるという説明はあり得るだろうが、すべてがそうだとは限らない。労働組合が従順になるか、組合がなくなったとしても、あるいは経営陣がさほど横暴ではないとしても、あまりにも多くの人々が仕事の指示を受け、それに従うことを強制されるという状況は変わっていない。

テレビドラマの「ジ・オフィス」*が英米両国で大ヒットし、「ディルバート」*が一種の文化的な象徴になったのには理由がある。同時に、大企業に人間性を取り戻すべきだという考え方は新しいものではない。従業員の徒労感や疎外感を和らげようと、もう何年も前から、多くの経営学者やマネジメントの第一人者がさまざまな提案をしてきた。[5] 企業改革を専門にする少数精鋭のコンサルティング企業が今日まで存続しているという事実が、なすべきことがまだまだあることの何よりの証拠である。しかしだからといって、こうした努力にまったく効果がなかったわけではない。非常に効率的な、しかし「人間的な大企業」も存在しているのだ。

たとえば、トヨタだ。トヨタの工場に足を踏み入れると、あらゆるものがスイス時計のように作動している情景に度肝を抜かれるはずだ。同じユニフォームを着た従業員たちは、自分たちの仕事を最も効率的に成し遂げるための手順を見事なまで正確に把握している。

たとえば、三輪車のペダルを踏んで特定の部品を正確なタイミングで適切な担当者に送る作業や、特定の種類の車輪にはどのボルトを使うのか、さらには、どちらの手を使ってそれを行うか（作業員は全員両手使いの訓練を受け、どんな時でも二つの空気圧スクリュードライバーを使えるよう教育を受けている）まで詳しく決められている。ある手順では、

＊ ジ・オフィス：イギリスBBC制作のテレビドラマ。無神経な上司に振り回されるオフィスの日常生活を描いた。アメリカでもリメイク版が制作された。

＊ ディルバート：p.5の訳注参照。

目（そう、目である）の動きまで決められている場合もあり、作業員は一日に何百回も頭を動かして首を傷めるリスクを冒す必要がない。すべてが標準化された手順に従って進められ、従業員は十分な訓練を受け、何もかもが測定されコントロールされている。

日本では数千社に及ぶ企業が、トヨタと同様の、手順を重視した日本生まれのアプローチを採用している。その手法は「リーン生産方式」として知られているが、これによって、無駄、在庫、スペース、人の動き、必要なツール、製品開発時間を抑制して効率化できる。

そして多くのメーカー、サービス企業、物流企業は「総合的品質管理（ＴＱＭ）」と呼ばれるもう一つの日本式アプローチを採用してきた。ＴＱＭは、完璧な顧客満足を保証するために、プロセスにおけるあらゆる変動要素を共通の基準に集約する、従業員が一丸となった品質改善運動だ。トヨタは顧客への納品前に最終製品をチェックする必要がないが、それは自社の標準化された手順が品質を保証していることを確信し、そのことを誇っているからだ。

日本企業の多くはそこまで行ってはいないが、素晴らしい成果を上げていることは確かだ。多少の混乱があっても影響を受けることはなく、顧客の求める高品質の製品を他社に負けない価格で確実に納品し、あらゆる産業で成長を実現しながら堅実な利益を上げ続けている。

しかし、欠点のない手順などというものはないし、最も優れたプロセスでさえ、予測不可能なことをあらかじめ考慮に入れてはおけない。トヨタのような手順を重視する官僚主義は、スイス時計のように精密に運営されているように思えるかもしれないが、実はそうではない。複雑な製造、サービス、物流プロセスに必然的に伴う諸問題を解決すべく、業務や作業が止まることも頻繁にある。最高水準を誇るこうした企業では、大きな問題に発展する前に従業員自身または経営陣が自ら中断させる場合が多い。

二〇〇一年一月のある金曜日の午後。トヨタがフランスのヴァランシエンヌ郡にヨーロッパで最初の小型車工場を設立し、何の問題もなくちょうど三週間がたった時に、経営陣は組立ラインを止めるように命じた。驚く作業員らを前に、この停止は何か問題が生じたからではなく、三〇分程度で終わるとの説明と、現在の作業手順を改善するために意見を述べてもらいたいとの提案があった。

トヨタで作業手順が定められているのは、成功した他の多くの官僚主義的な企業と同じく、訓練不足の人や意欲の少ない人に仕事のやり方を教えたり作業を監視したりするためではない。定型的な作業を成し遂げるための「知っているなかで最善の方法」を実践するためのものなのだ。

したがって、圧倒的多数の企業とは異なり、トヨタの従業員には「この作業手順はとんでもない」と不平を述べる人はあまりいない。もし不満なら、単に変更すればよいからだ。

トヨタでは、手順に従って作業を行うかどうかを決定するのは現場監督でもグループリーダーでもない。作業員自身なのだ。もし作業の結果が基準を満たさなければ、その原因は第一には作業員の行動にあるはずで、本人が修正すればよい。しかし、原因が作業手順にあることもある。その場合には作業を改善するかもっとよい方法を採用すべきなのだ。だからこそ、リーン生産方式は、自分たちの仕事を見直す大きな裁量権を持つチームと共存できる。

そして標準作業を強く促すTQMでも、継続的な改善やアイデア管理システムと共存できるのだ。アイデア管理システムは、アイデアを殺してしまう提案箱とは正反対に、アイデアを迅速かつ効率的に導入するための仕組みだ。その結果、誰もが有益な改善を提案するよう促される。従来とは逆の、「作業手順に異議を申し立て、再編成し、改善する」というやり方は、マネジャーや生産技術者から伝えられた標準的な手順と同じくらい、いや恐らくそれ以上に重要である。実際、トヨタには、生産技術者という役職すら存在しない。従業員が作業手順を尊重するようになるためには、その設計方法やコントロールする方法、改善方法にまで関与できるようにしなければならないのだ。要するに、基準は経営者や技術者のものではなく、自分たちのものなのだ。[6]

これは、我れ先にとリーン生産方式やTQMを導入しようとする大半の企業が理解できないパラドックスだ。したがって、ある研究が指摘したように、アメリカ企業が取り組んでいるTQMの三分の二が期待通りの成果を上げていないという事実は、ある意味で当然の帰結とも言えるだろう。[7] しかし、それは本当の意味でのパラドックスではない。各社はツールに注目するあまり、トヨタの経営陣が自社の労働者について抱いている、根本的な前提を無視していたのだ。ある意味で、トヨタで働く人々の精神は、「自分の仕事に責任を持つ」という、産業革命以前の職人気質に似ている。

トヨタにはさまざまな職階や方針、手順が現在も存在しており、その意味でこの会社は現在も従来型の官僚組織なのだが、同時に、他の大企業とは異なる素晴らしい特徴も兼ね備えている（だがこの点はよく見過ごされている）。そしてこれがあるからこそ、今日でも世界有数のメーカーの地位を維持し続けてこられたのだ。

トヨタは、よい仕事をしたい、学びたいという従業員の意欲を信頼している。その上で、標準的な手順は「知るなかで最善の方法」を伝えるものであるとはいえ、一つの仕事をやり遂げるために何がどううまくいくのかは現場の人間の方がよくわかっている——そういう前提で管理システムをつくっている。だからこそ、作業手順への疑問や改善提案を常に促しているのだ。

これをトヨタで働く人々に当てはめると、自分の仕事をやり遂げるための効果的な方法は会社から提供されるが、もっとよい方法を見つけた場合には必ずしもそれを守る必要はない、ということだ。トヨタは、従来型の管理ツールを採用せず、従業員自身でモニタリングするツールを提供している。それを使うと、従業員は現在の作業手順がなお有効か、それとも改善する必要があるかを、自分たちの問題として考えることができる。

これは、多くの大企業とはあまりにも異なる慣行だろう。トヨタのアメリカ拠点では一度も労働争議が起きたことがないのも不思議ではない。

実際、トヨタのアメリカ拠点では、これまで労働組合をつくる動きがいくつかあったにもかかわらず、設立に必要な支持票が集まったことがない。さらに目を見張るのは、同社最初のアメリカ工場、NUMMI（ニュー・ユナイテッド・モーター・マニュファクチャリング・インク）は、カリフォルニア州フリーモントにあるゼネラルモーターズ（GM）の元のトラック工場を再利用したもので、さらにトヨタはかなり激しい労働争議の歴史を持つ全米自動車労働組合（UAW）傘下の従業員も引き継いだ、という事実である。[8]

GMは、その数年前に工場を閉鎖していたが、それも無理からぬ話であった。苦情件数が年間四〇〇〇件、常習的欠勤率が二〇％、山猫ストが日常茶飯事だったのだ。GMがトヨタにアメリカ初の工場設立を持ちかけたのがこの場所で、NUMMIの出資比率は五〇対五〇だったが、経営はトヨタ単独で行われることになった。

GMの経営陣が驚いたことに、NUMMIはわずか数年のうちに全米で最も生産性の高い自動車製造工場となり、高品質で手頃な価格の「ジオ」モデルが市場に大量に出回るようになった。しかし、それ以上に特筆すべきは、そこではトヨタの管理下で模範的な労使関係が築かれた、ということだろう。

当時、UAWの委員長ディック・シューメイカーとの交渉にあたった古田・ネイト・潔は、トヨタが埋めたいと思っていた見解の相違についてこう語った。

UAWは生産基準にいったん合意すると、変更できないのです。経営陣が変えようとすると、労働組合の抵抗が始まります。何しろ、ガチガチのシステムです。私たちが、独自の標準作業を策定するときには、働く仲間たちにも参加してほしいと考えています。そして、その基準の改善にも参加してほしい。私たちに必要なのは、一つのスキルしか持たない職人ではなく、さまざまなスキルを持った働き手なのです。そんなに多くの職階など必要ありません――それまでがあまりにも多すぎました……。[9]

そして、古田は見事にその試みを成功させた。初年度は売上高が目標に三〇％届かなかったが、ＮＵＭＭＩの経営陣は、それ以前なら当たり前だったレイオフ（一時帰休）を一切行わなかった。つまり、全従業員を留め置いたのだ。そして、本格的な研修プログラムを開発し、さまざまな基準を改善するためにチームメンバー向けのワークショップを実施し、追加の休暇まで提供した。

経営陣が労働組合との間に信頼関係を築き上げた結果、両者はかつてＵＡＷが署名した中で最も自由度の高い労働契約に合意した。たとえば、「職階は二つだけ」「労働者の異動は年功よりも能力に基づく」「さらには臨時労働者を雇う権利も含む」といった内容になった。

はたして、ＧＭの経営陣は役員を次々とフリーモントまで出張させて、いったいトヨタがどんな魔法を使って混乱していた工場を平定し、生産性の改善を成し遂げたのかを発見しようとした。そして、デトロイトに帰ると学んだことを実践しようと試みた。ところが、ＮＵＭＭＩの元ＣＥＯによると、ＧＭの幹部たちはトヨタの秘密を探ろうと工場で何日も過ごしたにもかかわらず、何もつかめなかったという。[10]

理解できなかったのは経営ツールではなく、「機会さえ与えられれば人々はよい仕事をしたい、学びたいという意欲を持っているはずだ」というトヨタの信念だった。「魔法」は製造方法や作業手順のどこにも見つからなかった。それは、トヨタで働く人たちが作業手順を継続的に改善できる自由さの中にあったのだ。

ＧＭは作業手順をそっくり真似したが自由は採用せず、新しい作業手順を厳格に遵守するよう従業員に強制しようとした。言うまでもないが、ＧＭからＮＵＭＭＩへの巡礼者たちは、トヨタの製造技術がなぜ自社の工場で

うまくいかないのかを決して解明できなかった。GMはトヨタのやり方を借りたが、「魔法」はカリフォルニアに

置いてきてしまったのだ。要するにトヨタは、表面的には従来型のHOW企業だったが、その奥底では自由志向

の企業に近いのである。

トヨタは素晴らしいことを成し遂げたが、後で論じるように、深掘りするともっともっと多くのことが見えて

くる。何と言っても、トヨタはその存在そのものが「自分たちは手持ちのツールと人々で最善の努力をしている」

と主張する他の自動車メーカーの経営陣に対する痛烈な批判である。

本書で紹介する企業は、製造業からサービス業、テクノロジー産業に至るまで、多岐にわたる業種で競合とし

のぎを削っている。あなたのビジネスが保険業や製造業であれIT業界であれ、どの分野であるかにかかわらず、

自社で働く人々を解放しさえすれば、人々の知恵や活動から収穫を得られるだろう。

もし読者が、GMのように、「あのトヨタ」のような企業と競争しなければならない不幸に見舞われたのであれば、

自社は単なる「優良企業(good)」なのに、なぜあの会社は「偉大な企業(great)」なのかを理解しなければ、というプ

レッシャーをすでに感じているかもしれない。

だがもし、トヨタやゴアやFAVIのような会社に脅かされたり、置き去りにされたりといった経験をしてい

ないのであれば、これまでのマネジメントでいいじゃないか、と考えるかもしれない。何しろこの世の中には、「自

由な会社」だとはとうてい(特に従業員は)言えないにもかかわらず、利益を上げて成長を続ける会社もたくさんある。

したがって、「結局のところこれまでのやり方でも問題ないのでは?」という疑問は、実に真っ当なのである。

その疑問に答えるには、こうした従来型の会社の実情を綿密に見る必要がある。

HOW企業の隠れたコスト

イギリスのロイヤルメールは、世界最古の、かつ最も有名な郵便事業者だ。ところがこの「名門企業」では、二〇〇〇年代の初期には、どの一日をとってみても、従業員一七万人のうち一万人が正当な理由なく欠勤していた。常習的な欠勤状況を何としてでも改善しようと、経営陣は、六カ月間一日も休まずに出勤し続けた従業員にくじ引きで景品を渡すことにした。賞品には、二万四〇〇〇ドル相当の自動車三四台と四〇〇〇ドル分の観光クーポン六八枚が含まれていた。[11]

この施策で、仮病を使っていた人の一部は呼び戻せたかもしれない。だが、日々休んでいた一万人の従業員の上司であるマネジャーたちは、自分の部下が仕事に来ようが家にいようが気にしなかったはずだ（私たちは賭けてもいい）。仕事とはまったく関係ない褒美をちらつかせただけでなく、実際に支払ったことで、ロイヤルメールは病気を治すのではなく、症状を緩和する極端なやり方に手を染めた。ロイヤルメールのトップ経営陣にとっては、あれほどひどい欠勤問題がなぜ起きたのかを調べるよりも、賞品を出す方がはるかに簡単に思えたのだろう。イギリスで労働組合の幹部を務めていたデイブ・ウォードは、いくつか無料のアドバイスを経営陣に提供した。

「会社は問題の根本原因に取り組む必要があります。それは低い意欲、低賃金と劣悪な労働環境です。これが、労働者の疾病と常習的欠勤（アブセンティーイズム）の原因です」

現在、労働組合の幹部たちは、給与が増えると労働者の生産性も上がると常日頃から主張している。それが彼らの仕事だからだ。しかし、低い意欲――エンゲージメント*の低下――を持ち出したことで、ウォードはあることに気がついた。賃金の引き上げは、少なくとも原理的には、経営陣がその気になれば簡単にできるということ

＊　エンゲージメント：組織や仕事内容への自発的な貢献意欲。

に(もっとも、経営陣はこの点を賃上げ以上に話したくないかもしれない)。しかし、意欲の向上は、金を出すことよりもはるかに難しい。経営陣はこの問題の元凶とも言える自らの役割と組織構造を見直さなければならないからだ。しかしそんなことをするぐらいなら、原因を無視して、対症療法に努める方がはるかに楽だった——ロイヤルメールの場合であれば、従業員たちに賄賂を渡して労務契約通りの仕事をするよう仕向けるということだ。

ロイヤルメールの「解決策」は極端だったし、この組織は多くの点で、パフォーマンスの良好な他社には遠く及ばない。大半の優良企業(特に民間企業)は、利益を重視するので、ロイヤルメールのようなひどい状態を放置しない。常習的欠勤(アブセンティーイズム)がロイヤルメールにもたらした損失は年間五~七億ドルとなった。民間企業ならこれほど大きな損失には耐えられない——あのGMでさえ大きな赤字が続いたのは倒産間際の数年間だけだった。しかし、世間を見渡すと、勤労意欲の低下という問題に対処せずに「症状」を緩和しようとする企業の方が(規模の大小を問わず)圧倒的に多い。しかもその手法たるや、金をふんだんに使った買収工作ではなく、仮病を使った欠勤を防ぐための極端なルールや手続きの策定なのだ。

〈チャパラル・スチール〉のCEOを務めていたゴードン・フォワードは、これを「三%のための経営」と名付けた。[12] 多くの経営者は、時にはたった一人、あるいは数人の「不心得者」がしでかした問題を片付けようと、以前よりもはるかに厳格なルールをつくって全員に守らせる、といった形で小さな問題に対処する傾向が強い。ある小企業のCEOは、かつて一人の秘書が自分の子どものために新学期向けの学用品を揃えようと会社の備品に手を付けていた事実をつかんだ時、「学校の夏休み期間中は事務用品の発注禁止」というルールを発表したという。「こうすれば、九月一日には彼女が取っていけるものが何も残っていないはずですから」。もちろん、その頃までには他の社員が使うための事務用品もなくなっているかもしれない。実のところ、彼が罰しようとした相手はその秘書だけだったはずなのに、である。

HOW企業がどこも「三%のための経営」になってしまう理由は、安易なコントロールの仕組みが、三%の社員によって常に出し抜かれるからだ。当然の帰結として、そうした社員を捕まえようとさらに厳しい策が新たに導入される。官僚的な仕組みを支える通常の間接費に「三%の」社員を管理するための是正措置が次々に追加されると、膨大な「隠れたコスト」がビジネスにのしかかってくる。それは残り九七%の社員の意欲の低下となって蓄積される。

しかし、この種のルール運用は、外からは馬鹿げているように見えても、経営者にとってはいくつものメリットがある。会社の資産をくすねようとする社員との気まずい対決も、ばつが悪い否定も、不満の爆発も起こらない。その代わり、マネジャーは官僚主義者ならどこでも使う奥の手に頼る。「これが我が社の方針です!」と。こうしてその規則はいつまでも生き続ける。たった一度の異例の事態が人々の記憶からなくなり、規則がもう何の役にも立たなくなってから何年も、何十年にもわたって。その間ずっと、この「役に立たない」ルールは、社内にとてつもない影響力を及ぼし続けるのだ。これが残り九七%の社員に大なり小なり不安の種を植え付けていることは間違いない。大多数の社員は、そのルールの存在によって自分たちが常に疑われ、気まぐれでつくられたとしか思えない会社の方針に圧迫されているように感じるわけだ。

にもかかわらず、圧倒的多数の社員に対して単に標準化した管理の仕組みや疑念を投げつけるだけでなく、それ以上のことを強いるHOW企業はますます増えている。官僚的な方針を出し抜く方法をいつも探している三%をいつまでたっても見つけられないので、各社は九七%をルールづくりに巻き込もうとするわけだ。

私たちは、まさにこの状況に置かれていたアメリカの大企業に勤める二人のマネジャーに偶然出会った。二人は「当社の仕事の進め方」と題する新しい会社の方針文書を受け取ったが、社員一人ひとりがこれを読み、同意し、署名することになっていたという。文書には、何らかの不正行為に気づいたら、ホットラインに電話して告発すべしという条項が含まれていた。彼らのうち一人はこれに反対だった。密告者になりたくなかったからだ。そこで、この方針への署名を拒否するかもしれないと意思表示した。すると、同僚たちから「署名だけして従わなければいいじゃないか」との提案を受け、他の者たちもそうすると言った。そこで、二人はこの方針に公然と反対するか、従うふりをするかを話し合うことにした。

ここでのポイントは、二人が最終的にどちらの行動を選んだか、にあったのではない。二人がその議論をしたという事実は、少なくとも署名への反対者には、この方針を真剣に捉えるだけの誠実さがあったことを示しているからだ。これに対して、新方針が標的としている「三%」の社員は、ためらいもなく署名し無視するだろう。一方、残りの従業員たちは、同僚の密告者としての行動を約束するという屈辱的な儀式に違和感を覚えるはずだ。

読者は、こうした問題は珍しいと思うかもしれない。「従来型企業の大半では、エンゲージメントの低い社員の割合は非常に小さいはずだ。そうでなければ、産業革命以来、先進諸国が経験してきた未曽有の成長を説明できないではないか」と。

この主張は、この問題に関するデータを見ないと、もっともらしく響くだろう。ギャラップ社は、アメリカの労働者のエンゲージメントに関する幅広い調査を定期的に実施している。結果はいつも似たようなものだ。二〇一三年、平均的な会社では、「仕事にやる気を感じている」と答えた従業員の割合はわずか三〇%で、「やる気がない」と答えた人が五二%、「反感を抱く」社員が一八%だった。[13]「反感を抱く」とはどういうことか。ここに、八人乗りのボートを思い浮かべてみてほしい。最前列のあなたと、そのすぐ後ろに座るもう一人は懸命に漕いでいる。中央の五人は時々オールを水につけてちょっとした水しぶきを上げている。一方最後の一人は、力いっぱいオールを動かしているのだが、他のクルーとは反対向きに漕いでいる。すると先頭にいるあなたは思う。これだけ水しぶきが上がっているのに、どうして自分の会社は前に進まないのだろう、と。

「八人乗りのボート」は比喩ではあるが、文字通り重要な問題を指摘している。従業員のスキルやモチベーションの不足を補うためのルールや手順を備えた従来の官僚的な組織は、あらゆるコントロールから生じる重い犠牲に見合う結果を出せるのだろうか。いよいよ、この問いを深く考える時がきたのかもしれない。まずは損益計算書のトップライン、つまり売上高に目を向け、次にコストについて考えてみよう。

R&Dはイノベーションにつながらない

本章の冒頭で紹介したように、従来型の指揮統制型企業は、長年にわたって極めて高い成長を続けてきた。医薬品業界の巨大企業、メルクとファイザーは典型的な好例である。両社は事業部門や組織を再編しているので、業績のどの部分が既存事業を生かして自律的に売上を実現する「有機的成長」なのか、そしてどの部分が買収で獲得した成長なのかを見極めるのは決して容易ではない。ところが、真の有機的成長を実現している企業には、たいてい一つの特徴が見られる──イノベーションだ。イノベーションという言葉が話題に上ると、従来型の官僚的組織の多くは、莫大な研究開発（R&D）予算と特許件数の話を持ち出すが、残念なことに、それがイノベーションにつながっているという根拠はない。

R&Dに大きな予算をつぎ込むことを喧伝する会社は多い。しかし、それが革新的な製品の売上高に結びつくとは限らない。全米プロバスケットボール協会（NBA）の人気チーム、ニューヨーク・ニックスの莫大なスカウト予算と同じである。選手への年俸も最高額を誇るこのチームは、二〇〇二年から二〇〇九年まで見るも無惨な成績を残したのだ。

アメリカでは、大手医薬品メーカーのR&D予算はどの産業よりも大きい。一九九一年から二〇〇一年までの研究費支出は九七億ドルから三〇三億ドルまで増加したものの、発売された新薬の数は年当たり三〇から二四まで減少した。[14] 金では愛を買えないし、莫大な予算だけでは次のバイアグラは手に入らないのだ。

実際、ファイザーのR&D予算は、最初のバイアグラの発明には貢献できなかった。この薬の効能は、まったくの偶然によって、つまり心臓疾患の試験薬として服用した多くの患者——全員が男性だった——が、奇妙な、しかし不快ではない副作用を報告したことで明らかになった。数十億ドル規模の産業はこうして誕生したのだ。

特許の数についても同様だ。ある研究によると、特許自体は企業の売上高にまったく影響を与えない。何らかの市場適合性がある特許はわずか五〜一〇％で、実際に利益を生み出せるものは一％にすぎない。[15]

直感に反するように響くかもしれないが、特許にとって本当に重要なのは、それが他社の特許文献によって何回引用されるか、ということなのだ。頻繁に引用される特許が多いほど、革新的な製品によって売上を上げる可能性が高い。[16]

次のように考えてほしい。一件の特許は、バスケットボールにおける一回のパスのようなものだ。もちろん、パスだけではチームは勝てない。しかし、特許を引用する人が多ければ、その人々にとって価値があるということだ——バスケットボールで言えば、得点に結びつくアシストのようなもので、直接的にチームを勝たせる道具になり得るからだ。他社の特許出願で引用された特許に限って、何らかのビジネス価値がその会社に認められたということだ。

もちろん逆も言える。つまり特許が他社からまったく引用されなければ、科学的にはいくら面白そうでも、ビジネス価値はまったくないのである。しかし、NBAは選手たちのアシストについて細かい記録をとっているが、自社特許の被引用率を分析する企業はほとんどなく、特許の数を吹聴することに専ら力を入れている。それはまるで、近年、NBA最高のポイントガードと言われるステフィン・カリーが、前日の夜に自分が何本のパスをしたかをしきりに自慢しているようなものだ。一九九〇年代後半、IBMは世界最大の特許ポートフォリオを誇っていた。しかし被引用数で測定すると、利益との関連性はシスコに買収されたスタートアップや、半導体製造を手がけるマイクロン・テクノロジーのようなさらに小さい企業をも下回った。[17]

R&Dの専門家は確かにとても重要だ。しかし、研究者たちを大規模な、たいていは外界から遮断された官僚組織に組み込んで、高額な予算をつければ、彼らが競合に負けない価格で利益率の高いイノベーションを生み出してくれるだろう、と期待してもそれほどうまくいかない。

今から二〇年前、『ブレイクスルー幻想』*の著者であるリチャード・フロリダとマーティン・ケニーは、日本企業はなぜアメリカ企業よりも科学的研究を収益性のある革新的な新製品に転換するのがうまいのかを考えた。二人の結論は、「(アメリカの)ホワイトカラー科学者たちは、工場労働者を見下していたから」というものだ。その結果、「大半の(アメリカ)企業のR&D研究所は、専門家による、組み立て工場のような組織形態のまま」なので、「正しい」場所から提案されないアイデアに対しては耳も目も塞いだままになっているというのである。[18]

要するに、従来の官僚組織の大半には、非常に高額で官僚的なR&Dプログラムと巨大な特許ポートフォリオを除けば、有効なイノベーションについて外部に誇れるものがほとんどない、ということだ。インテルや、コンサルティング・ファームのアクセンチュアのような企業でさえ、公式な後押しを得た数少ないR&Dプロジェクトの枠から外れたアイデアを従業員が推し進めるにはかなりの胆力が要る。

ジェイ・ヘドリーは、アクセンチュアのジュニア・コンサルタントで、会社にとって数千万ドルの収益となるばかりか、アメリカ経済にはるかに大きな利益をもたらすかもしれないほど素晴らしいアイデアを持っていた。[19]ヘドリーがデザインし、その後特許を取ることになったアイデアは、車内にトランスポンダー（応答機）を設置しなくても、高速で走る自動車の高速料金を判定してくれる電子システムだった。

＊『ブレイクスルー幻想』
The Breakthrough Illusion（未邦訳）

ところが、プロジェクトを一歩先に進めようとすると、ほとんど毎回邪魔が入るか却下された。あれほどの忍耐（ヘイリーはアメリカ空軍予備役のパイロットとして、アフガニスタンに何度か従軍していた）と機知がなければ、そして多くの役員秘書たちとの良好な関係が構築されていなければ、彼の素晴らしいアイデアが日の目を見ることはなかったはずだ。

しかし、幸運に加えて献身的なアシスタントたちの尽力もあって何とかプロジェクトをスタートさせたところ、経営幹部の一人が偶然、バーでビールを飲みながら耳を傾けてくれたことがきっかけとなって、そのアイデアはアクセンチュアのイノベーション・オブ・ザ・イヤーに指名されたのだ。ヘドリーは一躍アクセンチュアの「イノベーション・ヒーロー」として注目され、プロジェクトが見出される前に立ちはだかっていた会社のあらゆる障害は、いつの間にか忘れさられ、あるいは払いのけられていた。

ＨＯＷ企業は、人々に仕事の仕方を教えて統制する組織なので、現場で働く人々――要するに労働者の大半――がそもそも提案をしにくい環境ということになる。ヘドリーが自分のアイデアを提出した最初の管理職の一人は、冷淡にもこう言ったという。「君の仕事は薪割りだ。あとで、どこに木があるかを知らせてくれたまえ」と。ゴードン・フォワード（ＭＩＴで博士号を取り、チャパラル・スチールを率いるまで研究開発部門で働いていた）は私たちに、指揮統制型企業では「素晴らしいアイデアが毎日死んでいます」と語った。[20] 現在の仕事が「自分たちの最も創造的なアイデアを発揮しているか」という質問に対し、「はい」と答えたのは、自分の仕事に対して「やる気がない」と回答した従業員のわずか一七%、「反感を抱く」と回答した従業員の三%だった。[21] 実は、「やる気がない」あるいは「反感を抱く」と回答した二つのグループを併せると、アメリカの労働人口の七〇%になる。[22] 従来型の官僚組織の多くが、才能ある人々を社員として抱えているにもかかわらず、「イノベーション・ヒーロー」のような人物や「創造性」開発のための特別なプログラムやプラットフォームに頼らないと、多様なアイデアに耳を傾けてそこから革新的な製品やサービスを生み出せないのも当然である。社員のアイデアはどうでもよい――「ただ薪を割ってくれればいい」――というメッセージを宣言しているような会社だと、「どこに木があるかを探し出す」ために非日常的な手段に頼ったとしても不思議ではない。中には、木を探すことさえせず、規模の小さな、創造的な会社からイノベーションを買わざるを得ない会社さえある――そうすることで、買収によって成長するというありふれた戦略を獲得するというわけだ。

ゴアなどの解放企業は、閉じたエリート主義的なイノベーションの方法に限界があることを昔からよくわかっていた。つまり、イノベーション活動を、会社の上層部から認められた、少数のR&Dプロジェクトを行う閉鎖的な部門だけに任せることはせず、誰もが取り組むことを奨励した。その結果、他社であれば極秘の特命チームだけが取り組むスカンクワーク（自主的な探索活動）のようなプロジェクトが社内のあちこちにできあがり、そのいくつかが、ゴアの「エリクサー」ギター弦や「グライド」デンタルフロスのような業界のトップ商品に育ったのだ。

エリクサーと同じくグライドも、ゲリラ的なマーケティング・キャンペーンで発売された。ゴアのアソシエートたちは、PTFEからつくった糸にはとてつもない可能性があるとわかっていたが、売る方法がまったくわからなかったのでテスト販売は実施しなかった。そこで、この製品を歯科医に無償提供して使ってもらうことにした。すると患者の間で大人気となり、家族や友人用にも分けてもらえないかと歯科医に頼むようになった。そこで、一部のドラッグストアを説得して置いてもらったところ、すぐに在庫がなってしまった。そう、これはデンタルフロスという一見ありふれた製品の話である。

HOW企業のなかで、圧倒的なイノベーション能力で有機的成長を成し遂げてゴアのような評判を勝ち得た企業はほとんどない。ヒューレット・パッカード、ソニー、サムスン、P&Gなど長期にわたってイノベーションを起こし続けている企業はあるものの、その数は多くない。もしもっと多くの企業があれば、イノベーションや有機的成長が論じられるたびに3Mやアップルの名が繰り返されることはないだろう。

だが、官僚組織が偉大なイノベーションや有機的成長を生み出さないとしても、恐らく、少なくともコストを抑制することは得意かもしれない。何と言ってもコスト削減は、従来型のHOW企業の大半が非常に関心を持つ分野なのだから。「ディレイヤリング」（中間管理職の減員のための組織階層の削減）や人員削減から、「リエンジニアリング」（管理方法や業務プロセスの見直し）やアウトソーシングまで、合理化が何度も繰り返された結果、企業の身体についた脂肪は定期的に削がれてきたが、その結果、皮肉なことに、無数の手順や指揮命令系統をそもそも設計し、管理してきた人々まで解雇されてしまうこともある。

従来の官僚組織には、コスト削減に成功した十分な実績があり、それがウォール街にも評価されてきたという議論を受け入れることは容易かもしれない。しかしそこには一つ条件がある。会計士や株式アナリストが把握できるコストだけの話である、ということだ。そして、それらのコストが確認できればめでたしめでたし、とはならない。他にも、目に見えないコストや隠れているコストがあるのだ。床下のコスト——あるいは暗黒街のコストにようこそ！

会計士が語らないコスト——無気力という病

HOW企業ならどこも負担しているが、帳簿には決して現れないコストがある。それは、ゾブリストが名付けた「ハウの連鎖」の抑制効果で失われたすべてのコストだ。逸失利益、逃したビジネスチャンス、いつの間にか深刻化する非効率など、こうした説明のつかないコストは、ハウ型の組織構造がビジネスに与える現実の負担である。

こうした見えないコストのうち最大のものは、トップダウン企業では低くなりがちな、いわゆる「実行力」に由来する。取り組んでいるのが日常的な仕事か重要な企業のプロジェクトかにかかわらず、「締め切りに間に合わせる」「罰則を避ける」「顧客をつなぎ止める」など、業務の中でもう一踏ん張りしなければならない局面はよくあるものだが、やる気のない社員は(反感を抱いている者ならなおさら)、ここ一番の努力をしない。

「企業文化は戦略を喰らう(Culture eats strategy for breakfast)」――これは、フォード・モーター・カンパニーの「作戦司令室」にかかっていた横断幕の文章だ。二〇〇五年に倒産寸前にまで追い込まれた同社は、この部屋で野心的な変革戦略を練っていた。ピンと来ない読者のために、この計画を立案したマーク・フィールズに解説してもらおう。「世界で最高のプランをつくることはできるでしょう。しかし、企業文化がそれを実現しようとしなければ、実を結ばずに終わってしまいます」[23]。もちろん、企業は自社の従業員が指示に従うよう強要したり、「抱き込んだり」する方法を見つけることはできるが、企業の歴史を見ると、そうした労働者は命じられた仕事をうまくこなすことはない、という逸話は無数にある。

やる気のない従業員がもたらした機会損失の正確なコストを直接測ることはそもそも大変難しい。しかしそれを間接的に数量化する方法はいくつかある。

ある業界横断的な調査によると、相手企業との取引を止めた理由の七三%が、担当者の態度の冷淡さやひどさだった。[24]

M&A(合併・買収)に関する二〇〇一年の調査によると、大半の合併が売上高拡大と費用削減を目指しているにもかかわらず、「すべてのM&Aのうち八三%が株主に利益を生んでおらず、実際には企業価値を台無しにした事例が半分を超えた」とのこと。背景にあるのは、「実行文化」の弱さである。[25]

もう一つ、世界の先進一〇カ国を対象にしたある大規模調査は、従業員エンゲージメントの高い企業と低い企業とを比較した。それによると、エンゲージメントの高いグループは、過去三年で平均して営業利益を三・七四%、純利益を二・〇六%改善していた。一方低いグループは営業利益を二・〇一%、純利益を一・三八%落としていた。[26]この差はかなり大きいが、やる気のない従業員の存在が、逸失利益やコスト増と具体的にどう結びつくかを完全に説明しているわけではない。

どんな企業でも社有車を持っていれば一定の確率で事故が起こる。実のところ、以上述べたようなコストは企業にとっての必要経費かもしれない。私たちがもし、社員のエンゲージメントの低さに関連した重要な現象のコストについて何も知らなければ、この解釈は受け入れやすいだろう。この点を考察するには、少し回り道をして、精神医学の世界について学ぶ必要がある。

職場を蝕むストレス

職場のストレスが当たり前になってきたという話をよく聞くが、数字の裏付けはあるのだろうか。残念ながら、ある。[27]アメリカの国立労働安全衛生研究所によると、ストレスはアメリカ人労働者の四〇%に影響を及ぼしており、労働障害の第一の原因となっている。職場におけるストレスの原因が何かについてここから説明していくが、明らかなことが一つある。大半の症状は非常に不快で、本能的な「闘うか逃げるか（闘争・逃走）反応」の衝動にかられるということだ。

人間は、自分にストレスを与える人や出来事から逃げようとするものだ。その結果、常習的欠勤と生産性の低下が起こる。さらに、このストレスはあの人のせいだ、と考える相手に――それが同僚であれ、マネジャーであれ、あるいは会社全体であれ――（暴力に訴えるまでいかなくても）何らかの攻撃によってやり返そうとするのだ。これが、ギャラップ社の言う「反感を抱く」一八％の社員がしていることだ。これもまた、生産性の低下につながる。

ギャラップ社の推定によると、アメリカ経済全体で年当たり三二八〇億ドルのコストが生じているという。[28] そして、私たちが文字通り逃走も闘争もできないと、タバコや酒を飲み過ぎたり、さらには麻薬に「逃げたり」する場合だってあるだろう。こうした行為や行動に走ると、アドレナリンが分泌され、血圧と心拍数が上昇するという、進化の過程で私たちの中に形成された反応を引き起こす。たまたまサーベルタイガーに出くわして逃げるときにこの三つが一時的に上昇するならともかく、慢性化すると健康を損なう。今日では、かかりつけ医に通う人の七五％から九〇％が、職場のストレスが主な原因で不調になっているのもうなずける話だ。そして、このようなストレス反応が長引くほど、健康状態が悪化する。

短期的には、職場のストレスは、胃腸の病気、腰痛、筋骨格系障害、頭痛、皮膚病、睡眠障害、精力減退、精神的苦痛といったよくある「現代病」として現れる。ストレスは私たちの免疫力を弱めるので、風邪も引きやすくなる。そして、長期化すると、単なる体調悪化ではなく、心臓疾患へと発展することも多い。

結果は深刻だ。ストレス関連の問題は（従来の会計システムではほとんど見えてこないが）高いコストがかかるだけでなく、回避できるはずの人的被害をもたらすからだ。それでは、職場におけるストレスの原因とは何だろう？

数十年にわたる心理学研究の結果、このメカニズムの理解がかなり進んだ。すべては、人々が肉体的または心理的に恐怖を感じるような職場でのイベントや環境から始まる。心理学者はこれを「ストレッサー（ストレスを引き起こす刺激）」と呼ぶ。ストレッサーとは、仕事量の増加、要求水準の上昇、何をすべきかに関する不安感などのことだ。また、従業員の良好な業務遂行を妨げる、あらゆる制約や人間関係のいざこざなどもストレッサーだ。読者は次のような事柄に覚えがあるのではないだろうか。[29]

▼誰かに仕事を邪魔された
▼仕事に必要な素材や情報を他の人に奪われた
▼手柄を横取りされた
▼自分の知識や強みについて否定的なコメントをされた
▼他人の噂話やゴシップの標的となった
▼仕事上の会議や懇親会などで声がかからなかった
▼自分の意見が黙殺された
▼危険が迫っていることを知らせてもらえなかった
▼正当な理由なしに昇給や昇進が見送られた

こうした大小さまざまなストレスはネガティブな感情を引き起こし、怒りや苦悩に発展することも多い。そこからストレス症状へはまっしぐらだ。もちろん、仕事に必要な情報提供を他の人に依頼するなど、ストレスに対して前向きな行動を取ることもある。しかしほとんどの場合、反応は破壊的なもの、つまり逃走か闘争になる。すると、アドレナリンの増加、血圧と心拍数の上昇といった「悪い」症状が必ずついて回り、健康被害に至る。企業によっては、社員の多くが仕事においてストレスは「普通のこと」で、それに対してネガティブな反応を起こす人が軽視されてしまう文化もある。しかし、これは深刻な誤りだ。仕事上のストレスは、私生活での大きなストレスよりも人々の幸福や健康に一段と大きなダメージを与えるという研究結果があるからだ。

では、結局ストレスは経済にどのような影響を与えているのか。各種研究によると、ストレスが誘因となった常習的欠勤(アブセンティーイズム)、生産性の低下、医療費がアメリカの企業全体にかかるコストは、年当たり一五〇〇～三〇〇〇億ドルと試算されている。では、あなたの会社にとっての隠れたコストはいくらになるだろう。アメリカ連邦労働統計局によると、従業員一人当たりにかかるストレスのコストは年間一万ドルだ。

幸いなことに、職場のストレスには、状況を改善させるかもしれない非常に重要な要素がある。それは、従業員が「自分は仕事をコントロールできている」という自覚があるかどうかである。

まず、人は自分が今の出来事や状況をほぼ完全にコントロールできていると思ったときにはそれほどストレスを感じず、単に「挑戦しがいがある」と捉える場合さえある。戦闘機のパイロットの多くは、自分の飛行ミッションを、戦闘の時でさえストレスに感じたと報告することはない。なぜなら、彼らは自分の仕事を完全にコントロールしているからだ。実際、訓練飛行の方が実際のミッションよりもストレスが高いらしい。訓練生の立場だと、自分の飛行または仕事を完全にコントロールしていると感じられていないからだ。

第二に、この「コントロールしている」という感覚は、ストレッサーに対する人の「情緒的反応」を最小化する。たとえば、顧客が突然増えると、自分は目の前の状況を把握していると感じている営業担当者は、自信をもって対処方法を見つけ出し、仕事量を調節できるだろう。すると、挑戦しようというポジティブな感情さえ抱けるかもしれない。最後に、自分がこの仕事をコントロールしているという意識が高いと、ストレスの高い状況に遭遇しても、積極的な対応策を探すはずだ。

なぜこのことが重要なのか。コントロールの自覚が低い人の場合、反応が非常に異なるからだ。そういう人は、自分では状況を変えられるとは考えず、自分の情緒的ストレスを抑えて楽になるために、破壊的な逃走・闘争行動に走ってしまう。

三人の心理学者、ハンス・ボスマ、スティーブン・スタンスフェルド、マイケル・マーモットは、一万人以上のイギリスの公務員を対象にしたストレス水準の研究に五年を費やし、自分の仕事をコントロールできていないと感じている男性は、――それが本当かどうかは別にして――そう感じない男性よりも心臓病になる確率が五〇％高いことを見いだした。女性の場合、状況はもっと悪く、一〇〇％高かった。これは恐らく、女性は男性よりも仕事をコントロールできない立場で働いていることが多いからだと思われる。ボスマらは、仕事を自分で支配したい、自由に選択したいという気持ちは、人間の普遍的なニーズかもしれないと述べている。しかしさらに踏み込んで、こうも指摘する。

「とりわけ、官僚的な組織においては、このニーズは組織の最下層にいる人々には満たされていない可能性がある……そのような規制の縛りの強い組織では、仕事を自分でコントロールできるかどうかは特に重要かもしれない。というのも、コントロールできる立場にある人の方が官僚的手続きを簡単に回避できる可能性が高く、報酬の分配に関するルールや方針を知っている可能性が高いからだ[30]」

　これは、ストレスとその悪影響を回避する一つの方法だが、これが可能なのは、もちろん組織内の一部の上層部に限られている。しかし、社員全員にとっての苦しみを減らすことができる、はるかに劇的な方法がある。それは、真の意味で社員に仕事を任せ、そのことをきちんと認識させ、仕事の仕方をいちいち指図するのをやめることだ。そうすれば、ストレスは下がり、常習的欠勤（アブセンティーイズム）は減り、隠れたコストも下がるだろう。そして従業員のエンゲージメントは高まるはずである。

　もちろん、この方法のいずれもＨＯＷ企業で達成することは難しい。後に述べるように、従業員が自分の仕事をコントロールできていると自覚することは、解放型リーダーが目指す自由な企業環境にとっての鍵である。さらによいニュースがある。行動する自由を社員に与えると、ストレスや余計なコストがなくなるだけでなく、ゴアで見たように、イノベーションが促進され、成長力が劇的に高まるのだ。

要するに、従来のHOW企業は今やどこにでもあり、中には高い成長と収益を実現しているところもあるのだが、そういう企業でもさらに業績を上げる伸びしろがある、ということなのだ――そうなれば素晴らしいではないか。しかし、これを阻むのがいわゆる「九七%」の人たちだ。彼らの多くはやる気がなく、ストレスで疲れ切っていて、病気になり、欠勤さえしている。その損害は、公式の財務諸表には表れず、離職率や職場のストレス、いざこざの絶えない労使関係の中に隠れている。さらに、イノベーションの欠如や有機的成長の低迷という症状としても現れる。

NBAでは、プレーヤーがトレーニングはもちろん試合に遅刻したり休んだり、プレーヤー同士が中傷しあったり監督と口げんかをするようなチームには、プレーオフで勝つことはもちろん、出場さえ夢のまた夢である。どんなチームでも、そういった問題は隠せない。チーム内で起きた問題は、翌日の試合で誰の目にも明らかな形で現れる。

しかしビジネスの世界では、失敗を長期にわたって世間の目から隠すことに成功している企業が多い。ただし公式の会計報告でさえ、こうしたコストをいつまでも隠し通すことはできない。それは大手航空会社やデトロイトのビッグ3を見れば明らかだ。次に私たちが目を向けるのは、こうしたHOW企業がいつ現れ、業績低迷と隠れたコストにもかかわらず、なぜその大半が現在もビジネスを続けられているのか、ということだ。

それでは次に、HOW企業がその企業文化を変えることは可能なのかを検討しよう。

3 職人からオートメーションへ

HOW企業の起源

官僚的なハウ型アプローチでビジネスを回すことは、今日では自然なことに思えるが、いつもそうだったわけではない。ハウ型アプローチが産業革命中に現れたのは、二つの具体的な問題に対処するためだった。一つは、自分の作業時間とペースで仕事をすることに慣れた職人たちの労働慣習を厳格に統制する必要が認識されたからだ。もう一つの問題は、一八世紀後半から一九世紀初頭に大量に雇われた農村労働者たち(彼らはほとんど字を読めなかった)から、信頼できる均一の成果物を得なければならなかったという事情である。

この変化がはっきりと現れた都市は、イギリスのミッドランド地方のバーミンガムだ。一七七六年、この「一〇〇〇取引(トレード)の都市」(当時、バーミンガムはそう呼ばれていた)では、はるか彼方にある植民地で行われているアメリカ独立戦争のことなど、ほとんどの人々の頭にはなかった。バーミンガムは、それとは別の種類の革命、そう、経済革命のまっただ中にあった。

一七九六年に、ウルバーハンプトンからバーミンガムまでをつなぐジェームズ・ブリンドリーの運河が開通して以降、バーミンガムは大きく発展していた。[1]この運河が完成すると、バーミンガムは一夜のうちに内陸港に転換し、陸路に対する水路の圧倒的な優位性の恩恵を存分に受けるようになった。石炭は半値になった。他の地域からの原材料が豊富に入ってきたおかげで穀物の地域独占が崩れ、小麦粉とパンは石炭よりもはるかに大きく値下がりした。

一七七四年以来、地元の企業家マシュー・ボールトンの工場は、ある革命的でユニークな製品を全速力で製造し続けていた。ジェームズ・ワットの蒸気エンジンだ。ワットは蒸気エンジンの特許を一七六九年に取得した。ボールトンは、別の事業で失敗した後、蒸気エンジンで商業的成功を収めた。第一世代の蒸気エンジンは、主に鉱山で湧き水をくみ上げるのに使われた。ところが、ワットの新しいエンジンは旧モデルの四倍の性能があったため、従来は水車や馬力に頼っていた綿、トウモロコシ、麦芽の粉砕機の動力として実用化されるようになった。[2] 石炭燃料の蒸気エンジンは一七〇四年頃から出回っていたが、なかなかヒットしなかった。ところがトーマス・ニューコメンによる蒸気エンジンをワットが改良し特許を取ったことで、エンジン産業全体は大きく転換する。

新たな動力源と運河の両方から特に恩恵を受けた産業がある——製陶業だ。陶芸家の中では、ジョサイア・ウェッジウッドが、陶芸の工業化の手法面と、経済的、社会的な貢献面で群を抜いている。ウェッジウッドは正式な科学教育を受けていないにもかかわらず、陶器の製造に多くの改良を施し、高品質の生素地（なまきじ）＊とジャスパーウェア＊の大量生産などを成し遂げた。ウェッジウッドは運河を熱狂的に支持し（ウェッジウッドを「王」と讃える人々さえいた）[3]、陶器の輸送に利用すれば、最終製品を安全に届けながらコストもかなり削減できると予見した。わだちのついた、でこぼこの道路で運ぶと製品が割れてしまうことが多かったからだ。この見通しは完全に正しかった。バーミンガム～ウルバーハンプトン間の運河が完成すると、窯元からの運送費を八〇%以上削減できた。ウェッジウッドとボールトンは、蒸気エンジンを使った運河用ボートを走らせるという前代未聞のアイデアを相談したほどである。

二人とも会員に入っていたバーミンガム月光協会（ルナー・ソサエティ）では、こうした夢を語り合うことが奨励されていた。一七五〇年代に設立されたこの協会は、定期的に会合を開催し（それは会員が月明かりで帰宅できるよう満月の夜とされた）、当時の業界を劇的に変えるようなプロジェクトやアイデアについて話し合った。ウェッジウッドが陶器の

＊ ジャスパーウェア：
イギリスのジョサイア・ウェッジウッドが開発した陶磁器の一つ。

＊ 生素地：
焼成前の窯業製品。

製造方法の改善にとどまらず、作業そのものの体系化に乗り出そうと思い立ったのは、おそらくこうした会合の場がきっかけになったものと思われる。

このような経緯を経て、ウェッジウッドは一七七六年、アダム・スミスが「分業」と名付けた組織体制を導入した。「新しい形、新しい光沢、新しい粘土に対する需要の拡大」に対応できるよう、労働者の一人ひとりが「細かな手順に至るまで」訓練された。日用品の製作は、装飾品を手がける労働者とは別の者が担当した。ウェッジウッドは、自ら設立に尽力したある運河沿いに一七六九年に工場を建設し、古代ギリシャとエトルリアの陶器の伝統に敬意を表して「エトルリア工場」と名付け、この製造方法を徹底した。二七八名の労働者のうち五名を除く全員に、個別具体的な作業を命じたのである。[4]

ウェッジウッドの「最大限の省力化を目指す」効率化の追求はそこで止まらず、製造ラインの監督者を置いて、生産性の最大化を図った。職人の伝統として長く引き継がれてきた柔軟な労働時間を廃止し、厳格かつ規則的なスケジュールを設定した。効率化をとことん追求するあまり、タイムカードすら設置した。

そして、ビジネスは大成功した。顧客と注文はうなぎ登りに増加した。シャーロット王妃や、ロシア女帝エカテリーナ二世も買い求め、シャーロット王妃はウェッジウッドを「王妃の陶工」に選び、一七七四年にはエカテリーナ二世は九五二個を注文した。ウェッジウッドの個人資産も劇的に増え、一人娘のスザンナに資産五〇万ポンド(現在の価値でおそらく一億ドルに相当)と、大繁盛のビジネスとを遺して亡くなった。なおスザンナは自然科学者チャールズ・ダーウィンの母親である。

イギリスの実業家たちはミッドランド、スコットランドその他イギリス諸島全域に広がった産業革命から莫大な利益を得た。この時期の経済成長率は非常に高かったので、アメリカの独立戦争でイギリスの産業界は輸出市場の半分を失ったものの、内需の高まりがその穴を埋めた。といっても、産業革命に関わった者全員がその恩恵を受けたわけではなかった。

一七九五年、ある地方の聖職者はウェッジウッドの死を次の詩で悼んだ。

> 本当の愛国者よ、その人の門を毎日
> 多くの健康な者たちがくぐって働き、
> その貴重な製品を外国の宮廷が求め、
> 彼らがそれを賛美するとともに、彼の生まれ故郷は豊かになる。
> かつては不毛の荒れ地だった、エトルリアを見よ。
> 今や高尚な文化に満ち、繊細な風味に彩られている。[5]

ウェッジウッドの下で働く労働者たちは、実際のところ、田園風景を見渡せるそこそこ立派な住居に住めたわけだが、労働者階級の多くがそういう生活を享受できたわけではない。この新しい働き方で実現した労働条件は、四半世紀前の職人が経験していたのとは非常に異なっていた。現在の第三世界の貧困状況は当時の西欧で起きていた多くのことを彷彿とさせるが、本書では、当時の児童労働の唾棄すべき実態と大半の人々が強いられていたすさまじい貧困については追及しない。児童を雇用せず、そこそこの給与が支払われ、住居、医療制度まで提供されていた非常に恵まれた環境にあって、こうした工場内で働く人々はどう感じていたのだろう?

シカゴ大学の哲学者で、『アイデアには結果が伴う』*著者のリチャード・ウェーバーによると、彼らは衝撃を受けたという。[6]自分の――両親や祖父母にとっても――人生で初めて、自らが手がけた作品の最終の成果物を見ることも、検品することもできなかったからだ。

＊『アイデアには結果が伴う』
Ideas Have Consequences（未邦訳）

それ以前は、小作農は収穫に必要なことを自分で決定し、最終工程までを確認できた。長年の修行期間を経てスキルを身につけている職人であれば、完璧な製品をつくるためにどうすればよいかを自分で判断できた。ところが今や、工場労働者は一つの作業を最後まで見届けることはできないし、期待もされなくなった。というのも、彼は製造プロセスのほんの一部に関わっているにすぎないからだ。

物事のやり方を決めるのは職人たる彼の仕事ではない。作業手順はすでに決まっていて、その実行を監督者が強制する。労働者はただ、決められた時刻に持ち場につき、決められた時間だけ決められた作業を実行し、退社時間が来たら持ち場を離れればよいのである。実際、数世紀にわたって続いてきた職人の独立性を崩すにあたってウェッジウッドが最も苦労したのは、反復作業を覚えさせることではなく、職人たちが工場内をうろついたり、許可なく「休日」を取ったり、仕事中に飲酒するといった行為をやめさせることだった。[7]

アダム・スミスが『国富論』で説いたように、新たな分業体制には生産性の高さという大きな利点があった。だが、このやり方には、一時間当たりの生産量よりも測定しにくいコストがかかっていた。労働者は、自分の仕事内容と仕事の目的を自らコントロールできず、その結果、最終の成果物に関われなくなり自分の仕事に対する敬意を失うようになっていったのである。すると、監督者からの監視が厳しくなり、タイムカードその他の統制システムが導入された。こうして、労働者は作業の最終目的に対するやる気をさらに失った。ハウ的な官僚システムの根はこのようにして植え付けられた。

過去二〇〇年にわたって、組織統制の仕組みは時代とともに変化し、調整され、新しくなってきた。しかし、もしウェッジウッドが今日の世界に生きていれば、その基本的な構図とその根底にある前提に気がつくはずである。

実際、現在のイギリスにも、ウェッジウッドが親近感を抱きそうな工場はたくさんある。イングランドのバーミンガムから八七キロ南東に位置するノーサンプトンは、まるで一九世紀のイギリスに栄えた多くの産業都市のように見える。しかし、ノーサンプトンにとってそのことよりも重要なのは、この町の主要産業である靴の主な販売市場、ロンドンからわずか一〇八キロしかないという事実である。

この町の靴製作の歴史は産業革命前にさかのぼる。一七世紀、現地の職人たちはピューリタン革命を率いたオリバー・クロムウェルの軍隊向けにブーツを製作したという。一九世紀前半頃には、ノーサンプトンの男性の三分の一以上は靴職人として働いていた。当時の靴職人は、たとえ大規模な組織に属していたとしても、独立した職人として自宅で働いていた。ところが一八五〇年代から、靴の製作が一大産業となっていった。一九世紀後半には、労働者の半分は靴メーカーで働いていた。[8]

ノーサンプトンの靴製造の伝統は今に引き継がれている。もし読者が運よく「メイド・イン・イングランド」の男物の靴を一足所有していて、その内側に型番とサイズが手書きで記入されていれば、ノーサンプトン製のものである可能性が非常に高い。

二〇〇八年、私たちはそうした靴工場の一つを訪問した。工場が入っている建物は一九世紀の赤レンガ造りで、建てられた時からほとんど変わっていないように見えた。しかも、会社の組織構造や作業の段取りも時間の経過を感じさせなかった。一足の靴の製作には、現在も一〇〇以上の工程があり、それぞれ原始的な機械の助けを借りながら、手作業で行われている。ノーサンプトンの靴は、このような手仕事だけで圧倒的な高品質を保ち続けているのだ。

しかし、特別なナイフを使った革の裁断（このプロセスは「クリッキング」と呼ばれている）から仕上げのワックス掛けや艶出しまでの全工程を眺めると、あたかも、一九世紀の産業組織がそっくりそのまま受け継がれているかのようだ。作業員一人ひとりが特定の役割を負い、古びた、騒々しい、そしてかなり汚れた作業現場で一日中、来る日も来る日も、同じ、小さな作業に従事していた。

この非常に熟練した労働者たちは、世界最高級の男性用靴づくりを手がけているのに、表情は不機嫌で気力を失っているように見えた。元気いっぱい仕事をしていたのは、単調な作業から逃れるために「定期的に仕事を変えていくつかのポジションをマスターすること」を希望していた一人の新人と、二人のワックス掛け職人だけだった。ワックス掛けの作業場も決して快適な場所ではなかったが、彼らは並んで座っておしゃべりばかりしていた。

この工場は、現在はある多国籍企業の子会社で、CEOは状況を十分に理解していると説明した。工場の老朽化した設備を最新機械に置き換えられることも知っていた。そして現在使っている機械の予備部品は、製造元がないのでもはや手に入らないということも。現代的な靴の製造方法についてはもちろん、たとえば一一〇キロ北にあるトヨタのバーナストン工場で採用されているリーン生産方式や「改善（カイゼン）」についての最新知識もすべて承知している。ところが、彼は何も変えることができなかった。現場のマネジャーたちは大反対だし、わずか一日でも製造が止まるのが不安だと言うのである。

この理由が本当なのか、それとも自らの優柔不断の言い訳にすぎないのかはともかく、産業革命の時代にウェッジウッドをはじめとするイギリスの実業家たちが採用していたのとまったく同じタイプの組織が、業界最高品質の靴をつくっている一部の会社にはまだ生き残っているのである。

もちろん、最新式の機械とコンピュータ、清潔な環境が他の多くの企業に進出していることは事実だ。しかし、大半の企業では、ウェッジウッド式組織の主要原則が生き延びてきたのだ。つまり従業員は仕事のやり方（ハウ）を命じられ、命令にどれだけ従えたかに応じて指導を受け、評価される。会社は命令とコントロールの制度をつくり、コントロールを逃れようとする少数者を捕まえるために、「三％のための経営」に頼らざるを得ない。こうして、工場内には無気力が蔓延し、隠れたコストと業績低迷が発生し、成功への道が閉ざされる。

しかし、もしハウ型カルチャーが企業にもそこで働く人々にもマイナス要因となっていて、ビジネス界が生き馬の目を抜く非情な世界であるならば、なぜそのような欠陥だらけの組織がこれだけ長く続いてこられたのだろう？　なぜ、とっくの昔に、たとえばトヨタのようなベスト・プラクティスの追求によって、ジョサイア・ウェッジウッドのような男の採用した無駄が排除されなかったのだろう？

官僚主義がしぶとい理由

五頭のサルとバナナを使った有名な実験の逸話は、この不思議さを解く鍵を提供してくれる（実験が事実かどうかはわからないが）。

サルたちは檻の中にいる。バナナが一本天井からぶら下がっており、階段を上ればおいしそうな褒美にたどり着ける。ところが、最初のサルが階段を上り始めると、実験者はそのサルと、他のサルたちに冷水を浴びせる。サルたちはすぐにメッセージを理解する。バナナを探し求めることはよくないし、他のサルがそうすることもよくないのだ、と。サルたちがいったんそれを思い知ると、実験者は、五頭のうちの一頭を新しいサルと入れ替える。当然、新参者のサルはバナナを見つけ、階段に向かう。すると、冷水をかけられることを覚えている他の四頭から攻撃される。新参者のサルは怖くなって、階段を上るのをやめる。

このサルがその教訓を学んだところで、冷水を覚えているサルがもう一頭、別のサルと入れ替わる。すると、同じことが繰り返され、最初に入れ替わりで入ってきたサルは、自分が階段を上ることを阻止された理由がわからなくても、新参者への攻撃に加わるようになる。こうして、最初にいたサルたちは一頭ずつ新しいサルと入れ替わっていく。バナナに向かって階段を上ってはいけないというルールを学ぶプロセスが続き、実験が終了する頃には、檻の中は冷水を浴びせられた経験のないサルばかりになる。サルがもし話をできれば、バナナを取ろうと階段を上ることは仲間内でのルール違反だ、つまり「これがこの辺りでの物事の進め方なのだ」ということを伝えれば済んだだろう――これを「サルの官僚制」と呼ぶことにしよう。

これは、細かいところに多少の違いはあるにせよ、数百冊の書籍や数千回のプレゼンテーションで説明されてきた実験であり、作り話の可能性もある。だが五頭のサルが本当に水を浴びたかどうかは別として、聴衆がこの話を好むのは、メッセージをすぐに理解するからだ。

実際、この物語は、先ほど示した難問、つまり「意味のない、迷惑ですらある命令がどうしてそんなにも長く続くのか」をよく説明している。前向きな取り組みを始めようとする人に「冷水」を浴びせる行為は、長期的な影響を及ぼすことがある。自分たちの「バナナをめぐる失敗」で痛い目に遭った人々は、今度は他の人が同じことをしようとするとこれを懸命に阻止する。こうして企業のカルチャーが生まれ、維持され、いずれそれを変えようとする試みも潰しにかかる。

多くの人々は、顧客を増やし、つなぎ止め、問題を解決し、内部の問題があれば積極的に対処したいと考えるものだ。ところが、上司から来る日も来る日も後ろ向きになるような圧力を与えられていれば、そのような気持ちなどどこかに消え失せてしまう。経営状態のよい会社であれば奨励されるはずの起業家精神の芽がこうして摘まれていく。あるグループのたった一人の人間が、前向きな行動を起こそうとしたときに冷や水を浴びせられると、他の人まで、そのようなことをすべきではないと納得してしまうかもしれない。それどころか、彼らは他の人が「同じ過ち」を犯さないよう働きかけさえするのだ。次に示すのは、職場でよく見かける「間違った対応」の例で、誰かがこれをしようとすると周りの人たちから阻止されるかもしれない。

- ある問題について不満に思っている顧客に対し、最初の電話で返金に同意する（これはまず上司の了解を求める必要がある）
- 会社の製品についての問題を抱えた顧客の元をすぐに訪ねようと持ち場を離れる（上司の了解を求めるべき「同じ過ち」）
- ある問題を解決するためにポケットマネーで少額を立て替えて、後で払い戻しを請求する（「同じ過ち」）
- ある重要な問題について関係者全員と一対一の話し合いをする（本来はメモを書いて、会議を招集すべきだ）
- 関連する同僚に（しかるべき手続きを踏まずに）直接連絡する
- 悪いニュースを全員に公表する（悪いニュースを伝えるのは経営陣に限るべきだ）
- 気前よく何でも、ただし口頭のみで伝える（すべてを書面で残しておかなければならない）

これだけでも気が滅入る話だが、おそらく、読者はここに挙げたリストのいくつかは経験したことがあり、自分で付け加えることさえできるかもしれない。社員は、冷や水を浴びせられているうちに、上司の許可をもらったり、社内会議の記録を取ったり、会社の方針に従ったりすること――つまり「仕事をどう進めるか」――のほうが、「なぜその仕事をする必要があるのか、あるいは何を達成しようとしているのか」よりも重要になってくる。さらに、自由を抑えつけるような環境を生み出すのはトップである必要はない。たとえ小集団でも、一人でも冷水を浴びせられる人がいれば、周囲の人間たちは「バナナを恐れるサルたち」の群れに変貌するのだ。

そんなわけで、企業は歴史が長くなると――たとえ規模が小さくても――官僚化する傾向がある。起業家精神に満ちあふれた文化で創業した会社も、いつか問題が起こる。その時に誰かが「事態を収拾する」ために、「本物のマネジャー」を連れてくるよい機会だと判断する。そのマネジャーの役割は事態を収拾することなのだが、解放企業や出しゃばりな社員を相手にした経験が乏しいため（だからこそ任命されたのではあるが）、たいていは自由の排除から手をつける。「この会社には規律が必要だ！」――要するに、仕事の手順や方針を決めようということだ。そして会社が大きくなり、歴史を重ねていけばいくほど、ハウ型官僚制ウイルスに感染する危険性が大きくなる。

第一章で紹介したゴアに出戻ったレ・ルイスの経験を思い起こしてほしい。ルイスは、数年ゴアを離れているうちに官僚制ウイルスの保菌者となっていたが、ビル・ゴアが会社に浸透させていたカルチャーの強さがあったからこそ、周囲の人々へのウイルス感染を防げたのだ。

おそらくゴアにとって、指示とコントロールを制度化しようとする試みを拒絶することは他社よりも容易だったはずだ。というのも、ゴアは最初から自由を核として設立されていたからだ。これに対して、ほとんどの会社は指示とコントロールには何も問題がないとみており、ビジネスの効率が悪化して人的コストが高くなりすぎて問題が隠せなくなっても、ハウの追求に疑問を持たず、ただ組織を「再構築」しようとする。実際、既存のＨＯＷ企業が変わるのは非情に難しい。しかしできない相談ではない。

次章以降では、ＦＡＶＩを含むいくつかの企業を検討する。各社がそれぞれ特別な環境を背景としていることは事実だ。業界も、規模も、歴史も、場所も、読者がよく知っている企業とはまったく違うかもしれない。だがこれまでにあったような、支配とコントロールを基礎とした階層型の社会文化が変わることができるのか、そして変われるとしたらどう実現できるのか、という疑問を解明する一つの基本的な現象がある。これを探るためには、ちょっと変わった回り道ではあるが、霊長類の世界を覗いてみる必要があるだろう――今度は現実の動物だ。

平和を実現したサルたち

事業経営を学ぶには霊長類を研究せよと言われれば、読者は当惑するかもしれない。だがもし霊長類が、数百万年にわたって自分たちに染みついてきた社会的習慣を変えることができるのなら、人類も仕事の習慣を変える方法を学べるはずだ。何しろそのような習慣は、わずか数世代で発展してきたにすぎないのだから。[9]

残念ながら、一般的なチンパンジーはこの点ではあまり参考にならない。極端な階層社会になっているだけでなく、性格が獰猛で、互いを殺し合ったり食べたりすることもあるからだ。霊長類学者は、チンパンジーがその残酷で暴力的なあり方を変えようとしている証拠を見つけ出せていない。

一方、チンパンジー属には、ピグミー・チンパンジー、あるいはボノボと呼ばれる別の類人猿も存在する。しかも、ボノボは他の粗暴な近縁種とはまったく違う。オスはそれほどたくましくなく、食事を分け合い、性に優位性があるとすれば、オスではなくメスのほうにある。

ボノボは社会的な緊張を、実に変わった方法で解決する――セックスだ。実際、飼育されているボノボは誰でもセックスをする。親戚かどうかは関係なく、何頭とでも、さらにニュートンの万有引力の法則を無視したかのようなさまざまな体位でセックスをするのだ。挨拶したい、紛争を解決する必要がある、ストレスを解消したい、素晴らしい仲間と食事を楽しみたい――そうした時にセックスをする。これは、ディズニー・チャンネルで子どもたちに見せたいような自然の映画とは違う。よくある「互いの背中をかいてあげる」といった行為をはるかに超えているからだ。

残念ながら、これは私たち人間社会のビジネスの現場ではあまり見たくない習慣でもある――社内恋愛は混乱を招くからだ。

しかも、ボノボの社会はなお階層的で多くの問題の原因となっており、その解決策として用いられるのが子どもには見せないほうがよい成人指定の**あれ**、というわけだ。コンゴの奥深くの熱帯雨林にある野生の世界では、セックスが、その魅力的な多様性のなかに、暴力を伴っていた。オスは、セックスの機会を増やそうと他のオスを引っ張り、叩き、かむ。メスも特定のオスに近づこうと、自分の「姉妹たち」に同じことを(そこに他のメスとオスも加わって)行い、セックスを強要しようとするオスへの集団暴行を定期的に先導する。このようにボノボは、恋愛と戦争が生活の一部であることを示す霊長類であると言えるかもしれないが、参考にはできない(検閲されてしまうから!)。

チンパンジーについてはここまでにしておこう。幸運なことに、東アフリカのサバンナに生息しているアヌビスヒヒに関する研究も行われてきた。最初は、この研究から大した成果は期待されていなかった。オスは専制的な階層社会の中で自らの序列を高めようと頻繁に争い、罪のない傍観者をも定期的に襲う。メスの序列は生まれながらに決まっているので、争うことはない。オスは、思春期になると群れと群れの間を移動するが、メスは生まれた群れにとどまり、メス同士ではグルーミング(毛繕い)などの「親密」行動の比率が高い。それはおそらく、他の側面では厳しい生活の中の、おだやかな一面かもしれない。オスがメスと仲良くすることは滅多になく、オス同士ではなおさら、絶対にない。群れ全体で広大なサバンナの中で獲物を求めて動き回る。

では、これが既存の階層的文化を変えられるのかという問いとどう関係があるのだろう? 研究者たちが、「森林グループ」と名付けたあるアヌビスヒヒの群れを追っている時に遭遇した、驚くべき階層社会の変化を見ていただきたい。

一九八〇年代前半、この群れはある旅行者向けのロッジからおよそ八〇〇メートル離れた木立の中で夜を過ごすようになった。ロッジには、ヒヒたちの食欲をそそる大きなゴミ捨て場があった。実は、そこは研究者たちが「ゴミ捨て場グループ」と名付けたもう一つの群れの縄張りで、そのヒヒたちはゴミ捨て場を見下ろせる木立の中で寝ていた。早朝にはよく、「森林グループ」の中で最も攻撃的かつ反社会的で、特に早朝にオスとメスが行うグルーミングの儀式には無関心なオスたちが、「ゴミ捨て場グループ」のオスに襲いかかっていた。

ゴミ捨て場から食料がなくなることはなかったが、一九八三年のある日、「ゴミ捨て場グループ」に属する数頭のヒヒが結核菌に汚染された肉を食べたのが、彼らの運の尽きだった。結核はヒヒにとって致命的な病気である。一九八六年には「ゴミ捨て場グループ」は全滅してしまった。さらに、「森林グループ」の最も攻撃的なヒヒ――群れ全体の半分近くを占めていた――も死んだ。話が本当に面白くなるのはここからである。

「森林グループ」ではすぐに二つの変化が起きた。まず、生き残ったオス一頭に対してメス二頭が一緒に過ごすようになっていた。さらに、残ったオスたちは最もおとなしいヒヒだった。つまり、自分より序列の低いオスを支配しようという攻撃性が低く、序列の逆転が時たま起きてもそれを受け入れるようになり、罪のないメスの傍観者を攻撃する回数も減り、ついには異性間のグルーミングが増えた。さらにオス同士のグルーミングさえ見られるようになった――こんなことは野生のアヌビスヒヒでは前代未聞のことだった。こうして、オスとメスは、新しい、偶然に状況が改善した「森林グループ」の中でうまくやるようになっていた。しかし、変化はまだ続いた。

新たな「森林グループ」の生活様式の恩恵を最も受けたのは新参者たちだった。すでに述べたように、オスのヒヒは思春期になると他の群れに移るが、新しい群れに移ったばかりの頃は「何者でもない」存在だ。支配的な地位を占めているオスたちにとっては攻撃対象としても優先順位が低く、メスたちからは無視される。ところが、この新しい「森林グループ」は違った。

通常の群れでは、新参者にメスが性的にアピールをするまでに平均六〇日待たなければならず、グルーミングをするまでにはさらに二週間待つ必要がある。ところがこの新グループでは、新参者がセックスを楽しめるようになるまでにはわずか一八日、グルーミングまではさらに二日しか待つ必要がなかった。つまり、新参のオスは、すぐにメスにモテるようになったということだ。

ところが、さらに驚くべきことにこの親密な生活様式は、おとなしいオスがいなくなっても続いたのである。

一九九〇年初め頃には、新「森林グループ」に元々いたオスは一頭も残っていなかったが、この習慣は今に至るまで引き継がれている。以前の階層社会は、平等な社会へと完全に変わってしまった。そのきっかけとなったのは、群れのトップにいた抑圧的なオスがいなくなって、残りのヒヒがより平等な文化をつくれるようになったからだ。

「支配的で攻撃的な文化」から「平等で平穏な文化」への変化は、霊長類の調査ではさほど珍しいことではない。別の調査では、凶暴なアカゲザルが、専制的な階層社会から五カ月にわたって引き離され、平等主義的なベニガオザルと暮らした後で仲間のアカゲザルの集団に戻すと、以前とはまったく異なる、おとなしく穏やかな行動を維持するようになっていた。[10] ここでも、行動が永久に変わる引き金となったのは、支配的な少数のグループがいなくなったことだった。

サルにできるなら、ヒトにもできる？

サルが抑圧的なシステムから解放されると振る舞いを大きく変えることができるのなら、ヒトにだって同様のことはできるのではないだろうか。しかし、ここに紹介したような霊長類の実験を見ると、この変化の背景にある「因果メカニズム」（原因が結果に影響を与える過程）が浮かび上がる。

アヌビスヒヒの「森林グループ」のケースでは、最も攻撃的なメンバーがいなくなったことで他のメンバー（この群れの場合には特にメス）の緊張感が解け、新参者に積極的に関わるようになった。一方、過酷な扱いを受けることに「慣れ切っていた」新参者には、この変化は嬉しい驚きだった。彼らも安心し、自分自身が攻撃性の低いオスになって、新しい文化を永続させるようになった。アカゲザルの変化の背後にも同じようなメカニズムが働いていた。

階層的なＨＯＷ企業への重要な教訓は単純だ。変化はトップから始まるべきなのだ。リーダーたちは、自分の組織運営方法を劇的に変えて「部下」を対等に扱い、全員がリラックスできる状態を実現しなければならない。そして興味深いことに、霊長類の動物たちも人間とまったく同じように、平等な扱いを受けるとリラックスするのだ。その研究者たちは、森林グループの社会慣習が変化して、メンバーのストレスと健康にいかに影響を与えたかを追跡調査した。すると驚くほどに、人間の場合ときわめて近い結果が出た。

アヌビスヒヒは、一般に非常にストレスの高い種として知られている。従属と攻撃による心理社会的ストレスが慢性化すると、アドレナリンが継続的に分泌され、それに伴って血圧と心拍数が上昇する――アドレナリン、高血圧、高心拍数は人間に見られる「悪い三つのパターン」だ。その結果、成人型糖尿病、成長障害、細胞修復の鈍化、不妊などの健康障害が引き起こされる。ところが新「森林グループ」では、無理な緊張感がほぐれるとともに、下位のオスにはアドレナリンの増量も、それに伴う健康状態の悪化も見られなくなったのだ。人間の場合も、ストレスが低下するとともに、健康状態の改善が見られる――霊長類の研究結果を注意深く考察すべきもう一つの理由がこれである。

幸いなことに、ヒトはサルではない。ヒヒやサルの行動を変えるには外部からの干渉が必要だった――一つのケースでは、それは病気だったし、もう一つのケースでは研究者たちの操作だった。しかし私たち人間は、自身の行動を変えることを自ら決断できる。だからといって、中間管理職に毒を盛ることはお勧めしない。だが、組織の解放を目指すリーダーは、ＨＯＷ企業の抑圧的な文化から社員たちを解き放たなければならない。そして、いったん行動を始めると、他の「群れ」、いや人々の行動も、単に従うのをやめて、自由で前向きな姿勢へと変わり始めるはずだ。

4 「自由」＝「何でもあり」ではない

解放企業を実現するビジョンとは

「八カ月間、出かけます。僕に連絡したいとか、君の問題を解決してほしいと感じたら、寝転んでみてください。そして、そういう気持ちがなくなったら起き上がり、問題を解決し、どう解決したかを僕にメールしてください」[1]

——ボブ・デイビッズより

ボブ・デイビッズさんは、南国リゾートのバハマにお出かけだ。[2] 中部カリフォルニアには、サンタ・イネズ・バレーという贅沢なブドウ産地がある。デイビッズはそこに〈シー・スモーク・セラーズ〉という、三五〇エーカー（一四一ヘクタール）のブドウ園を所有している。しかし一年のうち一一カ月はブドウ園にはおらず、ネバダ州の観光都市リノやインドネシアのバリ島など他の場所で過ごしたり、バハマで釣りを楽しんだりしている。だがデイビッズが目指しているのは、自分のブドウ園から「人間にできる最高のピノ・ノワール（赤ワインの品種）」をつくり出すこと、ただそれだけだ。世界中の候補地を探し回って最適な生産地を見つけ出した後は、できる限り現地から離れているという。

デイビッズが世界トップクラスのワイナリーづくりを本格的に始めたのは、一九九七年一二月、当時世界第三位の利益を上げていた玩具メーカー、ラディカ・ゲームズの創業者兼CEOを退任してワインづくりをしたいと取締役会に宣言した時だった。周囲の反応は、そう、まちまちだった。

まずはロバート・タウンゼンド。デイビッズが一九八一年に初めて会った時から師と仰ぎ、一九九四年に上場した時には取締役会に三顧の礼を尽くして迎えた人物である。

彼は「君はこの会社を離れられない。君自身が会社そのものなんだ」と言った。

デイビッズは、ベストセラーとなったタウンゼンドの『組織を再生する』*を引き合いに出して反論した。「だがあなたの本には、取締役会の仕事は五年ごとにCEOを交代させることだ、と書いてあるじゃないですか。そして私はすでに七年もやっているんです」

「CEOが素晴らしい成果を出しているときには話は別だよ」とタウンゼンドは言い返した。

「そうでしたか。でも、それは本に書いてなかったですよね」とデイビッズは半ばふてくされて答えた。

すると、取締役会長のジョン・ベングトソンが、タウンゼンドのような独特な反応を示した。「小金を貯める最高の方法を知ってるかい？」

デイビッズが「さあ？」というように肩をすくめてみせると、「ワイナリーに大金を投じることさ」と言われたが、それは無視した。とはいえ、損をするためにワイン・ビジネスに参入するつもりはなかった。デイビッズは、「仕事の中に一％の楽しみがあれば、一〇〇％の楽しみになる」という信念を持っている。

こうした煮え切らない反応にもかかわらず、ボブ・デイビッズは、最善の努力を尽くしてラディカの権限を譲り、引退し、土地を買い、ワイナリーを始め、二〇〇一年に最初のボトルを市場に出した。

それから二年後の二〇〇三年の夏に、バハマにいるデイビッズにワイナリーの責任者ビクトール・ガレゴスから電話が入った。

「ご相談したいことがあります。二〇〇三年のブドウに問題があるのです」とガレゴスは言った。

＊『組織を再生する』
Up the Organization（未邦訳）

「なんでしょう」とデイビッズは簡潔に答えた。

「摘房をしなければいけません」とガレゴスは言った。「摘房」とは、ブドウの木から一部の房を落とすことで、悪天候で危険にさらされた残りのブドウが完熟しやすい確率を高めることだ。

「ところで、あなたはブドウ栽培の専門家なのに、なぜ私にわざわざ連絡してきたのですか？」とデイビッズは尋ねた。

「ええ、問題が発生したからです」とガレゴス。

「私は専門家ではありません。僕は役には立ちませんよ」

「そうは仰いますが、これから多くの成長が見込めそうなブドウ房を落とさなければならないのです」とガレゴスは言い張る。

「わかりました。で、何が起きているのですか？」とデイビッズは聞いた。

「実は、私たちは今、大変な問題を抱えているのです」。ガレゴスは動揺していた。デイビッズには本当の問題がわかり始めた。

「どれだけのブドウを落とさなければならないのですか？」

「大量にです」

「それでは答えになっていませんね」と反論するデイビッズ。

「小売価格ベースで、およそ一八〇万ドル相当です」。後に私たちに打ち明けたのだが、ガレゴスは自分の代わりにデイビッズに「この決断をしてほしい」とついに本音をさらけだしたのだった。

しかし、デイビッズはそれをはねのけて、こう言った。「私はあなたがやるべきことをもう一度伝えます。このワイナリーで、人間にできる最高のブドウを育てることです」

「でも一八〇万ドルですよ」とガレゴスは答えた。この決断の重さに押しつぶされそうなのが明らかだった。

「あなたの責任をもう一度言いますよ。このワイナリーで、人間にできる最高のブドウを育てることです。私は専門家ではありません。私はその方法を知りません。あなたの仕事は、このワイナリーから人間にできる最高のブドウを育てることです」

「でも、一八〇万ドルですよ！」ガレゴスは哀願した。

「あなたのサルは引き取れません。これで話は終わりです」

その後、ガレゴスはブドウ房を切り落とした。

もちろん、デイビッズがここで言った「サル」とは、珍しいペットのことでも、人類学上の実験のことでもない。デイビッズは、ガレゴスが「サル」、つまり大量のブドウ房を切り落とすという厄介な問題を、デイビッズに押しつけようとしていると判断したのだ。そしてそれを断った。

デイビッズはガレゴスに何をすべきかを指示することもできたはずだが、その権利を放棄して何を得たのだろうか？　バハマでお気楽に釣りを楽しむための時間だろうか？

そうではない。それこそが正しい仕事の進め方だったからだ。デイビッズはこう語っている。

「もしビクトール自身が判断しなければ、最高のワインをつくるという自分の仕事を完結しなかったでしょう。ビクトールは一八〇万ドルの判断を下すために眠れない夜を過ごしました。しかし、それを経験しなければ、どうして最高級のワインをつくることができたでしょうか？」

デイビッズは、ガレゴスを含めた社員の採用面談の時から、自分のビジネス哲学とビジョンを一人ひとりに明確に説明していた。

「私にはワインをつくる能力も技術もありません。その代わり、皆さんが全力を尽くして最高のワインをつくるための道具と権限……必要なものをすべて差し上げます。したがって後になってから私の所に来て、『〇〇さえさせてくれればもっとよいワインができたのに』という言い訳はできませんよ」

おそらく、シー・スモークという会社は、特別な問題を抱えた特別な会社と読者は考えるかもしれない。「ほとんどの会社でそんなことはありえない」と。デイビッズが以前経営していた会社、社員八〇〇〇人のラディカ・ゲームズや他の会社で、シー・スモークと同じことをしてこなかったのであれば、読者の意見には説得力がある。しかし彼はどの会社でも同じことを実践してきたのだ――「自由志向の環境づくり」を。

シー・スモークは規模が小さく比較的若い会社で、この逸話は自由な環境づくりで重要な最初の二つのステップを見事に示している。第一に、HOW企業では、働く人々に仕事のやり方を教えることは基本中の基本だが、自由をベースとする企業は、「人々に何をすべきかを（たとえ教えたくても）指示することはない」という考え方の上に成り立っている。この考え方は企業のトップから発信される必要がある。

とはいえ、ただ単に「何でも好きなようにしていいよ」とか、「自分が最高だと考えることを何でもしてください」と伝えるだけでは不十分である――それは無秩序というものだ。適切な指針がないと、誰も彼もが会社にとってよかれと思うことを何でもやり始めるだろう。その行動が会社のビジョンや周りの人々と衝突する可能性があるにもかかわらず。もっとひどいときには、会社ではなく自己利益のために行動してしまうかもしれない。

職場での自由とは、階級制度でもなければ無秩序でもない。

一番当てはまるのは「秩序ある自由」という政治哲学用語かもしれない（職場では政治的な自由とは言わないが）。シー・スモークは、極めて規律の取れた（ただし、実際には自己規律的な）組織形態だ。社員が従うべき規律は会社で共有されたビジョンであり、これが自由志向の会社をつくる第二の重要なステップだ。ボブ・デイビッズが社員たちに採用時から伝えたのは、「世界トップクラスのピノ・ノワールをつくる」というシー・スモークのビジョンだった。

社員たちが最高の力を発揮するために彼らを自由にしたのは、このビジョンを達成するためだった。

HOW企業に入ってきたばかりの新人は、自分がベストだと感じることは本当に何でもできるはずだと思っただろうか？　「何でも自由にやっていい」「自分で考えて行動してくれれば結構だ」というリーダーたちの発言を真に受けて実際に提案しても、まずは上司から承認を得るよう求められて終わるものだ。しかし、デイビッズがつくろうとしていたのはHOW企業ではなかった。

シー・スモークのチーフ・ワインメーカー（ワイン製造最高責任者）のクリス・カーランも、最初は眉唾だと思っていたという。

「私は最初の面談時に笑ってこう返しました。『ええ、ボブ。そういうお話はこれまで百万回も聞きました。でも、今働いているワイナリーのオーナーは造園には平気で二万ドルも追加投資するくせに、私の仕事に必要なワイン用ホースを買う二〇〇ドルの経費さえ認めてくれないんですよ[3]』」

カーランは入社が決まった後も「まさかそんなことが実現するはずがない」と思っていた。そんなある日、デイビッズから、誰が見ても完璧なワイナリーをつくるプロジェクトを立ち上げるので、ゼロから、つまり必要な設備を揃えることから始めてくれないかと頼まれた。そこで、言葉通りに「途方もないリスト」を書き上げた。それをデイビッズに報告し、リストを項目ごとに検討して「締め具やポンプ、桶の一つひとつに至るまで」話し合った。それ検討会は六時間に及んだ。しかし、最後にデイビッズはこう言ったのだ。「オーケー。それでは、このリストにあるもの全部をいつから買い始めますか？」

カーランは、まだ半信半疑で、単にデイビッズから自由に関する彼の信念をまた聞かされるのだと覚悟してこう尋ねた。「このリストから何も減らしませんよね」

「大丈夫です。良質のワインをつくるにはこれらの設備や道具が必要だというあなたの主張を信じます。そして、今後は、あなたが必要と思うものはすべて私が用意します。その代わり、『これが認められてさえいればもっとうまくできたはずなのに』という弁解は決してしないでください……」

デイビッズのビジネス哲学とシー・スモークのビジョンは単なるハッタリではないことを、カーランはこれで納得しただろうか？

「私は心底ビックリしました。当時この業界に入って八年たったところでしたが、有言実行してくれた経営者にお目にかかったことがなかったからです」とカーランは語った。

このやりとりを通じて、カーランは自分の入社面接でデイビッズが言ったことを、彼が最後までやりきるつもりであること、そして「ワイナリーのためにはこれがベストだ」と自分が思えることなら何でもできることを認識したという。デイビッズは、この「自由という積み木」をカーランのために置いたのだ（少なくともデイビッズはそういう意図を持っていた）。

しかし、仕事のやり方をあれこれ指示されるのに腹が立つのと同じくらい、自分自身の自由と、それに伴う責任を自ら受け入れるのも難しいかもしれない。ビクトール・ガレゴスは、ある条件の下では自分の自由を受け入れたものの、莫大な費用がかかるという事実を目の前にしてうろたえた。

一方、カーランは、まったく怖じ気づくことなく、世界トップクラスのワインをつくる設備に必要な備品リストをつくった。カーランが自ら認めたように、彼女はデイビッズを試していた。デイビッズが間違いなく躊躇するだろうと思うようなリストをつくって、その本意を問いただしたのだ。とはいえ、自分自身の自由を受け入れるときの心理的抵抗は大きいかもしれないが、まったく無理なことでもない——自由の獲得は怖いと思う人もいるが、それ自体は素晴らしいことだからだ。むしろ、会社のビジョンを心の底から社員に納得してもらうことのほうがずっと難しい。実際、クリス・カーランは入社してすぐの頃は、無秩序と自由を履き違えていた。

ピノ・ノワールの生産が始まって数年たった頃、デイビッズはブドウ園の中でピノ・ノワールには向いていない土壌の所に白ワインの代表的な品種「シャルドネ」をつくることを思いついた（彼は「自分の仕事はブランドを築くことだ」と語っている）。デイビッズは、カーランと彼女のアシスタントで、現在はマーケティングおよび直取引担当マネジャーを務めているケイティ・ケニソンに、「シー・スモークのピノ・ノワールの販売促進にシャルドネを使いたい」と説明した。つまり、この白ワインを景品にしようという目論見で、「グラティス」という名前まで考えてあった。「無料（タダ）」という意味だ。カーランとケニソンは、デイビッズのやり方にまだ十分慣れておらず、そしておそらく、この白ワイン生産はごくわずかで、シー・スモークの最終目的であるピノ・ノワールとは無関係と考えていたため、デイビッズの提案に特に反論することもなかった。もっともワイン生産担当者として心の奥底では、自分たちのつくったワインを（別のワインのとはいえ）景品にするという発想には反対だった。

数カ月がたち、デイビッズがいつもどおりワイナリーに立ち寄ると、ケニソンが使用済みの樽を数本転がしているのを見かけた。「ケイティ、この樽はどこへ持って行くんだい？」と尋ねたデイビッズは驚いた表情をしていた。

「シャルドネをつくるんです」

「新品の新樽を使うと思ってたんだけど」とデイビッズ。

「いいえ、今年は使用済みの樽でつくります」とケニソンは説明した。

デイビッズは、「話があるんだ」とチーフ・ワインメーカーのカーランを外に誘い出した。

「クリス、僕たちはずっとオークの新材を使ってきたと思っていたんだけど」

「いいえ。景品用のワインに新材は使いません。自分のお金だったら、ステンレス樽だって使うでしょうね」とカーランは答えた。ワインの熟成にはもっと安い方法、つまりステンレス鋼のタンクを使うのも悪くないと説明した。

「僕はあなたにお金を節約してほしいとお願いしたかな？」とデイビッズは尋ねた。「いいえ」とカーランは認めた。

「最高品質のシャルドネをつくるにはどんな樽がよいのか、君に選んでほしい」とデイビッズは言った。カーランはワイン貯蔵室に戻るとケニソンに言った。「一〇〇%新材のオークを使いましょう」

しかし、アシスタントは納得しなかった。「そんな！　もうこんなに洗っちゃったのに」

実際のところ、デイビッズはカーランに仕事のやり方を指示していたじゃないか、と読者は異を唱えるかもしれない。注目したいのは、間接的な表現を選び、多くの言葉を使って指示するのではなく、自分の思いを伝えたことだ。こんなことは多くの上司はしないだろう。おそらく、こう言うのではないだろうか。「好きなようにおやりなさい。でも、私があなたなら、こうすると思う……」。こうすれば聞き手は何が必要かについての疑いを差し挟む余地はほとんどない。ここで再び自由と無秩序の問題に戻ってくる。

自由は、仕事の「やり方」を社員に示さないことから始まる。デイビッズの原則によると、カーランはシャルドネをどうつくるかを自由に決めることができた。デイビッズは、どの時点でも、直接的にも間接的にもシャルドネのつくり方を指示しなかった。それに関するカーランの決断を厳しくチェックしようともしなかった。もっとも、古いオーク材を使う決定の理由を執拗に尋ねたことは事実で、従来型の企業であれば、方針を変えなさいとの暗黙の命令と解釈できるかもしれない。しかしそれはデイビッズの意図したことではなかった。自分はシー・スモークのワインのつくり方を知らないと正直に認める――だからこそワインメーカーを雇っているのだ。ただし、彼がこだわったのは、樽を節約するという決断が、正しい理由に基づくものであるか、ということだった――「正しい」とはつまり、シー・スモークのビジョンに合っているか、ということだ。

自由と信頼がバラバラに与えられることはない。もし二つが切り離されていたら、人は何か裏があると察知して、その提案はごまかしだと捉えて拒絶するだろう。しかし、「自由を与えて信頼する」とは、ある行動が会社のビジョンから見て最善の利益にはならないことにオーナー（あるいは同僚の誰か）が偶然気がついた時に、それを見て見ぬ振りをするということではない。それは無秩序への道であって、自由への道のりではない。

実際、会社のビジョンを共有し、ビジョンについてよく話し合うことは、解放型リーダーの主要な役割であり、二個目の「自由の積み木」となる。これは特に、社員がビジョンを完全に理解していながら、自分のものにすることを怠った場面に遭遇した時に当てはまる（今回の樽をめぐるディビッズの介入がそうだ）。リーダーがこの役割を果たさないと、一部の社員はこれまでHOW企業の影響を色濃く受けてきた自分の経験から、最善に見える判断に頼りがちになる。

たとえば、誰もが身に覚えがあるのが、「経費削減はどんな時でも（特に景気が悪い時には）よいことだ」という考え方だ。もちろん、余計な出費を避けようとするのは、どんな会社にとっても何も悪いことではない。しかし解放企業はとりわけ、コピーの枚数や出張旅費よりも隠れたコストと無駄に対して敏感だ。そして、取るべき最善の行動の判断基準となるのは、個人の経験や現在の状況ではなく、「会社のビジョンを追求すること」なのだ。会社のビジョンが「低価格市場で競争優位を得ること」であれば、経費削減は間違いなく最善の行動と見なされるだろう。サウスウエスト航空がその端的な例だ。しかし、ゴアでは、経費削減はさほど重要な行動にはならない。ゴアのビジョンは、景気の良し悪しにかかわらずどんな時も「傑出した製品を提供し、顧客とのフェアな関係を築いて市場のトップに立つこと」だからだ。

ゴアのレ・ルイスは数年前、「納期の厳守」が緩み始めたことに気がついて動揺したという。[4] 調べてみると、社歴の比較的新しい社員（つまりゴアとは違うビジョンの会社で働いてきた人たち）の何人かが、一〇〇％の成果を上げると予算を超えてしまうのであれば、八〇％の成果でも構わないと判断していたことが明らかになった。ルイスは、「納期の厳守」を経済的判断とは考えていなかった。これはゴアの重要な原則で「顧客へのフェアネス」というビジョンの一部だった。

ルイスは、納品後れが発生している事実は、ビジョンの共有がうまくいっていないことを示していると判断し、納期遅れを発生させた社員に改めて自分の考えを伝えた。「私たちの会社が楽しみながら利益を出して成功するかどうかは、お客様にとって価値の高い製品を発明し、販売し、製品を通じてサービスを提供できるかどうかにかかっています」というゴアのビジョンにおいて、「顧客へのフェアネス（公平性）」という考え方がいかに重要かを訴えた。いつどんな時も納期を守るというのは、ゴアが顧客に提供する価値（バリュー）の一部なのだ。ルイスはその数年前に、ビル・ゴアから「失敗の公式」に関する即席の講義を受けて、自身が同じ教訓を学んでいた——何しろ当時のルイスはただ経費を削減すればいいと考えていた。

社内における自由は、制約があれば無秩序にはならない。たとえば、デイビッズが社員たちの「責務」と呼ぶもの、あるいはゾブリストの「なぜ」という質問が制約になる。どちらも、会社の戦略的ビジョンにつながっており、社員はそれを実現するために全力を尽くす。解放型リーダーがまず行うべき二つの行動は、「全社員が自由に意思決定できる環境づくりをすること」と、「全社員が会社のビジョンを理解し、飲み込み、それに向かって仕事に取り組むようにすること」だ。シャルドネの例で見たように、この二番目の仕事のほうが、解放型リーダーにとっては難しい。

人間にできる最高のワインをつくる

社員に企業のビジョンを自分のものにしてもらうことは、解放型リーダーにとって、実に長く、終わりのない仕事である。幸いなことに、自由を志向する会社のビジョンは、どんな時も世界トップクラスを目指している。

これは人々が受け入れやすい夢といえる。ゾブリストが指摘したように、人は目標を義務づけられるよりも、自分自身で夢を思い描くほうが受け入れやすい。つまり、市場シェアを二％引き上げる目標に興奮してベッドから飛び上がる者など誰もいないのだ。リーダーの仕事は、初回の採用面談からすでに始まっている。

デイビッズは面談時に、他の解放型リーダーたちのように、志望者はあらかじめ会社のビジョンを知っておいてほしいと明確に伝えている。そしてビジョンに同意できなければ、そもそも入社を希望しないでほしい、と。

しかし、仕事に就きたいという熱意が強いあまり、じっくり考えないままに何でも受け入れますという人もいるかもしれない。ペンシルベニア州バーウィンを拠点にする〈バーテックス〉は、九〇〇人の優秀な社員が在籍し、そのビジョンは「高度な税務ソフトウエアと関連サービスで世界トップのシェアを占めること」だ。新規採用者にこのビジョンについてよく考え、納得してもらうために、共同オーナーでCEOのジェフ・ウェストファールは、入社一日目にこう宣言する。

「バーテックスにようこそ。皆さんは、いつでも自由にお辞めになることができます」

このやり方はうまくいっているという。

ウェストファールは当時のことをこう振り返る。

「最も優秀な社員の一人に別れを告げた時には、『ああこの仕事をしていて本当によかった』と思ったものです。[5] 数年前、私たちが当社の最初のビジョンづくりを始めた時にスピーチをしたのですが、そこに当社に長年勤めてくれていた方がいました。素晴らしい人柄の、優秀な社員でした。ビジョンに関する対話の場に参加してくれた後、彼女は私のもとに来てこう言ったのです。『ジェフ、私は会社を辞めなければなりません。鳥の彫刻をつくる活動に取り組みたいのです。今は趣味ですが、私が心の底からしたいのはそれなんです。この会社で働くのは楽しいですが、鳥の彫刻のほうが大好きなので、これを仕事にしたいと考えています』。私はこう伝えました。『キャサリン、今までありがとう』。そして彼女を力強く抱きしめ、昼食をごちそうし、お別れをしました。私は、自分が彼女の本当に大切なことをしっかり受け止めることができていると感じていました。彼女の意思に反して当社につなぎ止めておきたいという利己的な罠には囚われていませんでした」

キャサリンにとっては、自分自身のビジョンのほうがバーテックスよりも大切で、その道を追求するために会社を離れる自由を行使したのだった。

ラスベガスを拠点とする〈ザッポス〉のCEO、トニー・シェイは、ジェフ以上に自由を追求している。トニーは人々が入社したばかりの時期だけでなく、試用期間中にも、同じようなメッセージを力強く発信し続けている。[6]ザッポスは靴を中心としたアパレルのEC事業を展開しているが、実はUSAA（ユナイテッド・サービシズ・オートモビール・アソシエーション）と同じく、巨大なコールセンターを構えて顧客サービスを提供する会社で、急激な成長を続けている。まだ若い会社だが、創業から一〇年の二〇〇八年に売上高は一〇億ドルを超え、社員の多くはコールセンターと物流拠点で働いている。

創業者のトニー・シェイは、同社のビジョンと社内文化の強力な守護者であり、新しく入社してくる人たちがこの二つに合うかどうかを注意深く観察している。しかしそれでも、「ザッポスがあらゆる人にとって理想的な会社であるとは限りません」と言うように、研修期間中にそのことに気がつく社員もいることを認めている。そこで、有給の教育期間である四週間が過ぎると、シェイは独特の条件を提示する。

「今辞めてもいいですよ。当社はまったく気を悪くしませんし、退職金もお支払いします」

二〇〇八年半ばまでこの退職ボーナスは一〇〇〇ドルだったが、その後二〇〇〇ドルに引き上げられた。なぜなら一〇〇〇ドルでは退職を申し出てくる人があまりにも少なかったからだという。シェイは、社員が会社にとどまるからにはザッポスのビジョンをしっかりと共有してほしいと考えている。だからこそ、ただ時間を浪費しそうな人には会社から去ってもらうための金を喜んで払うのだ。会社のビジョンを社員に心の底から受け入れてもらうには本当の努力が必要だが、本当の金もかかるのだ。

しかし、会社のビジョンを伝えて共有することは、入社初日や研修期間中に終わるものではない——もし、そうだとしたらあまりに簡単だ。たいていの人は、特に以前勤めていた会社で冷水を浴びせられた経験があると、ビジョンとは壁に張り出されたり年次報告書に記載されていたりするもの、あるいは完全に忘れ去られたりするものでしかないと信じるようになっていて、そうではないビジョンがあることをなかなか受け入れられない。したがって、社員とビジョンを共有し、心の底から受け入れてもらうには時間がかかるし、ビジョンをすり込む努力が必要なのだ。その難しさを、先ほど紹介した無料提供のシャルドネの例で見ることにしよう。

シー・スモークのカーランは、チーフ・ワインメーカーとして、最高のピノ・ノワールをつくるというデイビッズのビジョンに賛同し、興奮のあまり身震いさえした。けれども、デイビッズからワイナリーの設備リストを作成してくれと頼まれるまで、素晴らしいワインをつくることはあくまでもデイビッズのビジョンであって、彼女のものではなかったのだ。

デイビッズは、彼のビジョンを実現しようとカーランに自由にリストをつくらせた。すると、カーランはワイン生産者としての自分のあらゆる経験を生かして、彼女にすれば「途方もない」リストを編纂した。しかし、デイビッズが彼女のつくったリストをそっくりそのまま承認した時に初めて、デイビッズの——少なくとも、ピノ・ノワールに関する限り——ビジョンを信じ、それを自分のものにすることができるようになった。

ところが、シャルドネについては、それを「世界トップクラスのピノ・ノワールをつくる」というビジョンと結びつけて考えなかった。シャルドネづくりの目標を、「素晴らしいが無料のワイン」をつくることと単純に捉え、「しょせん販促品にすぎないのだから経費を節約する」という自分の理解に照らして妥当だと思える判断を下していた。デイビッズはたまたまその現場に居合わせた。シャルドネで経費を節約することは、シー・スモークが、世界トップクラスのワイン製造業者になるというビジョンと相容れないことを、デイビッズはビジョンの守護者（キーパー）として、時間をかけてカーランに説明した。しかしそれでも、カーランが自分で結論を出してくれるだろうと信頼し、最終判断を彼女に任せた。こうして問題は解決した。

「会社のビジョンや夢を自分のものにすること」と「ビジョンを追求するために自分自身で行動する自由」とは、一見するとそれぞれ切り分けて扱えるように思えるかもしれないが、そうではないのだ。多くの企業が自社のビジョンを伝え、社員たちにそれを「受け入れ」させようとするのだが、たいていの場合思う通りにいかない。人々が会社のビジョンを心の底から受け入れるのは、まったくの自由意志でそれを追求しようと自ら決断した時だけだ。AかBかを自由に選べるということは、二つのうちどちらを選ぶかの判断基準を自分で考えなければならない――つまり会社のビジョンについてあれこれ考えなければならないということだ。

HOW企業では、「〇〇のあとは□□をしろ」と指示される環境にあるので、ビジョンについてじっくり考える必要がない。実のところ、ビジョンについて考えることは指示に従う上で邪魔になる。一方、自由な職場で働く人は、BではなくAにする理由をわかってくると、この「なぜ」が自分自身のものになる。会社のビジョンが経営陣によって時々号令をかけられる、抽象的でその後じきに忘れ去られる存在ではなくなる。心の底から受け入れ始めるのだ。

だからこそ、社員には「意思決定できるのは自分ではなく社長」という感覚を振り落としてほしいとデイビッズは言う。だがそれは、「会社のビジョンを指針にすれば、各自で簡単に判断できるようになる」ということではない。HOW企業で育った人の多くは、自分の携わっている仕事、スキル、あるいは経験を踏まえ、自分自身の視点から「何がベストか」を解釈する傾向が強い。仕事のやり方を命じられることなく、社員一人ひとりが、こうした物の見方を自ら克服していく機会を、忍耐強く提供し続けることが必要なのだ。それが解放型リーダーの責務だ。

あるいは、社員が仕事をするために必要な手段を提供するときには、ビジョンに関連する情報も提供し続けなければならない。必要があれば、重要な選択に直面した社員が、自分の判断で起こり得る結果を理解しているかどうかをリーダーがチェックしよう。最初のうちは、頻繁にチェックしてもよいかもしれない。そうすれば、必要な情報と手段をメンバーに提供できたのか、彼らは自分のあらゆる意思決定でその情報と手段を使ったかどうかを確かめられるからだ。デイビッズがカーランの設備リストの見直しに六時間もの時間をかけたのは、経費を削減できる方法を探していたからではなく、カーランが正しい「なぜ」というマインドセットをもって――「人間にできる最高のワインをつくるために」――自分で選択したのかを確認したかったからだ。

自社の社員が必要なものをすべて持ち、ビジョンを最も実現する意思決定をしていると解放型リーダーが確信できれば、あとは社員たちにすべてを任せることになる。社員たちがリーダーに行動の「仕方」を尋ねたとしても、彼らの厄介な問題を取り除いてあげることはない。

リーダーが、本来なら再検討すべき意思決定が下された場に居合わせることもあるかもしれない。ケニソンとカーランが使用済みの樽をシャルドネづくりに利用しようとするところを、ボブ・デイビッズが見つけた時がまさにそうだった。言うまでもなく、会社のビジョンにそぐわない判断がなされることは十分にあり得る。絶望する必要はないが、「社員に会社のビジョンを心から納得してもらうためにリーダーがやるべきことは残っている」ということを示す兆候だとは言える。リーダーは、会社のビジョンを社員に無理矢理納得させることはできない。リーダーにできるのは、社員がビジョンを心から受け入れて自由に活動できる環境づくりまでだ。ゾブリストが説明したように、リーダーがビジョンを強制しようとすると、まるで、客車を失った機関車のような立場に立たされる。客車の側が機関車の方向に行きたいと感じないからだ。

解放型リーダーが常に果たすべき役割は、しつこく、そして「気前よく」[7]コミュニケーションをとろうとし、会社のビジョンに関する最新情報を社員に提供し続けることだ。しかし、このビジョンは決して固定的なものではない。市場、テクノロジー、そして環境は常に進化している。現代のVUCA（変動しやすく、不確かで、複雑で、不明瞭）な世界ではなおさらだ。自社のビジョンに疑問を持たず見直しもしない企業は、いつか突然の変化に衝撃を受ける運命にあり、特に不景気の時期にはその可能性が高い。

しかし、会社のビジョンを変更する場合も、決して上から押しつけることはできない。ここでもまた、社員には、ビジョンに疑問を呈する自由が与えられ、その上で受け入れるかどうかを判断できなければならない。もし抵抗があったら、できる限り情報提供してその声と向き合う必要がある――この段階で、仕事のやり方を指示しようとすれば、最初から指示型の企業だった場合よりもはるかにダメージが大きくなるだろう。というのも、社員は今や自分たちには自由があってこれを享受できると考えているため、それが却下されると裏切られた気持ちになるからだ。

とはいえ、ビジョン変更への反対意見がかなり強く、社員にその意図を伝えようと精一杯の努力をしても抵抗が止まない場合には、そこには然るべき理由があるのかもしれない。もし社員の言い分が正しくて、ビジョンの変更が適切ではないと考えるに至ったなら、前のビジョンに戻ることも覚悟しておこう。解放企業であることの大きな利点の一つは、ビジョンの見直しを迫るような顧客や市場の変動性、業績の低迷などの要素が発生するまで待つことはないという点だ（むしろこうした事態にまで至れば、たいていは手遅れになっている）。自由な社員は何に縛られることもなく行動し、大きな戦略変更への疑問を自由に呈することができる――しかも、方針変更をする時間的余裕がまだあるうちにそうできるのだ。

ボブ・デイビッズは、ブランド構築とソトイワシ釣り（彼によると二つを同時に行っている）の合間にブドウ園に行くと、できる限りビジョンについて社員と話そうとする。

「私は大西洋に出て何日も何日も何日も釣り糸を垂れるのです。釣り竿を手に出かけていき、投げ入れ、ただただ考えます。頭の中にあるのは、『ブランド認知度を長期的に高めるために私たちは何をしているだろう?』ということです。そうして、私はガレゴスが日々ブドウづくりに悪戦苦闘しているあいだ、三～四年先のことについて考えをめぐらせることができるのです」

このようにして、デイビッズは自分の新たなアイデアを「考える時間がたっぷりある自由な思想家からみんなへ」と表現してガレゴスとチームに伝える。つまり、世界トップクラスのピノ・ノワールをつくって売るために、こうしたアイデアが自分の進化するビジョンとどうつながっているのか、できる限り情報提供しようと時間をとっているのだ。

アイデアを思いついたらすぐに共有することもあるし、釣りの最中に思いついたアイデアを社内の専門家に時間をかけて情報を吟味してもらうこともある。社員の抵抗にあうアイデアもある。その代表例が「シャルドネを景品として毎年無償で提供すること」で、デイビッズがどんなに確信を持っていても、カーランとケニソンの醸造家としての本能に反するために二人は抵抗した。シャルドネの無償提供が「世界トップクラスの赤ワインづくり」という会社のビジョンに結びつくとは思えなかったので、二人は使用済みの樽で経費を節約しようとしていた。それを知ったデイビッズは、アイデアの根拠を自分が十分に説明していなかったことに気づいた、というわけだ。

「こうしてほしい(ハウ)」と指示する権限を行使せずに、世界に通用するワインづくりというビジョン――言わば「夢」――を社員と共有することは容易ではない。しかしそれは単に始まりにすぎない――本当の意味で会社を変え、解放するにはそれ以上の努力が必要だ。小規模なシー・スモーク・セラーズ時代だけでなく、それ以前の大会社での経験も踏まえて、デイビッズはそう断言する。

私たちは創業初期のシー・スモーク・セラーズを訪問したが、それ以来、同社は自由の文化を発展させ、超一流のワインをつくるというビジョンも実現している。

それだけではない。デイビッズはその前のスタートアップ企業、ラディカ・ゲームズを、アメリカで(マテルとハズブロに次ぐ)第三位の玩具メーカーに育て上げることにも成功していた。[8] デイビッズはラディカの成長過程でも、上場した後でも、社員に対して何をどうすべきかを指示することはなかった。彼の退任時には八〇〇〇人規模まで成長し、九四%の社員が中国の独裁的な政治体制下で暮らしていたにもかかわらず、である。中国の社員は誰も、生まれてこのかた「解放型リーダー」を見たことがなかった。とてつもない勢いで成長を続けていたこの会社の従業員は、職場でもどこでも(西側の大半の人々ほどには)自由に慣れていなかったはずだ。デイビッズがそこに自由の文化をどう根付かせていったのかについては、本書で後ほど検討する。

人々の習慣や思い込みを変えさせるためにリーダーが具体的にどのような作戦を用いるかは、従業員の抵抗や疑念がどこから来ているのかによって異なる。他社での経験や文化的な要素、あるいは単なる個人の性格によるものかもしれない。

同じように、事業分野によっても異なるだろう。自社のエンジニアに対するビル・ゴアのアプローチは、機械工へのゾブリストのアプローチとも、ワイン専門家へのデイビッズのアプローチとも異なるものだった。ただし、共通の真理が一つある。それは、変革はリーダー自身から始まるということだ。解放型のリーダーを目指すなら、「あしろ、こうしろ」とは決して言わないようにしよう。従業員全員が鵜の目鷹の目で「リーダーの言行がどれくらい一致しているか」を観察しているからだ。解放型リーダーは、自分の会社に注ぎ込みたい価値観を、自分自身の生き様で体現しなければならない。

それでは、こうしたリーダーたちは、そもそも何がきっかけで自由な文化を実現させようとしたのだろう?それが次章のテーマである。

5 始めた理由

改革の引き金となった「怒り」と「羨望」

第四章では、リーダーが社員たちの自由を確保するための社内改革を始めた時の最初のエピソードをいくつか紹介した。本章では、その次のステップを論じる前に、彼らがなぜそれを始めたのかに焦点を当てたい。

この問いは見落としやすいが、検討する価値は十分にある。何かを達成した話は、偉大なチャンピオンになったスポーツ選手はもちろん、九〇キロの減量に成功したという事例でさえ、そこに至る過程はワクワクして面白いものだ。しかしその長い長い努力を始めてから最後にやり遂げるまでの、最初のきっかけは何だったのか？それを理解しないと、同じことを成し遂げたいと思う人が読んでもほとんど役に立たないだろう。

自社の解放を目指すなら、「世界トップクラスのパフォーマンスを追求すること」と「自由を重視する価値観を築くこと」の両方が必要な条件だが、本書で紹介するリーダーたちがそれぞれの改革を始めるきっかけとなったのは、「怒り」と「羨望」という具体的な二種類の経験だった。

本書で言う「世界トップクラスのパフォーマンス」とは、市場のシェアを獲得して、競合他社が羨やむような売上を上げることに他ならない。圧倒的な成果を上げたいと強く望むことが、解放企業を構築するための必要条件だ。それだけの熱意があればこそ、経営者のビジョンが心の底から人々に受け入れられるビジョンに変わるのだ。確かに大半のリーダーは、いったん会社の運命を任されると、自社の業績を心配し始める。しかし、業績に気をもむのとトップクラスになりたいと強く望むことの間には、大きな隔たりがある。スポーツの世界を例に説明しよう。アメリカのプロバスケットボールリーグのNBAの監督の中には、本人は決して認めたがらないだろうが、「よいチーム」をつくることを目指す人がいる。そして、単に「よい」だけでも、オーナーのために十分な売上を生み出すチームもある。例えば、レニー・ウィルケンズはNBAのどの監督よりも勝ち数、負け数ともに多いが、「物静かで、合理的で、楽観的なコーチング・スタイルが知られている」。しかし、「監督としてのウィルケンズは、優勝回数よりも安定した成績で名を残した」[1]。

一方でロサンゼルス・レイカーズを一一回の優勝に導いたフィル・ジャクソンのように「優勝できるチーム」をつくり、バスケットボールの歴史に名を刻むことを望み、オーナーかチームがこの目標を共有しなくなるとチームを去る監督もいる。二〇〇四年のジャクソンがまさにそれで、レイカーズが優勝を逃すとチームを去った。再び監督業に戻る準備ができると、現役時代にプレーしたチームのニューヨーク・ニックスなどいくつかのチームから声がかかったが、二〇〇五年にレイカーズに戻った。これは感情的な理由によるものではなく、（当時はあまり調子よくなかったが）このチームなら優勝できると考えたからだ。二〇〇八年にはその野望を達成する直前のNBAファイナルまで進出し、二〇〇九年に一〇回目のタイトルを獲得した。これはNBA最多の記録である。

企業において多くの優秀なリーダーは、レニー・ウィルケンズのタイプだろう。私たちは侮辱しているわけではない――ウィルケンズは一九七九年に、シアトル・スーパーソニックスを率いて一度優勝しているからだ。このタイプのリーダーは着実な実績を積み上げ、株主の期待に応えている。しかし、これは世界トップクラスのパフォーマンスとは言えないだろう。

「世界トップクラスの会社にする」という願いは解放への改革を始めるときに必要な二つの条件の一つにすぎない。もう一つは、私たちが「自由の価値観」と呼ぶものだ。もちろん、他のアプローチもありうるだろう。ロバート・

マクダーモットは、保険会社のCEOとしてUSAAを解放し発展させた人物だが、その前に空軍士官学校のリーダーを務めていた時には別の方法を試した。また、ジム・コリンズの『ビジョナリー・カンパニー』は、優れた会社を世界一流の会社に育て上げたリーダーたちの有名な逸話を描き出した本だが、その事例の中に極端に自由なアプローチを使ったリーダーは一人としていなかった。

しかし、本書で紹介している解放型リーダーは、HOW企業を再構築して世界トップクラスのパフォーマンスを達成しようとはしなかった。HOW企業でもトップクラスになれることをわかってはいても、彼らの自由の価値観とはそぐわなかったので、それとはまったく異なる、自由を重んじる環境が必要だと信じていたのだ。ただし、ハウ型の文化から決別して改革を始める一歩を踏み出すには、その勇気を奮い起こす出来事を経験することが必要だった。

私たちの調査では、そのような経験には二種類ある。一つは、HOW企業を経営しようとした時に彼らが感じた「怒り」。もう一つは解放企業への「憧れ」だ。

台所で学んだリーダーシップ

ジェフ・ウェストファールは、自由の重要性への確信をずっと抱いていたが、一九九〇年代はじめに、父親の所有する税務管理ソフトウエア会社の幹部になった後も、その価値観を自分のビジネスにどう当てはめてよいかわからなかった。読書好きなウェストファールは、スティーブン・コヴィーの『7つの習慣』*など、ハウ型の環境に疑問をぶつける多くの書物を漁った。

＊『7つの習慣』（完訳版）
フランクリン・コヴィー・ジャパン訳、
キングベアー出版、2013年

ところが学んだことを実践しないうちに、一九九三年、当時手がけていた大規模ソフトウエア開発プロジェクトが失敗に終わってしまう。そこから挽回すべく会社幹部の権限を発動して、チームに対して「メンバー全員で二倍の努力をし、一歩引いて、最初から考え直し……正常な軌道に戻そう」[2]と宣言する準備をしているさなかに、ウェストファールに、もっと個人的なまったく別の問題への解決策がひらめいたのだ――それは自分と妻の関係だった。

当時、二人きりでキャンプ旅行に行こうと誘ったのだが、妻が乗り気でないように思え、その理由がどうしても理解できなかった。被害者意識が募るあまり、妻の自分への愛情を疑ったほどだった。ところがある晩、二人きりで台所にいる時に、スティーブン・コヴィーの書いた一節を思い出し、それを試してみた。あらゆる評価判断を保留して、自分を妻の立場において、彼女の声にひたすら耳を傾けてみることにした。

「すると、突然わかったのです。妻は私たちのロマンスよりも子どもたちの安全を気にしているということに」

彼女がキャンプに乗り気でなかったのは、夫の問題でも夫婦関係の問題でもなく、専ら子どもたちを心配していたからだったのだが、自分の興味と願望で頭がいっぱいのウェストファールにはそれが見えていなかった。

「私は、自分が何もわかっていなかったことに気づきました。そして文字通り、そのことで私の世界はガラッと変わりました。私はあらゆる人を理解していると思っていましたが、本当は誰のこともわかっていなかったことをその瞬間に悟ったのです。彼らが本当はどういう人たちで、何を望んでいるかではなく、私自身が彼らについて理解したいようにしか理解していなかったのです。次に思ったのは、『なんてことだ。自分はこれまでにいったい何度間違ってきたのだろう?』ということでした」

一般的な経営者なら、リーダーシップについて聞きたいと訪ねてきた者たちに対して、こんな話から始めることはないだろう。

私たちがウェストファールのことを「この人は私たちを結婚カウンセラーと勘違いしているのではないか？」と心配し始めた時、彼は見事に自分の個人的な体験をビジネスの話につなげてくれた。

「この気づきを仕事に置き換えてみましょう。『なんてこった！　私は色々わかっているつもりで職場を歩き回っているけれど、何もわかってなかった。他の人たちも自分がわかっているつもりで職場を歩き回っている。でも彼らも答えなんてわかってないんだ』ということです」

誰もが個人の利益を追求している会社で働く限りは、どんな人とも、どんな部門とも、争いや対立が起きることは避けられない。解決できないものもある。だからこそ、いわゆる上司となる誰かを上に据えるのが自然に思える。対立する利害関係者の間に立って意思決定する、いわゆる調整者だ。ところが、上司の側も自分自身の思考の枠組みに囚われている。やがて周りの意見に耳を傾けられなくなって指示することに慣れてしまうと、ありがちな権謀術数が職場にはびこり始める。「誰もが自分に関係する人たちのことを本当に理解することなく物事を考えています。いったんそのことに気づくと、改善するために何かしなければならないと考えるようになるのです」とウェストファールは言った。

「何もできないはずはありません。行動しなければならないのです。なぜなら、もし同僚たちと真に理解し合うことができれば、仕事でどれほど優れた成果をあげられるのかを想像できるからです」。そしてそれに気づいた人たちは、自分自身のせまい視野にとらわれていた時には誰も成し遂げられなかったことを、協力によって達成できるようになるという。

「当社がまさに最初に導入した『プログラム』は、私にとって自分の振る舞いを変えるためにありました。私は社員の声に耳を傾け、私の意思決定に実際に参加してもらうことから始めたのです」

ウェストファールは、それまで社員に仕事のやり方を指示するトップダウンのアプローチを彼自身がしていたからこそ、社員たちがそれぞれの個人的な物の見方に固執し、他者と対立しても自分の利益を確保する選択をするようになっていたことに気づいた。さらに、会社のビジョンを前進させるためには何が最善の行動なのかを、社内でじっくり対話して決めてこなかったことに気がついた。

そこで、「何でも指示する」のではなく、新しいやり方を試すことにしたという。「妻との問題に気がついた翌日から、社員の声に耳を傾け始めました」。自由な環境をつくる最初の、一見すると小さなこの一歩が、素晴らしい結果をもたらすまでにそれほど時間はかからなかった。

ソフトウエア開発プロジェクトの失敗を受けて今後の方針を話し合うミーティングで、マネジャーの一人が、税務ソフトウエア業界は、自社がそれまで目指していたところとは異なった方向に動いているように感じると発言した。「当社が今目指すべきなのは、ＥＲＰ（企業資源管理）の分野ではないでしょうか」とそのマネジャーは主張した。ウェストファールは述懐する。

「あのプロジェクトが失敗した後、私は努力を倍増させることが必要だと考えていました。なぜなら、目標を何が何でも達成しようという気持ちが強かったからです。しかし、その頃から私は社員の話に耳を傾けるようになりました。現在当社でマーケティング担当バイスプレジデントを務めるゲリー・ハーレイは、私たちの中核事業である売上税管理ソフトウエアの事業環境が変わっていることに気づいていました。彼の発言を受けて、私は『何をすべきだと思いますか？』と尋ねました。当時、当社はまだ非常に規模が小さく、社員数も六〇名から七〇名ぐらいでした。ハーレイはこう答えました。『私たちはギアを切り替えるべきです。ＥＲＰ分野を優先するしかないと思います。今取り組まないと取り返しがつかなくなると思います』。私は彼の話に同意しました」

ウェストファールが受け入れたアイデアがきっかけとなって、会社は再び成長軌道に乗り始めた。

「もし、当初私が考えていた方法で立て直しに取り組んでいたら、バーテックスは生き残れなかったはずです」

とウェストファールは素直に認めた。

「あの時の判断は実に見事でした。というのも私たちは、ERPビジネスの成長機会をかろうじてつかみ、その後に真の成功を収めることができたからです。あの時に方向転換をしていなければ、おそらく今頃当社は存在していないでしょう」

もちろん、こうした振り返りは結果論ではある。しかし当時の状況で、大きな戦略的な判断を自分のチームに任せた時に、ウェストファールはどう感じたのだろう？

「私は自分のアイデアではなかったからといって落胆はしませんでした。私の基準は、会社の業績が最終的に上がるかどうかです。私の豆粒程度の脳みそを振り絞って出てくるわずかばかりのアイデアでも、六〇〇人分の脳を絞って出てくる大量のアイデアでも構わないんです。重要なのは『誰のアイデアがベストか』ではなく、『ベストなアイデアを自分たちが出した』ということです。しかし、最初は辛かったですね。まずは自分の無力を自覚するわけですから」

会社を解放しようとウェストファールが決断したのは、耳を傾けたこと自体が引き金になったわけではない。この点は重要だ。むしろ、彼を憤慨させ、決断させる引き金となったのは、社員の意見を聞いた後に発見した現実の方だった。

会社の業績が回復するのを目の当たりにし、ウェストファールは今や指示を出すハウ型の経営スタイルと自分のエゴから解放され、以前の社内の環境が（本人の言葉を借りれば）「弱肉強食」的だったことを明確に意識できるようになった。各自が自分の物の見方にこだわり、利益を優先して判断を他人に押しつけ、常に他人と対立し、その解決は「上司」に頼る——こうした社風を従業員に奨励していたのだ。その結果、ストレスと無気力が蔓延し、階層的で対立が絶えない職場だった。

ウェストファールは、家庭でも似たようなストレスを抱えていたことを振り返り、職場での絶えない対立は、「耳を傾ける」ではなく「命じる」という自分自身の振る舞いに端を発していることに気がついた。そこで自社を、ハウ型の束縛から解放された会社へ転換しようと決意したのだ。社員がお互いの意見に耳を傾け、会社のビジョンを映し出すパーパスを共有し、それを達成するためにベストな判断と行動を取るよう努力する会社である。

一五年間努力した結果、バーテックスの文化が自分の理想までの半分は超えたものの、そこに到達するには「あと一〇年から一五年は必要」と踏んでいた。しかし、この厳しい自己評価にもかかわらず、どれくらい達成してきたかを具体的かつ熱心に語った。

「私は、自分がいつも正しい答えを持っているべきだと感じていました。それをはっきりと覚えています。けれど今は、正しい問いを持ってさえいればよいことを知っています。答えがどこから来るかは問題ではありません」

解放型リーダーの多くは、似たような瞬間、つまりハウ型の文化に激しい怒りを感じた経験がある。ダラスを拠点にするリチャーズ・グループは、アメリカで最大の独立系広告代理店だ。そのオーナーでCEOのスタン・リチャーズは、以前ある広告代理店で働いていた時、従来型の組織が創造的な発想を押しつぶし、部門間の対立を生み出している様子に我慢できなくなったという。営業部門と制作部門の対立の激しさについてリチャーズは、北アイルランド紛争時のベルファスト市内でプロテスタント教徒とカトリック教徒を隔てる壁のようだ、とたとえたぐらいである。この時の経験に辟易したリチャーズは、伝統的な広告代理店の世界を離れ、自由を重視する自分の会社を立ち上げた。

ボブ・コスキは、フロリダ州サラソータを拠点にする、高品質の油圧バルブメーカー大手のサン・ハイドローリックスの創業者で、CEOを長く務めている。しかしコスキがサンを創業したのは、以前に勤めた会社で敵対する労使関係に怒りを覚えたからだ。その会社でコスキは工場内をよく歩き回り、労働者たちの不満に耳を傾けていた。

一般社員が経営陣に愛想を尽かしているのを目の当たりにしていたので、労働組合の結成案が社員たちによって可決されるだろうとコスキが予言すると、上層部からは「そんな馬鹿な」と嘲笑を浴びた。

結局一〇対一の大差で組合の結成が決まり、コスキは辞職して自分自身の会社を立ち上げることにした。労働組合が勝ったからそうしたのではなく、社員たちがいかに仕事へのやる気をなくしていたか、いや実は反感さえ抱いていたかを、他の経営陣がまったく認めようとしないことに辟易したからだ。

ロバート・マクダーモットは、ハウ型経営がもたらした別の出来事に怒りを覚えた。いずれCEOになる約束でUSAAに入社して六カ月を過ごし、この会社の官僚主義のせいで、顧客サービス部門の社員が顧客にサービスを提供できなくなっている実態を目の当たりにしたからだ。

こうしたリーダーたちが他の経営者と異なるのは、彼らが単に会社に批判的だったという点ではない。本当に耐えられなかったということだ。ただ経営陣を批判したり、実際には何もしないで経営陣が働かないことについて不満を述べたりするのに飽き足らず、自ら行動を起こすことにしたのである。

批判的であることと、激怒することの差は、単に小さな、心理的な違いではない。ビジネスパーソンなら、何かを批判するときはその状態を改善すべくすぐに動くはずだと思われるかもしれない。ところが実際の動きは意外と鈍い。あるアメリカ企業で部門長を勤めている知人は、クレーン運転士をしていた自分の父親についてのエピソードを社内の人たちに話したがる。ある晩、父親からこう言われたのだという。新しい上司がやってきて、会社の目標は生産性を三〇%上げることだと言った。

「父さん、それをするの？」と息子は尋ねた。「いやなこった」と父親は答えた。

「でも、父さんはどうすれば生産性が上がるかを知っているんだよね？」と息子は食い下がった。

「もちろん、知っている」と父親は答え、会社とハウ型の上司たちに大いなる不満の意と、絶対協力してやるしかし上司たちが父親に仕事の仕方を指示しようとしても、彼は「わかりました。仰せの通りにいたしましょう。その代わり、私に仕事の改善方法を尋ねないでくださいよ」という態度をとっただろう。父親は、経営陣が彼のアイデアにもはや価値を置いていないと見切りをつけており、経営陣を助ける理由を見出せなかったのだ。

知人は自社でこの話を積極的に話しまわっており、自分は誰もがパフォーマンスを改善する鍵になるような素晴らしいアイデアを持っていると確信しているが、ハウ型の環境ではそれが活かせないと批判する。しかし彼自身は、自分の会社のパフォーマンスについて批判的であるにもかかわらず（実際年間の離職率は四〇％に達していた）、猛烈に腹を立てているわけではない。子どもの頃の思い出話を話しただけで、自分自身の会社で働く人々を解放する環境をつくるためにほとんど何もしていない。「皆さんは偉大な業績を上げるための鍵を持っているはずです」と社員に言ったところで、結局のところ、それも一種の指示に他ならない。社員の解放には、もう一歩の努力が必要なのだ。

ところが、業績低迷を経験し、ハウ型の環境を批判する数千人のＣＥＯや企業幹部は、彼と同じで組織を変えようとはしない。それどころか、多くの人が船のオールを倍速で漕いで進もうとする。特定の従業員や、一過性の企業文化を責め立てるか、ひどいときには外部の要因を非難する。こうして、大量解雇やきまぐれな「ダイエット」が繰り返される。

他の人たちは、激しく漕ぐことさえしない。そして、会社を非難することに時間を費やして、あとは何か別の対症療法が講じられるまで待つだけだ。正しいボートをつくり、会社を世界トップクラスの組織にするために自ら変革を主導しようとはしないのだ。リーダーシップに関する優れた研究者で、会社役員の経験もあるロバート・グリーンリーフは次のように書いた。

不正や偽善に対して断固とした態度を取る人々の大半が、よりよい社会を積極的に築く人間になることは難しいと感じているのだ。より良い社会を築くのに必要な厳しい選択をして、つらい準備をすることが、自分のやりがいだと思える人がどれほどいるだろう。……それを批判してもかまわないが、こればかりに没頭しても無益だ。……可能性を秘めた社会のビルダー（組織の創設者）の多くが弱点分析に没頭したり、すぐ達成できることに情熱を燃やしたりすれば、我々の大半が望む動きに逆行してしまうだろう。分析者の意見ばかり聞いて、芸術家の話に耳を傾けないのは危険なことだ。[3]

「芸術家」、つまり自由志向の会社を「積極的に築こうとする人間」が行動を起こし、改革の最初のステップを踏もうと決意した時、「厳しい選択」とは、具体的には何を意味したのだろう。多くのリーダーがとった行動は、自分の権限下にない問題について、部下に対して解決策を直接教えるのをやめることだった。その代わりに、指示を質問に変えたのだ。「あなたは何を提案しますか?」と。そして、部下が何も考えていなければ——もっとも、部下に考えはあるのだが、そんな質問を受けた経験がないので他人に自分の考えを伝えたことがないだけかもしれない——解放型リーダーはこう言うだろう。

「あなたこそが、この問題を解決できる人なんですよ。少し時間をかけて考えれば、きっと答えが見つかります」

こうした自制心を発揮するのさえ簡単なことではない。アルベール・カミュがかつて書いたように、自分自身の自由を勝ち取るためには、「何が起きてもそれを受け入れなければならない」からだ。[4] しかしそのように振る舞うと、ウェストファールが認めたように無力感を味わうかもしれない。カミュは、私たちは「何も恐れるべきではない」と助言している。それでも、自分の部下に、創業初期の会社で一八〇万ドルの意思決定を初めて任せるときには、心に何かわだかまりが残るかもしれない。カミュが警告したように、自分を助けてくれる人は誰もいないのだから。

羨望から実践へ

ハウ型環境のもたらした結果に対する激しい怒りが、解放型リーダーの行動の大きな引き金となってきた。しかし、HOW企業と反対のことをただ実行する、というのではアクションプランとしては曖昧だ。[5] ゾブリストのように、経営学者たちの著作から着想を得たリーダーは少数で、サン・ハイドローリックスのボブ・コスキのパターンの方がはるかに多い。コスキは、自分が心から尊敬する別の経営者が採用した新しい方法を参考に、HOW企業への怒りを社員解放に向けた具体的なアクションプランに落とし込んだ。

「サンは第一号社員のジョン・アレン、妻のビバリーと私の三人で始めました。いつか数百人規模まで成長させるぞと私は意気込んでいました。そして、これは政治的な駆け引きやエゴによる破壊的な影響を限りなく抑え込める組織をつくる、またとない機会だと思いました」[6]

これが、ボブ・コスキが自由志向のサン・ハイドローリックスを一九七〇年に立ち上げたきっかけだ。それが今や『フォーチュン』が選ぶ「アメリカで最も成長している小規模企業一〇〇社」と「フォーブズ・ベスト二〇〇中小企業」に繰り返し登場する上場企業へと成長したのだ。ボブ・コスキは「破壊的影響」のない会社、つまりメンバーの尊厳が尊重され、誰もが自由に行動できる会社をつくりたかった。コスキは、創業初期のミーティングを今でも思い出すという。

「私は少し遠慮しながらみんなにこう言ったんです。『私は何をすべきかはわかりませんが、何をすべきでないかはハッキリとわかっています』」[7]

頭にあったのは、以前勤めていた会社での労使問題で、その主な原因は、仕事をどう進めなければならないかを命じるだけで部下の話に耳を傾けない、高慢ちきな経営陣だった。先に紹介したように、従業員が一〇対一という大差で労働組合の結成を決めた後も彼らの態度は変わらなかった。

とはいえ、自分の会社を自由にするプロジェクトを始めるにあたって、計画は慎重に立てるべきだと考えていた。というのも、他の解放型リーダーたちと同じく、コスキにとって自由とは無秩序のことではなく、「社員の強さと知性が発揮される、非常によく組織化され、規律の取れた環境」を意味したからだ。[8]

思索と読書に充てた一年間、ある組織がコスキの注意を惹いた。一九二〇〜三〇年代のデュポンの研究所だ。そこには正式な組織図も肩書もなかった。少人数の科学者が自主運営しているチームがいくつもあって、各チームではリーダーシップが共有され、意思決定も自由に行われていたが、他のチームメンバーに情報共有することが義務づけられていた。科学者たちはプロジェクトチームの間をゆるやかに渡り歩いていた。デュポンが世界レベルの業績を上げているのは、この自由があるからだということにコスキは気がついた。

「デュポン・ケミカル・カンパニーは成功しました。デュポンの人材は非常に高く評価されていましたし、化学界におけるデュポンの地位はうなぎ登りでした」[9]

ボブ・コスキは、ビル・ゴアが考えていたものとまったく同じ会社像を、知らず知らずのうちに思い描いていた。コスキは三四ページの手書きの事業計画書に財務や事業など「ハード」面の計画を書いていたが、デュポン研究所の事例に刺激を受けて、自社でも同じような環境づくりをするアイデアを考えて概要を追記していった（いわゆる「ソフト」面である）。そうしていよいよ起業を決意し、地元の銀行や投資家候補に事業計画書を送った。驚いたことに、銀行はどこも数字と財務予測に納得し、事業計画を突き返してこなかった。ただ、おそらくソフトな要素は読み飛ばしたのではないかと思われる。ボブ・コスキはそのことに腹を立てなかった。そのうちの一行から金を借りることに成功し（当時はそれが最重要課題だった）、妻と友人を誘い、他の投資家からも支援を得て起業した。しかし、創業初日から、売上高や財務指標といったハード面よりもソフト面の重要性、つまり自由こそが圧倒的なパフォーマンスを上げ続ける条件であることを、口を酸っぱくして言い続けた。

サン・ハイドローリックスのような会社への長期投資がどの程度成功しそうかを株主が評価する非常に重要な方法は、会社がどのように考え、行動するかについての情報を集めることです……。私が思うに、ハードな（実物）資産の数値だけをやりくりしているメーカーは大きな過ちを犯しています。会社に蓄えられている知識や人と人との結びつきといったソフトな資産を育てる努力している会社の方が、長い目で見れば成長するのではないでしょうか。当社の競争優位は創造性とスキル、そして社員たちの仕事に対する熱意に基づいている、と私たちは信じています。[10]

サン・ハイドローリックスの最初の事業計画書には、次のような経営哲学が書かれた。[11]

企業内外のあらゆる関係において「黄金律*」を遵守すること。それがその時点でいかに困難に見えたとしても。

メンバー一人ひとりの尊厳を尊重し、常に互いに礼儀を持って行動すること。

お客様、販売業者、社員、サプライヤーとの約束を正直かつ公平に果たし、安定した関係を築くこと。

私たちの選択した活動分野、および私たちの産業や地域社会の発展でリーダーとしての役割を果たすこと。

＊　黄金率：『新約聖書』のマタイ伝に現れる「あなたがしてもらいたいように、他人にもしてあげなさい」というイエスの言葉。

企業としての成長を続け、そのことを通じて社員に対し継続的にさらなる責任を担う機会を提供すること。

私たちの製品とサービスを絶えず改善し、お客様にとっての価値を高めるとともに、運営方法も常に改善し、平均以上の賃金を支払えるようにすること。

社員に安全な労働条件と合理的な労働時間、そして安定した雇用を提供すること。

社員の自己啓発を奨励し、可能な限り社内での昇進を実現すること。

社員と株主に対して、企業の方針、手続き、計画を常に伝えること。


上記の文章は、サン・ハイドローリックスの二〇〇三年の投資家向け年次報告書にも盛り込まれた。この報告書には『ボブ・コスキとクライド・ニクソン（当時の取締役会議長）からの所見』という別名もある。同社に関心を持つ投資家を説得するには言葉だけでは不十分であることをわかっていたので、コスキは彼らに会社を訪問して自分の目で確認してほしいと訴えた。

「皆さんが、サン・ハイドローリックスの真剣な『投資家』であるなら、あるいはそうなりたいと思っておられるのなら、ぜひフロリダ州サラソータ、イギリスのコヴェントリー、あるいはドイツのエルケレンツにおいでください。そして皆さんが投資した対象をご自分の目でご覧になってください。そうです。私たちの会社の心と魂である社員たちと会っていただきたいのです」[12]

コスキは、会社のソフトな資産を評価するには、自分の目で見てもらうことが最高の方法だと考えている。確かに、アメリカ大陸中、あるいは世界中に散らばっている株主が会社を直接訪ねるのは容易なことではない。だからこそ、サン・ハイドローリックスは年次報告書の中でこうしたソフトな資産について多くのページを割いて、言葉を尽くして説明しようとしているのだ。

ボブ・コスキ自身は、デュポンの自由志向の環境の素晴らしさを自ら経験したことはなかった。資料で読んだだけだ。他の多くの解放型リーダーたちも、コスキと同じように他社の環境について学び、憧れ、そこで得た学びを活かして自社での取り組みを推進した。例えば、ボブ・デイビッズは、エイビスのCEOだったロバート・タウンゼンドと親しくなり、タウンゼンドの経験をじっくり研究して、自社を解放することができた。ジェフ・ウェストファールは、ゴアとハーレーダビッドソンを訪問して、そこで得た知見を元にバーテックスの社内改革を計画した。

ハーレーダビッドソンのリチャード（リッチ）・ティアリンクは、自由志向の会社を単に訪問しただけでなく、そこで働いた経験という、もっと強いつながりを持っていた。家具メーカーのハーマンミラーで役員をしていた時、ティアリンクは自由を重んじる環境を毎日目撃し、CEOのマックス・デプリーと、解放型リーダーシップについて話し合うことができた（デプリーの著書『リーダーシップ・ジャズ』*は自由な組織づくりの傑作だ）。

ティアリンクは、ハーレーのCEOに就任し、日本製バイクの攻勢を受けてほとんどつぶれかけていた会社をウォール街の寵児へと建て直した時、自分が成功した理由を分析した。そして会社を変えたのは、単に総合的品質管理（TQM）やカイゼンといったツールではなく、品質管理にあたって現場の人々が与えられていた自由だと結論づけた。これは自由という価値観を持っていたからこそできたことだった。ティアリンクがいかにしてハーレーダビッドソンの解放を進めたかは第六章で取り上げるが、ハーマンミラーの文化に直に接して感銘を受けた経験が、ハーレーでも同じ環境をつくろうという決断に役立ったことは間違いない。

ビル・ゴアの出発点はもっと込み入っていた。ボブ・コスキに大きな刺激を与えた会社であるデュポンが、ゴアの激しい怒りと羨望のどちらの感情も呼び起こしたからだ。怒りとは、（前述したように）一九四〇〜五〇年代に一七年間デュポンで働き、機能不全を起こしていた官僚組織での経験である。一方の羨望とは、ボブ・コスキが

＊『リーダーシップ・ジャズ』
Leadership Jazz（未邦訳）

読んだような、かつてのデュポンがイノベーションを促進するために自由志向の組織を社内の一部で実現していたことだ。したがって、怒りと羨望（ゴアの場合は同じ会社の慣行だったわけだが）がきっかけとなって、ゴアは自由志向の会社を自ら設立しようと決意した。[13]

同時に、現代の組織を超えて、動物の行動、霊長類、原始人の集団行動や部族などに関する文献も読み漁った。[14]ロバート・アードレイの『社会契約』*を読んで、友情を基礎にした人と人との情緒的なやりとりがいかに効率的な原始人の集団を生み出し、それが最終的にホモ・サピエンスに進化するに至ったかを学んだ。集団内でのこうしたコミュニケーション、信頼、理解の果たす重要な役割について考えた上で、ビル・ゴアは「ラティス構造（格子状）」にとって最も重要な要素をなす、「エンタープライズの哲学」を策定した。

二人の間の協力関係は比較的スムーズに進む。……ところが、人数が増えてくると、コミュニケーションが支障をきたして非効率的になり、どんな手段を用いても全員がすっきりと理解し合うことが難しくなる。集団の規模が大きくなって、他のメンバー全員を「知っている」とは限らなくなると、協力の効率性は急速に低下する。そうなると、「私たち」が決め、行い、考えていたとか、「彼ら」が決め、行う……といった具合になってくる。この急激な変化は、集団の人数が一五〇名を超えると未然に防ぐことが難しくなる。そこで、協力をどのように進めるべきかの基準となるルールや規則、手順といったものを導入する必要が出てくるのだ。[15]

ラティス構造についてゴアが定義した他の原則には、次のようなものがある。

▼固定された、あるいは誰かから任命される権限はない

＊『社会契約』
The Social Contract（未邦訳）

▼スポンサー（後援者）はいるが、上司はいない
▼リーダーシップは、強制ではなくフォロワーによって自然に育まれる
▼一対一のコミュニケーションが最も大切
▼目標は、「これを成し遂げなければならない」人によって設定される
▼成すべき仕事と役割はコミットメントを通じて組成される[16]

創業当初は管理職（スーパーバイザー）がいたが、レ・ルイスの記憶によると、ラティス構造の原則ができあがると、ビル・ゴアは一段と自由を重んじる環境をつくろうと決心したという。

信じる人と疑う人

社内を解放しようという決断は容易ではないし、当たり前のことでもない。解放企業の業績に惹かれて、羨望する人々にとってさえそうだ。何百人もの経営者がハーレーダビッドソンとフランスのFAVIに巡礼し、どちらも訪問者たちを会議室（社員たちは冗談で「礼拝堂」とか「大聖堂」といったニックネームを付けるようになった）でもてなしてきた。FAVIの人たちは、外部の人からは、自分たちはまるでカルト教団で、ゾブリストは「失われた魂」の救済者に見えることをわかっている。自社への訪問者数があまりにも増えたため、ハーレーは訪問料をとっていた時もあったくらいだ。

しかし、金を払ったかどうかはともかく、傑出した会社を求めて訪問した人々の大半は、自社に戻ってからも

ハウ型環境を変える行動を起こしてはいない。なぜなら自由の価値観を身につけていないからだ。訪問は単なる「ベンチマーキング*」にすぎない。つまり誰も彼もがハーレーの成果を賞賛し目標にするのだが、同社に浸透している「自由」の意味をわかっていないのである。

ボブ・コスキは、ビジネスパーソンの間に広がっている誤った推論に驚いて、「いったい、ビジネススクールでは何を教えているのだろうか？」とコメントしたことがある。実は、他ならぬ彼の会社とその自由な環境がビジネススクールの教材になっている。ハーバード・ビジネス・スクールでは、サン・ハイドローリックスは、自由志向の環境に関するケーススタディの主教材になっている。

サンの物語が一流のビジネススクールで教えられているにもかかわらず、同社でIR部門の責任者を務めるリチャード・アーターは、サンの「組織構造（あるいはそもそも構造自体がないこと）」を手本としている会社を聞いたことがないという。実際、ボブ・コスキやサンの役員がハーバードを時々訪れ、授業に登壇して、サンが実在する会社で架空のケースではないことを、疑いの目を向けるMBAの学生の前で証明したことも何度かあったのだ。[17]

ハーバードのケーススタディは、サンの価値観を論じている。しかし、この価値観と世界トップクラスを目指すというビジョンとの間には大きなギャップがある。解放を目指すリーダーがこのギャップを乗り越えて飛躍するには、本当の意味での知的な突破口を見つけ出す必要がある。実際、自由を深く尊重するリーダーだけが、サンを訪問中に、あるいは読書や研究を通じて、世界トップクラスのパフォーマンスは組織の自由が生み出す結果であることを理解し、その理解と憧れに基づいて自由な組織づくりに取り組んでいるのだ。

ワイン事業でシー・スモーク・セラーズが成し遂げた素晴らしい実績について尋ねられたボブ・デイビッズはこう答えた。

「環境がよいから、よい製品をつくって大きな売上を上げて、その喜びを皆で分かち合えるのです。しかし、売上

＊　ベンチマーキング：自社の生産性向上を図るために、競合他社の製品などを研究すること。

と喜びは強制できるものではありません。当社には、メンバー同士の緊張状態はまったくありません。そして絶対の信頼があります。ケイティ（ケニソン）は、クリス（カーラン）のワインづくりを信頼しています。私は樽の管理をドンに完全に任せています。クリスは、ケイティが販売を一手に引き受け、正しい判断をしてくれると信じています。誰もが自分の仕事をしてくれると全員が信じているのです」[18]

ケニソンと使用済みワイン樽のエピソードを思い出せば、新人のワインメーカー助手のドンがワイン樽をきちんと管理してくれるとボブが信頼している事実にもまったく驚かない。ボブはドンに対して、世界トップクラスのワインを目指すという会社のビジョンを完全に自分のものにしてくれていると考えている。つまりボブがケニソンに与えていたのとまったく同じ信頼を勝ち得ているのだ。

ワインメーカーのクリス・カーランも、自由と世界トップクラスを目指すというビジョンを結びつけて考えていた。

「仮に、世界一のブドウを収穫できたとしても、もし労働環境があまりにもひどければ、偉大なワインをつくることなんてできないでしょう。偉大なワインは文化、労働環境、自分自身の意思で判断できることの賜物であり、自分の芸術的手腕、技、そして情熱を表現する自由の結果なのです」[19]

おそらく、ワインの歴史上初めて、自由がワインの偉大さと直接結びつけられたのではないだろうか。そして、最初の設立年に『ワイン・スペクテーター』誌の「ベスト一〇〇」リストに掲載され、その後四年連続で（ビクターが一八〇万ドル相当のブドウを落とす決断をした二〇〇三年を含めて）リストに乗り続けたワイナリーが、二〇〇六年に『フード＆ワイン』誌にもアメリカで最高の新しいワインとして選ばれたのも、ワイン史上初だった。実は二〇〇三年は当たり年で、『ワイン・スペクテーター』誌はシー・スモークのワインのランクを世界五〇位にランク付けした。これは同社にとっての歴代最高順位だ。

多くの従来型企業とは異なり、解放型リーダーは、世界レベルのパフォーマンスを社員に押しつけられるとは考えていない。それは、正しい環境、つまり自由な環境の産物なのだ。しかし、自由な環境をつくり上げるまでの最初の五年間は、簡単ではない。解放への改革を始めたリーダーの全員が成功しているわけではない。成功したリーダーたちがどうしてそれをやり遂げたのか？　そして、とても一人では成し遂げられないはずなので、どのようにして他の人々を説得して改革に巻き込んだのか？　それが次章のテーマである。

6 真に「平等な関係」を目指す

労働組合やマネジャーとパートナーになる

すべての人間は、生まれながらにして自由であり、かつ、尊厳と権利とについて平等である。人間は、理性と良心とを授けられており、互いに同胞の精神をもって行動しなければならない。

——世界人権宣言　第一条（国際連合、一九四八年）

今日、コロラド州テルユライドは風光明媚な山のリゾート地だが、一九〇〇年代初めには、埃だらけの探鉱町で、労働者のストライキが日常茶飯事だった。メインストリートの一角には、荒々しかったこの過去を象徴するように、ストライキ中の労働者とそれを阻止しようとする労働者との激しい衝突を描いたプレートが埋め込んである。

ハーレーダビッドソンでCEOを務めて今は引退の身であるリチャード・ティアリンクは、現在の、そのような時代がもはや遠い昔の思い出となったテルユライドで年に数カ月を過ごす。彼が当時学んだ教訓は、今も活き活きと蘇ってくるという。町中を車で走りながらティアリンクは言った。

「このプレートを見てください。経営陣が社員を粗末に扱うと、社員は過激に応じることもあるのです」[1]

ティアリンクは、労使関係については多少なりとも知識がある。一九八一年に入社した時のハーレーダビッドソンはもがき苦しんでいた。市場シェアが急激に落ち込んで、破綻の瀬戸際にあった。ところが一九九九年にティアリンクが後進に道を譲った時には、トップの地位を奪還し、彼が取締役になった時の総売上高を上回る利益を上げていた。時価総額は、二一世紀初頭に自動車業界が致命的な打撃を受ける前のGMを上回った。GMと同じく、ハーレーの従業員は労働組合に加入していた。しかし、一世紀前の鉱山所有者と労働者の関係とは異なり、ティアリンクと社員たちは、自分たちの会社を再生させる道を見つけ出した。ティアリンクがテルユライドのプレートに描かれている鉱山労働者たちに驚くほどの共感を寄せるのは、似た経験をしてきたからだ。そこで彼が学んだのは、労使関係が悪化した場合、たいていは経営陣に責任の一端がある、ということだ。彼は、解放への改革を軌道に乗せるためには、社員たちを平等に取り扱うことが非常に重要なことも理解していた。

一九〇一年からの数年間にテルユライドで起きたことは、当時の基準から見ても極端だった。ストライキ参加者と非参加者との銃撃戦に始まり、労使関係は、過激で自滅的な紛争へと発展した。

事件が起きる二カ月前、鉱山労働者たちは日給三ドルと一日八時間労働を要求してストライキに突入していた。ところが、スマグラー・ユニオン鉱山は強硬手段に出ることを決断し、労働組合に拒絶したのと同じ条件、つまり一日三ドル、八時間勤務でスト破りの労働者を雇った。その結果、一九〇一年七月三日に銃撃戦が起きて死傷者が出たが、事態はそれで収まらなかった。経営陣がスト破りの労働者たちに和解金を支払ったことを端緒に、テルユライドではその後数年にわたって労働争議が続くことになる。鉱山所有者たちがついに労働組合を解散させたのは、ストライキが始まって三年以上たってからだ。[2]

しかし、それでも収束には向かわなかった。当時、対立関係にあった双方が闘争心むき出しで、暴力沙汰も止むことがなかった。一〇〇年後の今日、暴力は過去の遺物となり、争議権と団結権は幅広く認められるようになった。しかし、昔ながらの敵対意識が今も労使関係を悩ませ、労働組合と経営陣が、互いに相手陣営からできるだけ多くをむしり取ろうとする、双方にとって何の得にもならない罠にはまってしまう企業も多い。

これも、労働組合がある会社特有の話ではなく、実のところ、悲しくなるほどよくある話なのだ。会社は、社員がどれだけの量の仕事を、どのような方法でしなければならないかについての規制や基準を導入して業績を上げ、経費を少しでも削減しようとする。こうした規制は最低基準として定められているのかもしれないが、実際には最大限守るべきルールになっている。誰もが、労働組合の用語で言う「順法闘争」*を始めるからだ。ところで、この用語は驚くほど本質を突いている。厳密に言えば、労働組合は自分たちの仕事のやり方を明確に定義するためにあらゆる就業規則を交渉する。一方で、労働組合も経営陣も「順法闘争」が行き過ぎると事業が傾くことを理解している。つまり両者は、大きな対立が起きた場合に限って守るつもりの規則について交渉をしている。そしてその規則は、いざというときにどちらかの武器になるのだ。悪意をもって使われるか黙殺されるかはともかく、これらの規則ではビジネスを回せないことはどちらもわかっているのだ。

それほどひどくないケースでも、こうした規則や評価基準が、あまりにも安易にビジネス目標に据えられるか、それが目標のように錯覚されてしまう。しかし、バーテックスのジェフ・ウェストファールが指摘したように、絶景で有名な観光地のビッグ・サーに行くという目標を達成するにはガソリンタンクを満タンにする必要があるが、ただタンクを何度も補給するためだけにビッグ・サーまでドライブするわけではない。あるいは別の言い方をするなら、「何を基準に測定するかによって成果が決まる」のだから、測定結果イコール実績ということになる。やがて従業員たちは、自分の会社にかつてないほどの成長と利益を実現させるのではなく、「数字を創造するために」忙しく働くようになる。従業員がこの創造ゲームを大好きなのは、これがHOW企業に対する敵意を表現する絶好の手段であり、ストライキほど目立つことなく企業業績を悪化させられるからだ。

ティアリンクは、ある意味で幸運だった。一九八一年に初めてハーレーに来た時、会社はひどい苦境に陥っていた。

＊　順法闘争：仕事を停滞させるために規則やルールを利用すること。

『ハーレーダビッドソン経営再生への道』に自ら記した回想によると、倒れる運命にしか見えない会社に入るなんて気が狂っていると大半の知人に言われたという。一九九九年に承継するまでには、アメリカの製造業で最も劇的と言えるほどの企業再生を成し遂げ、それをしたのは自分たちだと自慢できるはずなのに、物腰の柔らかいシカゴ生まれのこの男は、あまりに控えめで自慢などしない。しかし、事実がすべてを物語る。わずか数年のうちに、ハーレーは倒産の瀬戸際から立ち直り、利益率三〇％を超えるようになった。これはアメリカの製造業者というより、一流のソフトウエア企業やハイテク企業並みの業績である。

ハーレーの運命を逆転させた重要な要素の一つは、労使関係を根本から見直し、職場での人間関係を全面的に転換したことだ。一九〇一年には一日八時間労働という考え方が非常識だったように、ハーレーの改革はある非常に過激な、独自のアイデアから始まった。ティアリンクは言う。

「人生は、人間関係にすぎないのです。労働組合トップとの人間関係を築けばいいだけです。意味のない単なる関係ではなく、本当の意味での人間関係をです」

幸か不幸か一九八〇年前後に倒産の瀬戸際まで追い詰められたおかげで、ティアリンクが入社してから数年間、ハーレーの労働組合と経営陣は緊密に協力した。両者とも会社の、文字通りの存亡がかかっていることをよくわかっていたのである。ところが、危機が去って黒字を取り戻し、成長企業へと復活して一九八六年に株式公開を成し遂げると、心配の種が頭をもたげ始めた。会社がもし昔の企業文化に戻り、「それは私の仕事ではない」というメンタリティーがはびこるようになれば、再び危機に見舞われることは必至である。そう考えたティアリンクは、この機会に会社を変えて、その変化を維持できるような組織づくりに取り組んだ。難局を乗り切って薄れかかっていた危機感を、再び呼び起こそうとしたのである。

最初のアイデアは、利益配分制度の導入だったが、これは労働組合にすぐ拒否された。何人かの学者や専門家に相談すると、もっと根本的な改革が必要で、それには労働組合の協力が欠かせないことがわかってきた。経営コンサルタントのリー・オズリーは以前、ティアリンクとハーレーの仲間たちにこう指摘していた。従業員というものは、仮にある問題を解決するのが自分たちの責任であると自覚し、解決策を考えて実行しようという意志を持っていたとしても、それを上から押しつけられることには抵抗を示すだろう、と。ティアリンクは、後でこのアイデアを採用し、「人々は変化に抵抗するのではありません。変化を押しつけられることに抵抗するのです」とさまざまな場面で強調した。しかしこれは永遠の真理なのだ。スマグラー・ユニオン鉱山の一件を思い出してほしい。当時、オーナーは一日八時間の労働に三ドル支払うことには何の問題もなかったが、ストライキをする労働者たちに屈する形でこの条件を呑むことが気にくわなかったのだ。

この精神に基づき、ティアリンク、オズリーと経営チームは二つのことを行った。第一に、労働組合と話し合いの場を設けて自社の目標を説明した。その場に関心を示さない組合もあった。とりわけヨーク工場（ペンシルベニア州）の組合からは、そのような変革には加わりたくないと断られた。[3] そうした工場には無理やり進めることはせず、当面は前向きに提案に乗ってきたウィスコンシン州の工場との交渉に集中することにした。ティアリンクが次の段階に進んだのは一九八八年だ。ウィスコンシン州の従業員を対象とする三年間の労使協定が、数カ月先に期限切れを迎えようとしていた。ティアリンクは、「生産性向上を目的とする就業規則変更案」のように複数の要求案を交渉する従来のやり方ではなく、たった一つに絞ってテーブルに着いた。
「ハーレーダビッドソンのための『ジョイント・ビジョン』策定に向けて、我々と一年間協力してほしい。この会社がどうなってほしいか、何をしてほしいかを我々と膝を交えて見つけ出す作業に取りかかろうではないか」

さらに三年間の契約条件を交渉するのではなく、現在の協定を一年延長して、その間に会社を変革しようとした。

この提案は二つのことを成し遂げた。就業規則の改善の見返りに何らかの報酬を与えるという従来の慣習を打ち破ったこと。そして、経営陣は組合と協力して新しいことを本当に試したいという意志を示したことだ。労使交渉の冒頭で従来型の要求を諦めることで、経営側はこのプロセスを進めるために自ら対価を払う準備があることを示した。ハーレーの経営陣は、まず従来の特権を自ら手放すことで、物質的な利益をめぐる駆け引きに入らないようにしたのだ。

労働組合と「真の、人間的な」関係を構築することを最優先する、というティアリンクの方針は、国連の謳う「すべての人間が同胞である」と信じるような理想主義から生まれたものではない。世界も業界も関係なかった。前提としていたのは、ハーレーダビッドソンが組合組織率の非常に高い大企業、という現実である。つまり組合からの信頼を得ないと、解放型リーダーが従業員からの不信を克服できず、純粋な人間関係を築けない、そういう職場であるということだ。逆に、スタートアップや組合のない企業であれば、解放型リーダーは社員を初めから「尊厳と権利」において平等に扱うことで、純粋な人間関係をつくり始めることができる。

サポート役としてのリーダー

組織図を印刷し、回覧してはならない。そんなものが出回ると、あなた自身も他の人も惑わされて、社員同士の騙し合いが始まるからだ。そんなものは時間の無駄遣いだ……。そのうち、あなたは郵便仕分け室の室長や電話オペレーター長の意のままになってしまうかもしれない。まずは自分の仕事の質を高めるために誰が重要なのかを見極め、その上で相手と接していくべきだ。

要するに、同僚たちは、男性も女性も一人ひとりが人間なのであって、組織図の箱ではない、と考えても支障はないはずだ。

――ロバート・タウンゼンド（一九七〇年）[4]

リーダーが「これから全員が平等に扱われることになる」と社員を納得させるには、多くの会社に存在している不信感や地位といった障害物を排除する必要がある。そのためにはまず、指示をやめて耳を傾けることが重要だという点はすでに本書で指摘した通りだが、最初のステップはそれだけではない。ボブ・デイビッズはこれまで七つの会社を立ち上げてきたが、社員にとって自由な会社をつくるためにリーダーに求められる資質は何かと尋ねられた時、こう答えている。

「自分自身が社員の部下になることです」

デイビッズが言いたかったのは、ただ単に「社員の声に耳を傾けよ」ということではない。起業したばかりのシー・スモーク・セラーズの床を自分が磨いているのは、それは必要な作業だが、社員たちには床磨きよりも大切な仕事があるからだ。以前に経営していたラディカ・ゲームズで、文字通り社員たちと一緒に泥の中に入って溝を掘る作業をしたのも同じことだ、と言いたかったのだ。

どちらのケースでもデイビッズは、友人であり、師であり、ついにはラディカの取締役になったロバート・タウンゼンドの助言に従っていた。エイビスのCEOだったタウンゼンドは、リーダーとは「プレーヤーがチームの目的に向かって前進する手助けになるのであれば、意味のない仕事などなく、必要な時に、どこにでも行ける攻撃のサポート役」[5]、あるいは「全員が仕事をどんどん進められるように飲料水を運ぶ、給水係」[6]のような存在と考えていた。自分自身が社員の部下になるというのは、リーダーとしての権力と権限を使う行為とは正反対であり、その意味では、純粋に「平等な」（デイビッズとタウンゼンドはそう呼んでいる）関係を構築する一つの方法といえる。

このように考えると、解放型リーダーは「攻撃のサポート役」、つまり社員のサーバント（奉仕者）であり、特権を示す要素を社内から排除するのは極めて自然な行為となる。[7]高級木材を使用した役員用フロアと高価な家具がしつらえられた角部屋、高級な社用車、自分専用の駐車スペースなどは不平等な地位の象徴であり、サーバントリーダーなら使いたがらない。会社によっては、役員室のドアでさえ一定の地位を示す標識となることがある。

このようなわけで、ハーレーでは、「開け放しのドア（オープン）」でさえ誠実な関係構築を阻害すると判断された。ミルウォーキーにある、あの伝説的な赤レンガの本社ビルに足を踏み入れた人は、ドアがまったくないことに気がつくはずだ。同社では、本当に必要な所（人事部担当のドアと、当然ながらトイレ）以外のドアが完全に取り払われている。

こうした意思表示は表面的なものにすぎないと思われるかもしれない。確かに、会社の運営方法が本当に変わらなければそうだろうし、社員にもすぐに見破られるはずだ。仮にリーダーが「これからは皆さんのご意見に耳を傾けます」と発言しても、公表している「仕事用」メールとは別の専用メールボックスでこそこそやりとりしていれば、社員は欺瞞をすぐに理解する。同様に、あるCEOのドアが実際に開いていたとしても、そこにたどり着くまでに何層もの「開いたドアの前に立つ護衛」を通過しなければならないとすれば、ほとんど信用されないだろう。どちらのケースも、「耳を傾けます」と解釈されることはない。

ボブ・デイビッズは、ラディカ・ゲームズの中国オフィスをつくった時、本人の言葉を借りれば「会社の中で最も古びて安っぽい」[8]自分用の机を、オフィスのちょうど真ん中に据えた。「私が公平であることに全身全霊を打ち込んでおり、社員の意向を支持していることがわかってもらえて初めて、私は彼らからの敬意と献身を得られたのです」

だが、人々が本当に平等だという明らかな証拠が示されても納得しない人がいるかもしれない。それでも、そういう人々は非難されるべきではない。本書を読み始めて、統制も指示もしない会社があるのだろうか、そしてそのCEOが「普段着」で平等主義的に振る舞いながら、何も隠し事をしていないことなんてあるのか、という疑問を抱いた読者もいるはずである。

当然のことながら、多くの社員も同じで、少なくとも初期のしばらくの間は信じない。ゾブリストがFAVIのタイムレコーダーを外した時、その後丸一年ほどは、社員たちがタイマーのあった場所を懐かしそうに眺めていた話は前に述べた。タイマーがなくなると賃金が下がるのではないか、という疑念を抱いた社員がいたことは間違いない。

そして、リカルド・セムラーも――そう、自分が引き継いだ小さなHOW企業だったセムコを、自由を重んじるブラジルの代表的な会社として世界的に有名な企業に育て上げた男である――社内で改革を始めた頃には、工場を退出する社員が何か盗んでいないかを確認する持ち物検査を守衛にやめさせたところ、社員たちの方が検査を再開してほしいと頼んできたと回想している。[9] 自分たちへの検査を望んだのは、何かがなくなった場合に自分たちの無実を証明できるからだという。どこかで統制（と罰則）がまだ残っているのではないかと疑問視されていたのは明らかだった。

実際、社員たちは、リーダーが言っていることではなく、彼らが日々見せる行動を信じて解釈する。毎日、毎月のように自分の目に映るリーダーたちの行動こそが信用されるのだ。もし、「自分たちを本質的に平等に取り扱ってほしいという社員のニーズ」を満たすリーダーが現れたら、社員たちの尊敬を勝ち得るだろう。

マネジャーたちを撃たないで!

ハーレーでは、信頼構築プロセスに対して数々の困難が立ちはだかり、停滞したこともある。初期段階の取り組みは、ティアリンクが「ジョイント・ビジョン・プロセス」と呼んだ構想を中心に進められた。これは、社内のあらゆる層からの意見を基に「理想的な将来のビジョン」を確定しようとするもので、一九八八年の労使交渉中にティアリンクが組合側に参加を強く勧めたプロセスだ。

これはすべての土台になるものだった。なぜなら全員が同じ、しかも全員が納得したパーパスに向かって着実に会社という船を漕いでいこうという活動であり、協働して決めたビジョンの実現に向かって自由を活用していくことになるからだ。しかも、これは答えをあらかじめ決めないという意味で、ある種のプロセスだった。このプロセスに真剣に取り組むと、社内のあちこちに広がっている、会社が何をすべきかについての貴重な情報が明らかになる。単に上から課される（あるいは「投票」によって決まる）「ビジョン」は、社員の意見が反映されないと社員のものにならない。そのようなビジョンは、社員に心の底から受け入れられることも認知されることもなく、したがって誰もそれを本気になって実行しようとしない。

しかし、解放型リーダーが現場の人たちを巻き込むことに成功したとしても、社員全員を参加させる仕事が終わったわけではない。会社は経営トップと現場の人々だけで成り立っているわけではないからだ。社員がCEOよりも普段から接している、マネジャーや幹部の人たちが、誠実な関係構築の努力に加わる必要がある。それが実現するかどうかは、解放型のCEOがマネジャーたちとの関係構築に成功するかにかかってくるだろう。

リチャード・ティアリンクにとっては、マネジャーたちとの純粋な人間関係は自然には結べなかった。むしろ実際のところは、組合との関係構築に注力するあまり忘れてしまったのだ。一部の管理職からの「自分たちは無視されていると感じる」という最初の警告は、その組合から発せられた。一九八八年五月二〇日、ハーレーの一二ページの「ジョイント・ビジョン」文書を決議するという一年間のプロセスの総決算に向けて、労働組合とトップ経営陣が集まった。すべてが順調に進んだが、会議の終わり頃になって、ある組合幹部が製造担当バイスプレジデントのトム・ゲルブに対して、「あなたの監督下の管理職がこの合意通りに行動できなかった場合、どうなるのですか?」と尋ねた。

ゲルブは表情一つ変えずに答えた。「簡単です。銃殺刑ですな[10]」

しかし、狙撃隊が組織されるのか否かという議論が始まりもしないうちに、ここで決まったビジョンを現場の管理職や社員と共有するという、ジョイント・ビジョン・プロセスの次の段階に進む必要があった。経営トップと組合の代表者は、共同で発表することになっていた。

その最初の発表の場は、数百人の労働者が対話に参加するイベントで、ティアリンクによれば「理想的に」進んだ。質疑応答の時間が始まる頃には、役員と組合代表の区別がほとんどつかないほど活気があった。

ところが最初に手を上げたのは経理部門長のトムで、「リッチ、これは素晴らしい」と前置きしてから質問を始めた。ティアリンクは身構えた。トムが「素晴らしい」と言うのは、問題のあるときだからだ。事実その通りだった。

「ところで、このプロセスの中では私のような立場の意見は、どう反映されるのでしょうか?」

ティアリンクは呆然となった。経営陣はそれまで労働組合との関係に集中しすぎたあまり、ミドルマネジメント(中間管理職)にも意見を述べる機会が必要だということが思い浮かんでいなかったからだ。実は彼は、トップ経営陣と中間管理職は利害が一致していると考えていた。

「私たちは、管理職と管理部門の職員を考慮に入れていませんでした。彼らにはすでに答えが用意してあると思っていたのです」

平常時なら、ミドルマネジャーはそういうものだと理解している。ある大企業のミドルマネジャーが表現したように、役員からの電子メールで自分のアドレスが「同報（cc）」から「宛先（to）」に上がらなければ、自分たちの意見を取り上げてもらえないと捉えているからだ。ミドルマネジメントを外したままにしておく（つまり、同報の地位にとどめておく）ことは、解放型リーダーを目指す人がやりがちな間違いだ。だが彼らの協力を得られなければ、会社の文化を変えようとしてもできるはずがない。

トムの質問のおかげで、経営陣がいつの間にか管理職を無視していた事実が認識され、管理職もこの運動に参加する道が開かれた。そうした素地が整ったおかげで、その後一〇年にわたってさまざまな改革が実施されていくことになる。

会社の変革なんてできないと考えていたもう一つのグループは、役員陣だった。そこでティアリンクは、初期の段階から彼らを巻き込むことにした。一九八六年にハーレーのモーターサイクル部門の社長兼CEOに任命されると、ティアリンクは「全社員が会社を引っ張っていく責任を負いさえすれば、ハーレーは生き残り、繁栄できるはず」というビジョンを二人の役員に伝えることから始めた。一人は労使交渉の場で「銃殺刑」と叫んだトム・グルブで、もう一人は人事担当バイスプレジデントのジョン・キャンベルである。[11]

ハーレーの全面的な変革を象徴する利益配分制度のアイデアには同意できなかったものの、従来のハウ型の組織構造では、社員は個人的な責任を避けようとしてきた、という点で三人の意見は一致した。「それは私の仕事ではない症候群」のせいで、社員は新しいアイデアや取り組みを実施しようとせず、会社の最大利益を追求するのではなく、仕事の「やり方」に関するルールが非合理的であっても従うようになっていた。ジム・パターソン――このグループに入った四番目の役員――が要約したように、HOW企業では、「上がいなければ何もできない人間が大勢いる」のだ。[12]

パターソンは、ティアリンクが経営陣を変革プロセスにじっくり巻き込んでいった様子を次のように説明した。「一九八八年三月、リッチは私を呼び出して、『きみをこの会社の社長に指命したい』といった。それから二週間後、『そうだ。ところで、このジョイント・ビジョン・プロセスを始めるところだから、うまくいくよう協力してほしい』と頼まれた」[13]

二人は協力して、ハーレーで長い間休眠状態となっていた、全社員を対象にした「タウンホール・ミーティング*」を復活させて何度も議論を重ね、業務面や戦略面の課題に関する情報を全員に共有した。パターソンは会社に新規に設立された業務運営委員会の議長を務めていたが、その委員である数人の幹部が、これから実行しようとする変革のロール・モデルとして振る舞っていないことに気づくと、彼らをジョイント・ビジョン・プロセスに巻き込むことにした。こうしたことをティアリンクが一人で進める必要がなかったのは、変革を一緒に進めるリーダーシップを共有する経営幹部がいたからだ。

外部コンサルタントたちの協力も得ながら経営幹部向けのトレーニングを行い、幹部たちは、そこに居合わせないメンバーに断りなく責任転嫁をする態度のような悪い習慣を改めていった。たとえば、ある問題についてジェーンという社員に何も話していないのに、「ジェーンは反対だと思うよ」と発言するようなことだ。そうやって、自分の気にくわない提案をつぶそうと、そこにはいない管理職が反対しているという印象を経営幹部がつくり出すような雰囲気があったのだ。

また、会議の最中にはだんまりを決め込んで、後になってから「あの時は何も言わなかったけど、こんな提案は僕の部署ではまったくうまくいかないよ」と言うような、やりがちなテクニックを使うことも禁止された。これは面と向かった対立を避けるためだと言われるが、実際のところは反対であるという本音を隠す振る舞いだ。

＊　タウンホール・ミーティング：もともとは地域コミュニティの公共施設であるタウンホールで行う住民参加型の対話イベントのことを指す。

経営幹部と管理職がそれぞれの習慣を変えようと取り組んでいくと、ハーレーの既存のハウ型の組織構造が、人々の率直な関係構築と協力を妨げていることに多くの人が気づくようになっていった。そして一九九一年、ハーレーのヨーク工場（ペンシルベニア州）――そう、三年前にジョイント・ビジョン・プロセスへの参加を拒絶した工場だ――が二週間のストライキに入って事態は山場を迎えた。ヨーク工場の管理職は、トヨタなどの一流メーカーの方法をまねて、チーム制の作業システムを導入しようと計画していた。ところが、同じやり方がうまくいかなかった会社がいくつもあることにヨーク工場の労働組合が気づいた。自主経営的なチームは、社員と現場の管理職が、ハウ型組織のように指示されるのではなく、この仕組みを導入した初日から積極的に関与していた場合に限って成功できる。

予想されたことではあるが、労働組合のリーダーたちは面白く感じていなかった。ティアリンクと経営陣は彼らの意見に耳を傾けた。さらに、この仕組みを採用する経緯を検証してみると、他社の経営陣なら見逃していたかもしれないパラドックスが明らかになった。チーム制の利点がいくつもあることを理解しているはずなのに、経営陣自身がチーム制という仕組みそのものを実践していない、ということだ。ティアリンクがこの時に限らず繰り返し言っているように、もし「リーダーはその行動によって認められる」[14]のであれば、チーム制のアプローチに関しては、経営陣はまさに反対の手本を示していたことになる。

円形組織

調査が終わると、ティアリンクたちは組合の同意を得て、組合員と社員をチーム制の構築プロセスに巻き込むことにした。まず、チームを固定するのはよくないとの結論に達した。会社全体ではなくチームの利益を追求するようになるからだ。そこで、「自然な作業グループ」というコンセプトに行き着いた。「適切な時期に適切な人材を集め、適切な仕事を適切に遂行する」チームである。[15] このキャッチフレーズの一語一語は重要だった。「自然な作業グループ」は、組織図上の権限や、部門によって縛られることはない。「適切な人材」とは、社内における従来の役職にかかわらず、成すべきことをやり遂げるために必要とされる社員のことだ。そして、各グループが組成されるのはそのグループ自身のためではなく、会社の共通のビジョンに照らして「適切な仕事」をする上で自然な形態だからだ。

必然的に、工場現場から役員室まで、社内全体を通じてこの構造を適用することに決めた。この自然で、自己組織的な作業グループは、ゴアで使われていた仕組みと似ている。ゴアでは二種類のグループが存在する。製造、販売などビジネスを回す「ビジネスグループ」と、トレーニングや人材育成などサポート業務を行う「機能グループ」だ。ティアリンクたちはゴアの仕組みは知らなかったが、「需要の創出」「製品の生産」「サポートの提供」の三つの円で構成される同じような組織構造をつくり、それを「円形組織（サークル）」と名付けた。

それぞれの円は機能横断的で範囲が広く、円ごとの目的を共有する自然な作業グループである。中央には三つの円がベン図のように重なり、互いに交差している領域もある。円がどのように組成されるのかが明確ではなかったので、チーム制の検討グループは、聡明で頼れる相談役が必要だとの結論に達した。

そこから、最も劇的で、しかもこの改革を象徴する大きな出来事が役員人事で起こった。製造担当バイスプレジデントのトム・ゲルブと、マーケティング担当バイスプレジデントのジム・パターソン（個人的な理由で、モーターサイクル部門社長から異動していた）が、完全に自発的に役員を辞職して階層組織における村長的な権限を手放し、それぞれ一つずつの円のコーチになることを引き受けたのだ。当時、モーターサイクル部門の社長代行を務めていたティアリンクは、「サポートの提供」の円を担当することになった。

この組織再編は、単なる経営陣の思いつきではなかった。そのことを示すため、ハーレーのトップスリーに君臨していた二人が、自分の仕事とそれに伴う権限を事実上手放して、新たな組織構造を軌道に乗せることに一肌脱ごう、と申し出たのだ。そしてわずか数カ月後に、ティアリンクも二人に続くことになる。

一九九一年半ばから一九九二年末まで、ティアリンクと上層部は、ハーレーの社員たちと新しい組織構造について何度も話し合った。プレゼンテーションが終わり、「何かご質問は?」と尋ねる。すると「円形組織の責任者は誰ですか」というのが最も多い質問だった。

「わざと曖昧な組織構造にしたのです」というのがティアリンクの説明だった。ティアリンクは、ほんの少し漠然とした組織構造にしたかった。そうすれば、会社の本当のニーズに合致するように組織構造が「有機的」、つまり仕事の現場から自然に発展していくと考えたからだ。組織の上位から一方的に押しつけられる構造に合わせて強制的に働かせる会社にしたくなかった。後に、ティアリンクは探求的で進化し続けるこのコンセプトの特徴について次のように述べている。

「これが組織編成のやり方だと示して、試して様子を見よう、と呼びかけた。数週間、数カ月、あるいは数年かかっても、完全に『自然な作業グループ』の概念へ移行できるなどとは思わなかった。しかし、目標であることに変わりはない」[16]

リーダーシップは、それぞれの円の中でも、円同士でも共有され、中央から外に伝わるのではなく、必要なところに現れるのが望ましいとされた。この実験的、暫定的な物事の進め方は――「プロトタイピング(試作品による実験)」と呼ばれることもあるが――私たちが出会った解放型リーダーたちがよく用いる方法である。つまり、すべての答えが手元にあるからではなく、手元にないと知っているからこそ行動すると決めるのだ。さまざまなアイデアを出して、それに対して他の人々からの支援やフィードバックを求めることによってのみ、何がうまくいっていて何がうまくいかないかを発見することができる。

トップ経営陣からコーチ役への劇的な転換について尋ねられると、ティアリンクは立ち上がり、自宅オフィスの棚に飾ってある、三つの円の小さな絵を指さした。そしてこう語った。

「あれを見てください。一九九九年二月に、ハーレーダビッドソンの『機能するリーダーシップ・グループ』によって発表されたものです。あそこには、ただ『リッチ・ティアリンク、リーダーシップはあなたの遺産です』と書かれてあるだけです。私は一九九九年二月に引退しました」

涙がティアリンクの目を曇らせていた。

私たちはインタビューを続けようとしたができなかった。ティアリンクは、当時の思い出が胸にこみ上げてきて少し休憩させてほしいと言った。再開すると、なぜあれほど感極まったのですか、と尋ねた。

「なぜなら、全員が一丸となってこのプロセスをつくり上げたグループがここにいたからです。（ある日）リー・オズリーと私はその部屋に座って、（組織図上の）箱や線をいじくり回したところで、基本的にはどんな進歩も望めないと語り合っていました。すると、リーがこういうのです。『ビジネスとは何をすることだろう？ そうだ、ビジネスとは何らかのサービスをつくり出して、（他人を）助けなければならないんだ』。そして、私たちはこの三つの円を描きました。それを見ているうちに考えたのです。『私たちは、人々がお互いに協調し合うような仕組みをつくらなければならない』とね。そして、なんてことだ！と気づいたのです。ベン図を描いてそれを見ていると、自然に、相互依存という言葉が浮かびました。そうです、私たちは、グループとして責任を負っているのです。そして、シニア・バイスプレジデントという役職をなくそう、ということになりました」

ハーレーダビッドソンは、労働組合組織率の非常に高い大企業だった。そういう組織に自由を持ち込み、本当の意味で働く人々を平等に扱う環境をつくるには、何よりもまず、組合を平等なパートナーとして処遇しなければならなかった。しかし、現在活動しているすべての企業の組合組織率が高いわけではない。たとえば、FAVIもそうだった。そのおかげで、ジャン＝フランソワ・ゾブリストは、現場で働く人々と直接、本当の人間関係を結ぶことができた。次章では、そのプロセスを見ていこう。

7 既存企業を解放する

直接の語りかけが変化を生む

ゾブリストの情熱と無鉄砲さを表す逸話を聞くと、フランス革命家や死の軽騎兵（hussards de la mort）さえ思い浮かべるのではないだろうか。軽騎兵（hussards）とは、一七九〇年代初めに、自由に生きるか、さもなくば死を（Vivre libre ou mourir）という激烈な標語を唱えた数百名の志願騎兵のことだ。

偶然だが、ゾブリストには軍人だった過去がある（しかも反抗的だったらしい）[1]。一七歳の時に、落下傘部隊に関する記事を読んで、軍隊に参加することを決意したのだ。一八歳以上という年齢制限はあったものの、優秀な隊員として貢献できる自信があったので、身分証明書の生年月日を一年書き換えて入隊を認められた。

その後、砲兵将校予備学校に入学を許可されたにもかかわらず、上層部が自分の異動を邪魔したことを知った。「君の階級は落下傘兵にすぎず、将校候補ではない」と上官から告げられたのだ。そこでゾブリストは「構え、撃て、狙え！」（つまりまずは狙わずに撃つ）という軽騎兵ばりの行動をまたしでかした。駐在していた村で、深夜に地元の役所に忍び込んで、『ジャーナル・オフィシエル』誌を盗み出したのだ。これはフランス政府が発布する新しい法律や命令をすべて掲載する官報で、士官学校を初めとする高等教育機関への入学許可者の名簿も掲載されていた。ゾブリストは自分の名前が載っているページを引き裂くと、翌日それを大佐のところに持って行き、自分の異動を認めないのは法令違反だと訴えた――こうして正義は果たされた。もちろん、誰かが市役所に侵入したという話を耳にした時、大佐は誰が軽騎兵かを理解した。

「あれは君か？」

「はい、そうです。この一五日間、あなたは私をばかにしてきました。私はそれが間違いであることを証明したかったんです」とゾブリストは答えた。

ゾブリストのことを生意気だと大佐が考えていたかどうかはわからない。だがゾブリストはその後転属した（最終的には弾道ミサイル部隊で少尉まで出世した）。この話を私たちにしてくれたのは、本人の言葉を借りれば「動いてから考える」自分の欠点を説明しようとしたからだ。二二歳の時に、ある企業のオーナーと出会い、軍隊を離れて彼の元で働くことになった。

オーナーは押しが強かったが開けっぴろげな性格で、職場に時々やってきては、社員たちに「調子はどうかね？」と尋ねた。社員はほとんどいつも決まりきった言葉で答え、オーナーもそれを期待していた。ところが、ゾブリストは違った。「社長、全然だめです！」と正直に答えたのだ。そして会社の中で自分が目撃したばかげた習慣や仕組みについてあれこれ説明した。オーナーはこの変わり者の言葉に耳を傾け、指摘された問題に一つひとつ対処していった。

それから一六年後の一九八三年四月一五日、ゾブリストをヘリコプターでFAVIの工場まで連れて行き、ゾブリストのCEO任命を発表して周囲を驚かせたのは、第一章で説明した通りである。ゾブリストはこのオファーを受けたが、実はFAVIについて良い印象は抱いていなかった。ただし、軍隊の時に官報を盗み出して上司とぶつかった時のことを反省し、今回は「動いてから考える」のはやめようと決めた。

入社後の四カ月間は、工場ではあたかも「見学者」のように振る舞うことにした。前社長からの引き継ぎ期間を利用して、社内で何が起きているのかを観察し、社員の声に耳を傾けた。七月に退任することになっていたCEO

には、この期間中には何も変えないでほしいと依頼していた。一人の見学者として、多くの時間を工場現場で過ごし、そこで働く人々と会話して、家族のことや、どこに住んでいるのか、趣味は何かといったことを尋ねた。

工場では、現場のハウ型のマネジャーを刺激しないように気をつけた。この気遣いは部分的には正しかった。あるマネジャーの担当部署に足を踏み入れるたびに、自分の一挙手一投足が誰かに監視されているような気がしたからだ。まるでマネジャー同士で監視の「バトン」を渡し合っているようで、ゾブリストはそれぞれの領分の中で見張られ続けた。

そこで、ゾブリストは行動を起こすことにした。マネジャーたちの監視に、自分の縄張りは守りたいという一種の防衛本能が見えたからだ。これは、自分自身の自由を侵害するのみならず、会社の他の誰にとってもよいことではないと感じた。マネジャーたちはゾブリストをお客様と見ていた。いや、それだけではない。どこか信用できない人間だと感じていた。ゾブリストはマネジャーたちとのミーティングを招集し、こう言った。

「皆さん一人ひとりが自分の縄張りにおしっこをかけて守っていると私は捉えています。しかしお気づきでないと思うのですが、私は、最初にヘリコプターから降り立った日からこの工場全体におしっこをかけてきたのです。ですから、今や私は工場のどこを歩いてもくつろいだ気分になれます」[2]

これは、マネジャーたちの縄張りはもはや安全ではないというゾブリストからの最初の警告だった。

当時のＣＥＯはゾブリストに、市長から地元行政の社会保障部門担当者に至るまで、外部の利害関係者を紹介してくれたが、誰もが彼を非常に尊敬していることがよくわかった。ゾブリスト自身ももちろん、ＣＥＯを素晴らしい人だと思った。非常に高い倫理観を持つ人物として、これから退任する自分が、ゾブリストがＦＡＶＩの社員や慣行に抱く意見に一切影響を及ぼさないよう自分を厳しく律していた。

当初ゾブリストの目に映ったＦＡＶＩは、一九七〇年代に支配的だった規範に従順な、よく管理された会社だった。社長室には、作業現場全体を上から見下ろせる窓があり、工場内にはタイマーが設置され、社員が五分以上遅れると給与が減らされ、何度も遅刻するとその額が加速度的に増える決まりだった。鍵のかかった工具収納室が二つとコーヒーメーカー（夏のみ無料）が一台、メンテナンス用工具の費用を節約するための可動レンチが備えられていた。そして、社内には官僚主義がはびこっていた。毎朝、CEOが進行役となり、主要マネジャー数人が出席する会議が開かれ、会社に届いたあらゆる郵便物（宛名が誰であっても）の開封と閲覧を行った。社内の組織としては、購買部、人事部、企画部があり、機械調整係、現場監督、作業長、チーム長、部門長という役割があった。そして経営委員会、マネジャー会議、企画会議、製品の品質検討会など、会議がいくつもあった。年に一度はマネジャーとの昼食会が催され、毎月「製品の品質」「生産量」「会議等への出席率」「工場内の温度が高過ぎたことへの負担手当」などを理由とする割増給与が算定されて支払われた。評価される対象者は全員である。そして月末になると、作業場ごとに一時解雇者が発表されるのが日常化していた。これらは労働者たちにプレッシャーを与え続けるための行事だった。

ゾブリストは、この四カ月の引き継ぎ期間が与えられていなければ、自分は単にそれまでのやり方で経営を続けていたのではないかとコメントした。何しろ、当時のFAVIはどこの会社でも行われている慣行を踏襲しているにすぎなかったのだから。だがゾブリストには、社内の様子を観察して社員たちの話に耳を傾ける時間があった。そして、その四カ月の間に、表面に見えていたのとは異なる現実が明らかになっていた。

最初に気づいたことの一つが、FAVIの倉庫室の外で出会ったアルフレッドとの手袋の話であることは第一章で紹介した通りである。会計部門にコストを問い合わせた結果を基に、ゾブリストは同じ考え方をコーヒーメーカーにも適用した。工場に一台しか設置されていないので、従業員がコーヒーを注ぎに来るためだけに平均三〜五分かかることがわかった。つまり、一杯のコーヒーを飲むのにかかる真のコストは、FAVIがコーヒーを供給するコストの一〇〇倍だった。しかも、夏の間はコーヒーメーカーのコーヒーは「無料」だったのだが、実際にはむしろ高くつくことも判明した。無料コーヒーを飲むには特別なトークン（コイン）が必要で、従業員は一杯のコーヒーを飲むたびに会社の受付まで往復しなければならなかった。かえって多くの時間的なコストがかかっていたのである。

ゾブリストはこうした類いの無駄を工場の至る所に発見した。例えば、道具類のコスト削減に使われていた可動レンチは、長期間使っているうちに機械類のネジやボルトのせいで角が取れて丸くなっていた。その結果、傷んだ装置類にやっとこ（針金や板金などをつかむための鉄製の工具）を使わざるを得ず、かえって時間がかかり、ネジやボルトの状態がさらに悪化して機械装置全体の減耗が進む事態となっていた。

毎週の「企画会議」は、先週の計画が未達だった言い訳が述べられ、失敗に関する責任を他部署に押しつけることに終始して、「翌週の生産量目標を決める」という会議の（名目上の）目的にかける時間がほとんど残っていなかった。

CEOは毎月、丸一日をかけてマネジャーたちの毎月の業績手当を計算していた。しかし、その基準は客観的ではなかった。生産量に基づく割増給与は不公平だった。というのも機械作業員は顧客の発注量に基づいて働いており、自分の生産量を自分で決めることができなかったからだ。工場の気温が高過ぎるときに支払われる割増給に関しては、工場を過熱状態にするために、わざと窓を閉めている従業員がいることに気づいていた。文字通り「意図せぬ」結果だった。

さらに、会社の業績がよくないと毎月一時解雇者が発表されていた。そもそも、たった一人の営業社員の実績が悪ければ工場労働者が罰せられるというこの仕組みは、間違っているように思われた。仕事を速く進め、生産性を上げようというやる気を削ぐ効果もあった。その結果、仕事とは「決められた時間を過ごすことだ」という認いる「法則」だった。

識が広がっていた。これは（物理法則を発見したニュートンとボイルは知らないかもしれないが）事務員なら誰でも知って

ゾブリストの回想によると、その営業社員の働きは悪くなかったが、一人の人間に工場全体の浮沈を左右させる役割を負わせるほど大きかったわけではなかったし、営業社員にかける費用を節約するのは別の意味で非効率的だった。このことを、ゾブリストはやや下品なたとえを使って説明してくれた。

「若い頃に、女の子とのデートで最も難しかったのはその子といかにして寝るかということではなくて、どうやってベッドまで連れて行くかということでした。私はそのことを思い出したのです。私は、お客様を会社まで連れて行く社員の数を増やす必要があると自分に言い聞かせました」[3]

最後に気づいたのは、一日の終わりに従業員の多くがタイマーに殺到していることだった。中には、自分のシフトが終わったら真っ先に帰れるようにと、終了の合図が鳴る前にタイマーの近くにたむろしている者すらいた。

こうした観察内容は、初めのうちは単なる気づきにすぎなかった。何かが間違っていることはわかっていたが、機能不全となっている文化に直面した多くのリーダーと同様に、どう対処してよいかわからなかった。

ゾブリストがとった行動は、典型的なものだった。専門家の意見を求め、役に立ちそうな経営手法のセミナーがあればパリまで二時間かけて行って参加した。統計的工程管理、カンバン方式、トヨタの全員参加の生産保全（TPM）、コンサルタントで経営思想家でもあったジャン＝クリスティアン・フォーヴェの教えた難解な自己組織化理論に至るまで、さまざまなことを学んだ。しかし、どれも答えを与えてくれるようには思えなかった。七月末に、退任するCEOを見送るためにFAVIのオーナーが来社し、型どおりのスピーチと乾杯が終わると、社員全員が八月末までの夏季休暇に入った（フランスではごく当たり前の習慣である）。

一九八三年八月最終週になる頃には、ゾブリストの胃がキリキリ痛むようになっていた——FAVIの直面

している課題にどう対処したらよいのかがまだわからず、押しつぶされそうになっていたのである。しかし、芝刈りをしていたある日、まったく新しいことがひらめいた。

芝刈り機と娼婦

その日、芝刈り機のエンジンがかからなかった。ゾブリストは、超軽量飛行機を自分で修理して飛ばすほどの機械オタクだったので、その芝刈り機を分解し、点火プラグを掃除して、再び動けるようにした。芝刈りを再開すると、ＦＡＶＩで定められていたルールや手続き、規則などに思いを馳せて、会社にも同じような修繕を施すために何ができるだろうとじっくり考え始めた。そして「社内ではどんなふうに物事が動くのだろうか？」と想像してみた。

……作業員は、壊れた機械に触れる権限がないので、機械の調整係に電話する。調整係はあれこれ触ったあげく、これは設定上の問題ではなくて、保守関連だと言う。そこで作業長にかけ合うと、作業長は部門長に連絡する。部門長は保守サービス係に電話する。保守部門の長は機械工を送ってよこす。機械工はキャブレターの掃除から始める。ちっとも良くならないことがわかると電気係に連絡し、ついに点火プラグの不良が見つかる。電気係は、手袋を交換するアルフレッドと同じく、工具収納室に古いプラグを持っていき新しいプラグを持って帰ってくる。そして新しいプラグと交換すると機械調整係に連絡する。調整係は機械を動かして経理担当者に電話する。経理担当者は芝刈り機が実際に動くことを確認する。そして作業長に芝刈り機が直ったと知らせる。最後に、作業長は労働者（その間は別の芝刈り機を動かすようにと指示を受けている）を見つけて、元の芝刈り機で作業を進めるように指示を出す。

ゾブリストは当時を振り返ってこう言った。

「こういう数珠つながりの動きを理解すると、私は不安を覚えて、その後パニックに襲われました。心臓はバクバクしていました。そこで芝刈りをやめ、芝の上に座り、タバコに火を点けて、このままじゃだめだとつぶやいていました。このままだと私は決して、現場の社員が自分の機械を自分で直し、自分自身の道具を持ち、スペアの点火プラグをあらかじめ手元に置いておく、そういう自由を彼らに与える方法を見つけられないでしょう。仮にそれができたとしても、調整係や、管理担当者や、作業長や、部門長をどう処遇すればよいのでしょうか？」

だが、彼の常識はそこで諦めることを許さなかった。「庭の芝刈り機でできたことは、工場でもできるはずだ」。FAVIでなすべき画期的な解決策が一気に思い浮かんだ。

- 会社が機敏に動くには、意思決定は現場の労働者によってその場でなされるべきだ
- よい労働者は自発的に動ける人間だ
- 自宅では、誰もが自発的に行動している
- どう合理的に考えても、これまでの製造方式は社員の自発的な行動を妨害している
- したがって、この方式を完全に取りやめるか、少なくとも別の方針が必要だ

ハウ型のビジネス構造に対して沸き起こったこの怒りが、ゾブリストの社内改革の引き金となった。そこで、

夏季休暇が明けた九月、初日の朝にゾブリストはマネジャーたちを集めてこう言った。

第一に、私は決してここから逃げません！　一緒に悩み、共に進化していきましょう。第二に、私は五年ごとに辞任を申し出るつもりです。というのも権力は人を狂わせるからです――特に、当社のオーナーがCEOに与えている権限の幅を考えるとなおさらです。ですから、私がおかしくなったときのために、皆さんにこの会社を救うチャンスを確保しておきたいのです。もう一つの理由は、今後経営を進めていくと、私の強みと弱みが求められる時が来るかもしれませんが、それが会社の利益にとってマイナスになる場合があるからです。第三に、今から三年後には自分が何もしなくてよいようになっていたいからです。なお、今のところ工場はうまく回っており、ただちに何かを変更する必要があるとは思いません。

この最後の一言は意図的に穏やかな言い方にした。パリでセミナーを受けて関連書籍を読んでも既存の経営構造を解体する道筋は見えてこなかったが、大きな変革をしようとすると、多くのマネジャーの脅威になることには気づいていた。経営学者、ダグラス・マクレガーの著作にはよく目を通しており、経営構造を変革する方法についてはマクレガーの助言を採用することにした。

「言うまでもないことだが、変革プロセスには、できるだけ多くの安全装置を用意しておくことが必要である。そうすれば社員は自分にとって脅威となるアイデアや影響を拒絶できるからだ（例えば、常に選択できる余地を残しておこう）[4]」

ゾブリストが用意した安全装置は、実際にマネジャーたちの四分の一（大半が製造部門）を安心させた。一部には変革を望んでいたので失望した人たちもいたが、大半のマネジャーたちは中立を維持しているように見えた。同時に、ハウ型のマネジャーには脅威になったとしても、それ以外の社員には役立つと見込まれる変革も進めていった。

その時の参考にしたのが、ジャン＝クリスティアン・フォーヴェと、フォーヴェを通じて知った中国道教の軍事戦略家、孫子である。孫子は、今から二〇〇〇年以上前に、水流が岩の周囲を流れるときのように、敵との衝突を避け、周囲を巡り、あるいは下をくぐるようにすれば、なるべく多くの領土を占領するという目的を達せられる、と将軍に助言した人物だ。

ゾブリストはまず、前ＣＥＯの大きなオフィスを経理部門に提供し、作業場を見渡して常に監視できた大きな窓をなくして壁をつくらせた。次に、引き継ぎ期間中に使っていた臨時のオフィスを正式な社長室にした。その新しい社長室は、男性用トイレの向かい側にあって、ドアが常に開いていたので、男性社員であればほぼ全員が、一日のどこかでゾブリストと目が合う機会があった。会社に届く郵便物を幹部が毎日すべて開封する習慣も廃止した。これは、「会社に来る郵便物は仕事関連だから見てもよい」という名目でのプライバシーの侵害と考えたからだ。そして毎週の「企画会議」と称する、目標設定と責任追及のためのミーティングを廃止した。

こうした小さな「無意味なことの廃止」に加えて、いくつかの「小さな変革」も実施していった。マネジャーたちの特権には影響を与えないよう十分に注意しながら、である。また、一日で対応可能なはずの仕掛り注文が、営業アシスタントのオフィスに数週間も放っておかれる事実が判明したため業務プロセスを変更し、注文はまず製造部門に回してから、記録のために営業部門に送られるように変更した。さらに、当時は製品の価格を決定していたのは経理部の担当者で、営業社員が価格を知るまでに二週間かかることさえあった。そこで、営業社員自身に価格決定権を与えた。

もう一つの「小さな変革」は、不機嫌な表情で作業場をドシンドシンと歩き回っては部下を威嚇し、一日に一度は怒鳴りつけるマネジャーに関することだった。そこである日、他の社員もいる前で次のように諫めた。

「君は奥さんを寝取られでもしたのかね？　それともどこか体の調子でも悪いのか？　お子さんが病気？　そうじゃないなら、何が悪いんですか？　何もない？　じゃあ、いつも不機嫌そうにするのをやめてくれたまえ。それは卑怯な行為です」

ゾブリストは、社員は上司からひどく扱われることがストレスを招き、仕事のパフォーマンスが悪化する主な要因になる、という第二章で引用した研究の結果を承知していた。逆のことも知っていた――この会社には、「誰もが人間として平等に扱われること」が求められていた。

ゾブリストはこの逸話を紹介しながら、上司がいつもしかめ面をしていると社員はよい仕事ができないと断言した。「上機嫌でいること」が、後にFAVIが重視する四つの価値観の一つとなった。

不機嫌なマネジャーとのやりとりの後、ゾブリストは、威圧的な手順を踏まないように気をつけながら少しずつ領土を拡大するという孫子の戦略に立ち返りながら変革を進めていった。

次の段階は、社員が単に指示されたことをこなすのではなく、自分のしたいことをするように仕向けることだった。そこで、社内を歩いては数百人の社員に「今の仕事は何年やっていますか？　そんなに長いと飽きてきませんか？」と尋ねて回った。そして数週間後に、今度は、「キャリアをやり直すとしたら、どのような仕事をしてみたいですか？」と尋ねて回り、社員の希望に応じて異動を進めた。

「それ以外、私は何も変えませんでした」とゾブリストは当時を振り返る。

水流の「岩」であるハウ型のマネジャーとは対決しないというアプローチを忠実に守りながら、ゾブリストは入社後に気づいた経営上の慣行や経営判断の多くには手をつけなかった。毎月の割増給与の算定、品質検討会、鍵のかかった工具収納室、コーヒーメーカー、タイマー、可動レンチもそのままにしておいた。もちろん、いずれも会社にとってよくないことは十分にわかっていた。
ＦＡＶＩの組織図は他社と大差のないもので、これを見ると仕事のやり方を誰が誰に指示するかや指揮命令系統がよくわかった。ゾブリストは、ある日これを眺めているうちに、組織図にはそれ以外の、まったく異なる種類の情報が含まれていることに気がついた。そこに隠されているメッセージは、次のようなものだった。

「人は知的ではない」――そうでなければ、一日に何百回もする仕事を完璧に仕上げるための方法を常に指導する監督者やエンジニアがどうして必要なのだろう？

「人は無責任である」――そうでなければ、監督者(コントローラー)など必要ないはずだし、その上司も、そのまた上司も必要ないはずだ。

「人は怠惰である」――だからこそ、組織の上部で進捗を管理する誰かが必要になるのだ。

「人は盗人である」――だからこそ何もかもに施錠と鍵が必要で、会社の設備を守るために警備員が、そして新しい品目の要請を検討するために監督者が雇われている。

要するに、「組織図は、人はそもそも悪人だという前提に基づいてつくられている」とゾブリストは結論づけた。そして、ハウ型マネジャーの慣行に水を流す時がついに来たと考え、会議を招集した。このことについて彼は、自分の確固たる考えという水を流せば、その力によってマネジャーたちの考えも変わるはずだ、と私たちに説明した。
ゾブリストはマネジャーたちに、「『人はそもそも善人だ』と考えたらどうでしょうか？」と尋ねた。
どよめきが起きた。あるマネジャーは全員の反応を代表して答えた。「善人の労働者なんて、筋肉ばかですよ！」。

恐らく、そう答えた者は、世界的な経営学者のフレデリック・W・テイラーの影響を受けていたのだろう。テイラーは、かつて製鋼所の労働者を「自分の仕事としてこれを選ぶだけの十分に無気力で無能な者」と評したことがある。

この岩は容易には洗い流せないというのがゾブリストの結論だった。そこで、マネジャーたちを避けて、現場で働く人々に直接訴えることにした。一九八三年一二月二四日午前一一時、ゾブリストは自分のクリスマスの願いを発表しようと全社ミーティングを招集した。木箱を二つほど組み合わせた小さな演壇の上に立ち、社員たちに語りかけた。このクリスマス・スピーチは極めて重要なので、ここに詳しく引用する。

> この会社で皆さんと共に働くようになって九カ月が過ぎました……。
>
> この間、皆さんの様子を拝見して感じたのは、非常に勇気のある職業意識の高い人々が、仕事を愛しているのにもかかわらず、効率的に働けない環境にいる、ということです。その上で、皆さんのようなきわめて能力の高い社員には、アメもムチも必要ない、という結論に達しました。

こうしてスピーチを始めると、製造担当のマネジャーたちの表情がすぐに青ざめるのに気がついた。

> アメとムチは、皆さんのようなプロフェッショナルには価値がありません。そこで、クリスマス休暇から戻ってきたら、タイムレコーダーを解体します。……これを外すのは、皆さんはここで過ごした時間ではなく、つくった製品、優れた製品で給与を得ているからです。ですから、始業と終業のベルも、そして割増給与もなくします。
>
> ……その代わりに、過去二年間で皆さんが受け取った割増給与の平均額を計算し、給与に上乗せします。

皆さんの中に泥棒はいません。したがって工具室のドアについていた鍵は取り外します。……ボードとペンを用意し、そこから工具を取り出したら記録を残しておくことにします。記名の必要はありません。そうすれば適当なタイミングで必要なものを再注文できます。

……有料のコーヒーメーカーはなくし、作業場ごとに、無料の冷水機（シロップ付き）とコーヒーメーカーを二台ずつ置くことにします。可動レンチはなくします。機械ごとに保守用ツールを一揃い完備します。

そして、皆さん全員が必要なものを揃えるために、一人当たりの上限額を設定して（一〇〇ドルに設定された）、業務に必要であれば皆さんが何でも購入できる予算を設定します。

ここまで話して一息つくと、社員たちは呆然とし、工場内は静まりかえっていた。

一時解雇の制度はなくします。もしそのような手段を使わなければならないことがあれば、まずは私を含めた管理職に適用します。マネジャー専用の食堂は閉鎖し、全員が同じ場所で昼食を取るようにします。そうでなければ昼食を取りません！

演説中、マネジャーたちは、自分たちがそれまでしてきたことが明らかに脅かされると感じ、あたかも互いを守るかのように身を寄せ合っていた。ゾブリストはマネジャーたちの方に向くと、こう言った。

今後私たちはどのような役割を果たせばよいでしょうか。私にはわかりません。

私たち一人ひとりが、それぞれの役割を果たせる、と確信しています。けれども、私には他のモデルが思い浮かばないのです。私たちは、善意と常識、そして誠実さをもって仕事をしながら、全員で学んでいくことを提案したいのです。[6]

「岩」であるマネジャー陣を決して威嚇しているのではないという、この最後のジェスチャーを示した上で、ゾブリストはこう続けた。

私たちが自分自身を励ませる方法があるとすれば、それは世界最古の職業で生きている原則が参考になるでしょう。その職業とは娼婦です！　この職業が数千年にわたって生き延びてきたのであれば、その原則は私たちにも参考になるはずです。

ここでも、ゾブリストはあえて挑発的な言い方をした。私たちが会った解放型リーダーの多くは、まさにこのような話術を好んだ。つまり、自分の発言に対して聴き手の学ぶ意欲を引き出すために、あえて油断させるのだ。とはいえ、この時にゾブリストが選んだ挑発は、いかにもフランス流のものだった。一九八三年、ポルノ映画の「エマニエル夫人」は公開後すでに一〇年連続で上映が続き、観客動員数は数百万人に達していた。聴衆が狙い通りの反応を示したのを確認して、ゾブリストは続けた。

娼婦が成功するための第一の原則は、自分の姿をよく見せることです。自分の部屋に閉じこもっていたら、新しい客を獲得できないでしょう。私たちも同じです。自分たちを他人に見せる必要があります。対象はお客様に加え、見込み顧客、家族、友人、市長、知事など、私たちにとって有益と思える人なら誰でもです。

この原則は後に、二〇数人の製造チームにつき一人の営業リーダーの配置という形で結実しただけでなく、社員全員が顧客その他の利害関係者と接触することを促した。彼らに会いに行くのに誰の許可を得る必要もなく、担当者が必要と認めれば、海外まで出かけることもできるようになった。

二つ目の原則は、派手過ぎるぐらいにメイクをして人々の目を自分に向けさせることです。私たちも同じようにしたい。つまり、当社の設備機械をきれいに掃除して、赤、緑、黄色に塗るのです。

この原則に従って、FAVIでは機械装置を洗浄して塗装するようになった——これは一九八〇年代前半には行われていなかった慣習だ。そして日本の「5S」（整理、整頓、清掃、清潔、躾）という自律的職場環境をつくり出す手法をフランスで初めて導入した。

ゾブリストは、英米でヒットしたドラマ「ジ・オフィス」のマイケル・スコットのような雰囲気を漂わせながらこう続けた。

娼婦の成功に必要な三番目の原則は、彼女には専門性があることです。もし彼女が、客の家庭で得られる以上のサービスを提供しなければ、誰も寄りつかなくなるでしょう。私たちも同じようにしたい。

当社は現在、真ちゅうしか鋳造しておりません。しかし、今後は製品デザイン、調整とテストを行っていき、加工し、組み立て、配送していきます。つまりお客様のために、もっと優れた製品を大量につくっていくのです。

ゾブリストによると、この三番目の原則はＦＡＶＩの企業戦略として長年堅持されたという。その結果、ゾブリストがＣＥＯに就任した時には特殊製品の比率が四％だったが、その後九七％まで上昇した。

最後に、娼婦の四番目の原則は病気を客に移さないことです。当社には治さなければならない三つの病気があります。一つは納期の遅れです。月曜日に納品すると約束したなら、守らなければなりません。さもなければ、お客様は、製品の品質や価格といった、はっきりとはわかりにくい約束をしても信じてくれないでしょう。

ＦＡＶＩは、その後三〇年にわたって納期通りの納品を完璧に守り通した。

二つ目は当社の価格設定です。私たちの価格が正しいことをどうやってお客様に証明できるでしょうか。解決策はただ一つです。二度と値上げをしないことです。

ＦＡＶＩとゾブリストはこの約束も守り、インフレ率に応じた値上げさえ拒否した。その結果、ＦＡＶＩ製品の価格はその後三〇年近く毎年実質的に下がり続け、現在に至っている。ヨーロッパではずっと最低価格を維持した結果、中国の勃興や世界の景気後退など、欧州大陸の競争力を壊滅させたようなさまざまな苦境を乗り越えてきた。

実際、ＦＡＶＩの経営効率は非常に高く、現在は中国に市場を奪われるどころか、一部の製品を中国に輸出しているほどだ。二〇〇八～〇九年、世界的な不況が自動車業界とそのサプライヤー群を揺るがせると、ゾブリストは混乱の期間中に市場シェアを拡大できると期待した。さらにＦＡＶＩは、顧客の大手自動車メーカーからの値下げ圧力がよく知られているビジネスである自動車部品供給の分野で、優に二桁の売上高営業キャッシュフロー比率を維持している。

最後の、三つ目の病気は製品の品質が悪いことです。私はこれを治す処方箋を持ちません。しかし、皆さんには何でもできるはずです。オフィスにいる私たちにできるのは、皆さんの言うことに耳を傾け、皆さんのお手伝いをすることです。しかし、どうぞ覚えておいてください。すべてをできるのは、ここの装置類を動かしている皆さんだけなのです。

そしてゾブリストはこう締めくくった。

私はこれまで一年近くにわたって皆さんの働きぶりを見てきました。私は確信しています。当社の問題の解決策はすべて、熟練した技術をお持ちの皆さんの手の内にあると。

そして、工場にやってきた時と同じく突然立ち去っていった。

ゾブリストの演説はＦＡＶＩの現場労働者に向けたもので、強烈な比喩を用いて自分がつくりたい会社のビジョンを伝えたのだが、自分の言っていることの多くが社内のハウ型のマネジャーたちにとって直接的な脅威であることをもちろん承知していた。

言いたいことは現場の人々の心には響いたように思われたが、今度は管理職という「岩」と対峙する時が来た、と感じていた。

後にゾブリストは、あたかもパラシュートで降下したような気分（元軍人として、それがどういう気分かをよくわかっていた）だったと当時を振り返った。会社の経営慣行の「周囲を巡り、下を潜りながら過ごした」九カ月間の緊張状態を経て、自分が起こした変化を巻き戻すことはもうできないと腹をくくったのである。

逆委任

ゾブリストは、就任して初めての正式なマネジャー会議を招集し、その席で、部下への仕事の指示、コントロール、評価や懲罰といった、従来の管理的な役割をなくすと発表した。「今日この場から、マネジャーの皆さんは社員のファシリテーターやガイド役となり、それぞれが自分の実績を確認できるよう助けてあげてください」。そして、このマネジャー会議を最初で最後にすると発表した。

ミドルマネジメント層を置くことをやめ、工場を二〇数チームに分け、各チームが一社の顧客専用の「ミニ工場」として単一の製品をつくる体制にした。チームは自分たちで方向性を決め、採用から研修、購買、予算策定、そして（もちろん）生産までビジネスのあらゆる側面について責任を負うことになった。以上を断行した上で、人事部と法務部を廃止した。ＩＴ部門には一人を残した。

次に、会社で長く運用してきた予算策定プロセスと予算管理方法も撤廃した。その代わりに、すべての「ミニ工場」のリーダーが集まるミーティングを年に一度開催し、翌年の事業計画を話し合って決定することにした。どの部門にもサポート担当がいるというゴアの「一五〇人工場」のような体制は、業務の重複が無駄に見えた。しかしこれは表面的な問題にすぎない。現実には、中央集権的で官僚的なプロセスに隠れていたさまざまなコストが明らかになったため、サポート業務を現場に移したことで業務の効率性が劇的に向上し、コスト削減が実現したのである。

ミニ工場ごとにコストの責任を負わせたことで、ゾブリストは従来の官僚的なインセンティブの仕組みをまったく逆のものにした。従来の企業では、どの部門も（特にコスト・センターであるサポート部門は）、自分たちの予算のシェアを最大化しようと必死になる。そして事業年度が終了するまでにすべてを使い切ろうと努力する。予算が余ると翌年削られてしまうからだ。

新生ＦＡＶＩでは、それぞれのミニ工場はあたかも独立した事業体のように扱われ、チームごとの実績で評価された。それまでのサポート部門の大半は縮小されるかミニ工場に統合されたので、工場リーダーのインセンティブは、年末に会社から確保する予算を最大化するのではなく、自分の部門のために最高の業績を上げることになった。

従来型の官僚的なハウ型メーカーを解放するために、ゾブリストはさらに三つの原則に従った。一つ目の原則は、ゾブリストが師と仰いだジャン＝クリスティアン・フォーヴェからヒントを得た「逆委任（バックワード・デリゲーション）」だ。フォーヴェは一九七三年に出版した『社会的対立を理解する』*の中で、なぜトップダウンの組織ではそもそも対立が生まれ、業績が低迷しやすいのかを分析した。[7] 同じ時期に著書を出していたタウンゼンド、そしてその一〇年前に本を書いたダグラス・マクレガーと同じく、フォーヴェは、「手続きによる」経営ではなく、「人による」経営こそが正しい姿だと信じていた。もちろん何らかのルールは必要だと認めていたが、ルールは現場の人々によって生み出されるべきであり、会社が自己組織化する道を模索すべきだと提案した。ゾブリストは、パリで開かれたフォーヴェのセミナーに参加している時にその理論に初めて出合ったが、その自己組織化のアイデアは後に彼がＦＡＶＩで

＊『社会的対立を理解する』
Comprendre les conflits sociaux（未邦訳）

実現しようとしていたことにつながっていた。

実際、「逆委任」が新しいのは企業の世界だけだった。一三世紀の神学者、聖トマス・アクィナスは、とりわけ政府の統治方法に関心を抱いており、今から七〇〇年前に「補完性の原理（サブシディアリティー）」＊を支持していた。これを企業に当てはめると、権限はトップではなく現場の人々にまず与えられる。現場で働く人々は、自分たちが重要とは見なさない特定の意思決定や仕事を行う権限を組織図の上の者に委譲する。その連鎖の最終地点はCEOで、組織図において自分の下にいるあらゆる人が取り組む意欲も能力もない意思決定と仕事を任される。これは、ロバート・タウンゼンドが表現した「サポート役」や「給水係」としてのCEOと本質的に同じ位置づけである。他の人々が自分の目的に向かって前進しやすくなるのであれば、自分のどんな仕事にも意義があるという考え方で、実は、「三年たったら現場の意思決定をしなくて済むようになりたい」というゾブリストの最初の意図にピタリと合っている。

ミニ工場は、自分たちの仕事を正しくやりきるために必要なあらゆる役割を担っていた。つまり製造活動はもちろん（工場はそもそもこの部分だけを受け持っていた）、原材料の調達、資金繰り、採用、研修なども担っていた。FAVIのエンジニアは、ゴアと同じように、自分たちが貢献したい分野を探すよう頼まれるだけだ。その結果、R&Dや品質改善法の研究といった役割は生産を担うチームの枠外となった。

これは従来の権限委譲モデルとは根本的に異なっている。従来のやり方は、「嫌なことは下に落ちてくる」つまり上にいる各層の管理職が、まず自分に手に入る「おいしい」部分を取ってしまい、残り物が下位に回されていた。さらに、周期的に人気となる「脱中央集権化」ともかなり異なる。脱中央集権体制を採用する会社の多くでは、すべての権限は中央にあり、それが中央の判断で戦略的に分け与えられることが前提となっている。しかしこのアプローチでは、社員は自分たちの仕事を邪魔するような手続き上の権限または責任が課されるだけでなく、自分たちの仕事にとって重要な領域での行動の自由が制限される可能性がある。

＊ 補完性の原理：中央の権力は下位または地方的組織が効率的に果たせない機能だけを遂行するという原則。

最も重要なのは、権限の「委譲」とか「脱中央集権化」はハウ型の経営慣行を疑問視しておらず、その悪影響を軽くすることで正当化しようとしている点ではないだろうか。これに対し、「逆委任」は、仕事をするにあたって必要な権限はどれかを、現場の人たち自身がまず（組織の上位の人たちよりも先に）決められる点が違う。従来の経営慣行とはあまりにもかけ離れているので、従来型のマネジャーがまったく必要なくなるかもしれない。

二つ目の原則は、経営慣行というよりは、CEOの役割の転換だ。ゾブリストは、古代中国と歴史全般に造詣が深く、その著書『FAVIの素晴らしい物語』*には、中国学の研究者フランソワ・ジュリアンから影響を受けた格言が書かれている。

「よい君主とは、制約や排斥を一切廃し、誰もが自分の好きなように花を咲かせるのを認める人だ」

従来型の組織では、人々があたかも「悪人」のように扱われており、「善人」としての振る舞いや、顧客を幸せにする「よい仕事」に打ち込んだり、個人的な幸福や会社のためによい成果を上げたりすることが妨げられているのではないか。そう感じたゾブリストは、以前の古い仕組みを思い切ってすべて撤廃した。「娼婦」のスピーチで語ったように、ゾブリスト自身は工場での作業をできず、製品の質や会社の成功は、工場で働く労働者たちの手に委ねられている。そしてCEOである自分の仕事は、彼らが精一杯よい仕事をする上での障害を取り除くことだと認識している。これは、社員に対する締め付けを厳しくするのではなく、そうした類いの制約を一切なくすことにほかならない。

最後の原則は、指揮統制型の会社の変革は急進的な取り組みで、ゾブリストの言葉を借りれば「破壊」であるということだ。ゾブリストは改革を達成できなかった人を、フランスの最後の皇帝ルイ一六世にたとえる。ルイ一六世と同じく、彼らは知的で教養のある人々だが、「支配層」からの抵抗に遭うたびに改革を諦めてしまうのだ。ゾブリストは、自社の「支配層」であるマネジャーたちに自分のアイデアを何度も何度も繰り返し訴えること

＊『FAVIの素晴らしい物語』
La belle histoire de FAVI（未邦訳）

で、威嚇にならないよう注意を払いながらも彼らを巻き込んで変化を起こそうと、あらゆる方法を試みた。しかし、ルイ一六世と違ったのは、マネジャーたちが抵抗し、変革にあからさまに反対しても決して諦めず、改革を推し進めていったという点である。現場で働く人々こそが大切に扱われるべき存在であり、それによって彼らが自分の幸せとFAVIのために自由に行動できるようになるからだ。

これは慎重な改革派ではうまくいかないだろう。そしてゾブリストの「構え、撃て、狙え！」という性格は、迅速な行動と意思決定をする分には最適だった。しかし実際のところ、FAVIでの最初の九カ月間は、恐らく彼の人生でもこれほど長く大人しくしたのは初めてだったはずである。すぐに行動を起こす癖は非常によく知られていたので、従業員の中には、ゾブリストのオフィスに入って真っ先に電話機を手で押さえて、「お願いですから、誰かに電話をするなら私の話を最後まで聞いてからにしてください」と訴える者もいたくらいだ。ところが、ゾブリストの方も、急いで動いてしまう自分の性格を一種の美徳と捉えていた。

「これは、リスクを取るということです。多くの人はリスクを完璧にコントロールしたいと考えて、シナリオを分析します。『自分がこうすると相手はこうして、そうすればこうしよう』というわけです。でも、知性を尊重し過ぎるあまり、決して行動しないのです。私は常識と直感を尊重しています。まず行動し、その後に結果と対峙するわけです。私の行動がまずければ、やり方を変えるだけです」

別の言い方をすると、ゾブリストは自分が完璧な判断をできるとは思っていなかったし、社員にも完璧な意思決定を期待していなかった。ハウ型の組織構造を手放すことを考える多くのリーダーは、うまくいかなかった場合のことばかり頭に浮かべてしまう。

「社員がもし○○をしてしまったら？　（あるいは）どこかの顧客と勝手にやりとりしてその顧客が離れてしまったら？　（あるいは）社有車を私用で使っている最中に壊してしまったら？」

社員を自由に解き放つやり方を考えようとすると、こうした類いの想像が次から次へと頭をよぎるようになるかもしれない。そしてミスが起きる——実のところ、ミスはどんな時でも、最も厳格な会社でも起きる。トップ経営者でもミスとは無縁でいられない。ゾブリストは自分のミスや失策を積極的に受け入れる人間なので、他の人たちがリスクを取ることにも寛容だった。ビル・ゴアは「ミスをしたことがないのは、十分なリスクを取っていないからだ」という言い方を好んだが、ゾブリストは行動の対価として自分のミスを受け入れていた。そして、自社の社員も多かれ少なかれミスをするだろうと考えておくだけの賢明さを持っていた。

ゾブリストはよくこう言った。

「人生はリスクに他なりません。毎朝起きれば、誰でもリスクにさらされます。リスクがまったくなくなるのは、死んだ時だけです」

つまり「リスクを抱えて自由に生きるか、死ぬか」という話なのだ。

博愛の心が社員の大胆さを解き放つ

CEOが自身の振る舞いを変えて、話すのではなく耳を傾け、社員を性悪説で扱う官僚的な象徴(シンボル)や慣行を廃し、マネジャーたちのハウ的な態度を「なぜ」を問いかける姿勢へと根本的に変革するのは非常に難しく、往々にしてリスクが高く、そしていつも時間がかかる。軽騎兵の「構え、撃て、狙え!」というスタイルは、硬い岩をいくつか壊すには役立つかもしれないが、人々の行動を変えようとするのには長い時間がかかる。ゾブリストは現役のマネジャーたちの慣行を変えようと九カ月頑張ったがついに諦め、管理職の層を完全になくすことにした。

FAVIのように、数カ月で変革を成し遂げた会社もあれば、USAAやバーテックス、ハーレーのように、はるかに長い時間がかかった会社もある。しかし、どの会社でも、会社とそのリーダーたる経営陣の社員に対する姿勢や振る舞いが変わると、社員自身の行動も変わった。仕事のやり方について上司の指示に渋々従うのではなく（こういう職場環境は、はっきりとした対立に発展することはないにしても、反感が生まれやすい）、社員たちが奮起して自由に行動し、その結果「人は誰もが本質的に平等に扱われるべきである」という普遍的なニーズを満たす社風が確立したのである。

この不信感が克服されると、人々は自信を持って、それまで抑圧されていた「成長」と「自律」を求める声を上げるようになった。そして、新しい環境下でこれらの要望を満たしつつ、自分自身の幸福も会社の成功も実現させるべく努力するようになる。

だからこそ、解放型リーダーたちはまず、平等に扱われたいという社員のニーズを満たす取り組みを始め、これらを阻害する行動や慣行や象徴（シンボル）など、職場環境のあらゆる側面を変革していったのだった。この要求が満たされて、人々がもはや「資源（リソース）」という扱いをされなくなるまでは、他の重要なニーズは表面化しない。「資源」として扱えば、マネジャーが社員から耳にするのはただ、給料を上げてほしいという欲求だけだ。

この「公平に扱われたい」「本質的に平等な存在として扱われたい」という社員のニーズを常に満たせるような環境のことをどう表現すればよいだろうか？　私たちが最適な言葉を探している時、サン・ハイドローリックスの社長で解放型リーダーであるボブ・コスキが教えてくれた。それは「博愛(grace)」だ。

「博愛の心こそ、自分がこの会社でやってきたあらゆることの基本理念です」とコスキは言った。「博愛」という言葉（優しさや思いやり、あるいは良心的な善意と定義される）は、解放企業に見られる特徴を完璧に表現している。それは、より大きな責任を担うようになった社員の振る舞い方から、さまざまなビジネス慣行や物理的な労働環境に到るまで、職場のあらゆる側面において社員を公平に、しかも本質的に平等な存在として扱うことを目指しているこ とだ。

博愛の心をもって社員を遇する環境は、それがあれば素晴らしいということにとどまらない。そこで働く人々が、同僚やパートナー、サプライヤー、そしてもちろん顧客との関わり方にも直接影響を及ぼすのだ。

ある日、フォルクスワーゲン担当のミニ工場で変速用の部品であるギアボックス・フォークを製作していた作業員が、担当製品の欠陥に気がついた。これはめったにないことだった。私たちが同社を訪問した時には、一個の不良品を出すこともなく、二〇〇〇万個以上の製品を製造していたからだ。

彼は作業を中断し、すべての仕掛品と納品用在庫の中に不良品がないかを調べた。不良品は見つからなかったがそれだけでは満足せず、フォルクスワーゲン担当マネジャーに相談し、二人でドイツのカッセルにあるフォルクスワーゲンの工場を訪ねることにした。車で片道六時間以上かかる工程だ。到着すると二人は、FAVIが最近出荷した製品の中に不良品がないかどうか、万が一のことを考えて点検してほしいと依頼した。欠陥品は一つも見つからなかった。

フォルクスワーゲン側の担当マネジャーはこの訪問に腰を抜かすほど驚き、購買部門の責任者にこのことを報告すると、FAVIは欧州における優先的なサプライヤーに格上げされた。ただしFAVIの作業員がこの行動を起こしたのは、単に同社ではすべての顧客を公平に取り扱うことになっているからだ。

従業員に、「顧客を大切にしてほしい」と言う企業は多い。しかし、従業員の態度が変わることはないし、その結果業績が期待通り上向くこともない。会社から言われたことを誰もやらないからだ。コスキがサン・ハイドロリックスの事業計画書で書いたように、社内で尊厳と礼節をもって扱われれば、社員は社外でも同じ行動を取るようになり、その結果、常連客が増加する、利益率が高まるなど、さまざまな点で世界トップクラスのパフォーマンスへとつながっていく。

本質的に「平等な」存在として社員に接するときに使う表現として、「敬意」「尊厳」「配慮」「信頼」「公平」「公正」「丁寧」「博愛」などさまざまな言い方があるが、とにかくそのような姿勢が個人や会社の成果に大きな影響を与えることを説明する考え方は他にもあるはずだ。実際、会社がこのニーズを満たすと、社員は自分が大切にするきわめて根源的なニーズを社内で自由に表現できるという安心感を得ることができる。これらの根源的なニーズが満たされると、心理学における「充足と幸福」（つまり安心と活力）を目指す社員の行動が自然発生的に生まれ、会社のパフォーマンスの飛躍に直接つながる行動も目立つようになる。こうしたニーズは何なのか、社員の満足感がどうして目を見張るような行動として現れるのかは、次章のテーマだ。しかしその前に、一人の人間として扱われることがいかに重要かについて、文学的な側面から少し考えてみたい。

ワシーリー・グロスマン（一九〇五〜六四年）は、小説『人生と運命』によって、「二〇世紀のトルストイ」と呼ばれることも多い。一〇〇〇ページにも及ぶこの壮大な小説は、第二次世界大戦中および戦後の東部戦線、ドイツ占領下のナチスの強制収容所、ソビエト連邦（ソ連）の強制労働収容所、そしてこの時代の人々の生活を描いている。本書はソ連の全体主義と、ドイツ占領下におけるソ連人による反ユダヤ主義を批判したため、一九六〇年代前半に共産主義政権によって発禁処分となり、グロスマンは事実上の反体制派と糾弾されるようになった。同書の原稿はソビエト連邦から極秘で持ち出された後に翻訳され、一九八〇年代にフランス語で出版された。ロシア語版の出版は、ミハイル・ゴルバチョフ時代まで待たなければならなかった。

グロスマンは第二次大戦前から著作家としてのキャリアをスタートしたが、同書のための資料を集めるようになったのは、従軍記者として四年間を過ごし、人道に対する罪に関する調査を始めてからである。グロスマンはボランティアとして共産党の赤軍のために働いたが、彼の母親は一九四一年七月、生まれ故郷であるウクライナの都市ベルジチェフで、侵攻してきたナチスの軍隊に捕らえられた。数週間後、ゲットー（ユダヤ人隔離地区）に移動する途中で、数万人のユダヤ人とともに銃殺されている。

『人生と運命』では、主役のヴィクトル（ロシア語の愛称はヴィーチェンカ）はゲットーに隔離された医師である母親から手紙を受け取る。母親は殺されることを確信し、自分の人生最後の日々について語る。ゲットーに向けてアパートを出る様子と、どのようにして彼女がほとんどすべての人から見捨てられるに至ったかを描いている。彼女を人間扱いした例外的な存在は、一匹の野良犬と一人の男性だったという。

間もなくユダヤ人の移住に関する発表がありました。私たちはそれぞれ一五キログラムまでの所持品を持って行くことが許されました。家々の壁に、黄色っぽい小さな告知文が掲げられました。「すべてのユダヤ人は、一九四一年七月一五日の夕方六時までに旧市街地区に移動すること。残っている者は容赦なく銃殺される」

というわけで、ヴィーチェンカよ、私も荷物をまとめました。枕と、少しばかりの下着、いつかお前がプレゼントしてくれたコップ、スプーン、ナイフ、フォーク二本を持ちました。そんなに多くのものが本当に要るのかしら？　医療機器もいくつか持って行きます。それと、お前の手紙、亡くなった母とダヴィドおじさんの写真、お前がお父さんと写っている写真、プーシキンの本、『風車小屋便り』（小説家アルフォンス・ドーデの三〇編からなる短編集）、『女の一生』の入っているモーパッサンの本、そして小さな辞書……チェーホフも、『退屈な話』や『僧正』の入っている本も何冊か、バスケットに入るだけね。この屋根の下で私はいったい何通の手紙をお前に書いてきたでしょう。夜になるといったいどれだけの時間泣いたことかしら。今はもう、私がどんなにひとりぼっちで寂しかったかをお前に語るだけです。

家とも、小さな庭ともお別れをしました。少しの間、木の下に座っていました。近所の人たちにも別れを告げたの。とっても奇妙な人たちもいました。二人の女性が私のいる前で、誰が私の椅子をもらうのか、誰が小さな机をもらうかで言い争いを始めたのよ。でも私がさようならを言うと二人とも泣きだしたのです。お隣のバサーニコさん一家に、戦争が終わって、もしお前が私のことを知ろうとやってきたら、なるべく詳しく話してあげてほしいと頼みました。ええ、ちゃんと約束してくれましたよ。番犬で雌の子犬のトビークには泣かされました。昨晩は私にとっても優しくしてくれたから。

もしお前がここに来ることがあったら、年老いたユダヤ人女によくしてくれたこの犬に、何かごちそうをしてあげてね。

私が旅の支度を終え、バスケットをどうやって運ぼうかしらと悩んでいたら、思いがけず患者さんが来てくれました。シチューキンという、暗い感じの、冷たい人だと思っていたの。その彼が私の持ち物を持ってくれ、三〇〇ルーブルをくれました。そして週に一度、柵のところへ私のためにパンを持ってきてくれると言ったのです。彼は印刷所で働いています。目の病気のせいで前線にとられなかったのです。戦前から、私のところで治療を受けていましたが、もし私が、純粋で、思いやりのある人の名前を挙げろと言われたら、何十人の名前を挙げても、彼の名前は入っていなかったと思います。そんなわけで、ヴィーチェンカよ、シチューキンが去った後、私は再び自分が人間だと感じることができたの。こうなってもまだ、私を人として扱ってくれたのが犬だけじゃなかったの[8]。

8 解放が失敗するとき
モチベーションの本質とは何か

人々が十分な情報を与えられていれば、安心して政府に任せることができる。
――トーマス・ジェファーソン[1]

トーマス・ジェファーソンからウェールズ人の政治哲学者に送られた右記の言葉は、自己統治の可能性と、その条件をどちらもはっきりと表現している。この文章は、その一三年前に自身が起草したアメリカ独立宣言の精神を守り、補足すると同時に、その数十年後に結実した「最も貧困な者から最も豊かな者まで、あらゆる層が学べる一般教育機関をつくる」というビジョンの元になった。[2] このプロジェクトがジェファーソンにとってどれだけ重要であったかは、生前、自分の墓に刻むことを依頼していた三つの功績――アメリカ独立宣言、バージニア信教自由法、そして教育への思いを結実させたバージニア大学――によって知ることができる。アメリカ合衆国の大統領職にあった政治の天才にしてみれば、大学を一つ設立することはたやすかったかもしれないが、実際はどうだったろうか。[3]

大学の設立準備を始めたのは一八一四年なので、五年を要したことになるが、バージニア州議会に必要な法律を何とか通過させて大学の設立を実現した。資金調達は大変だった。その一方で、ジェファーソンは建築にも熱心で、有名なロタンダ（丸天井のある円形の大広間）とコロネード・クラブ（現在は会員制の会議・宿泊施設）の設計にも尽力した。生まれたばかりの大学の図書館のために、数カ月にわたって毎日四時間を書籍集めに費やして、六八六〇冊という当時としては膨大な蔵書数を実現した。同郷のバージニア人で第四代大統領のジェームズ・マディソンの支援を得て、ジェファーソンは大学に政治学のカリキュラムを導入した。最後に、最初の教授陣として八名を採用したが、うち五名はわざわざイギリスから招聘した。

恐らく、ジェファーソンの実績の中で最も際立っていたのは、自主統治型（セルフ・ガバニング）の組織をデザインしたことだろう。まず、当時アメリカの他の大学で採用されていたあらゆるルールや手順はすべて廃止された。必修科目はなく、学生は自分の学びたい科目を何の制約もなく自由に選ぶことができた。[4] 選択の自由と教授間の競争を促してコースの魅力を高めようと、年間一五〇〇ドルの固定給に加えて、学生が一人履修登録するごとに二五ドルを追加で支給するというインセンティブ制度を設計した。学生の年次の区別はなくなった。さらに、学長、副学長（プロボスト）といった大学における従来の序列もすべて廃止された。大学は教授たちによって完全に自主統治されることになり、輪番制で議長が選任され、ジェファーソン、マディソン、モンローら超一流の名士で構成される外部理事会の監督下に入った。学生については、「ジェファーソンは、学生による自主統治組織を考えていた。というのも、最高の家庭から入学した若者たちであれば、自らを治めながら模範的な生活を送ることができるはずだと考えていたからだ」。[5]

一八二五年三月、長年にわたる準備作業の末に、シャーロッツビルにバージニア大学を開校し、最初の入学生四〇名を迎えた（その年が終わる頃には一一六名を上回るまで学生数は増えた）。ジェファーソンは今や八一歳、なすべきことをしたとの満足感で引退し、モンティチェロの大邸宅で余生を過ごすことにした。大学からわずか五マイルの場所で、日曜日には少人数の学生を夕食会に招き、そうでない時には、邸内の木々に開けた穴から、小型望遠鏡で若い大学を見守り続けた。しかし、平穏な日々は長く続かなかった……。

最初の学期が始まって一カ月も立たないうちに、とんでもないニュースが飛び込んできた。日没後に、マスクで顔を隠した一四名の学生が酒に酔って校内の芝生に集まり、「くたばれ欧州人教師！」と叫んだというのだ。二人の教授が現場に駆けつけ、騒いでいた学生一人のマスクをはがそうとしたところ、学生たちに罵られた。さらに悪いことに、教授の一人が鞭で打たれ、もう一人にはレンガが投げつけられた。騒ぎはそれで収まらなかった。翌日、六五名の学生たちが、マスクをはがそうとした二人の教授に対する非難声明に署名した。そして極めつけは、ジェファーソン自身の甥の孫息子が騒ぎを起こした一四名の一人だった。

あの有名なロタンダで、現大統領モンローと前大統領マディソンの出席の下、ジェファーソンは「酔っ払い一四名」を前にして立ち上がり、「この一連の騒動は自分の人生にとって痛恨の極みであります」と宣言した。しかしそこまで述べたところで感情の起伏を抑え切れなくなり、目に涙をいっぱいに浮かべ、話を続けられずに腰を下ろした。他の者が議事を引き継いで審判は続き、「一四名の狼藉者」は、ジェファーソンの親戚を含めて放校になった。

ジェファーソンの提案で、厳しい規則が導入された。学生は全員夜明けとともに起床しなければならなくなり、午後九時以降は外出禁止となり、制服の着用が義務づけられ、学生監に自分の金を預け、最低限の額を小遣いとして受け取ることになった。賭け事、タバコ、飲酒は禁止された。こうして自由と自主統治の時代は幕を下ろした。

これは、解放型リーダーには身の毛のよだつような話である。ついに平等に扱われるようになった人々が、自由とそれに伴う責任を受け入れずに反抗したのだから。[6] リーダーは、自分が夢見ていた自主統治が無秩序に転換し、自分で意思決定しなくてすむと思っていたら呼び戻されて、自分が最もしたくないと思っている独裁主義者の役割を果たさなければならないのだ。トーマス・ジェファーソンでさえ自由志向の組織をつくれなかったのだから、このアイデアは、そもそも理想主義にすぎなかったのだろうか？

しかしゴアやゾブリストをはじめとしたリーダーたちは、組織を無秩序に陥れることなく改革を進めることができた。彼らのビジョンを理想主義だと呼ぶ者もいたが、結局成功したのである。もちろん、社員を文字通り平等な存在として処遇する環境をつくっただけではない。さらに一歩も二歩も進め、社員が進んで自由と責任を引き受ける環境をつくりあげた。その結果、社員は自発的になった。ジェファーソンが何をどう失敗したのかを検討するためにバージニア大学の事例についてはもう一度振り返ることにするが、その前に、解放企業の社員たちはどうして改革に抵抗するのではなく、積極的に参加するようになったのか、解放型リーダーたちが具体的に何にどう取り組んで成功したのかを見ることにしよう。

人のモチベーションを上げることはできるのか

アブラハム・マズローが人間の欲求と動機づけに関する有名な論文を発表したのは一九四三年なので、心理学者たちがこの問題を盛んに取り上げるようになったのはそれ以降のことになる。

しかしビジネスの世界では、大半の会社がこれは数十年前に解決済みの問題だと捉えている。曰く、「社員の利害と会社の目標が一致するような、目に見える報酬の組み合わせを見つけられれば、社員のモチベーションを上げるのは難しくない」と。しかし実は、心理学者がモチベーションあるいはエンゲージメントを詳細に研究すればするほど、目に見える報酬の重要性はそこまで高くないのではないか、という考え方が主流になりつつある。それどころか最も重要なのは、社員たちがみずから仕事に取り組んでいるかどうか、という点なのである。

ある心理学者が日常生活の中で行ったとされる「自然実験」について考えてみよう。ある日、外がうるさいと思って目をやると、子どもたちが家の前でサッカーをしていた。そこで外に出てこう言った。

「実にたいしたものだ。君たちのプレーを見ることがとても楽しいので、ここでサッカーをするたびにみんなに一ドルずつ差し上げよう」

そして子どもたちに一ドルずつを渡した。次の日も、子どもたちがサッカーに熱中していたのでまた外に出て「君たちを見ているのは実に楽しい。でも今はお札を持っていないんだ。だから今日はコインだけだ。今日は五〇セントを上げよう」と伝えた。

子どもたちはややガッカリしたが、金を受け取ってサッカーを続けた。これが繰り返されて翌々日となり、今度は一〇セントずつ手渡すと、子どもたちのうちの一人が偉そうな態度で拒絶して「僕たちは、こんな小銭ではサッカーをしないよ」と言った。そして子どもたちは二度と戻ってこなかった。まさに、心理学者の思うつぼにはまってしまったのだった。

この「実験」を作り話だと考えている心理学者は多いが、それでも広く知られているのは、数百回もの実際の実験から得られた知見を反映しているからだ。ただただ楽しいことに夢中になっていた人に、目に見える報酬を与えると、ある変化が起きる。人々は、心の中で報酬と活動との因果関係――心理学者たちが「認知された因果律の所在」と呼ぶもの――を打ち立てる。そして、このつながりができると、「楽しいから」とか「重要だから」といった、その活動をしたいと思っていた本質的な理由が歪んでしまう。

企業はこの目に見える報酬を「賞与」とか「特典」と呼び、人々を動機づけていると固く信じている。

ある有名なシリコンバレー企業は、聡明で情熱的な若いエンジニアを数千人雇用し、来訪者も含めて誰にでも贅沢な食事を無料で提供することで知られていた。技術者たちは、自分が仕事と素晴らしい無料の食事をいかに楽しんでいるかについてそれぞれのブログで熱弁を振るった。ところが、その後事業の成長スピードが鈍化すると、会社のトップが社員全員にメモを送り、無料の食事が一部の社員によって乱用されており、今や経済的措置を取らざるを得ないと宣言した。すると、ブログ界が失望の嵐で上を下への大騒ぎとなった。これは、心理学者にとっては想定内だったが、経営者にとっては意外な反応だった。逆説的ではあるが、特典はいったん社内に定着すると、社員のモチベーションを上げる力を失い、逆に社員に対する義務になる可能性があるのだ。

給与など「特定の活動に紐づかない目に見える報酬」は、特別賞与など「予想外の報酬」を除けば、それがどんな形態のものであれ、社員が何らかの活動に取り組もうとする自発的意欲を著しく減退させる。これは間違いなく、ＨＯＷ企業では問題にならない。[7] 社員に指示通りの仕事をさせる追加的な仕組みとして、この種の目に見える報酬を使っているからだ。

だが、解放型リーダーには難題だ。ボブ・デイビッズはこれをはっきりと説明してくれた。

「誰であっても他人のモチベーションを上げることは、絶対に不可能です」[8]

それでも彼らは、社員が解放への改革に抵抗するのではなく、参加してもらう方法を模索し続けた。突破口が開いたのは、問題解決のために創造的なアプローチを採用し、問題を再定義した時だった。

創造性を発揮するとはどういうことか

創造性の研究は学術領域でも近年急激に伸びている。そのテーマは、「アイザック・ニュートンが落下するリンゴを見て思いついた」「アレクサンダー・フレミングがシャーレーの中でバクテリアを殺すカビを発見した」「3

Mのスペンサー・シルバーが、弱い接着剤に興味を持ったことがきっかけでポストイットを発明した」といった創造性が発露した瞬間、言い換えればあの有名な「わかった！」という現象がどうして起きたのかを探究することだ。

この問題を解きほぐすために、研究者たちは「創造的ひらめき」を、「問題」と「その解決策」が対になった現象として捉える。つまるところ、ひらめきとはその人独自の有益な解決策のことだ。しかし、創造性とは、正しい問いを発見したり、手元にある問題を定義し直したりする過程の中で発揮されることが非常に多い。二〇世紀初頭の哲学者、ジョン・デューイが指摘したように、「問いが適切に定義されれば、半分は解かれたようなもの」だ。[9]このように、「わかった！」という創造的ひらめきは、人が必死になって解こうとしている問題を再定義しているとき、とりわけ時間的なプレッシャーにさらされているときに訪れることが多い。[10]

創造性研究の第一人者である、トッド・リュバートとロバート・スタンバーグが報告した事例を紹介しよう。これは、デトロイトの自動車メーカーの幹部が、職場で不幸な目に遭った実話である。実際、彼はその会社の仕事が好きで給与にも満足していたが、上司に耐えられなくなった。そこで、ヘッドハンターに接触したところ「すぐに新しい仕事を見つけてあげますよ」と約束してくれた。

その日の夜、ヘッドハンターに相談したことを妻に話したところ、彼女はその日にあったことを聞かせてくれた。妻は心理学者で、高校生と大学生に思考術を教えていたのだが、夫がヘッドハンターにあったその日に「問題の再定義」という方法を夫に伝えた。そのテクニックの一つが、「問題の条件を反転させると、まったく新しい視点から物事が見えるようになる」というものだ。その見え方が以前とあまりにも違ってしまうことがあるので、実践しようとした人はそれまで誰もいなかった、という。妻の話を聞いているうちに、夫には突然「わかった！」という瞬間が訪れた。リュバートとスタンバーグによると、この物語は意外な方向へ進んだ。

翌日、彼はヘッドハンターと再び会って、自分の上司の名前を告げた。そしてもう一つ仕事を見つけてほしいと彼に依頼したのだ――自分のためではなく、上司のために。ヘッドハンターは了解し、それからほどなくして何かを見つけた。上司は、自分に仕事をオファーする電話を受けたのだが、むろん、これが部下とヘッドハンターのチームワークの結果だとは夢にも思わなかった。実のところ、上司は現在の仕事に嫌気が差していたので、すぐに提示されたポジションを受け入れた。

その結果、上司のポジションが空席となった。より上級職の役員が後任に立候補して、その上司の仕事を引き継ぐことになった。[11]

このやり方を読者が試すべきだと提案しているわけではない。私たちは、ある企業での成功例を個人的に聞いたことはあるが、上司の視点からすれば、自分が探していないのに転職のオファーがやってくるのは怪しいと思う人もいるだろう。とはいえ、この役員が経験した物語は、それまで解決できそうもなかった問題が、再定義され、いかに素晴らしい解決策が生まれたかというひらめきの効果を示している。

解放型リーダーたちは、社員のモチベーションをどう上げるかという問題に直面している時に、この手のひらめきを経験している。当初は解決の糸口さえ見えないと思っていた問題を**「社員たちが自発的に動ける環境をどうつくればよいだろう」**という別の問題に再定義したのだ。

そう考えるとすぐに、従来型組織の解決策を横に置いた。なぜならどれも自発性を促すのではなく、賞与や昇進、臨時収入、特典、褒賞、「社長クラブ」への入会といった目に見える報酬と、罰則を与えるぞという脅しによって、外側からモチベーションをコントロールしようとしているからだ。解放型リーダーたちは、まずこうした「アメとムチ」のインセンティブ制度の大半を廃止し、問題を新たに再定義してさまざまな解決策を見つけ出した。一つひとつの解決策は、社員や会社、業界の個別の状況に合わせたものだった。しかしどれも、社員自身が自ら解放への改革に参加したいと思えるような、「組織環境」づくりを目指していた。

解放型リーダーたちは、「社員のモチベーションをどう上げるか」という問題を「社員が自らモチベーションを上げられるような環境をどうつくるか」に再定義するという、創造的なひらめきをどのようにして得るに至ったのか。それは厳密にはわからない。ただし、ゴアやタウンゼンド、ゾブリストなどが、ダグラス・マクレガーの著作に影響を受けたことは共通している。マクレガーが重視したポイントの一つが社員のモチベーション向上だった。しかも、それは、会社を変える取り組みへの参加を社員に促すだけではなく、会社の最善の利益を考えて自ら行動してもらうにはどうすればよいか、という問題意識だった。マクレガーは次のように書いた。

「経営者がよく尋ねる……『社員のモチベーションを上げるにはどうすべきか』という問いへの答えは、『何もするな』である。人には生まれつき『モチベーション』はある。……人の行動は、有機的な生命体としての特質と周囲の環境との間にある関係性によって影響を受けている。……こうした関係をつくるのは、ある特定の方法でエネルギーを放出するということだ。相手がやる気を出すように働きかけてはいけない。本人にはすでにモチベーションがあるからだ。そうでなければ、彼は死んでいるのである」[12]

マクレガーは、従来の「製造業的」アプローチと対照的な「農業的」アプローチを提唱した。「人が成長するための適切な環境さえつくれれば、本来持っている能力を十分に発揮できるようになるはずだ」というアイデアを、農業の比喩で表現している。[13]

「気候と適切な養分を与え、人々に自ら育つよう仕向ければよい。驚くようなことが起きるだろう」[14]

要するに、成長を促す環境が整えば、社員は自発的に会社を変える取り組みに参加するし、日々の仕事にも率先して取り組むということだ。問題は、「成長を促す環境」とは何か、である。

正しい「養分」

人間はひとくきの葦にすぎない。自然の中で最も弱いものである。だが、それは考える葦である。彼を押しつぶすために、宇宙全体が武装するには及ばない。蒸気や一滴の水でも彼を殺すのに十分である。だが、たとい宇宙が彼を押しつぶしても、人間は彼を殺すものより尊いだろう。なぜなら、彼は自分が死ぬことと、宇宙の自分に対する優勢とを知っているからである。宇宙は何も知らない。だから、我々の尊厳のすべては、考えることの中にある。我々が満たすことのできない空間や時間からではない。だから、よく考えることを努めよう。ここに道徳の原理がある。

——ブレーズ・パスカル[15]

一七世紀のフランスの哲学者パスカルは、人間の生物としての弱さと心の強さを対比させようとこの比喩を用いた。だが、別の意味もあり、それは自然環境の中における葦という存在だ。いうまでもなく、ほとんどの葦は自然に押しつぶされることはない。体内にプログラムされた自らの潜在力を高め成長させようと、自然から必要なものを獲得している。一方、水や光、ミネラルといった必要なものを自然から得られなければ潜在力は高まらないので、自分のニーズが厳しい自然から拒絶されると、枯れてしまう場合さえある。

このような拡大解釈のもととなったのは、ロチェスター大学の心理学者エドワード・デシ、リチャード・ライアンとその共同研究者たちが過去三〇年にわたって発展させてきた人間のニーズに関する考え方である。これは恐らく、モチベーションに関して最も野心的な理論的・実証的研究といえる。[16]

デシとライアン以前の二〇世紀の前半、行動心理学者と動機心理学者は、人間は（身体の）平穏を自然に求めるので、身体的ニーズが満たされない場合、それによる緊張を排除しようとすると考えられていた。動物にたとえると、獲物を探して動くニシキヘビが、太陽の下に横たわってじっと動かずに、通りかかったかわいそうなネズミを飲み込みさえすればよい生活を夢見ているような存在というわけだ。

一九四三年、アブラハム・マズローは、この見方を発展させて、人間は身体の平穏だけではなく、心の平穏も求めており、「所属」「自尊心」「自己実現」といった心理的欲求が満たされない場合には、その不満による緊張を排除しようとするのだと主張した。再び動物にたとえるなら、獲物を食べ終えたニシキヘビは、「よくやった、よく捕まえたね！」と言ってくれる他のニシキエビを探し始めるというのだ。そうして仲間を見つけ、称賛を得ると落ち着きを取り戻し、太陽の下に出て食べた獲物を消化する。

デシとライアン、そして解放型リーダーたちは、それまでの心理学者たちとは違って、人を、身体と心の平穏を求める存在としてではなく、そもそも「達成感」と「幸福」を求めるようプログラムされた存在とみている。[17] 達成感とは人格的なものではなく、さまざまな活動や学習を通じて得られるものであり、幸福感とは活力とウェルビーイングが満たされた状態だ。

児童心理学者のジャン・ピアジェとレフ・ヴィゴツキーが示したように、人は非常に若い頃からあらゆる遊びを通じて、自分を取り囲む環境のさまざまな側面をマスターしようとする。あまりに熱中すると空腹や疲れ、そして、心理学者の窓の外でサッカーをしていた少年たちのように、怪我をするリスクを忘れてしまう。[18]

同じように、人は大人になっても休日にさまざまな活動を行って達成感や「楽しみ」を得ようとする。仕事でも、適切な企業環境が整っていれば同じことを求めるようになる。ここで「適切な環境」というのは無視できないポイントだ。パスカルの葦が自分の可能性を自然と高めようとするのと同じく、達成感と幸福を目指して日々行われる人間の自然な営みには、デシとライアンが「養分」と呼ぶものが必要だ。葦にとっては、日光とミネラルと水が基本的なニーズ、つまり養分であり、人にとっては関係性（relatedness）、能力の発揮（competence）、自律性（autonomy）がそれにあたる。[19]

養分を得られれば、人は達成感（mastery）と充実感（well-being）を得られるだろう。足りないと、十分に成長できない。だからこそ、デシとライアンは、葦にとっての日光やミネラルや水と同じく、これらのニーズが人間の成長には必要不可欠だと主張する。この説明に従うと、それ以前のモチベーションの研究者たちに前提とされてきた他の候補、例えば「力」は排除される。これが満たされなくても、人の達成感と充実感は妨げられないからだ（登山家などのスポーツに打ち込む人たちが証明しているように、仮に課題の一つや二つを達成できなくても、あるいは実力が劣っていたとしても幸福感は得られる）。そして葦の場合と同じく、三つの養分のうち一つが欠けると、他の二つが完全に手に入っていても、人は十全に成長できない。デシとライアンらは、自分たちの研究の一環として人々の日記を分析した。すると、人が「よい」と感じる日には、関係性、能力の発揮、自律性を経験していたという報告が多かった。

デシとライアンはさまざまな文化を研究して、三つのニーズ（養分）がどう扱われているかを探った。すると、地域によって解釈は異なるものの、それはどこにでもあることが判明した。例えば自律性は、西欧では「他人とは反対の意見を持つこと」を通じて個々人の中で実感されていくのに対し、東アジアの伝統では「他の人々との調和を保つこと」の中で満たされていた。これらの知見から、デシとライアンは、三つのニーズは古今東西を問わず人に本来備わっていると結論づけた。

数多くの研究や実地調査から得られた知見を総括すると、成長を適度に促す環境の下で、人々の三つの普遍的なニーズを満たそうとする取り組みが実践されると、自らを動機付けるセルフ・モチベーションが育まれるという。

人は思いやりをもって扱われれば、つまり成長し独り立ちできる環境を与えられれば、自ら意欲を高めて行動を起こし、高い成果を出して個人としての充実感を得られる。[20]一方、環境の支配力が強まって人々の普遍的なニーズを奪うようになってしまうと、モチベーションが外側からコントロールされるようになり、人々は褒美を求めるか罰則を避けるためだけに動くことになる。それでは人々の充実感は高まらず、あるとしても、成果に対する短期的な報酬が得られるだけだ。

デシとライアンによる広範な実証研究も、マクレガーと同様の結論に達した。人のモチベーションは外側からコントロールされる必要がない。「成長を促す」環境さえあれば、達成感と充実感を求めて自ら意欲を高めて活動する、ということだ。マクレガーは「人々のモチベーションをどう高めるか」という問題を、「人々が自らモチベーションを高めるにはどのような環境をつくるべきか」に定義し直した。デシとライアンはこの再定義をさらに発展させた。

「人々はなぜその環境の中で正しい養分を得られないのか、そして環境の中で何を再構築すれば、それが得られるようになるのか」

解放型リーダーたちも同じような再定義を行っている。方法としては、まず社員の話に耳を傾ける。そして「本当の意味で平等に扱われ、成長が促され、自分で意思決定できる環境で働きたい」という社員のニーズが、職場環境の中でなぜ実現できないのかを理解しようとするのだ。このプロセスを踏んでこそ、ニーズの実現を阻む環境を、成長を促す環境へと転換できるというわけだ（この点は次章で掘り下げる）。それではここで、トーマス・ジェファーソンの話に戻ることにしよう。

失敗の本質は何だったのか

時は一八二四年。ジェファーソンは大学設立プロジェクトの進捗状況に満足している。すでに紹介したように、独立統治国としてのアメリカにとって、大学はなくてはならぬものだと考えている。実に立派な図書館を建て、学部とコースも用意した。カリキュラムには古代語と現代語、哲学、数学、法律、医学が含まれており、アメリカで初めて常勤の医学専門教授を雇ったが、もちろん神学は含まれていなかった。*

ジェファーソンが設計したキャンパスは、当時ハーバード大学教授だったジョージ・ティクノーをして「ニューイングランドのどれよりも美しい建築物の集積で、世界のどこを見渡しても、ここ以上に大学にふさわしいところはない」[21]と言わしめたほどのもので、すでにほぼ完成形に至っていた。資金は一八万ドルの融資とバージニア州から獲得した五万ドルの予算で賄われた。ロタンダはまだ完成していなかったが、ジェファーソンは、フランスの貴族でアメリカ独立戦争に参戦した英雄ラファイエット侯爵を豪華なディナーでもてなしている。開校日に向けて大学が準備を急ぐ中、あらゆる準備が整っているように見えた。だが例外が一つあった——教授陣だ。

第二代大統領ジョン・アダムズには非常に残念なことだったが（実際、アダムズはジェファーソンの愛国心のなさをからかっていた）、ジェファーソンは大学の教授陣にはヨーロッパ人だけを雇おうとしていた。しかし、ヨーロッパの大学者たちには、当時、学問上の砂漠と見なされていたアメリカ行きを拒まれた。「一人の教授も連れて帰れなかったら大学設立という目標は完全に打ち砕かれる」[22]、そう懸念したジェファーソンは五人の若手教授陣で妥協するしかなかった。しかし、もっと大きな妥協は、アメリカに連れてきた教授たちが、大学の自治と学生の尊重という、この大学独自の原則への敬意を欠いていたことだった。最もひどかったのはジョージ・ブリーターマンで、

＊ 神学の不採用：ジェファーソンは大学に宗派の多元化が図られることを目的として神学担当の教授の任用には消極的姿勢を貫いた。

現代語を教えるこの教授は、講義中に学生たちとたびたび口論になった。学生が被っていた帽子をたたき落としてその学生に殴られたこともある。

ジェファーソンは、建物の美しさや学術面で一流の大学をつくろうとしていただけではなかったことを思い起こしてほしい。イェールやハーバードなどニューイングランド地域の大学を「独裁的な神学校」と呼び、そうした環境とは正反対の、自治的な教育機関を目指していたのである。[23] ところが、ヨーロッパ人教授たちの権威主義的傾向を甘く見たために、ジェファーソンは、ヨーロッパの大学の階層的文化の複製に過ぎなかったニューイングランドの大学よりもひどい文化を許容してしまったのだ。教授たちが放ち続けた重苦しい雰囲気に、「一四名の酔っ払い」騒動で学生たちに科せられることになった過酷な制約もあいまって、学生の間に鬱憤が溜まっていく。その怒りが、学生寮の部屋を日常的に汚すだけでは収まらない、過激な行動となって現れるまで時間がかからなかった。

一八三一年にも暴動が勃発した。そして一八三六年には、学生が教授たちの住居の窓をこん棒や石で打ち壊し、何丁もの銃を乱射したことから、教授たちも武装して家族を連れて建物の屋上に逃げるという事態に発展した。その翌年には、教授会の議長を一八三八年、学生たちが再びある教授の住居を襲い、窓やドアをたたき壊した。その翌年には、教授会の議長を二人の学生が襲い、一〇〇名以上の学生の前で鞭打ったのだが、その残酷な暴虐を止めに入る学生は一人もいなかった。

そして一八四〇年一一月二日がやってきた。覆面をした二人の学生が芝の上で銃を発砲するという事件を起こしたのである。教授会議長のジョン・A・G・デイビスが止めに入ろうと外に出た。デイビス教授が学生のうち一人の覆面を取ろうとすると学生が発砲し、デイビスに致命傷を負わせた。この衝撃はすさまじかった。事件は大学からバージニア州内、そして州外にも知られるところとなり、大学は大混乱に陥った。

その時、ジェファーソンは何の対処もできなかった。一八二六年七月四日、すなわち大学が新入生を受け入れ始めておよそ一年後、アメリカ合衆国が誕生してちょうど五〇年後に亡くなっていたからだ。バージニア大学で自治が機能していなかったという事実に直面した時、ジェファーソンは自分が大学のために下した選択を間違いだったと判断したかどうかはわからない。だが、最近の心理学の考え方を当てはめて当時を振り返ると、ジェファーソンが樹立した教育機関としての環境は、人々の普遍的なニーズに必要な「養分」を提供しておらず、したがって、学生たちは自由志向の学校づくりに自発的に参加しなかったのだ、とは言えるだろう。

もちろん、バージニア大学の環境は、教授陣を文字通り平等に扱った。アメリカの歴史で初めて、いや恐らく世界で初めて、教授は全員が平等で、彼らに指示する管理職は誰もいなかったのだから。

一九〇四年に初代学長がついに任命されるまで、バージニア大学はずっと自治的に運営された。今日まで、この大学の学長が持っている権限は、他の大学の学長たちよりもはるかに小さい。ジェファーソンがつくり上げた環境は、若手の教授たちが育ち、自律的に働くための養分となっている。結果として、自治組織のあり方は学校運営としては非常に異例な方法ではあったものの、教授たちはこの仕組みを完全に支持していた。実際、教授陣は自分たちに与えられた行動の自由を駆使して、ジェファーソンが導入したある仕組みを廃止さえした——クラスに集まった学生数と教授の給与を連携させるインセンティブ制度だ。この種の目に見える報酬は、外部からのモチベーションをコントロールする仕組みであるという教授たちの適切な認識は、現在なら十分理解できる。彼らは反対運動を起こし、一八五〇年に廃止させた。こうして、教授たちの労働環境は改善したものの、学生たちの教育環境は健全ではなかった。

入学初日から、権威主義的なヨーロッパのやり方に慣れていた教授たちは、学生を対等に扱わなかった。「一四名の酔っ払い」騒動の後、学生は実質的に子ども扱いされるようになった。制服を着用し、午前六時起床、午後九時以降は外出禁止という規則に従うことが義務づけられた。持ち歩くのを許された小遣いがあまりに少額だったため、「簡単なチキン料理」すら買えなかった。[24] 今や明らかなように、名実共に平等に扱われたいというニーズが拒絶されていると、人々は、成長や自律性へのニーズが満たされていたとしても、自らモチベーションを高めることはできないのだ。

教育と成長へのニーズに関しては、一八三八年に、作文の指導が不十分であることに不満を抱いた学生グループが「大学の生徒」を意味する『カレージアン』誌を発刊した。同誌は名称がさまざまに変更された後、現在も発行されている。

そして、自律性へのニーズに関しては、ジェファーソンは宗教と国家を完全に分離した形で大学を設立したのだが、一八三二年に学生たちはチャプレン（礼拝堂付き牧師）を雇用するための募金活動を始めた。教授陣と、教育現場の視察監督を担う外部委員会がこの取り組みを承認し、教授団は毎年チャプレンを選任し、その給与は学生たちの集めた基金から支払われたが、大学との公式な契約はなかった。要するに、人の普遍的なニーズに養分を与える適切な環境が整っていないため、バージニア大学は自発性の刺激には成功しなかったのだ。

だがこの物語は、自由を重んじる組織を目指したプロジェクトであっても、人々の共感を得られずに暴動を招く場合もある、という事実を教えてくれるだけではない。そのようなプロジェクトがどうすれば方向転換できるかをも示している。というのも、バージニア大学の試みは、ジェファーソンが生きている間には叶わなかったが、結局は成功したからだ。

一八四〇年の教授会議長殺傷事件のすぐ後に、ヘンリー・セント・ジョージ・タッカーという非常に優れた判事が、教授会議長に任命された。タッカーは、個人的な自由を奪うあらゆる制限に対する学生たちの猛烈な憤りに気づき、教授陣と協力して制限の廃止に向けて動き、成功した。そして、学生たちから忌み嫌われていた規則を全廃すると、教授陣と学生との新たな関係構築に取り掛かった。

学生は試験で不正を行うものだ――教授陣がそう考えている（実際に不正をする学生もいる）ことにタッカーは気がついた。ところが、彼は監視を強化するのではなく、学生自治というジェファーソンの当初の精神に近い革新的な方法を提案した。これは、バージニア大学では「自主管理制度」として知られるようになった。[25] 一八四二年七月四日。独立記念日というこの象徴的な日に、タッカーは学生たちとの間に信頼関係を築くための提案をした。「今後の試験の際は……各学位取得候補者は筆記試験の解答用紙に……次の文言が記された証明書を添付することとする。『私、〇〇は、この試験の時間中に、他のいかなる情報源からの支援も一切受けなかったことを、自分の名誉に懸けてここに証明する』」

学生たちはすぐにこの原則を受け入れ、教室の中だけでなく外においても自治の自由を守る全責任を引き受けた。例えば、南北戦争後に、この自主管理制度によって、トランプで不正をしたり、負債の支払いを怠ったり、女性を屈辱したりした学生が退校させられた。一世紀半以上たった現在もこの制度は生きており、学生たちによって統治されている。学生たちはもちろん、何世代も前の学生と同じく現在も酒を飲み、トランプに興じ、もちろん、デートもしているが、大学当局ではなく、自分たちが自身に課している一定の制約を尊重しているのだ。

タッカーの取った行動には二つの教訓がある。

第一に、学生の普遍的なニーズを満たす環境を再構築し、学生の側は、ジェファーソンが生きていれば誇らしく思うような方法でこれに応えた。

第二に、そのような環境づくりに失敗すると――実に、他ならぬジェファーソンがそうだったわけだが――人々には自由への改革に参加しようという気がいつまでたっても起こらない。

次に、バージニア大学の初期に似た状況に置かれた企業として、デンマークの補聴器メーカー、オーティコンの事例を紹介しよう。

デンマークの奇跡

タッカー判事がバージニア大学にジェファーソンのビジョンに込められた魂を吹き込んでから一世紀半後に、オーティコンのラース・コリンドは自社の解放に取り組むことにした。コリンドは、その目標を実現するのに自社は理想的な会社に思えた――歴史があり、落ち着いていて、それなりの優位性も持っているが、過去の足かせを振り払いさえすれば、事業規模を拡大し、成長を実現するとてつもない可能性を秘めた中規模企業である、と。[26]

コリンドは一九八八年にオーティコンのCEOに任命された。オーティコンは補聴器分野ではヨーロッパでトップクラスのメーカーだが、他社との競争と技術革新に脅かされながらも、それまでの安定した地位をひっくり返すような思い切った策にはなかなか踏み込めなかった。

九月一日に本社に着くなり、いかにも上流階級ぶった文化が目についた。自分の駐車スペースは難なく見つけることができた。本社建物のすぐ横に、名前と肩書がはっきりと目立つように記されていたからだ。会長と退任する前任のCEOが正面玄関に待っていて、経営陣用の食堂に案内してくれた。そこでは数十人の経営幹部がシャンパン、スナック、そして歓迎スピーチで出迎えてくれた。

一九〇四年の創立以来、この同族会社に就任したCEOはわずか二人だった。コリンドが会社の伝統にどっぷり浸かれるかどうかを確認しようと、取締役会は「次期CEO」として六カ月間働いてもらいたいと言ってきた。コリンドは、オーティコンにまさに今必要なのは伝統や古いやり方ではないと考え、引き継ぎ期間を一カ月に短縮するよう交渉した。そして、会社を出る際に、自分の名前が書かれた駐車スペースの標識を外した。

コリンドを迎え入れた時のオーティコンは問題を抱えていた。一九八七年の業績は、売上高が五二〇〇万ドルで七〇〇万ドルの赤字だった。補聴器市場では高コスト体質のメーカーでありながら、時代後れの製品を大量生産していた。そして同社がアナログ技術に汲々としている間に、ライバルであるソニー、3M、フィリップス、シーメンスなどは、デジタル補聴器の開発に早々と移行していた。コリンドによると、オーティコンの人々は自分たちを業界のBMWと見ていたが、市場ではむしろ古くさいフォルクスワーゲン・ビートルのように見られていた。この否定的な見方はそれだけで深刻だったが、問題はそれだけではなかった。オーティコンの企業文化は、「非常に階層的かつ保守的、そしてほとんど貴族ぶっているとも形容できるほどで、変化への強い抵抗感がありました」とコリンドは説明する。

とはいえ、それを変えるためにコリンドはやってきたのだ。それまでに働いた会社で官僚的な文化にはほとほと嫌気が差しており、思い切り自由な手法で会社を刷新できるはずだと考えていた。そして機会さえ与えられれば自分のビジョンを実現できると公言しており、まさにその好機がやってきたのだ。

しかし、まずは赤字を止める必要があった。そこで、一九八八年一〇月一日、CEOとして本格的なスタートを切った初日に、コリンドは今後、あらゆる支出――必要な製造消耗品であらかじめ購入が決まっているもの以外の経費申請や金銭債務――は、彼個人の承認を得なければならないと発表した。確かに、これは「人々を解放する」最初のステップとは言えないが、この厳格な手法に、ちょっとした工夫を付け加えた。二四時間以内にコリンドが申請を却下しなければ、自動的に承認とすることにしたのである。こうして、莫大な事務作業を生むことなく経費を管理しようとした。もちろん、不必要な支出を抑制する責任は彼の肩にかかっていた。このように自由度のかなり高い改革案だったからか、この仕組みはすぐに効果を発揮した。新たな支出案件はCEOに申請しなければならないというルールは、却下されることはほとんどないという条件とともに、経費管理に対する十分な規律を社内にもたらし、キャッシュフローは年末までにマイナスからプラスに戻っていた。

同時に、コリンドは聴覚学の専門家と補聴器の販売店を訪ね、オーティコンの製品に対する誤解や悪印象について情報を集めた。こうして一九八八年一一月一八日に二日間の経営会議を開催して、新たな企業ビジョンを策定した。それまでの「聴覚技術のリーダー」というビジョンを、「(聴覚に障害のある)人々が今の聴力で充実した生活を送れるお手伝いをする」に変えた。この新しいビジョンは(確かにそこまでキャッチーなものではなかったが)会社の方向性を変えるだけのインパクトはあり、いくつかの部門の閉鎖と、一〇%の社員の解雇につながった。売上高はすぐに伸び出して会社は黒字に転換し、取締役会と社員はそれで満足しているように見えた。しかし、コリンドは違った。

会社の業務全般を徹底的に分析したところ、最初の直感を確認できた。オーティコンの「規則に基づく、各部門に細分化された、階層的な開発者の文化」を変えなければならない、と。コリンドは、組織が自律的に動く革新的な会社をつくって、世界トップクラスの製品で世界を驚かせたいと思った。

そこで一九八九年のクリスマスイブに、「考えられないことを考えよう!」というタイトルの四ページのメモ書きを社内に配った。管理職たちは、それを冗談だと思ったという。しかしコリンドは大まじめだった。自分の計画について取締役会からその大筋について承認を取りつけると(恐らく誰もそのメモを注意深く読んでいなかった)、それを六ページの宣言文に拡大して、本社にいる一六〇名の社員全員に配布した。その主要な部分を、ここに詳しく引用する。

私たちは、仕事に対する考え方を、一人ひとりの才能にもっと合わせる方向に変える必要があります。誰もが、自分の正式な業務以外にもう一つの仕事をできるようにならなければなりません(マルチジョブ)。今後は、階層的な部門構造を廃し、プロジェクト単位での業務に切り替えます。プロジェクトを取り仕切るのはプロジェクトリーダーで、あらゆる仕事においてプロフェッショナルとしての品質水準を達成する責任を負います。そしてめいめいが最善を尽くせるよう支援する助言者(メンター)を置きます。現在の肩書はすべてなくします。書類の九五%もなくします。そして、最新式のコンピュータ・ネットワークを導入し、誰もが毎日どこで働くかを自由に選べるようにします。口頭による対話を促し、文字による電子メールのやりとりを避けるようにします。話すことの方が楽しいですから。

壁やついたてを外して、解放的で刺激的な職場をつくります。植物や木を台車に乗せたものを五〇〇から一〇〇〇台用意し、皆さんが他のプロジェクトに移動する時には植物も一緒に移動できるようにします。この国で最もワクワクするような、創造的な職場をつくります。普通のオフィスとは似ても似つかないものになるでしょう。

私たちは、自分がしていることが何なのかはもちろん、自分の行動にどういう意味があるのかを理解する必要があります。全員がそのことをわかっていれば、従来のような経営スタイルや統制システムは必要なくなるでしょう。そうすれば、お客様の利益になる仕事にもっと時間を割くことができます。

以上をまとめると、全員が自分のしたいこと、自分が得意なことにもっと取り組んでいきたいのです。あらゆる障害を取り除き、一つの大きなチームとして働いていこうではありませんか。そうすれば、これまで以上に価値ある仕事に取り組めるようになり、その当然の成果として高い給料を得ることができるはずです。[27]

そして、一九九〇年四月一八日の夕方、コリンドはこの宣言文の内容について話し合うミーティングを開催した。参加は義務ではなく、報酬が出なかったにもかかわらず、一五〇〇名の社員のうち一四三名が会場に現れた。コリンドは概要を説明した後に、質問がないかを尋ねた。長い沈黙が続いた。ついに一人の秘書が立ち上がり、今回の改革案について投票を実施したらどうかと提案した。コリンドは承諾し、投票の瞬間は恐らく固唾を呑んで成り行きを見守っていたはずだが、後に社員の八〇％近くが賛成票を投じたと記述している。だがマネジャーたちは、表情を堅くこわばらせて反対票を投じていた。一方、社員たちはビールを片手にサンドウィッチをつまんでおり、ミーティング会場には高揚感が漂っていた。彼らは変革を起こしたがっていた。しかし、それは簡単なことではなかった。

シニアマネジャーの多くはこの成り行きに不満だった。それを何とかしようと、コリンドは抵抗する社員たちに、足元のビジネスを回すことに集中してほしいと提案した。変革プロジェクトについては、賛成者だけが担当するからと付け加えた。

改革案が実行に移された後でも、以前のミドルマネジャーたちは自分たちの方法をまったく変えず、元部下たちを従来のやり方で管理、コントロールしようとしていた、とコリンドは指摘する。ところが、現場社員の方はそんなことをさほど気にせず、新たに生まれた行動の自由を支持した。こうした抵抗に直面し、コリンドは、少し時間をかけて会社の価値観（カンパニー・バリュー）と経営規範に関する共通認識を確立しようと決意した。数日に及ぶミーティングを経て、シニアマネジメントのチームは八つの価値観に同意した。本書をここまで読み進まれた読者であれば、最初の三つにはなじみがあるだろう。

▼社員は、積極的に責任を取る独立した個人として扱われることを望む

▼社員は、仕事を通じて成長し、会社の中で新しい経験を得たい。挑戦しがいのあるワクワクするような仕事は正式な地位や役職よりも重要である

▼社員は可能な限りの自由を望んでいるが、明確で体系化された仕組みの必要性も受け入れる[28]

シニアマネジャーたちは、こうした価値観に従って日々の職場における具体的な慣行を実践することにも同意した。それでも、新しい価値観を忠実に守ることなく、すべての試みはいつか破綻し、オーティコンはいずれ「正常な」会社に戻ると考える人も多くいた。そこでコリンドは彼らを一人ひとり事務所に呼んで最後通牒を突きつけた。「このゲームに参加したいか会社を辞めるか、どちらかを選んで下さい」。当然の成り行きとして、シニアマネジャー全員が、自分の「ボス」が考えたゲームをプレーすることに（表面的には）同意した。

次の課題は、コリンドのビジョンを実現できそうな新しい本社（ヘッド・オフィス）を見つけることだった。コリンドの最初の夢は、絵に描いたような圧倒的に美しいフィヨルドの先端に主要工場をつくり、そのすぐ隣に世界トップクラスの建築物を建てることだった。デンマーク政府も、遠隔地の開発の資金調達に協力することになっていた。これは、ジェファーソンなら誇らしく感じるような類のアイデアだった――ところが、オーティコンの社員たちは、コペンハーゲンから四〇〇キロメートルも離れた辺鄙な場所への移動にはまったく乗り気でなかった。第二案は、現代的なカンファレンスセンターがすでに備わっていた美しいルネサンス調の城をオフィスにすることだった。この候補地にも、地元の自治体の支援が見込めた。価格も安かったのだが、これにも社員たちの賛同を得られなかった。コペンハーゲンからの距離は八〇キロだったが、それでも大都市の生活に慣れた社員たちからすると、首都から遠すぎたのだ。そこで時間的制約もあったので案内広告で探すと、首都近郊に、デンマークのビールメーカーであるツボルグの旧工場が見つかった。これは一〇年間のリース物件だった。新拠点がようやく決まったが、次の課題は情報技術（IT）だった。

どのITベンダーも、完全にペーパーレスのオフィス、つまりすべてのコンピュータがネットワークにつながり、会社に入ってくる文書も社内文書も電子的に保存される環境をつくるのは不可能だと言った。しかし二〇年前のロバート・マクダーモット（USAA）と同じように、コリンドはこの課題をうまく克服した。ヒューレット・パッカードとアンダーセン・コンサルティング（現アクセンチュア）がその役を引き受けた。こうして揃えたテクノロジーを社員が着実に使いこなせるようになるために、オーティコンは一九九〇年のクリスマスに、社員全員にPCを購入した（当時PC操作に慣れている社員は一割程度だった）。しかも仕事にも娯楽にも使えるように、オフィス用ソフトウエアとゲームも完備して。こうして、会社は本格的に動き出した。

社員たちは、仕事のスケジュールを自分で組み立てることを認められた。新オフィスの家具は、机と収納ケースで構成されていた。机はどれも引き出しがないまったく同じ仕様なので誰でも使え、車輪付きの収納ケースには少数のファイルと私物が入るので、どの机の下にも（持ち主が出張等で不在の時には保管室に）簡単に運ぶことができた。家具の変更をしやすくするため、会社の古い家具は社内でオークションにかけられ、一九九一年のある夏の日に、すべて社員たちに安価で買い上げられた（シニアマネジャー用の家具が特に多かった）。本社の他の特徴としては、会議室には椅子がなく、喫茶室の周辺につくられた会議用スペースにも椅子がなかった。ある調査によると、開発エンジニアは業務時間の七五％を管理業務とミーティングに費やしていた。そこで、立ったままミーティングをすれば、少なくともテーブルではなく同僚たちを見るようになるので、打ち合わせの時間が減ることは間違いなかった。

そして、ジェファーソンと同じく、コリンドは自分のプロジェクトのお披露目をすることにした（もっともまだ完了していなかったが）。プロジェクト名を「未来の会社」として、マスコミやビジネス上の知り合いを招待した。コリンドが記者会見を開いた翌週、デンマークの新聞雑誌は、一斉にオーティコンの「スパゲティ組織」に関する記事を掲載した。オーティコンの本社完成まではまだ数カ月あったのだが、同社には続々と訪問者が押し寄せ、ついには年間五〇〇〇人に達した。

ところがその間、バージニア大学と同じく、プロジェクト完了前に資金が尽きかけていた。ジェファーソンはバージニア政府に訴えて急場をしのいだが、コリンドの場合、そもそもこの取り組みが賢明かどうかに疑念を呈し始めていた取締役会の賛同を得られなかった。そのため、本社オフィスの建築を完成させるために、社員から資金を調達するという異なる解決策を提案した。これはうまくいった。組合の代表者たちまで、母体である労働組合と協議の上、投資した。コリンドを含む大半の社員が、本社建設のために個人的に融資を組んだ。

そうしてグランドオープンの日を迎えた。一九九一年八月八日、オーティコンの社員たちが驚いたのは、本社披露イベントがデンマークだけでなく、CNNをはじめとする国際的な主要メディアにも取り上げられたことだった。新本社ビルの最大の見せ所は、大きなガラス管が二階の郵便室から一階の食堂を通って地下のリサイクルボックスまで下りてくる様子であり、それは誰もがカメラに収めた。郵便室では、会社に到着した郵便物がすべてスキャンされ、シュレッダーにかけられて、ガラス管に吸い込まれた。裁断された紙切れが氷の結晶のようにガラス管を落ちるので、これを見れば、将来のペーパーレス・カンパニーが不可能な夢ではない、と思わせた。

コリンドのビジョンは、社内から紙を一掃するだけにはとどまらなかった。その後数年にわたって、オーティコンの社員が自ら立ち上げた新規プロジェクトや手がけた新製品は数十に及び、七〇件のプロジェクトが同時に走っている時期すらあった。ゴアのような流動的な組織構造の中で、同時に三つ以上のプロジェクトに取り組む社員も多かった。こうした数々のイノベーションや活発な活動を管理しようとコリンドは「製品・プロジェクト委員会」を設置し、そこでは全体のあらゆる活動のレビューと進捗確認が実施された。

新製品を市場に出すまでにかかる時間は五〇％減り、オーティコンはイノベーションを続々と世に送り出し始めた。コリンドが「未来のオフィス」を披露してからちょうど二年後に、オーティコンは総売上高のうち半分をこうしたイノベーションから上げるようになっていた。デジタル技術で競合他社から八年遅れていたが、それを挽回して一九九五年の夏には世界初の耳かけ型デジタル補聴器「デジフォーカス」を発売した。一九九〇年から一九九四年までの間に売上高はすでに倍になっていたが、一九九九年にはさらに倍増していた。つまり一〇年間で売上高四倍を達成した。しかも二桁の売上高利益率を記録した。

コリンドは自分の試みが成功したことを実感し始めていた。一九九五年、スイスの大手競合他社を買収し、同年には新規株式公開（ＩＰＯ）を成功させた。同時に、海外進出の陣頭指揮を執って、ヨーロッパ六拠点をはじめ、アメリカ、オーストラリア、ニュージーランドへも拠点を拡大していった。

ところが、短期的には成功したものの、足元の本社では不協和音が鳴り始めていた。コリンドの知らないうちに、社内では、製品・プロジェクト委員会が不満と失望の的になっていたのだ。社員たちは、「この委員会がプロジェクトを細かく管理しすぎて、プロジェクトを恣意的に中断させたり続けさせたりしている」、つまりコリンドが提唱し、経営陣がオウム返しのように繰り返していた価値観を守っていないと感じていた。コリンドは自分が夢に描いた大きな職場を具現化し、オーティコンの社員の解放に向けて歩を進めているつもりだった。だが新しい文化を維持する努力があまりに足りなかった。その結果、くすぶり続けていた社員の不満を早く察知することができなかったのだ。

そして一九九五年のある日、鍋はついに吹きこぼれた。社員たちが、自分たちの怒りの声を上げようと自発的にミーティングを開催したのだ。ミーティングでは、トップ経営陣がオーティコンの価値観への違反を繰り返している、という非難が噴出した。製品・プロジェクト委員会は何にでも出しゃばる傾向があり、その横暴な態度も糾弾された。経営陣は専横的で気まぐれに見られていた。つまり、経営陣から「信頼している」と言われていた社員たちが、平等に取り扱われていないと考えて変革を求めたのである。

そこで、管理職としての特権を失っていた以前のミドルマネジャーたちは、自分たちの機会到来とみて、会社への変革要請に参加した。そして、コリンドが「あなたは私についてくるのか、辞めるのか」との最後通牒を突きつけていたシニアマネジャーたちも、反撃の機会が来たとみた。反旗を翻した全員が、自分たちの求めていた変革を実現したが、それはコリンドがつくろうとした企業文化をどんどん蝕んでいくだけだった。

この対立の後、オーティコンは市場セグメントに応じて大衆市場（マスマーケット）、中堅企業向け市場（ミドルマーケット）、高性能（ハイパフォーマンス）の三部門に分かれた。この階層化を、コリンドは後に、「スパゲティ組織」を「ラザーニャ組織」に転換したと振り返ることになる。製品・プロジェクト委員会は、ジョージ・オーウェルが描いた超管理社会を思わせる「能力開発センター」に置き換えられた。シニアマネジャーで構成されたこのグループは、旧委員会への不満に応えるどころか、むしろ自分たちの方針を強引に押し付け、新規プロジェクトを立ち上げる権限を取り上げて、結果的に現場の社員たちが取り組んでいたイニシアチブを奪ってしまった。さらに、プロジェクトリーダーまで指名するようになり、プロジェクトメンバーの報酬に関する交渉権を制限するようになった。コリンドの始めた自社解放の改革は、こうして事実上幕を閉じた。

この期間中、コリンド自身は自分が変革を試みてきた会社に幻滅し、もはや退屈するようになった、とは彼を知る人々の弁である。数年は会社にとどまったものの、就任後一〇年の記念日を前にして退職した。

デンマーク王国では何が腐ったのか

オーティコンのケースは世界中のビジネススクールで研究されている。その理由が、従来型のマネジャーたちがコリンドの壮大な失敗に安心したから、とは断言できない。しかし、ビジネススクールで人気のあるサン・ハイドローリックスと同じく、オーティコンについての研究や学習は多いものの、その本質や深層の理解は進んでいない。それでは、何がうまくいかなかったのかを詳細に見てみることにしよう。

　当初、コリンドの取り組みの多くは真っ当だったと言える。実際、オーティコンの社内解放への改革は本書に登場する多くの会社と驚くほど似通っている。例えば、新しいプロジェクトが「自然に現れるリーダー」によって立ち上げられる点は、ゴアとほぼ同じだ。ミドルマネジメントを廃止したプロセスはＦＡＶＩのアプローチに似ている。オフィスのペーパーレス化はＵＳＡＡを彷彿とさせるし、オフィスのレイアウトとデザインは、本書で後に取り上げるリチャーズ・グループとフィンランド企業のＳＯＬに近い。だが他の事例よりも根本的な部分で最も似ているのは、当初うまくいかなかったバージニア大学（ＵＶＡ）のケースだ。

　ジェファーソンと同じように、コリンドは社内の解放について、あるいはそれまでの方法を変える必要性について納得していなかったシニアマネジャーたち（ＵＶＡにおける教授陣）からこの改革を実践しようとした。彼はオーティコンへの参画初日に、シニアマネジャーたちが排他的で快適な生活を享受していたことを目にしていた。業績が厳しい時でさえ、自分たちの特権にしがみついていたのだ。だが、コリンドは彼らをその権威ある地位から排除しなかった。その代わり、「拒絶できない条件」を、少なくとも公然と提案した。すると、「製品・プロジェクト委員会」のメンバーになった従来型のマネジャーたちは、コリンドに約束したようには振る舞わず、役職は異なっても以前と同じ、古い「上司」として行動した。

　そればかりか、判断基準を頻繁に変え、自分が影響を及ぼす相手にそれをわざわざ説明することもなくなった。一般的なハウ型マネジャーのように、同僚たちへの説明は不要だと感じていた。これだけでも幻滅する状況だったが、社員たちには、会社のビジョンが何なのか、ビジョンを追求する上での自分たちの「責任」は何かさえわからなくなってしまった。しかも、コリンドは製品・プロジェクト委員会の正式なメンバーだったので、委員会の取った措置に対する非難の一部は、コリンド個人に向けられた。

要するに、コリンドが築いた文化は、解放された組織の特徴の多く――いやほとんどと言ってもよい――を備えていたものの、職場の自由を維持するために必要不可欠な要素を欠いていたというわけだ。

オーティコンのビジョンは曖昧だったし、社員全員が自分のものにしていたわけでもなかった。何と言っても致命的だったのは、CEOも会社の主要メンバーも、会社で働く人々が会社のビジョンを理解し、社内における自分の果たすべき役割――つまり自分の「責務」を認識できるような環境をつくる責任を、自ら引き受けようとしなかったことだ。その結果は当然かつ予想できるものだった。誰もが自分自身の目標を追求し始めたのである。「これは自分のプロジェクトだから」という以外の合理的な根拠を示さないまま、他人のプロジェクトを犠牲にして強引に仕事を進め、製品・プロジェクト委員会に対して自分のプロジェクトをアピールし、経営資源を増加するよう訴えるようになった。

コリンドはどのプロジェクトもやり遂げてほしかったのだが、結局得られたのは、バーテックスのジェフ・ウェストファールが「弱肉強食の掟」と名づけたものだった。製品・プロジェクト委員会は、それぞれのプロジェクトを会社の方向性と合わせるべき存在となるはずだったのに、実際は裏工作と内部競争の場、要するに下位階層の紛争を解決する、官僚的な上位組織となってしまった。

そして委員会が力を行使すればするほど、その力に社員の労力と関心が割かれるようになり、社員が自分のなすべき仕事に集中できなくなっていた。会社の事業や利益にどんなインパクトを生み出したかではなく、「委員会から経営資源をどれだけ奪い取れるか」で各人の成功が測られるようになった。この状況についてある社員はこう述べている。

「結局、一種の無政府状態の中で行動し、他の社員が支配している経営資源を盗んでくるという状況になったのです[29]」

社員たちは何かが間違っていることをわかってはいたが、彼らに指示する前にまず耳を傾けようとする経営陣がいなかったため、フラストレーションの吐き出し先がなく、軌道修正もできる状況になかったのである。もちろん、社員の声に耳を傾ける人もいたはずだ。しかし、入社直後におけるコリンドによる荒っぽい扱いを思い出すとわかるように、シニアマネジャーたちはコリンドにアピールするよりも、問題を隠す傾向があった――誰も「問題あるマネジャー」というレッテルを貼られたくなかったからだ。また、コリンド自身が他の問題に時間を取られすぎたため、部下たちの言うことに耳を傾けて、文化の守護者（カルチャーキーパー）として効果的な役割を果たすことができなかった。

こうして、緊張と不満が高まっていき、ついに社員たちが公然と反旗を翻した、というわけだ。会社の文化への信用は地に落ちていた。コリンドはこの危険性を、頭の中では完璧に理解していたし、こんな記述もある。「会社として社員たちに多くの自由を与えたければ、ミッションやビジョン、戦略や価値観を明確にしなければならない[30]」

ところが彼は、この明確さを維持できなかったのだ。

だから、反発は予想できた。オーティコンの社員は自由を約束されていた。一方で、追放されていたはずの「階層制度」が、（製品・プロジェクト委員会という）窓からこっそり帰ってきたのだ。こうして会社は制御不能な状態に陥り、必然的に、その原因と見られる対象である経営陣に対する反撃行動が生まれたのである。

オーティコンの社員に与えられていたのは、ある意味で飾り物の自由だった。仕事のスケジュールを自分で決められたし、（キャディー付きの）机で、社内のオープンスペースではどこにでも移動できた。だが仕事の最も重要な部分となると、マネジャーたちがプロジェクトの生殺与奪の権利を握り続けていたので、結局、現場の人たちが自分の仕事を自由にできた範囲は限られていた。

自由を約束されていたのに、その後拒絶された人々（オーティコンで働いていたか、開校直後のバージニア大学に入学していたかどうかは別として）ほど、自由を奪われたときにそのことを強く意識して予想外の行動を取るというのは、興味深いが真実である。自由をまったく期待していない人は、実のところその状況を正常だと感じているので、自由を信じて奪われた人よりも従順であることがわかっている。コリンドは、ある意味で、最終的に自身がリーダーとして実現できないことを約束したことで、自分自身の抱える問題を拡大させてしまったのだ。

コリンドの物語を振り返ると、社内の解放をやり遂げるのがいかに難しいかがよくわかる。そしてオーティコンの事例は、ほんの微妙な失敗がいずれ深刻な事態を招きかねないことを示している。先に言及した三つの普遍的なニーズのうち、オーティコンには明らかに自律性のニーズを満たそうとする取り組みが最も欠けており、バージニア大学初期の教授陣と同じく、その原因は、先見の明のあるトップと現場の社員との間に立ちはだかり、成長の芽を摘むマネジメント層にあった。社員たちが反乱を起こす前に、その兆候がないか耳を澄ますのは、かつてのジェファーソンがそうであったように、コリンドの責任だった。コリンドは、オーティコンの「文化の守護者（カルチャーキーパー）」として行動できなかったため、社員たちは裏切られた気分になったのである（この概念は第一三章で取り上げる）。

それでは次章から、こうしたニーズを満たすような環境づくりをどう進めていくかに目を向けることにしよう。これがうまくいくと、人々は、会社のビジョンへの奉仕と、自分自身のやりたいことの両方に同時に取り組むようになる。ここから数章のリーダーたちの行動を見れば、それが可能であることがわかるはずだ。

9 セルフ・モチベーション
成長を促す組織をつくる

ロバート・タウンゼンドは、職場環境を、ニーズを枯渇させる場から与える場に変革した、最初の解放型リーダーだったかもしれない。

一九六二年にエイビスのCEOに就任した時には、すでにアメリカン・エキスプレス（アメックス）の役員として社内の解放を経験済みだった。アメックスでは、部下のやる気を窒息させるあらゆる要素を取り払うという過激なアプローチを実践した。しかし、これは投資・銀行部門という比較的小規模の組織での経験にすぎなかった。なにしろ、メンバーのほぼ全員がニューヨークの同じビルで働いていたのである。

エイビスにはアメックスとはまったく違う現実が待っていた。アメリカ大陸中に一〇〇〇箇所ものレンタカー営業所が散らばっていたからだ。しかも、そこは一三年間黒字化の努力を必死に続けてもうまくいかず活気を失っている会社だった。

まずはエイビスの黒字化がタウンゼンドの最初の優先事項となり、全事業部を独立採算制にした。それ自体は、さほど特異な方法ではない。最終的な収益責任を現場のマネジャーに委ねて会社全体を赤字から脱却させる――これは会社の完全な解放に着手する上でタウンゼンドが設定した最初の目標であり条件だった。この責任の移行は、誰がどの仕事を担っているかを明確にする最初のステップだった。しかしこれは、成功した場合に誰の功績になるかという疑問をすぐには解決しなかった。

タウンゼンドは当時をこう振り返る。

「エイビスがついに黒字化を達成した時、経営陣は『我々』対『彼ら』という深刻な対立をつくり出していました。『我々』とは本社にいる頭のよい人たちのことで、『彼ら』とは、それぞれの現場でレンタカーの取引を行って我々の給料を稼いでいる、赤いジャケットを羽織って必死に汗を流している人々のことです」[1]

タウンゼンドの「農業的」アプローチは、そもそも社員を文字通り平等に取り扱う仕組みであるにもかかわらず、現場の労働者たちは、当初はすんなりとは受け入れなかった。そこで、まずは自由な環境をつくることにした。

タウンゼンドの回想によると、ある月曜日の本社ミーティングで気軽な調子で次の提案を行ったという。

「私は『ところで、私たち全員で、オヘア空港にあるエイビスのレンタカー業者養成コースを受けましょう』と言いました。すると、頭のよい役員たちからは『この忙しい時に』という大変な怒りの声が沸き上がりました。そこでこう切り返したのです。『聞いてください。これは義務ではありません。私は命令しているわけではないのです。ただ、このコースを受けて合格証を取らなければ、皆さんはインセンティブ報酬制度には入れない、という点はおわかりいただきたい』と」[2]

そして、この試みがいかに重要かを証明するために、タウンゼンドは付け加えた。

「なお、私は来週受講するつもりです」

実際に研修を始めてみると、簡単にはいかなかったという。役員たちはモーテルに泊まり、昼間に勉強して、毎日夕刻に試験を受け、夜は宿題に取り組み、毎朝「私はトレイニーです」というバッジをつけて、実際の顧客に車を貸した。タウンゼンドは当時を振り返る。

ある朝、オヘアで賃貸業務に携わっていると、一人のお客様がカウンターにやってきました。私は、正しいキーを見つけて差し込み、自動車の管理カードの記入処理を行い、クレジットカードをチェックしたのですが、まごついてしまいずいぶん時間がかかってしまいました。列に並んでいる他のお客様が競合他社に逃げないように微笑みを絶やさず作業をしていると、とうとうその人がこう言ったのです。「早くしてもらえませんか？　急いでいるんだ」

「少々お待ちください。私はトレイニーでして」

「君ぐらい不器用で何も知らない人がいったいどうして教育プログラムに合格できるのか、教えてほしいもんだ」とお客様は言いました。

私は答えました。「申し訳ございません。幻滅されることを承知で申し上げますが、実は私はこの会社の社長なのです」

するとすぐに彼は私をすっかり許してくれて、こう言いました。「なるほど、あなたは少なくとも現場で何が起きているかを見てやろうとここにいるわけだ。ウチの社長なんかオフィスを離れることはないですよ」[3]

完全に自発的に行われたとは言えないが、経営陣による研修プログラムの受講が会社の環境を転換させた。タウンゼンドはその様子をこう語る。

「このコースをやり遂げた後、私たちは本社でも赤いジャケットを着るようになりました。『我々（本社）』と『彼ら（現場）』は過去の遺物になったのです」[4]

目に見える報酬がなくなるとあえて脅してでも、研修コースを受けるよう役員たちにほんの少し強制することは、タウンゼンドには必要なことだった。自由な環境をつくるために、役員たちの横暴な姿勢をすっかり改めさせて、エイビスの現場で働く人々のように変えなければならなかったのだ。選択の余地はなかった。

「役員たちに現場を体験させるだけで本当に彼らの態度が変わり、それとともに会社の環境も変わるのか？」と疑問を抱く人もいるだろう。そう考えるのも無理はない。平等な環境をつくろうとするなら、まずは役員専用駐車場といった「我々」対「彼ら」を示す職場の象徴（シンボル）や慣行をことごとく廃止する必要がある。しかし、社員を文字通り平等に扱うだけでは、彼らが自らやる気を出し、自由と責任を進んで受け入れるようにはならないのも事実だ。環境の他の面である、業務上の慣行も全面的に変更し、社員たちが成長し、自律したいというニーズを満たさなければならないのだ。

エイビスでは、まさに経営陣による研修がこの変化を加速させた。研修プログラムを通じて、タウンゼンドと役員たちは、自分たちが代理店スタッフに「かなり無理な仕事」を押しつけていたことに気がついた。手書きの契約処理は非常に面倒でストレスの多い業務であり、特に顧客の列が長い時には大変だった（一九六〇年代のことである）。そんなことも彼らは経験して初めて知ったのである。だが契約はレンタカー・ビジネスの根幹なので、その手続きを廃止するわけにはいかなかった。

しかし、手漕ぎ舟が帆船へ、そしてモーターボートへと移行したように、手書きの作業はコンピュータに取って代わられるようになった。エイビスは、代理店の負担を減らすために、レンタカー業界でいち早くコンピュータを導入した。その結果、各営業所は顧客ニーズに細やかな対応を行い、最も重要な仕事であるリピート顧客の確保に全力投球できるようになった。

タウンゼンドと一〇〇〇人のマネジャーたちが組織的に取り組んだ次の行動は、社員の仕事への全力投球を妨げている職場慣行が他にもないか、一つひとつ洗い出すことだった。そこで、未解決の問題を残さないために、調査のための包括的な質問リストを作成した[5]。

▼本日猛烈に腹が立ったことは何か
▼時間がかかりすぎる業務はあったか
▼今日のクレームの原因は何だったか
▼今日生じた誤解は何か
▼コストがかかりすぎている物や事はあるか
▼どのような無駄があったか
▼複雑すぎる問題は何だったか
▼まったく馬鹿げていることはあったか。それは何か
▼あまりにも多くの社員が巻き込まれ、あまりにも多くの作業が発生した仕事は何か

タウンゼンドによると、すべての社員にすべての質問をしたわけではない、という。まず一人の社員に一つの質問をして、次に別の部署の社員に別の質問をするのだ。タウンゼンドとマネジャーたちは、社員たちが最高の力で最速の仕事をしようとするのを妨げる要素を一つひとつ取り除いていった。そうやってボートの漕ぎ手にとって邪魔なロープやボートにこびりついた甲殻類を取り払っておけば、漕ぎ手たちはスムーズに体を動かして、風向きが変わったときに最速スピードにギアチェンジできる。

こうした改善をただ社員に要求することは簡単だ。しかし、徹底して実践することは決して簡単ではないが、組織を変えるのに必要なことなのだ。成長したい、自律したいというニーズを社員から奪うような職場慣行をすべて取り除くことができなければ、つまり、「本社が決定した単一サプライヤーからの購入の義務づけ」のような

慣行は必要悪だとして一つでも残してしまうと、社員たちは、将来この職場慣行を成果の上がらない口実にするだろう。自発的になるどころか、反発するのだ。このような状況になれば、社員がやりたくないことや障害のせいでできないと思っている仕事に取り組んでもらうために、目に見える贅沢な報酬（つまり賄賂）で人を釣るゲームが生まれてしまうかもしれない。

幸いなことに、経営陣は常に自分たちだけで障害を取り除くことに腐心する必要はない。ボートを円滑に進ませるには、ロープを切って障害を取り除き、船体の甲殻類を洗い流すことが求められる。社員たちが変化を目の当たりにし、彼らにどうすべきかを指示する人が誰もいなくてもボートが本当に動いていることを目撃すると、リーダーが自然に現れて、ボートの進行とともに立ちはだかる新たな障害や課題を克服していくはずである。本章の後半では、このような環境で自然とリーダーに成長した人たちを紹介しよう。

では、ボートの操舵手、あるいは会社の経営陣はどうなるのだろう？「操舵手がいかに煩わしい存在だとしても、簡単に外すことはできまい。なぜなら経営陣は事業が回るように調整し、列車やボートを時間通りに走らせるという重要な役割を担っているからだ」といった反論が出るかもしれない。こういう考え方は、完璧に理にかなって見えるもしれない。

しかし、私たちはゴアやＦＡＶＩやハーレーで、命令を出す操舵手、いわばハウ型のマネジャーだけがこの役割を果たす唯一の存在ではないという事実を目撃しているため、上記の考え方には再考の余地があると考えている。人がどのような条件下でどのように仕事をするのか、という職場慣行に別の方法があるように、組織をリードする方法にも別の道、つまり別の経営慣行も存在するのである。解放への改革に社員を参加させるには、経営慣行を再構築する必要がある。〈ＧＳＩ〉は給与計算サービスのアウトソーシング業務で欧州のトップ企業だ。その会長ジャック・ライマンは、フランスでこのことに誰よりもよく気づいていた。

操舵手から成長を促すリーダーへ

あるいはライマンは、当初はまだ気づいていなかったのかもしれない。一九七九年時点で、ライマンは自社の経営慣行をどう転換するかをまだ考えていなかった。タウンゼンドの『組織を立ち上げる』に目を見開かされ、財務報告書や費用申請の提出など、何十とあるＧＳＩの職場慣行を廃止し、あるいはつくり直した。だがマネジャーたちの行動を変えるというのは思い浮かばなかった。

むしろもっと大きな問題に忙殺されていた。買収したばかりの中規模な子会社では労使関係で対立が絶えず、それに対処しなければならなかったのだ。ＧＳＩの人事担当ディレクターを務めていたのはジャン＝フランソワ・コッティンで、「人材の管理」に反対し、「人事部」の機能を自分一人で担い続けていたのだが、彼から紹介されたコンサルタント、イヴ・ティラードの提案がジャック・ライマンにはピンときた。ティラードは労働環境を分析し、労使関係に対立をもたらしている原因は経営者と労働者の双方にあると結論づけた。それはハウ型の経営慣行だった。一九八〇年三月、ティラードは分析結果をライマンに報告し、二人は協力して、ＧＳＩのマネジャーたちの慣行を変えるために二日間のセミナーを実施した。

そう、セミナーである。確かに、誰もがこれまで無意味なセミナーや「合宿」に参加したことがある。そこでは、参加者同士が後ろに倒れかかる相手を支えて信頼感を築くワークや、今の自分の気持ちをシェアする時間がある。しかしその一方で、以前なら考えもしなかったことをひっそり考えているのだ。「早く帰って仕事したい」、あるいは、フランスでよく言われるように、「もしセミナーへの参加で日々の慣行が変わるなら、そんなことはずっとずっと昔からわかっていたはずだ」といったことだ。ＧＳＩで行われたセミナーに同じ印象を抱いても不思議ではない。ところがいくつかの小さな、しかし重要な点でこれは他のセミナーとは大きく異なっていた。

第一に、ライマンは、ティラードがセミナーのファシリテーションを務めることを一任しただけでなく、会長として、毎回のセミナーの支援に全力を尽くすことにも同意した。もっとも彼が参加できたのは半分ほどにすぎなかったが、社員たちは毎回、ライマンが現れるのではないかと期待し、その登場を心待ちにしていた。ライマンが参加したセミナー数は延べ一五〇〇回に及び、フランス、イタリア、スペイン、スイス、オランダ、ベルギー、ドイツ、イギリス、アメリカへと飛び回った。各回で二日間かかることを考えると、GSIの会長が丸一年以上をこのセミナーに費やしたことになる（移動時間を含まずに、だ）。このことから、社内では、「こんなセミナーは『無意味』で、会長だって気にもかけていないじゃないか」という声はほとんど出なかった。

そして、ライマンが出席できないときには、CEOのジャック・ベンツか、関連部門のトップがライマンの代役を務めた。しかも、各地のセミナーには現地の事業部門長も必ず出席していた。これが他の凡庸なセミナーとは異なる第二の点で、彼らは強制されずに参加したのがポイントだ。各地の事業部門長が開催を望み、しかも本人が出席する約束をしたときにだけセミナーは実施された。

第三の特徴はさらに素晴らしい。さまざまな事業部門や部署における経営慣行の変革に特化したセミナーが、一五年間で計三〇〇〇回も実施されたという点だ。

これは、経営慣行とは一瞬で変わらないのはもとより、短期間でも変革を実現できないことを、ライマンとティラードがわかっていたことを示している。人の習慣は一晩では変わらない。自分自身が変えようと思わないと、決して変わることはない。リチャード・ティアリンクが指摘しているように、「人は変化に抵抗しているのではなく、変化を押しつけられることに抵抗するからだ」[6]。

二日間のセミナーは、参加しているマネジャーたちが、自分が変えようと思う慣行を自ら選び、「それを変えます」と約束して終わる。約束を強制されることはないが、いったんした約束は公開され、その後のセミナーで進捗が確認された。しかもそれを評価するのは事業部門長と、たいていはライマンかCEOのベンツである。自分のやり方を変えないことを選んだマネジャーも事業部門長もいた。だが、大半のマネジャーは、社員のニーズを奪っていたハウ型の慣行をやめて、成長を促すリーダーシップを発揮するようになった。この変革は、むろんセミナーだけで実現したわけではない。会長とCEOの徹底した、言葉でなく行動で示した献身的努力があった。この取り組みを進めていこうという事業部門長の選択、自分たちの慣行を変えていこうというマネジャーたちの決断、そしてGSIで実施されたセミナーの数とそこに費やされた時間、実施された地理的範囲の広さ、という圧倒的な規模も変革の実現に貢献した。ライマンは一九九五年、アメリカの給与計算と人事アウトソーシング業務のトップ企業ADPによってGSIが買収された時に引退した。だが新会社となったADP GSIでも、このセミナーはマネジャーと社員向けに現在も実施されている。

ハーレーダビッドソンはハウ型文化を修正するためにさまざまな種類のセミナーを活用した。これを推進したのは「他人の言うことに耳を傾けるふりをすることや、議論をたくみに自分の有利な方に導こうとすることをやめるべきだ」と経営陣に提言していたコンサルタントたちだった。

どちらの会社も、セミナーの形式は、会社の規模とそれまでの組織構造に応じて決定した。小規模な企業では、マネジャーたちは成長を促す習慣を、上司から直接学んだ(夕食を共にすることもあった)。ビル・ゴアが経営者としての初期の時代に行ったのがこれである。

現場で育てる

ビル・ゴアが、創業したばかりの自分の会社を自由な環境にすることを思いついたきっかけは、デュポンのR&D部門のいわゆる「スカンク・ワークス（最先端技術の開発チーム）」での経験だったが、研究者やエンジニアのためだけに素晴らしい職場環境をつくりたいと模索していたわけではなかった。[7]ゴアは小規模なメーカーで、製造、販売、採用、成長、利益といった典型的な課題に直面していた。だが、会社の成功を左右するのは管理職（スーパーバイザー）ではなく、こうした課題を克服しようと日々積極的に取り組む意欲的な社員であることをビル・ゴアはわかっていた。経営者の役割は、社員に奉仕し、彼らのニーズを満たすことにあると考えていた。

もちろん、それは容易ではなかった。一部のスーパーバイザーは、社員の普遍的なニーズに無関心で、むしろ方針の策定に注力し、労働条件や備品層の不備に注意を払わなかった。デュポンを含む大半の会社とは異なり、ゴアはこうした課題を、「事業を回す上で最適な管理体制とは何か」といった問題として捉えなかった。むしろ創造的に定義し直そうとして、次のような問いを立てたのだ。

「社員が自分たちの力で事業を回そうと自発的に動き出すためには、どのようなリーダーが必要か」

ビル・ゴアはハウ型のマネジャーとそれまでの社内慣行が残ったままでは、社員たちが自発的に自由志向の環境をつくることができないため、日々の仕事にベストを尽くそうという気にもなれないことを知っていた。そんな折に当時マネジャーだったレ・ルイスの、社員のニーズをまったく気にしない振る舞いを偶然目にし、それを

「失敗の公式」だと感じたゴアは、スーパーバイザーたちと夕食会を毎月開催してソクラテス式の対話をするようになった。それを通じてスーパーバイザーたちが自分の習慣を変え始めているのを確認してから、管理職の肩書と権限を廃止した。スーパーバイザーらは成長を促すリーダーになろうとしていたが、十分ではなかった。

一九六一年、当時は唯一の製品だったテフロン加工のワイヤーとケーブルの売上高が伸び始めると、ゴアは販売網を拡大する方法を模索し始めた。これは、オフィスを自宅の地下室から、現在も稼働している路上の小工場に移してから間もない頃のことである。この年、バート・チェースが社員五〇人のゴアに入社した。大学を出たばかりで自分のやりたいことがはっきりとわかっていなかった彼は、ケーブルとワイヤーの絶縁状態を点検する製品検査担当者としてキャリアをスタートした。ビル・ゴアから声をかけられたのは、入社して数年後のことだ。

「当社は専任の営業担当者を置いてみようと思っています。カリフォルニアで仕事をしたいと思いませんか？」

チェースは「カリフォルニアですか。全然知らない土地です。知り合いもいませんし。それに、私は営業経験がまったくありません」と答えようとした。

すかさずゴアは、「大丈夫ですよ。おいおいわかってきます。自分で探し出せるようになれます。それよりも、あなたはこういった機会に興味がありますか」と切り返した。

「わかりました。すごく興味があります。いつ発てばよろしいですか」

「それはあなた次第です。いつ行くべきか、は自分で決めてくれませんか」という答えだったが、これは「誰が何をすべきかを決して命じない」という典型的なゴアのスタイルだった。

「他に必要なものはありますか」とチェースは食い下がった。

「他に何が必要か、そのためにどう動くかは自分で決めてください」とゴアは答えた。いや、ほぼ何も答えていないに等しい[8]。

そして、バート・チェースは、元々営業の仕事に興味を持っていたことに加え、ゴアの職場環境にも支えられて、自分の疑問に対する答えを「見つけ出すために」、実際にカリフォルニアに赴任した。

「これこそ失敗の公式ではないか」と読者は思うかもしれない。大学を出て間もない新人を本社から離れた大都市へと送り出して、自分なりの答えを「見つけ出す」ように仕向けることは、ビル・ゴア側の無責任な判断のように見える。しかもこの話はこれで終わらない。チェースは営業に興味があるものの、適性があると胸を張っては言えない「前歴」があることをゴアは知っていた。数社の保険会社に応募して営業職の適性テストに落ちた事実をゴア入社時に申告していたのだ。

そう考えると、チェースをカリフォルニアに赴任させるのは、「失敗の公式」というよりも「災難を招くレシピ」の方が合いそうである。しかし、ゴアはカリフォルニアに大規模な営業部隊を編成することはあまり考えておらず、そのトップに専門のマネジャーを置くつもりもなかった。いや、カリフォルニアの営業部隊であろうと、デラウェアの製造部門であろうと、仕事の「やり方」を教えるタイプのマネジャーではなく、社員の成長を促すリーダーを求めていたのだ。立ち上げたばかりの会社にはまだそういうリーダーが多くなかったので、何人かは自分で育てなければならなかった。そのためのリスクを取り、人材の育成に必要であれば我慢もしようと決めた。バート・チェースはそのどちらの面でもゴアの正しさを証明した。

西海岸の営業活動を軌道に乗せると、事業を広げるためにはもっと人員が必要なことに気がついた。そこで、ある日ビル・ゴアに電話した。

「私には(人を見つけ出す)経験がありません。どうすればよいでしょうか。助けていただきたいのです。誰かを送っていただけませんか」

「いいですか、あなたの下には誰も送れません。自分で採用してください」とゴアは答えた。

チェースは途方に暮れた。「いったいどうすればよいのでしょう」「自分で見つけ出せばいいじゃないですか。あなたは、仕事の探し方についてはいろいろ経験があって知っているでしょう。人の雇い方を見つけ出してほしいのです」（読者は、この「自分で見つけ出す」がゴアの好む表現であることに気がついたはずだ）

ゴアがチェースが失敗するリスクを取っていたことは間違いない。何しろ保険会社の適性テストに落ちていたのだから。カリフォルニアでのビジネス全体が台無しになっても不思議ではなかった。別のやり方を取れば——例えばチェースにとっての「サル（厄介ごと）」を取り払って、採用の仕方と業務の進め方を教えればチェースが間違いを犯すリスクがなくなるだろう。しかしその代わりに、新たな役割で活躍し、それを自分の物にするチャンスも確実になくなるだろう。しかも、ビル・ゴアがチェースにハウ型マネジメントを実践していれば、アメリカ西部で彼がどんなチームをつくろうとして、どう運営すればよいかをチェースに示せたはずである。

後にチェースは、ビル・ゴアが将来のリーダーに期待していたのは「能力であって経験ではなかった」と語っている。ゴアは、リーダーシップ能力がないと考えた人材にはその役割を与えなかった。チェースが保険会社のテストに落ちたことは事実だが、保険会社は間違った能力を測定していたのだとゴアは感じていた。チェースが適性テストを受けたという事実は、営業チームを作ることが彼のしたいことで、そのニーズの方が、「自分は営業のやり方を知っている」と過信することよりも重要ではないか。ゴアはそう見ていたのだ。チェースは次のように振り返る。

「彼は私に自信を与えようと、こう言っていました。『新しい経験をすれば、成長のきっかけになるし、ビジネスマンとして強くなれますよ。そして誰かを雇わなければならないときには、それを効果的に、効率的にするにはどうしたらよいかを学べるでしょう。自分が雇った人たちをどう教育するか、そしてどう経験を積ませるかを自分で探し出してほしいのです』と」

「そして、ゴアは私に期待してくれました。『私たちに連絡してください。あなたがしていることを、現場で何が起きているかを是非伝えてください。なぜなら、もし何か支援が必要な場合になったら私たちはそれを知っておく必要があるからです。いつ私たちが現場を訪問すべきなのか、いつ私たちの専門部隊が出向いて、皆さんとともにお客様を訪問すべきかを知る必要があります。必要な情報を集めるときには手伝います。ただし最終判断は自分でしてください。その判断を本社に任せてはいけません』と」

つまり、ゴアはチェースに答えを与えたくなかったが、かといって遠く離れた人が忘れ去られてしまう「去る者は日々に疎し」の状況に陥ってほしくもなかった。本社はいつでも手を差し伸べることができるが、それは面倒な仕事をあなたの背から取り払うためではない、ということだ。

チェースがリーダーとして成長していくにつれて、西部の事業は大きく成長した。あるとき、チェースは多くの顧客や見込み顧客が彼の名刺に「マネジャー」という肩書を期待していることに気がついた。彼の名刺にはゴアの他の全社員と同様「アソシエート」としか書かれていなかった。ゴアが会社の肩書を一切禁じていたからだ。本社への出張の機会を捉えて、なぜ自分の名刺に「マネジャー」と書いていないと営業成績が伸び悩むかをゴアに説明した。「地域マネジャー」という肩書を名刺に刷ることを認めてほしかったのである。この要請には、ついにゴアの堪忍袋の緒も切れた。ゴアはめったに説教などしないのだが、この時ばかりは、肩書についての講釈と、そして、多くの場合肩書が個人の能力をいかに大きく見せているかを――チェースによるとたっぷり三〇分も――聞かされる羽目になった。

「『マネジャー』という単語は何も語っていないのです」。チェースはそう言ったゴアのその発言を覚えている。

「あなたは何を管理(マネージ)するのですか。あなたの強みはどこにあるのですか。それはリーダーシップでしょうか、ああるいは調整能力、組織編成能力、企画力、それとも分析力ですか」。ビル・ゴアはチェースを問い詰め続けた。「もしあなたが一人の『マネジャー』であれば私はこれらの能力を期待しますが、自分はそのすべてに秀でている——要するにあなたはこう言っているわけですか」

チェースから反論がないと、ゴアは次のように結論づけた。「こうした能力の一部が得意な人は他にいるんです」と言って、「マネジメント」のいくつかの側面についてゴアが頼っている人々の名前を挙げた。

そうして、自分は「『マネジャー』という言葉が好きではない」と明確に述べた上で、「あなたは自分の思う通りにやってかまいません。ただ、ここにはその名刺を持ってこないでください。その肩書を名刺に使おうと決めたとしても、私は見たくありません。当社の他の人にそのカードを見てほしくないのです。あくまでも顧客向け限定ツールということでお願いします」と伝えた。

結局どうなったのか。チェースはこう振り返る。「こうして、私は『地域マネジャー』という肩書を名刺に刷ることにしたんですが……」

これで万事解決したのか？　そうは問屋が卸さなかった。

「したんですが……」とは、結局どうなったということなのか。どうもビル・ゴアの講義には効果があったらしい。チェースは肩書付きの名刺は必要だと考えていたものの、いざ名刺をつくってみると満足するどころか、ゴアと同じような不快感を覚えたという。

「『地域マネジャー』には毒がなさそうに思えました。しかし今、経験を積んだ社会人として当時を振り返ると、私はこの会社の文化の体現者の一人でした。一つのお手本として、この文化を実践したかったのです。他の人たちにも当社が大切にする振る舞いをしてほしいと思っていたのですが。自分の名刺に肩書を載せたところ、実際にはそれが邪魔になると気づいたのです」

これは、ゴアがチェースに自分自身で見つけ出してほしい解決策だった。チェースには成長を促すリーダーに育ってほしかったからだ。ゴアはリスクを取り、かなりの忍耐も強いられたが、バート・チェースはそれに値する人物ということが明らかとなった。

「私たちは、ビル・ゴアの定義した『肩書のない』組織でした。そしてそのことを本当の意味で理解したのはこの経験があったからです」とチェースは説明する。

だがここでチェースはこの話の本当の「落ち」を示してくれた。「この肩書を持つべきではないと気がついたのは、私は結局は同僚と同じアソシエートだからではありません。マネジャーの肩書がまったく営業の役に立たなかったからです」

チェースによると、「マネジャー」という肩書は、単に他の社員に劣等感を抱かせただけではなかった。彼らの成長も邪魔していたのだと言う。

「なぜなら、本当の人間関係を、つまり誠実で、正直で、開放的で、率直な人間関係を築くには、誰かと知り合い、その人が何を知っているかを理解しなければならないからです。そうすることで、相手があなたの強みや知識を活用できるようになるのです。そのためには、お互いによく話し合う必要があります。つまり、そのような情報を伝えるのは名刺上の肩書ではなく、どんな対話をするかなのです」

チェースは、会社でリーダーシップを育もうとするビル・ゴアの方針に魅了され、社内で自由志向の環境をつくる取り組みに打ち込んだだけでなく、自分自身も成長を促すリーダーになろうと懸命になった。そして「単なるアソシエート」から、成長を促すリーダーとなり、新しい職務では、平等に扱われたい、成長したい、自律したいという社員のニーズを十分に満たすマネジメントを実践した。しかし、これはまた別のこともよく示していた。チェースの物語は、「普通のアソシエート」だった若者が、ビジネスにおける問題解決に奮闘しているうちに自然い、い、い、とリーダーに育った好例でもあるのだ。

ビル・ゴアは、リーダーが自然と育つよう「誰かに機会を与え、一か八かやらせてみる」アプローチをとる、とチェースは言う。もしその機会を奪ってしまったら、相手は自由志向の環境づくりに自発的に取り組まないし、自ら先頭に立ってビジネスを進めていこうとも思わないだろう。

このやり方はバート・チェースには効いた。四〇年のキャリアをすべてゴアに捧げ、その間にリーダーとして担う責任も大きくなって、ゴア・カルチャーの専門家を自認するようになり、ついにはそれについての本まで書いた。チェースはすでに引退したが、ゴアの文化の誕生と発展を教えてほしいと依頼した私たちに、同社の広報担当者が頼ったのは彼だったのだ。ゴアへの入社前に営業職の適性テストにしくじった人にしては、悪いキャリアではないだろう。

ところで、チェースの記憶によると、自分が採用されなかった保険会社の面接でこんな質問があったという。「あなたが見込み顧客のオフィスに入ると、受付の人から『彼は今忙しい』と言われました。ところがその人が実は席に座っているのが入口から見えたとします。あなたは受付を無視して直接その人に話しかける方法を見つけられますか？」

チェースは「無理でしょう」と答えた。そこで面接官はチェースには積極性が足りないと結論づけたというのだ。

ビル・ゴアは、保険会社の営業社員には見えなかった何かをチェースに見出した。

チェースは、ゴアの判断が完全に正しかったことを証明した。

スタートアップであれフォーチュン１００に選ばれる大企業であれ、どんな組織にもビジネスを左右する問題が起こるものだ。そして大半の企業は、「この状況をどのマネジャーに担当させるべきか」を考えて問題解決を図る。解放企業はそうではない。他の多くの会社では、「状況を処理する」マネジャーが（恐らく）組織の舵を取ることを任されるのだが、そのタイプのマネジャーは持続可能な解決策の本質であるはずの「社員のニーズを満たすこと」を見落としてしまう。解放企業はそうしたタイプのマネジャーを警戒し、この問題を次のように再定義する。「現場に近い人が組織を自然にリードできるようになるには、どう支援すればよいだろう?」

リーダーが自然に育つ環境を整える

〈クアッド・グラフィックス〉のCEO、ハリー・クアッドラッチと、その弟トム（共同創業者で後にハリーの後継者）も、リーダーを自然に育てる方法を理解していた。クアッド・グラフィックスは一九七一年、小規模な雑誌用印刷会社としてウィスコンシン州ピウォーキーで創業した。立ち上げから一〇年間は鳴かず飛ばずだったが、その後急成長し始めた。高品質の印刷を確実に保つため、高度な印刷機を長年かけて独自開発したのだ。そのイノベーションを囲い込むことはせず、新たに子会社のクアッドテックを立ち上げて発明した機械を競合他社にも売り始めた。ハリーは、競争に追いまくられているという感覚がよい結果を生むと考えていた。

トムはクアッドテックの初代CEOを務めた。一九九〇年代初め、カール・フリッチェンは同社のアジア太平洋地域の営業を担当する若いマネジャーだった。フリッチェンがリーダーシップを振るう機会は日本で訪れた。クアッドテックはそれまで、いつも現地の提携代理店が営業を展開していた。ある展示会が開催される前日、フリッチェンは現地の英字新聞で、販売業者が倒産していたことを知った。展示会の主催者はクアッドテックのブースを黄色いテープですぐに閉鎖した。料金の不払いを心配したのである。フリッチェンがしたことはまず、ブースに入るためにアメリカから展示会の主催者に資金を送金することだった。次に、一週間の展示会の期間中、日本に赴いてクアッドテックの印刷機の販売代理店になろうと申し出てくれたいくつもの会社と面談した。ところが納得できる相手に出会えなかった。そこで、ウィスコンシン州ピウォーキーにいる上司のトムに電話した。[9]

「トム、私たちは日本に支社を構えるべきだと思います。バブルがはじけて未払い問題が頻発し、プロジェクトに資金を融資している多くの企業にも同じことが起きました。他社も同じ状況に陥っているかもしれません」

そして、現地の販売代理店を使わない方がよい理由を付け加えた。

「この国では、例えば代理店が製品を三菱電機に売ると、同じ製品を東芝に売れません。ですから、一社と組むと、市場のかなり大きな部分を失うことになるのです」

「わかった」とトムは答えた。「何人かのビジネス・コンサルタントに相談して解決策を見つけ出してくれ」

ところが、フリッチェンが相談したコンサルタントは一人残らず、日本で独自の販売網を築くことに反対した。レポートをまとめてピウォーキーに送り、概要を説明しようとまた電話をかけた。

「君はどう思う?」とトムは尋ねた。

「私は今でも直営の支社を構えるべきだと思います。もちろん、どのデータもお客様との直接取引はしない方がよいことを示しています。しかしお客様は私たちを支持してくれるはずです。私には確信があります。この方針で行きたいのです。クアッド・グラフィックスは、印刷市場を知り尽くしていると素晴らしい名声を勝ち得ているのですから」

「ちょっと待ってくれ」とトムは言ってフリッチェンを待たせた。

一分後にかけ直したトムは「カール、ハリーにつなぐよ。今僕に言ってくれたことをハリーにかいつまんで話してくれないか」と言った。

それ以前の四年間はずっと営業で出張続きだったので、ハリーに会ったことがなかったが、フリッチェンはトムに話したのとまったく同じ主張を繰り返した。

「わかりました。よいアイデアだと思います」。話を聞くとハリーはこう答えた。「日本に残って事務所スペースを探し、採用活動を行って、すべての準備が終わったら本社に戻ってきて取締役会でなぜそうしたのかを説明してください」

「ハリーは、『企画書をまとめて取締役会で説明し、承認を得てから取り組んでくれ』とは言いませんでした」とフリッチェンは後にこう振り返った。他の会社だったらそういう反応になっていたはずだ。「前に勤めていた会社とはあまりに違っていたので、当社のことはオフィスに一歩足を踏み入れた時にすぐ大好きになりました」

ビル・ゴアは物静かで、不満なことがあってもめったに説教することなどなかったが、ハリー・クアッドラッチは極端な気分屋で、しかも頻繁に感情を表に出した。ハリーの逆鱗に触れた出来事を一つ紹介しよう。それは、あるマネジャーが、リーダーを自然に育てる環境を整えずに外部から人を雇った時に起きた。スティーブ・デボスは比較的新しい工場長だったが、身をもってこの厳しさを経験した。[10] 顧客サービス部門の責任者を外部から雇うとすぐ、ハリーから電話が来た。

「誰かを雇ったと聞いたのですが」

デボスは経験者を必要としていて、ちょうど前の会社を辞めたばかりの女性を見つけたので、と状況を説明した。

「何でそんなことができるんですか」

ハリーの声は怒りに震えていた。

「その仕事は製造現場で働く人たち全員の憧れのポジションだということをあなたは知っていますか。どうしてその機会を彼らから奪えるのかね！」

そして、少し落ち着くと、ハリーは説明した。

「あえて経験豊富な印刷工を雇わずに、生産性が低下することを承知の上で若手の印刷工に機械の操作方法を学ばせたことで、いったい私が何千万ドルを投資してきたかをあなたは知っていますか。私がそのコストを知らないとでも思っているのですか。今回はやむを得ず現場の皆さんから昇進機会を奪う結果になりましたが、二度とそんなことはしないでください」

その後デボスは同じ過ちを繰り返すことはなく、後になってからこう語っている。

「ハリーがあれほど怒ったのは、社員に機会を与えることこそが彼の原動力になっていたからです。誰かが何カ月も何年も取り組んで成長していく姿を見ることが、ハリーにとって真の喜びでした」

ビル・ゴアとハリー・クアッドラッチの気性は異なっていた。いや、正反対だったと言ってもよいだろう。しかし二人とも、現場に最も近い人々が自然にリーダーに育つような環境をつくり出した。こうした環境には、自然に生まれたリーダーが、今度は他の人々の自発性を高め、成長を促すリーダーへと進化する条件も揃っていた。この好例がバート・チェースとカール・フリッチェンである。クアッドラッチ兄弟によってリーダーへと育てられたフリッチェンは、自ら進んで他の人々にも同じことをするようになった。

「私は（人々を率いる仕事を任せてもらえる）経験を積み重ねてきました。この会社の一員としてその経験をしたときの感情を一度味わうと、他の人にも同じような感情と意欲を組織に対して持ってもらいたいと思うようになるのです」

その後フリッチェンは、自分自身がクアッドテックのCEOになった。

もちろん、ゴアやクアッドラッチ兄弟のような取り組みは、リーダーが自然に生まれる環境をつくる一つの方法にすぎない。ゴアでは、若手のアソシエートが、自分の希望とスキルや傾向がうまく一致する分野はどこかを探るとき、ゴアで「スポンサー」と呼ばれる経験豊富なアソシエートの助言を受けて決定する。自分が役に立つことをそこで働く人々に証明できるかどうかは本人次第だ。この仕組みについて、バート・チェースはこう述懐している。

「私がスポンサーの時は、分野別のリストをアソシエートに渡して、次のような話をしました。『この人たちと会って、自分の経験やこれまで何をしてきたのかを話し、彼らがどのような仕事をしているのかを把握しようと努力してください。このプロセスに数カ月はかけてください。私はその人たちからの意見を聞きますし、あなた方からもお話を伺います。その上で、皆さんが何に取り組むのか、どこからスタートすればよいかを決めていきたいと思います』と」[11]

FAVIでは、作業チームのリーダーが誰かはメンバー同士で決めればよい。ゴアでは、プロジェクトをスタートして引っ張っていくことに興味のある人は誰でも、現在の仕事と並行して取り組むことができる。本人がリーダーとして、十分な数のメンバー集めに成功すると、新しい役割に徐々に重点を移していけばよい。これは、第一章でデイブ・マイヤーズがギター弦の「エリクサー」を開発した事例で見た通りだ。

FAVIの話に戻ると、この点についてはもっと先進的だ。例えば、ある分野にビジネスチャンスを見出して、それをリードしようという人が現れなかったとしても、会社は関心を持つ人物を探そうとはしない。リーダーが自然に現れないなら、そのビジネスには追求する価値がないと見なされるのだ。

ハーレーダビッドソンでも同じようなアプローチをとっており、リチャード・ティアリンクの説明を要約したのが以下の文章だ。

「私の哲学は非常に単純です。『決断を下さなければならないのであれば、自然と下されるはずだ』というものです。『私たちはこれを実行すべきだ』という発言を私はよく耳にしました。どうしてそうなるのでしょうか。……私たち（リーダー）は、物事の流れに身を委ねておけば、自然とうまくいくでしょう。リーダーが立ち入る必要などどないのです。それは誰の問題なのでしょうか。それは私の問題なのか、それとも他の人の問題なのか、ということです」[12]

読者は次のように反応するかもしれない。「この自由放任主義的なアプローチは、景気のよいときには大いに結構だが、危機のときにも同じようにできるのか」、あるいは「その状況に関わっている人や、それに対処するためのリーダーが自然に育っていない場合には、会社に最終的な責任を負う人が舵を握って他の人に指示を出すべきではないか」と。危機が起きると再び手綱を引き締め、「あれやこれやをしてください」と主張したくなる。

しかし、そもそもコントロールを手放した理由の一つが何だったかを思い出してほしい。状況がいかに厳しいかを判断し、現実的な案から最善策を見出すための情報を最も持っているのは、現場の人々なのだ。ＨＯＷ企業では、組織内の上層の方が物事をよく知っているからという理由で現場の意見が無視される。しかし、自由志向の企業では、現場の人々とその意見が信頼されている。彼らが、自分たちの努力と会社の経営資源をもっとうまく使う方法があると考えて生まれた案であれば、現場の意見は尊重され、採用されることが多い。

バーテックスの例を思い出そう。失敗したプロジェクトから挽回への舵取りをするためにジェフ・ウェストファールが最初に思いついたのは、社員全員に倍の努力をしてもらうことだった。ところが、その後経営スタイルを変えて、自分よりも優れた専門知識を持つ社員の意見に耳を傾けるようになった。するとその一人が自然とリーダーになり、経営資源を組み換えて、新しいＥＲＰのソフトウエア開発プロジェクトが動き出した。バーテックスはこれで息を吹き返し、その後数年にわたって売上を伸ばす基礎ができあがった。

トップは危機に陥ったからといって突然スーパーマンになるわけではない。実際のところ、舵を握って船を正しい方向に向けようとしても、重要な情報から遮断されてしまって事態が悪化することだってあるのだ。

誰も気づかなかったビジネスチャンス

私たちの調査の中で、超大手の顧客を獲得するビジネスチャンスを見出すことと、自然な形でリーダーシップを取った人物が現れたという最も劇的な事例が起こったのが、GSIだ。同社の解放型リーダー、ジャック・ライマンについてはすでに紹介した。だがこの時は、社内でリーダーシップを執る者が誰もいなかった。というのも社内でこの機会に気づいた者が誰もいなかったからだ——ただ一人の社員を除いては。

一九九〇年代のはじめ、GSIの営業マンだったジャック・シュリビッチ[13]は、ディズニーのヨーロッパ事業所であるユーロ・ディズニーが競争入札で情報システムの開発と管理をアウトソースするらしいという話を、他社に勤める友人を通じて偶然知った。ディズニーは当時、パリ郊外に欧州のテーマパークとリゾート地を建設中だった。これは世界的に名のある顧客を初めて獲得するとてつもないチャンスになるかもしれないと考え、すぐにジャック・ライマンに話すと、是非やってみろと力強い激励を受けた。ところが、入札について詳しく調べてみると、残念なことが判明した。応募の締め切り日が過ぎていたのである。この取引の夢のような展望についてライマンに語ったばかりのシュリビッチは当惑し、しかし諦めないぞと決意した。

ディズニーの競争入札をプライスウォーターハウスが仕切っていることを知ると、何度かの電話の末、直接の担当者がロンドンにいるロバート・N氏であることを突き止め、早速説明の電話を入れた。

「ジャック、君の話は非常に面白いが、締め切り日は過ぎてしまったんだ」とロバートは答えた。

「いいですか、あなたに失うものは何もないんです」シュリビッチは続けた。そして話題をロバートのロンドンにおける暮らしに変えた。そこでロバートが美味しい物に目がないと知るやいなや、シュリビッチは提案した。

「私はそちらに行きます。ランチにご招待したいのですが。あなたに失うものは何もなくて、少なくとも美味いランチを楽しめるんですよ」

ロバートは了承した。恐らく、ミルトン・フリードマンの有名な格言を忘れていたのかもしれない。

「フリーランチなどというものは存在しない[14]」

こうして、誰の許可も取らず、承認を得ることもなく、シュリビッチはロンドンに出向いてロバートにランチをご馳走した。うれしい驚きだったのは、ロバートはフランス語を操り、フランス人の女性と結婚していたことだった。二人は前菜とワインを楽しみながら、うちとけた世間話を続けた。そしてメインディッシュが運ばれてきた。

「ちなみに、ロバート」とシュリビッチは言った。「僕はこの食事会を自分のためだけでなく、あなたのためにもやっているんです」

「どういう意味?」とロバートはビックリして尋ねた。

「あなたの会社は国際的な競争入札を手がけていますよね。最大手企業は漏れなく招待したのでしょう。当然、フランスのトップ企業もね。フランスには大手が三社あります。EDS、IBMと……」。ここでシュリビッチは一息入れて、続けた。

「あなたは三社目を忘れていますよ。それはGSIです」

「そうか。でも我が社はヨーロッパ最大の企業数社から提案を受けたんだ」と自分の選択を正当化しようとして答えた。

「その通りです。でも、私たちは給与のアウトソーシングではヨーロッパでナンバーワンだ、という点を付け加えさせてください」。この情報が相手にきちんと伝わったことを確かめてから、勝負の一言を付け加えた。「ロバート、私たちは同じボートの一員なんです。ディズニーは貴社にとって非常に重要な顧客です。当社を外すなんて、そんなことをディズニーにできるはずがないじゃないですか」。シュリビッチの助けてほしいというメッセージをロバートは気がついていた。フリードマンの名言の意味も。

「ジャック、聞いてくれ。僕は君を助けたい。でもアメリカ企業は実にルールにうるさいんだ。ユーロ・ディズニー(ディズニーのヨーロッパ支部)の責任者の名前を教えよう。競争入札の窓を開けてくれるとすれば彼だけだ」

シュリビッチが彼に感謝したことはもちろんだが、そのディズニーの役員にあらかじめ自分が電話することを話しておいてほしいと頼むことも忘れなかった。パリに戻ると、早速その責任者に電話をかけて自分の会社を使うことの利点を説明した。

ロバートから話を聞いていた役員は口を開いた。「あなたを助けたいのは山々ですが、この決定はディズニーにとって非常に重要なんです。その判断をできるのは、ここバーバンク(カリフォルニア州)にいるユーロ・ディズニーの社長だけです。彼を捕まえないと」。そう言ってシュリビッチに名前を伝えた。

組織のトップを捕まえることは容易ではなかったが、何度かトライした末に、ついに電話先に呼び出すことに成功した。

「フランス人訛りの英語をお許しください」。シュリビッチはそう言って、自社を使う利点を説明した。

「あなたの粘りには感心しました」と社長は答えた。恐らくシュリビッチの並々ならぬ決意を事前に知らされていたのだろう。「しかし、残念ながらお力にはなれません」

シュリビッチは諦めなかった。「よろしいですか、私はディズニーのことをよく知っています。貴社とのビジネスは私たちの夢なのです」。そして、ディズニーに関する知識を証明するために、こう付け加えた。『夢を現実にするのは人なんです!』という貴社のスローガンを私は実践しているんです」

「おっしゃっていることの意味がよくわかりません」と社長は言った。

「社長、一つ提案があります。もし私がディズニーについてあなたのご存じないことを教えて差し上げたら、私のことを信用していただけますか」。シュリビッチがこう尋ねると、電話口の向こうでは大笑いが聞こえた。声の主はディズニーで二五年のキャリアを積んできた男なのだ。

「了解だ」と社長は言った。

「素晴らしい。ミッキーは最初、『ミッキー』と呼ばれていませんでしたね」

「そんなことがあり得るかね?」と驚いた社長が答えた。

「はい。ウォルト・ディズニーが広告業界で働いていたことはご存じですよね」

「もちろんさ」

「さらに詳しくお話ししましょう。ディズニーがこのネズミの絵を描いていた一九二〇年代当時、耳もついていなくて、短パンもはいていませんでした。そして最初の名前はモーティマーでした。『ミッキー』になったそのずっと後なのです」

「それは確かかい?」。社長は次第に興奮してきて、こう尋ねた。

「社長、先ほど約束していただきましたよね」とシュリビッチは答えた。

「ジャック、この点を確認して、もし君が正しければまた電話する」。社長はそう言って電話を切った。すぐに、シュリビッチの電話が鳴った。

「すぐ飛行機に乗ってくれ。会う算段を整えよう」と電話の向こうの声は言っていた。社長が競争入札をもう一度行うつもりであることはもう明らかだった。

シュリビッチは、すぐにロサンゼルス行きのフライトを予約し、会長のライマンにこの素晴らしいニュースを伝えた。ミーティング中だったライマンはこの話を聞くと席から飛び上がり、他のメンバーに向かって「彼は偉大なセールスマンだ！」と叫んだ。

シュリビッチはディズニーの本社があるカリフォルニア州バーバンクに飛び、ユーロ・ディズニーの情報システム案件の競争入札に参加する権利を得て帰ってきた。GSIにとっては、正式な競争入札に招かれる前の段階での予備審査向けにRFI（概略見積もり）をまとめ、自社がいかに素晴らしいかを示すだけでも莫大な投資だった。かなりの経営資源を必要としたため、役員の意見は真っ二つに割れた。「馬鹿馬鹿しい。EDSにもIBMにも勝つチャンスはゼロだ」というグループと、「当然参加すべき」というグループだ。会長のライマンは後者の側で、シュリビッチに対する支持を重ねて表明した。「やろう。試す価値がある」

こうしてシュリビッチは現場に戻ったが、今度はチームを編成する必要があった。GSIがそれまで勝ち取ってきた最も厳しい入札案件の経験者から二〇人の情報システムの専門家を集めた。彼らはフランス重工業のある鉄鋼部門の大企業向けのオペレーティングシステムを担っていた。当時の様子をシュリビッチは次のように振り返っている。

「メンバーたちは毎朝六時に仕事を始め、働く以外にすることは何もない地域で寝起きしていました。私はこの現場には何も力添えできませんでした。ただ、なるべく現場を訪問してはメンバーを食事に連れ出して、楽しく過ごし、精神面のサポートに努めました。彼らの頑張りをねぎらうために、三週間フロリダに連れて行くこともしました。一人の営業マンである私には彼らを連れ出す権限はありませんでしたが、独断で決めました。そのうちに、彼らはこの契約を取ろうと仕事に全身全霊で取り組むようになっていました」

正式な権限を何も持っていなかったにもかかわらず、シュリビッチは大きな契約を勝ち取るという大チャンスに向けた自然のリーダーになったばかりか、協力を頼んだメンバーたちの成長を促すリーダーにもなっていた。

アメリカでの予備審査に通ると、シュリビッチはフランスでの最終決戦（まだ非公式のものではあったが）の準備を開始した。その後間もなく、ユーロ・ディズニーが無理難題を押しつけてくるフランスの自治体当局と政府の規制機関との間に多くの問題を抱えていることを知ったが、それは想定内だった。シュリビッチは贅沢なホテルでカクテルパーティーを開くことにし、個人的な伝手を使って、市長や官僚やユーロ・ディズニーの幹部全員を招待した。

「そのパーティーで、フランスのさまざまな高官と何カ月にもわたって連絡を取ろうとしてきたディズニー幹部の驚きを想像してみてください。私がその人たちを紹介しているというわけです。イベントのコストがいくらかかったかはお尋ねにならないで！」

なぜ彼がそれをしたのか。「もし私たちが協力し合えば、ここフランスでディズニーを運営するという最も複雑な事業に役立つことを示したかったんです」

サイドショー*の方がメインショー（主要イベント）よりも重要になることが時々ある。特にフランスの場合にはそうなる。政治的な複雑さや規制などがからんでくるからだ。

競合するEDSは、情報システムのアウトソーシングで他を寄せ付けない実績を誇っており、バスケットボールリーグのNBAでいえば、史上最も圧倒的なセンターと称される、体重一五〇キロのシャキール・オニールのようなものだ。一方GSIは、その巨漢に立ち向かう体重八〇キロのフランス人の新人選手、トニー・パーカーのようなものだった。

シュリビッチは正攻法以外の方法を探し出さなければならなかったが、いかにも漫画オタクらしいひらめきの瞬間が訪れた（ディズニーの歴史に精通しているだけはある）。格式張った提案書ではなく、入札の審査員があたかもディズニーのテーマパークを訪れた時のようにGSIと提案内容を体感できるような、アニメ動画の制作を思いついたのだ。このアイデアを取締役会で発表したところ、それまではシュリビッチによる法外な費用に目をつぶって

＊　サイドショー：
余興、転じて副次的な事象。

いた財務担当役員もついに爆発した。さすがにこんな馬鹿げた方法ではディズニーとの契約は勝ち取れないと確信したからだ。だが、シュリビッチはめげずに、創造力あふれる素晴らしいアニメ制作者を見つけた。ただし支払うのは必要経費だけで、GSIが契約を勝ち取ったら将来の売上分の一定割合を支払うと約束した。それで財務担当役員を納得させた。そして本当に見事だと満足できる映画をつくり、ディズニーに送って吉報を待った。

結果はすぐに来た。予想通り、テキサスを拠点とするEDSが年間三億ドルの契約の七五％を獲得し、しかもGSIのシェアは何と二五％と、第二位だった。フランスでのシュリビッチの支援に加え、創造的なアニメの提案を見たディズニーが、GSIを有益で才能あるパートナーとして認めた結果であることを、シュリビッチは後で知った。

天にも昇るような、大声で自慢したい気分になって、この素晴らしいニュースをライマンに大急ぎで伝えた。会長は物静かに、いつもと同じように葉巻に火を点けながら耳を傾けた。

そしてこう言った。「私は全部取りたいな」

これをフランス語ではなく英語で言ったので、その象徴的なインパクトは聞き逃しようがなかった。シュリビッチは自分の耳が信じられなかった。今自分は、GSIで史上最大の契約を、史上最大の顧客から獲得したと発表したのに、会長は満足していないのだ。

しかし、この物語にはGSIの会長よりももっと不満なプレーヤーがいた。EDSだ。この巨大企業は相当怒り心頭に達していた。ダンクシュートをしようとしたシャキール・オニールが新人のトニー・パーカーにブロックされて、地元観衆の目の前で床に倒れ込んだ様を想像してもらいたい。シュリビッチは後にこう回想している。

「EDSは極端なほどにうぬぼれが強かったのです。素晴らしい技術者たちと莫大な経営資源を抱えていましたが、セールスマンはひどかった。実際、我が社との競争入札に勝ったことはないですからね」

ただし、これは後の話である。当時のことに話を戻すと、シュリビッチは「契約を全部勝ち取る」方法を探し求めてゲームに再び参戦した。フランス人としての幅広いコネクションを駆使して、ユーロ・ディズニーの役員がフランスでの事業展開で経験するありとあらゆる問題解決を手伝った。これはＥＤＳにはとてもできない芸当だった。

さらに、ユーロ・ディズニーの幹部秘書と強力な人間関係を築き、役員たちが自分に何かを依頼してくる前に、どういう問題があるかまでわかるようになった。そうして、自分の支援サービスを「コンシェルジェ」のレベルまで高めた。彼自身がパリの演劇と音楽に精通していることから、アメリカ人の役員たちがパリにやってくるという話を聞けば最高のショーのチケットを取り、なるべく時間を共に過ごして「役員の皆様がパリで寂しい気持ちにならないように」配慮した。

ディズニーの役員たちと交流を重ねるうちに、シュリビッチは、ユーロ・ディズニーとＥＤＳとの間には不穏な空気が流れていることを知った。ＥＤＳがディズニーに対して、自社に都合のよい技術的な解決策を押しつけようとしていたからだ。そして、大ニュースが飛び込んできた。情報システムのアウトソーシングを担当していたユーロ・ディズニーの最高執行責任者（ＣＯＯ）、ラリー・サランズがＥＤＳから業務を妨害されていたことが判明したのだ。ＥＤＳはかねてからサランズによる業者選定を不満に思っており、そのことを直接彼の上司に報告していたのである。さらに、サランズが開園日の前にすべてを終わらせなければならないというプレッシャーにさらされていることを知っていたため、まだ交渉中だった契約のいくつかの条項を簡略化すれば業務を加速できるからＧＳＩを外してほしい、と強く主張していた。ＣＯＯは猛烈に怒った――シュリビッチによると「奥さんに浮気をされたかのように」――そして彼が壁際まで追い詰められたところに、シュリビッチの出番がやってきた。

シュリビッチは、すぐにサランズをランチに招待した。メインコースが終わり、デザートを待つ頃になって、この微妙な問題に触れた。

「正直に言います。EDSは我々と競合しているので、私は今、利害関係者として話しています。しかし、貴社は彼らとうまくやっていけないのではないでしょうか」

「なぜそうおっしゃるんですか」とラリーは興味を引かれて尋ねた。

「第一に、EDSはフランスのテナントへの態度がよくありません」と最初の疑念をぶつけた。「例えば、ユーロ・ディズニー・リゾートにあるすべてのホテルともめています。フランスのテナントとうまくやっていくために何が必要かをあなたがご存じかどうかはわかりませんが。第二に、EDSはここでフランス人を雇ってマネジメントをしなければなりません。フランス人労働者と仕事をするのは簡単なことではないのです」

「あなたのおっしゃる通りでしょう。でも私に何ができるでしょうか」とサランズから尋ねられたので、シュリビッチは詳しく説明した。

ランチは終わった。サランズはバーバンクの本社に電話をかけて、自分が深刻な問題に直面しており、主な契約相手であるEDSのせいで業務が遅れていることを説明した。その一方で、二番手の契約者であるGSIの仕事は素晴らしく、常に役に立ち問題解決能力も高い。競争入札をもう一度行ってGSIに全部を任せるチャンスを与えれば有益かもしれない――そう訴えたのである。本社の上司はGSIとの面談をセッティングするよう要請した。サランズはすぐにこのニュースをシュリビッチに伝え、同僚とともに次のロス便に飛び乗るよう勧めた。

ディズニーの本社に到着すると、シュリビッチは役員陣に説明した。

「お招きありがとうございます。申し上げたいことは、今回の面談によって貴社には失うものが何もないということです」と、得意のオープニングトークを始めた。

「皆さんが別のサプライヤーと会うことをEDSに示すという事実は、皆さんが行き詰まっていないということ、つまり皆さんが同社に影響力があることを証明しています。ですから、EDSにもっと柔軟な態度を取らせることができるはずです。一方、GSIに関して言えば、我々は全身全霊をかけて戦います。貴社は素晴らしい提案を受けるでしょう。最低でも、EDSより有利な価格、有利な条件を得ることになります。そして何より、貴社が手足を縛られることはありません」

「それは結構なことですが、我々がこの一年間にわたってEDSと交渉してきた契約条項に、貴社が一カ月で追いつくのは不可能でしょう」とアメリカの上司は反論した。

「そうですね、あなたは私をご存じない。やってみせましょう」。シュリビッチはそう答えると、電話を取って会長のライマンを呼び出し、スピーカーをオンにした。

「もしもし。私は今、ディズニーの幹部の皆さんとお会いしていて、一つご質問を受けたのです。今後交渉を進めると、私たちはEDSに遅れていた分を取り戻すことができるでしょうか。GSIは一カ月で追いつくだけの経営資源を費やすことができるでしょうか」

「もちろんです。できますよ」。ライマンはそう答えると手短に別れの挨拶を述べて電話を切った。

ディズニーの幹部たちは、シュリビッチが自社の会長の自宅に、しかもパリ時間の深夜に電話をかけ、あのような答えを得たことに、明らかに感銘を受けていた。その反応を見て、シュリビッチは付け加えた。「私たちはパリのプリンス・ド・ガル・ホテルのスイートルームを一カ月分予約して、そこですべての問題を処理いたしましょう」

「そうなったら本当に素晴らしいですが」。アメリカのトップは答えた。シャンゼリゼ通りにあるこの高級ホテルをとても気に入っていたのだが、予約を取ろうとするといつも数カ月待ちであることに不満を抱いていた。シュリビッチはこのことをユーロ・ディズニーの関係者から聞いていたのである。

「はい。私たちはまずプリンス・ド・ガルの予約をしてそこから現場に通いましょう。懸命に働いてやり遂げてみせます」とシュリビッチは何度も自信を持って繰り返した。

パリに戻ると、シュリビッチは会長の部屋に立ち寄り、ユーロ・ディズニーとの契約内容を獲得するために考えつく限りのあらゆる事柄（プリンス・ド・ガルの件も含めて）を詳しく説明した。

「かなり思い切ったプランだね」とライマンは反応した。

「私たちはやり遂げねばなりません」そう答え、会長はうなずいた。シュリビッチは後に我々に語っている。

「会長が私のしようとすることにノーと言ったことはありません。私を信頼してくれたのです。これはとてつもなく重要なことでした。会社のこれだけの資金や経営資源を『君の言う通りに使ってくれ』と。その一言が、私の情熱に一段と火を点けたのです。だからこそ戦えたのです」

コネを使ってプリンス・ド・ガルを予約すると、シュリビッチと二人の同僚は毎朝七時にスイートルームに集合し、翌朝二時までディズニーの担当者と準備を進めた。空腹になるとサンドウィッチだけで済ますこともあった。これはフランスのビジネスマンにとっては革命的なことだった（もっとも、ディズニー側のアメリカ人はこのやり方をあっさり受け入れた）。シュリビッチはアメリカ人たちが怪訝な表情を浮かべると決まってその場でライマンに連絡したので、彼がGSI会長から得ている全面的な支持と権限を目の当たりにした。

実際には、シュリビッチはありとあらゆる事柄を完全に任されていたわけではなく、舞台裏ではライマンやGSIの特別チームと契約上の細々とした詰めを行っていた。そしてシュリビッチも他の社員と同じく、一九八〇年代初めにティラードが行ったGSIのセミナー以来、社内に息づいてきた「ゲームのルール」に従って行動しなければならなかった。

その一つは、**会社に深刻な影響を及ぼす意思決定をする場合には、それが何であれ「（誰かに）相談しなければ**

ならないという義務」だ（ゴアの「ウォーターライン・デシジョン」と似たような原則である）。ただし、その後に判断を下し、相談した相手に報告し、結果の善し悪しによらず、責任を負うのはシュリビッチだ。だがシュリビッチが多くのことを自分で決める権限を与えられ、自分の会社の会長に電話一本しただけで承認を得ていたという事実は、物事をスピーディーに動かしただけでなく、ユーロ・ディズニーの交渉相手の目には信じられないことに映った。EDSの場合は、どんな問題でもいちいち同社の階層組織にお伺いを立て、回答が戻ってくるまで数日待たなければならなかったので、GSIの迅速さに目を見張るばかりだった。

一カ月が終了した。契約書にはすべての条項が承認され、両社の印章と署名がされていた。GSIは、ユーロ・ディズニーの情報システム事業全体に応札する準備を完了したのだ。そしてついに、GSIはライマン会長が命じたように「すべて」を、つまり年間三億ドルの契約を勝ち取った。この契約は二人が同社を去った後も何年も続いた。シュリビッチの成功は当然の帰結だったのか。無論そんなことはない。失敗していたかもしれない。しかし、この物語は依然として価値がある。なぜならば、「リーダーが自然に現れる」という自由志向の企業だからこそ実現する取り組みとリスクへの挑戦が描かれているからだ。これはHOW企業には考えられない。

当時のGSIの置かれていた状況を振り返ってみよう。「チャンスだ！」と思ったのはこの会社で営業社員のジャック・シュリビッチたった一人だった。しかもそれを感じたのは頭（理性）ではなく、腹（直感）だった。シュリビッチは後に、次のように語っている。

「経営管理の面から言えば、私のしたことは基本的に間違っており、もし監査役から『ジャック、あなたの理屈は無茶苦茶だ』と言われたら、彼が正しかったでしょう。私が彼を理屈で説得することはできなかったと思います。当時の私はただ、直感だけで動いていたのですから」

だが、自由志向のGSIでは、シュリビッチは直感に従って動き、「早く成功するには何度も失敗しなければならない」ということわざが生きている営業というゲームでチャンスをつかむことができた。そして、シュリビッチが、営業マンとして基本的に社外で業務をしていたこと自体が結果を左右したのではなかった。社外で業務をするという意味ではＥＤＳの営業社員も同じだったが、新しく何かを始めようとするとそのたびに本社に電話を入れ、その官僚組織を通じて承認を得なければならなかった。そうした息苦しい環境のせいで、結局ユーロ・ディズニーの入札を落としただけでなく、ＧＳＩと争ったその後の競争入札にもことごとく敗れることになった。

シュリビッチはそのことをわかっていた。ＥＤＳは営業担当者をクビにすると、シュリビッチを引き抜こうと（シュリビッチによると）「特別なプレゼント」を提示してきたが、シュリビッチはその申し出を断った。

「私はお金を愛しています。本当にお金が大好きです。美術品を集めるのが趣味ですし。でもこの時は、私は一瞬も迷いませんでした。毎朝髭を剃る時に、私は鏡に映る自分の顔を迷いなくまっすぐ見つめていたい、という道徳的な理由はもちろんあります。しかしそれ以上に、私はＥＤＳをまったく信頼できなかったからです」

シュリビッチが目撃したＥＤＳの息苦しくなるような官僚主義を思い出していただきたい（もっとも、シュリビッチはそれを逆手に利用したのだが）。

「二倍か三倍の給料を受け入れることはできるでしょう。実際、ＥＤＳ以外の会社からそのような条件を提示されたこともあります。でもその会社の文化に自分が合わなければ一年で辞めてしまいます。そういう方法がうまくいくはずがないのです。それはですね、世界一の美女と一晩過ごしたいと思うようなものです。でもそれが結婚に結びつくでしょうか。それに似ています」

実際のところ、シュリビッチがＥＤＳからの申し出を断った決断は、彼自身が自然とリーダーシップを身につけたことと同じく、ＧＳＩの誰もが従っている「ゲームのルール」通りの行為なのだ。当時ＧＳＩのＣＥＯだったジャック・ベンツはかつて、ＧＳＩには「社員と同じ数だけ『上司（ボス）』がいます」とコメントしたことがある。[15] ジャック・シュリビッチが働く会社は、客観的には見込みのないビジネスチャンスであっても、自分自身がそのチャンスをつかむ「上司（ボス）」になってやろうという気にさせるような、リーダーが自然と育つ環境を提供していた。

実際、GSIの環境はシュリビッチの普遍的なニーズを常に満たしてくれた。例えば、自分が心から素晴らしいと信じたビジネスチャンスにGSIの莫大な経営資源を使うことを認めてくれるという、会社のリーダーたちからの十分な尊敬と信頼。過去最大の取引に挑むことを許した成長機会。プロジェクトに関して事実上どのような決断を下しても構わないという、自ら意思決定できる権限。その権限とは、フランス北部で働いていたチームが、ユーロ・ディズニーの契約を勝ち取るためにフロリダまで自発的についてくるといった職場環境づくりに関する意思決定も一例だ。

「私はこのチャンスを追求する価値がなぜあるのかを合理的には正当化できなかったのですが、（ライマンをはじめとする）経営トップ陣から全面的に任せてもらえました」とシュリビッチは語る。

それだけでなく、また自分が尊重されていないと感じたときには、会長にそれを知らせたと述べた。ライマンは、何かについて深く物思いに沈むと、話すのを止めて葉巻をふかし、話している相手に目を向けずに天井を見つめる癖があった。この態度に「馬鹿にされたような気になったものです」とシュリビッチは言った。「ですから、ある日私は彼の振る舞いを直接伝えました。会長は心から詫びてくれました。まさか自分のこうした態度が他の人を軽蔑している印象を与えているとは思ってもみなかったそうです。そしてその習慣を変えてくれました」

こうしたやりとりがあったにもかかわらず、いや恐らく、こうしたさまざまな経験を共有したからこそ、二人は、両方ともGSIを離れた後も何年にもわたって友情で結ばれていた。シュリビッチはこの元会長を本当に尊敬していた。

「私たちは意見が合わないこともありましたが、私はまるで自分の父親のようにライマン氏を愛し、心から崇拝していました。もし彼から今電話をもらい、何かをしてほしいと頼まれたらすぐにやります。なぜなら、第一に、私はライマン氏に本当にお世話になったからです。そして彼のすべての行動は、彼の個人的利益のためではなく他の誰かのためなので、一種の義務のようなものだからです。ライマン氏は（政府の）大臣になっても不思議ではありませんし、やりたいことは何でもできたはずです。けれども、自分が正しいと思ったこと、ほとんど聖書的な意味で他の人々にとってよかれと思うことに気づいたときには、単純にそれをした、ということだと思います。それ以上自分自身に多くを問いかけることはありませんでした」

実のところ、ライマンはシュリビッチに時々電話をしては、寄付を集めてくれとか自分の基金のためのスポンサーを探してくれといった依頼をしている。そしてシュリビッチへの説明が終わると、こう言うことを忘れない。

「私は全部取りたいな」

10 「失われたブーツ」を求めて

コールセンターに尊厳を取り戻す

ダンテがもし現代社会に生きていれば、世の中にあるコールセンターは、自分が描いた地獄絵のように見えるかもしれない。この暗黒世界のCEOは、長時間にわたって従業員に電話応対をさせ、顧客の要望をはぐらかすよう強制し、解決した問題の数ではなく、一時間当たりの電話応対件数で彼らを評価する。誰も憧れず、他者から感謝されることもなく、定着率の低い仕事を社員に強いている会社は多い。

USAAのロバート・マクダーモットはこの仕事を「あらゆる仕事の中で最も退屈」と評した。そしてこの巨大保険会社は、さまざまな意味で巨大なコールセンターなのだ。

コールセンターは、社員の解放とは最もかけ離れた職場の一つだと読者は思うだろう。「自分自身の発想で自由に取り組み、機会をつかみ、自然とリーダーに育っていった社員」を想像するなら、これまで紹介したゴアのチェース、クアッドテックのフリッチェン、GSIのシュリビッチのような優秀な人たちが思い浮かぶはずだ。しかし、大多数の「普通の」人々はどうなるのだろう。たとえば教育を受けていないか、資質不足、適切な役職についていないなど、さまざまな事情でリーダーになる準備ができていない人たちだ。

彼らも自然とリーダーになれるのか。これは解放企業にとって極めて重要な問いである。解放企業では、舵取りをする上司（ボス）は存在しないので、何かの問題やビジネスチャンスに遭遇する機会が最も高い現場の人がリーダーとなる必要がある。そして、コールセンターのオペレーターは、良きにつけ悪しきにつけこの上なく「普通」だ。しかしUSAAでは、社員が成長し、自己決定するための正しい条件を与えられれば、誰でも「特別に才能ある」人々に勝るとも劣らない才能を発揮できるようになる、とマクダーモットは確信していた。

「カスタマーセンター」に電話すると考えるだけで気が滅入る人は多いだろう。相手が最も優秀なオペレーターだったとしても、自分が抱える問題を扱える権限を持っていることがほとんどないからだ。コールセンターに何度も電話をかけた経験のある人なら、最初に電話を取った相手からは「私にはそれに対応する権限がありません」という機械的な返答しか期待できず、少なくとも一つ、場合によっては二段階上の人間まで回してもらう必要があることを骨身に沁みて知っている。

USAAは違う。テキサス州サンアントニオを拠点とするこの保険会社のコールセンターは、顧客が心から「電話をかけたくなる」場所なのだ。顧客サービス担当者は、顧客の抱える問題を喜んで引き受けるだけでなく、その能力も備えている。苦情や問題は多くがその場で、つまり一本目の電話の、最初に対応した担当者の段階で解決する。そして同社では、何本の電話を受けたかではなく、この「解決した」という事実が担当者の主な評価基準なのだ。

業績は申し分がない。マクダーモットがCEOを務めた二五年間で、USAAの従業員数は七倍になったが、資産は四〇〇倍になった。銀行業に進出すると、一九九五年には『マネー』誌から、傑出した金融サービスを提供した銀行として「アメリカのベストバンク」に選出された。二〇〇七年には、『ビジネスウィーク』誌が初めて実施した顧客サービス・ランキングで全米一位にランクされ、二〇〇八年にもその栄誉を再び勝ち取った。今日、経営判断として保険事業の対象顧客を現役と退役軍人およびその家族に限定しているにもかかわらず、住宅保険と自動車保険で全米第五位の規模を築いている。

しかし、昔からずっとそうだったわけではない。

ロバート・マクダーモットがCEOを引き継いだ一九六八年には、組織は肥大化し、業務は非効率で、業績も他社に見劣りしていた。不幸にも従業員（多くが兵士の妻だったが）の管理は厳格で、たとえば子ども一人分を保険証書に追加記入する、といった定常的な業務にさえ五五個を下らない手順が定められていた。マクダーモットによると、業務の中身はこんな具合だった。

「最初の人が封書を開けると次の人に渡します。その人が中身を取り出し、また次の人が……といった具合で、デトロイトの自動車工場の組立作業のようでした」

従業員への統制は鉛筆の長さにまで及んでいた。大げさではなく、事実である。当時は多くの作業に鉛筆が使用され、古い鉛筆が三センチよりも短くならないと新しい鉛筆に交換できなかった。そう、この会社は鉛筆の長さを測っていたのである。これに比べれば、FAVIにおける古い手袋の交換基準の方が自由に見える。これでは従業員が次々と辞めていったのも不思議ではない。

「離職率は高かったですよ」

ある冬の暖かい日のインタビューで、その退役将軍（マクダーモット）はこう言った。[1] これでも控えめな言い方だった。

「離職率は四一％でした。保険業界全体の離職率がおよそ八％だった時代です」

マクダーモットは、こうした官僚主義、窮屈なルール、高い離職率、ひどい業績がすべて関連し合っていることにすぐに気づいた。USAAは、軍の将校たちによってテキサス州サンアントニオのホテルで設立された。軍人は他社の保険になかなか入れないため、自分たち向けの共済保険会社をつくることにしたのである。後に男女を問わず兵士全員とその家族に対象顧客を広げたが、マクダーモットが着任した時には、アメリカ軍兵士の加入率はわずか四分の三にとどまっていた。

マクダーモットは、まず雇用問題から取り掛かった。

コールセンターで働きたいと思う者などいなかった。しかしUSAAの業務はコールセンターなしでは成り立たなかった。というのも、大半の顧客は世界中に散らばっている現役の兵士たちだったからだ。そこで、この報われない仕事をなくすのではなく、もっとも満足度の高い、そしてできれば楽しい仕事にしたかった(やってみなければわからない!)。

「私はこの仕事にもっとやりがいを与えたいと思いました」

そこで、官僚主義を捨てて、社員たちに自分の役職、つまり「顧客に奉仕するという仕事」に見合った権限を与えることにしたのだ。それまでオペレーターは、幾重にも階層があって連絡に時間がかかり、前例踏襲主義で運営されているクレーム承認プロセスの歯車として働いていたが、電話応対中にある程度はその場で苦情を解決できる権限を与えた。

「仕事の負担を減らすことなら私は何でもオーケーしました」とマクダーモットは振り返る。例えば、最も退屈な繰り返し作業を自動化した。さらに、顧客サービス担当者には、現場に入る前に最長で一六週間の訓練を受けることを義務づけた。このトレーニングを通じて、相談してくる顧客に決められた台詞をただ読むのではなく、それ以上のことができるように教えられた結果、担当者は業務への理解が深まっただけでなく、自身の自由な裁量で顧客に対応できる自信を持ち、やりがいを感じるようになった。

しかしマクダーモットにはもっと大きな、というより深い野心があった。社員がよりよいツールとスキルを身につけて、もっと力を発揮できるようにすることだ。

「仕事を豊かにすれば、人々が豊かになるはずです」

マクダーモットは社員の「天から与えられた才能」について繰り返し語った。誰にも得意なこと、ふさわしい仕事があると考えたのだ。もし仕事を通じて自分の才能を高め、興味を満たすことができれば、やりがいを感じられるだろう。そして幸せな気持ちになるはずだ。自分の仕事が単なる「電話に応えること」ではなく、「電話の向こう側にいる人の問題――時に人生を左右するほどの問題を抱えている人を助けること」になれば、仕事がつまらないはずがない。というのも、このような形で人々を助ける仕事をまさにやりたいと思っていた、という社員がいるかもしれないではないか。

そして、USAAを全米一の顧客サービス会社につくり変えるというマクダーモットの改革には、もう一つの要素があった。他の仕事にやりがいを見出す人がいるのは当然という考えから、社内で好きな部署に異動する自由を社員に与えることだった。情報技術への関心と才能があれば、そのためのトレーニングを提供した。法律に適性があるものの専門的に学んだ経験がなければ法律を勉強する機会を与え、苦情処理部門に異動させた。ゴアやゾブリストと同じく、マクダーモットも社員たちが行き詰まっていて、何か他のことに挑戦してみたいと感じているのであれば、殻を破って他の分野に飛び出すよう積極的に促した。人々を束縛せずにまずは成長のための道具を渡し、成長を遂げたら社内(あるいは場合によっては社外)のどこにでも移って自分のしたい仕事を選べる自由を与えた。

多くの従来型企業では、このような従業員の流動化は好ましいものではない。何しろ、一人ひとりを一人前に育てるには時間と金がかかる。ましてや他社に移られて、従業員教育につぎ込んだ経営資源を無駄にしたい経営者などまずいない。もっとも、その従業員のいる部署がリストラの対象になった場合は別で、残念ながら既存企業で起きる「流動化」はこのケースが多い。だが実は、それよりも明らかに悪い影響を及ぼすのが、したくもない仕事に社員をくくりつけておくことだ。第四章で触れたように、バーテックスのジェフ・ウェストファールは新入社員に「バーテックスにようこそ。皆さんはいつ辞めても構いませんよ」と好んで話した。ウェストファールが言いたかったのは、もし幸せに感じなければ、いつまでもこの会社に縛られてほしくない、ということだ。もう一歩進んだザッポスのトニー・シェイは、新入社員が有給の訓練期間中に辞めたら二〇〇〇ドルのボーナスを払うと約束していることを思い出してほしい。

会社を去る自由は、流動化の究極的な形だ。それが支援金付きならなおさらである。しかし、もしどこにも行くあてがなければ、それはパリの橋の下で眠る自由があるというのと何も変わらない。マクダーモットは、ザッポスのシェイが四〇年後に行ったように、辞めていく人たちに金を払ったわけではない。しかし、どんな分野でも学びたいことを学んで成長できるトレーニングの機会と、その後のキャリアを自分で選ぶ機会を実際に提供した。もしその結果、彼または彼女がUSAAをいずれ辞めることになったとしても構わないという姿勢を示したのだ。

そして、マクダーモットが導入した研修プログラムは、社員教育プロジェクトへと発展した。大半の社員が大学を出ていなかったので、地元の大学と協力して夜間クラスを開校した。費用は会社が負担し、何らかの形で仕事に関連がありさえすれば、社員の関心に沿ったどんな科目でも提供された。すべては一つのことに帰着した。公平に扱われたい、成長したい、自律したいという社員のニーズを満たすことであり、その結果として顧客の満足度も高まった。そして顧客がいつも幸せだと、ビジネスは自然と伸びる。

活気がなく、業績が低迷している企業に新たに就任したCEOが皆、男女同一賃金などの公平性、教育、行動の自由の拡大といった施策を打って社員に報いようとするわけではない。実際には、各種手当てを含む経費を削減したり、社員の実績管理を厳しくしたりするなど、それとは正反対の、いわば「つまみネジを締める」ような施策を取ることが多いだろう。

マクダーモットがUSAAに来た時は、会社には暗黙の終身雇用制があった。USAAのメンバーは大半が元軍人で、サービスも軍人を対象としていた。そして、現場で働く人たちの多くは、サンアントニオにある駐屯地にいる軍人の配偶者だった。このような背景から、大量のレイオフや社員を締め付けるような施策を講じると問題が起きそうだ、とマクダーモットは考えていた。トニー・シェイの「働かないと補助金を払う」システムがザッポスで機能するのは、同社がラスベガスで営業している若い、急成長企業だからだ。しかし、マクダーモットの会社は、すでに数千人の社員を抱えていて、会社の文化を変えるために新しい人材を雇用する余裕はなかった。そこで別の方法を模索した。

しかも、USAAの社員たちは自社の事業についてマクダーモットよりもはるかに多くのことを知っていて、知識の吸収も圧倒的に速いことは間違いなかった。彼らに必要なのは、知識に基づいて行動する機会だったのだ。

「組織のトップに座って（顧客サービスに関する）あらゆる判断を下すような力は私にはありませんでした。おわかりのとおり、社員たちのしていることをまったく、タイプライター一つとってもどう扱えばよいかを知らなかったからです。けれども、大事なことはそこではありませんでした。すべてのサービスが提供されている場に（社員に）参加してもらうことが必要だったのです。トップダウンは物事を成し遂げるための正しい方法ではないのです」

要するに、マクダーモットは自社の社員を、問題ではなく解決策の一つと見ていた。同時に、自分自身が解決策になるとも、解決策を提供できるとも見ていなかった。自分がしなければならないのはただ、社員たちに道具と、その時々で必要なスキルを与え、好きなようにさせることだった。

教育の機会を与えれば、社員は自己発見の旅に出て、いずれUSAAの利益になって跳ね返ることもあるだろう、そう考えたのだ。P－38ライトニング戦闘機のパイロットだったマクダーモットはこう回想している。

「あの従軍で、一九四四年復員兵援護法がアメリカにとっていかに重要な法律かを学びました。これが第二次世界大戦後のアメリカを偉大にしたのです。戦前のドイツは最高の教育水準を誇っていました。終戦後一〇年たって、我が国の教育が世界で最高の水準に達したのです。鍵となったのは選択の自由と支援でした。私たちはこのシステムをＵＳＡＡに取り入れたのです」

ＵＳＡＡの研修制度を一流の教育機関に育て上げた空軍士官学校の元教育責任者は、次のように説明した。

「私たちは六つの単科大学と総合大学の教員を、夜間に当社の建物に招いて、七五の部屋を教室として使ってもらいました。そして、社員が『Ｃ』以上の成績を取ってコースを修了すれば学士号を与え、授業料を免除しました。Ｂ以上の成績で修了すれば修士号を授与しました。その結果、我が国の金融サービス業全体の中で最も教育水準の高い人材の宝庫となりました」

ＵＳＡＡでは、常に全社員のおよそ三〇％が何らかの研修または教育プログラムに参加するようになった。

そしてこの教育制度を用いて（しかも自分の無知を十分に自覚した上で）、マクダーモットは自身の会社で社員を解放した。その結果、社員たちが「サービス内容を改善して、しかも低コストで提供できるアイデアを提案するようになった」という。ここでも、同社の教育制度が生きた。もし誰かが社内で何らかのニーズを発見すると、マクダーモットはそのニーズを満たすために、ＵＳＡＡのことを何も知らない専門家を外部から雇うのではなく、社員教育を実施するのだ。マクダーモットは次のように説明した。

「私たちは、業務の質を高めただけでなく、社員に提供する情報量と教育の内容を充実させて人材の質を高めるよう努力しました」

こうした施策を支えているのが「黄金律」だ。これはマクダーモットが我々と会った時に何度も口にし、ＵＳＡＡが今日まで生き残る上で強力な競争優位となった基本原則である。

「自分がしてもらいたいように他の人に奉仕せよ。私たちには、サービス（奉仕）こそがすべて。人々に奉仕をすれば、

必ず私たちに戻ってくる」

そうして顧客は、今に到るまで「戻り」続けている。だからこそ、USAAはこの市場セグメントのほぼ全体（軍隊関係者の九七％）を占めているだけでなく、顧客満足度の格付けが最高水準に達しているのだ。

マクダーモットは、宗教上の意味で「サービス」という言葉を使い、しかもこれを個人的な意味で捉えていた。USAAをどう経営しているのか説明してほしいとの私たちの要請に対し、リードビルというマサチューセッツ州の田舎のちっぽけな集落で過ごした、はるか昔の子ども時代にまで振り返って話してくれた。

今日、リードビルはボストンのスプロール現象（無計画な都市化現象）に飲み込まれてしまったが、当時は、「たぶん二〇〇〜三〇〇人ぐらいが住む小さな交差点周辺の一角」だったという。その近所のカントンで、若き日のボビー・マクダーモットは飛行機の離着陸を初めて眺め、パイロットになろうと決意した。その半世紀後にUSAAを経営する上でのヒントを学んだのもリードビルの集落だった。

「『人生に必要な知恵はすべて幼稚園の砂場で学んだ』と言ったロバート・フルガムと同じです。『人生に必要な知恵はすべて日曜学校で学んだ』のです」

それでも、マクダーモットはこう言うことも忘れなかった。

「私には、世界に向かって自分の考えを伝道しようという気はありません」

マクダーモットにとっては宗教的な意味合いが強いとはいえ、読者は別の信仰があってもなくても、意味を汲み取れるだろう。これはゴアの「公平性」や、サン・ハイドローリックスの「礼儀正しさ」に通じる考え方だ。社員一人ひとりの個性を尊重し、また部下、同僚、顧客、取引先の誰かにかかわらず、等しく価値ある人間として扱うことは、ビジネスによい結果をもたらす。マクダーモットの「黄金律」はこれと同じ原則に基づく彼自身の解釈だ。

この基本的な考え方が解放企業で何度も何度も語られるのは、当然と言えば当然である。本書の研究対象となったリーダーは誰もが、自分はただ一人の人間にすぎず、組織で働く全社員の知識と能力を生かすことで初めて、偉大な成果を達成できると繰り返し述べた。

しかし、マクダーモットのように従業員が数千人もいて、その多くが経営陣から信頼されておらず（鉛筆の長さを測っていた話を思い出してほしい）、時には軽蔑されていたような組織にやってくると、「皆さんは私たち経営者と平等だと考えているので、皆さんもそのように行動してください」と言ったところで信じてもらうのは容易ではあるまい。

ハーレー、GSI、FAVI、USAAのリーダーたちは、自分が解放しようとする組織の状況や歴史や課題に合わせて、それぞれ異なることに取り組んだ。ティアリンクは、ハーレーの労働組合員がかつて経験したことのない方法で組合を会社の意思決定に巻き込むと同時に、経営陣とブルーカラーの労働者を分け隔てていた壁を崩した。ゾブリストは、最初は威圧的ではない方法でマネジャーをコントロールしようと試み、ついにはその権限を取り上げたが給料は維持し、社内で他の有益な、あるいは少なくとも会社にとってマイナスとはならない役割を見つけるよう促した。

マクダーモットは社員に仕事を自由に選ばせた。しかし官僚的な大企業では、現在の職場が嫌で嫌で仕方がないのに、異動したくてもできない人も多いだろうということは認識できた。ゾブリストも、会社の規模は違っても同じような問題を抱えていた。

USAAの教育プログラムには二つの意味があった。一つは、社員の知識と教養を高めること。もう一つは会社が社員をヘンリー・フォードの言う「一組の手（繰り返し作業をする交換可能な作業員）」以上の存在だと考えているという暗黙の意思表示だった。さらに業務を自動化したり保険金支払いの事前承認をしたりするITシステムを導入し、官僚主義の打破を掲げて改革を進め、USAAが他社とは違うことを社員たちに示した。

このプロセスの中で、社員の仕事の再定義も行われた。つまり、今や名実ともに「お客様（カスタマー）に奉仕（サービス）を提供する存在」となったのだ。官僚主義の打破、権限委譲、教育プログラムといった取り組みはすべて、マクダーモットによるHOW企業からWHY企業へ移行する取り組みの一環だった。このプロセスを通じ、USAAの社員は自分たちと顧客との関係を考え直すようになった。ダンテの地獄絵図に描かれていたような電話応対ロボットが、自発的にサービスを提供するリーダー集団へと変身したのだ。実際、USAAのサービスは伝説にさえなっており、同社の保険加入者である知人はこう語った。

「今日は調子が悪いなと思うと、とりあえず(USAAに)電話するんです」

これは単なる企業PR用の「いい話」ではない。二〇〇五年、ある加入者が自分の住宅保険について電話をかけた。応対した営業担当者は、いかにもUSAAで教育を受けてきた社員らしくスムーズに会話を進め、顧客の要望を見事に汲み取って対応したのだが、かけてきた女性の声に不安な雰囲気を感じて尋ねた。

「何か気になることでもございますか？　お声に何となく心配ごとがおありのような気がしたものですから」

女性は、自分の夫がアルツハイマー病にかかっており、四日間行方不明になっているのだと言った。警察は見つけられなかったのだという。

話を聞くと、一呼吸置いて担当者は言った。

「あなたは当社のクレジットカードをお持ちです。よろしければ私が当社の提携銀行に電話して、ここ数週間のご主人のクレジットカード利用状況を調べてもらいましょうか。もしかしたらどこにいらっしゃるか、わかるかもしれません」

利用状況の情報は見つかり、担当者は喜んで女性に伝え、すぐに警察に電話してその情報を提供したらどうかと提案した。警察はクレジットカードのデータを使って、自宅から遠方にあるホテルに宿泊していた女性の夫を見つけ出した。コールセンターのオペレーターが発揮した素晴らしい顧客サービスの成果と言えるだろう。

　この程度のサービスはUSAAでは日常茶飯事だが、今回の場合は、恐らく顧客に与えた感動があまりに大きかったため、そのいきさつが社内ニュースレターで紹介されただけでなく、年次報告書にも掲載された。そして、このメッセージは社員と顧客（USAA内では「メンバー」と言われている）には明確だった。

「私たちはメンバーを助けるためにできることを何でもします」

　USAAでは、「できることを何でも」とは、本当に何でもであり、そこにはルールを破ることも含まれている。

　USAAの素晴らしい社員が示したもう一つのストーリーを紹介しよう。

　乳がんと診断されたばかりのある「メンバー」が、生命保険の保障額を増額できないかと電話で相談してきた。USAAの担当者、ジューン・ウォルバートは、コストを含む契約内容を一通り説明して、保険証書に署名してもらった。ところが数カ月後に、そのメンバーが再び電話してきた。

「実は、こんな高い保険料は払えません。考えが甘かったわ」

　契約上は、彼女にはなす術がなかった。大半の保険会社では、ここから会話を続けることはほとんど無理な相談だろう。しかし担当者は書類に目を通すとこう言った。

「よろしいですか。この契約は間違いです。結ぶべきではありませんでした」

　ウォルバートは話を続けた。

「私は、当社が契約当事者としての責任を果たさなかったと感じました。この方と本当にもっとよく話していれば、彼女はこの契約を呑まなかったはずです。そこで、私はルールを破ることにして、こう提案したのです。『この保険契約はなかったことにして、前の契約に戻しましょう。以前の契約で十分でした。そのままにしましょう』と。

こうして私は証書を引受担当部署に送付しましたが、大きな問題にはなりませんでした。彼らはこう言ったのです。『あなたのおっしゃる通りです。私たちはこの契約を結ぶべきではありませんでした』。それがこのメンバーにとってベストの解決策でした」[2]

なぜそのような行動を取れたのかをウォルバートに尋ねた。

「当社の強力な研修プログラムです。私にとってこれは文字通り『忍者の秘密兵器』なのです。当社が解放企業として成功した理由はこのおかげだと考えています」

ウォルバートはごく自然に、教育の重要性を指摘した。

「十分なトレーニングを受けていれば、専門的なスキルが向上し、そうなれば、メンバーの皆さんに奉仕するときの自信も高まるのです」

このケースでは、自然に湧き出たリーダーシップとは、正しいことをするためにルールを曲げる、あるいはルールに違反することを意味した。ウォルバートは、どんな時でも掟破りを辞さないといった社内の一匹狼には見えなかった。ブロンドヘアで小柄な、気取らない中年女性であり、表面的には英雄的な要素を何も宿していない。しかし、見た目に騙されてはいけない。

ウォルバートは、実は軍の落下傘部隊の予備役中佐で、その仕事をこう説明する。

「私の職務は、ヘリコプターに戦闘地域まで運んでもらい、そこから即座にロープで潜入することです。私が物事を『忍者だったらどうするだろう』と考えるのはこういうわけです」

実際、忍者の発想は自由で、組織のルールにあまり拘泥しない。私たちは、ウォルバートはジェームズ・ボンド映画にも出演しても不思議ではないと思ったし、ある同僚が「彼女はシャンパンも好きですよ」と言った時にその思いを一層強くした。

だが、USAAの営業担当兼忍者風少佐はこうさらっと受け流す。「私は水着ではそんなに映えないと思います」

これも、USAAの自由な文化に欠かすことのできない側面だ。現場にいる社員が、CEOへの単独インタビューを終えたばかりの訪問者に、しかも広報担当部長のいる前で冗談を言う自由。

「お客様を知りなさい。お客様が現在どのような問題を抱えているかを理解しなさい。そして解決策を提供しなさい。USAAの商品が関係するかどうかは関係ない、ということです」

「できることを何でもすべきです」。まさにその通りなのだ。

「最高の仕事」ができているか

社員を大切にし、彼らの成長を助け、自己決定させるといったこうした類の話は、例えば「列車を時間通りに走らせる」ような厳格な仕事に就いている人には（しかも、特に経営環境が厳しいと）どうしようもなく感傷的に響くかもしれない。

この点について、フランスのアルミニウム部品メーカー、モンテュペの会長を務めたステファン・マグナンは、成長を促す環境が社員にとってどれだけ重要かについて、自分自身が経験した物語を話してくれた。一九八二年、三一歳の時に、マグナンはヨーロッパ最大のアルミニウム・メーカー、ペシネーの子会社だったモンテュペの五つの工場のトップになった。

しかし、モンテュペはFAVIではなかった。実際、ペシネーの経営幹部がマグナンをアメリカ子会社の幹部職からモンテュペに呼び戻したのは、同社の業績を改善させるためではなく、ペシネーにとってなるべくコスト負担とならず、しかも労働者側となるべく揉めずに工場を永久に閉鎖するためだった。フランス史上初の社会党出身の大統領、フランソワ・ミッテランが企業の国有化を次々と進めていた頃で、ペシネーの経営陣は、マグナンが「l'américain（アメリカ人）」らしくビジネスライクに工場を閉めるだろうと考えていた。

ところが、マグナンの頭にはそんな思いはまったくなかった。前任の経営陣と工場の従業員たちとの、ぞっとするほど悪化した関係には就任後すぐに気がついた。

「私が社内を歩いて従業員のそばを通ると、誰もがうつむいて足元を見ていたものです」[3]

マグナンは気が滅入ったが、チャンスだとも思った。彼らとの関係さえ改善できれば、この会社には本当にポテンシャルがあるとみたからだ。そこで、一カ月様子を見た後、工場を潰すのではなく建て直すという別プランを提案した。モンテュペ側は、そのままの状態ではいずれにせよ工場にたいした資産価値はないので、ペシネーはマグナンの申し出を（コストがかからない限り）やらせてみることにした。

そしてマグナンは、本書に登場した多くの会社と同様の手法で社内の解放に着手した。実際に、ＧＳＩのジャック・ライマンの社内改革を支援したコンサルタント、イヴ・ティラードの助言を得た。実は、ティラードへの打診を提案してきたのは、マグナンのビジョンを理解した現場の作業長だった。その後二カ月で、作業長を含むすべてのマネジャーがティラードの主催する短時間のセミナーに参加して、会社が模索していた変革のあり方について学んだ。そして、自社の経営慣行を改善するために、マネジャーと部下たちは、ＧＳＩでティラードが行ったのとほぼ同じ内容の、二日間のチーム研修に参加した。もちろん、それはよくある「無意味な」研修ではなかったし、マグナンは、ジャック・ライマンがそうしたように、運営を毎回手伝った。そして他の解放企業と同じく、社員たちは奇跡を起こし始めた。

社内改革によって会社が変わり、社員からの不信感がなくなったことを知ったのはどんな時かを尋ねられたマグナンは、それほど長く考えずにこう答えた。「社員たちが私の目を真っ直ぐに見て、ニッコリ笑って『ハロー』と言ってくれるようになった時です」。そしてすぐにこう付け加えた。

「もちろん、数字の裏付けもありました。廃棄物の量は劇的に減りました。そしてストライキの日数も……。私がこの会社に来た時、労働組合との間には紛争が絶えず、前任の経営陣は毎年三〇日のストライキを見込んで製造スケジュールを組んでいました」

自分のビジョンを説明した後に、その実践方法について作業長から助言を受け、すぐに採用するCEOはそうそういるものではない。

「奇跡」は現在も続いている。インタビューのちょうど一年前、モンテュペは主要製品であるシリンダーヘッドをルノーと日産に納品する際に技術的なトラブルに直面した。さらに悪いことに、この両社は突然の需要増に見舞われ、すぐにでも出荷しなければならないプレッシャーは尋常なものではなかった。誰も解決策が見つからないうちに、作業員のチームが（まさにFAVIの作業員が日常的にしているのと同じく）、独断で顧客工場の作業員と上司たちの元に出向いて、技術上の問題について説明してしまったのだ。その結果、モンテュペに対する両社の信頼が高まり、協力体制がむしろ固まって、この問題は間もなく解決した。

要するに、「社員を平等に扱う」「個人の成長を促進する」「自分で方向性を決めさせる」といった話は、結局はすべての社員に素晴らしい仕事をする機会を与えることに他ならない。本書の他のリーダーたちが成し遂げた企業再生やスタートアップの躍進がそれを証明している。それでも、この問題をもっと綿密に検討する価値はある。

HOW企業では、意思決定、方針、ルールの大半はトップまたはその周辺で決定される。この体制では、会社と従業員が「信頼関係」を結ぶ必要性は限定される。労働者は何をどうするかを指示される。そして、命令や指示に従ったかどうかで評価、コントロールされる。

社員の側は、自分たちが行儀よく振る舞った結果、報酬や臨時収入といった形の「ごちそう」としていくらもらえるかで経営者を評価する。こうしたごちそうは、会社の外で、「平等に扱われたい」「成長したい」「自律したい」といった、仕事では報われない普遍的なニーズを満たす活動に使われることが多い。例えば、ある従業員が週末や休日に一生懸命作業して古民家を復活させれば、家族や近所の人々から「称賛」という励ましを得て、新たなスキルを学び、自分が最善だと思える形で自分のプロジェクトを運営できる。

それでも、ハウ型のコントロール方式、つまり数々の方針、手順、官僚制が存在しているのには理由がある。そのうちのいくつかは、チャパラル・スチールのCEOだったゴードン・フォワードが指摘したように、ルールが生まれるきっかけとなった過去の経験、つまり滅多に起きないか、ただ一度だけの不幸な出来事の遺物なのだ。ゴードンの言葉を借りれば、「三%のための経営」になっているわけだ。だが多くのルールには別の役割もある。従業員をおとしめるまではいかないが彼らのやる気を削ぎ、いら立たせ、非効率を生み出す可能性が高いとしても、自社の従業員との「コミュニケーション」のために制度化されているもの――それがルールなのだ。

これまで説明してきたルール以外のコミュニケーション手段は、あまりにも多様に見えるかもしれない。例えばCEOが（話をするのではなく）社員の声に耳を傾け、経営幹部の特権を示す象徴を取り除く。あるいは経営陣やマネジャーたちがメンバーの成長を促すリーダーとなり、自分たちの主張を押し通そうとはせず、官僚主義の象徴や慣行を取り除き、人事部門と財務管理部門を抜本的に変革するか撤廃する、といった方法だ。

しかし、解放型リーダーたちにとってみると、こうした手段には一つの共通した理由がある。文字通り「平等で、公平に、かつ敬意をもって扱われたいという社員の普遍的なニーズを満たすような社内環境をつくる」ということだ。

官僚主義はいつでも顔を出す

一九二二年、社会学者のマックス・ウェーバーが解放企業について知りようがなかった時代は、ＨＯＷ企業が圧倒的多数だった。その成功の秘訣を探る記事の中で、ウェーバーは官僚制が必要だと主張した。官僚制は、封建制度のように権力者が隷属者に対して好きなように扱うことはなく、誰に対しても正しい規則を平等に適用することで全員を完全に公平に処遇する仕組みである、と説明した。これは、ドイツの哲学者フリードリヒ・ヘーゲルの説に従った主張である。ちなみに、企業の定めた規則の多くが間違っているだけではなく、極めて愚かで、ほとんどの社員にとって不公平である可能性があることはいったん横に置いておこう。

とはいえウェーバーは、個人の志向を重視することと「公平な」規則との間に第三の道があり得ることを認識していなかったようだ。つまりさまざまに異なる責任を担う人と人との関係は、個人的にも公平にもなれるということだ。実際、職場から官僚主義を取り除いて人間関係を重視し始めると、人として公平かつ平等に取り扱われるので、社員は「人的資本」というよりも「人間」のように感じるようになる。

しかし、「規則に基づく絶対的な公平性の実現」という官僚制を信奉するのも理想主義的だ。ウェーバーの見方とは対照的に、現実世界の官僚制度は、多くが一種の「封建官僚制」[4]、いわば「ノーメンクラツーラ」型の政府へと進化しているのだ。「ノーメンクラツーラ」とはロシア語で人事名簿を意味する言葉で、「その中の一人」に入ることができれば仲間から友好的かつ思いやりをもって迎えられるが、それ以外の人たちを人間扱いせず、「連中」とか「やつら」、「ＦＴＥ」*と呼んだり、あるいは、あるヨーロッパの企業は臨時職員のことを水道や電気と一緒に管理する対象として「液体」と称していたこともある。

＊ FTE（フルタイム当量）：社員がフルタイムで勤務したときに処理できる仕事量。

官僚制の職場環境を、社員の普遍的なニーズを満たす環境につくり変えることは可能だとしても、現実には調整の必要性は残る。人々が自由に、しかも効果的に活動するには、ゾブリストの「なぜ？」という問いに対する答えを理解し、それを「自分のものとして受け入れる」必要がある。そうして初めて適切な目標に向かって進んでいくことができるからだ。つまり、会社のビジョンと、自分自身の行動がそのビジョンにどう適合するかを理解しなければならないということだ。

シー・スモークのワイン最高製造責任者のクリス・カーランが作成した必需品のリストをめぐる、ボブ・デイビッズとのやりとりを思い出そう。デイビッズは、経費を削減したり何かを節約したりしようとしてリストをチェックしたのではない。「最高品質のワインをつくりたい」というシー・スモークのビジョンに沿って一つひとつの品目をクリスが選択したのかを、確認したかったのだ。これは、当時は規模も小さく創業直後の頃だったので、リスト全体をレビューすることは、シー・スモークのビジョンを社員に伝えるために重要な活動である、とデイビッズは感じていた。そうは言っても、時がたつとビジョンも風化しやすい。白ワインの製造過程で、クリスが経費を節約するために中古のワイン樽を使おうとした時のように、社員に常に「世界最高のワインをつくる」というビジョンに目を向けてもらうためにも、軌道修正と注意喚起は必要だ。

リチャード・ティアリンクも同じく、一年以上をかけてハーレーダビッドソンの「ジョイント・ビジョン」を策定して文書化し、経営陣と労働組合で共有した。広く人々の心を引きつけるような会社のビジョンを描くことが解放に向けた改革にとって極めて重要なのは、ビジョンなき組織を改革することはできないからだ。もちろん、十分に理解されていたとしても、そのままの形で現実に適用することは難しいかもしれない。だからこそ、解放企業はどこも一揃いのガードレールを用意している。それは社員の意思決定を支援するツールとなっている。

ゴアの「フェアネス（公平性）」「コミットメント（公約）」「ウォーターライン（喫水線）」の原則は、ガードレールの一例である。GSIでは、この基本理念を「ゲームのルール」と呼んでいた。こうしたガードレールは会社間で似ていることも多いが、まったく同じことはない。というのも、社員の自己規律を促すガードレールは、それぞれの会社で起きた具体的な事例を元に自然にできあがるものだからだ。例えば、「ネクタイ禁止」を正式なルールとして固定化すると、その瞬間からその美徳は失われ、絶対に破ってはいけない縛りになる。だからこそ、最も効果を上げるために、ルールは単純なものにして、公式文書とはせず、自己規制的なものにするのだ。「この会社には、ちょっとした規律が必要だ！」と考えている従来型企業のリーダーは、周囲を見渡して規律が欠けている根本原因を探ってみてほしい。すると、驚くべき発見をするかもしれない。

しかし、ビジョンや原則が社員たちの日々の仕事に活力を与えるためには、HOW企業で培われてきた労働慣行を変えなければならない。その変革に積極的な人もいれば、そうでない人もいるだろう。関心はあるが疑問もある、という人もいるかもしれない。

結局のところ、ハウ型の統制は不完全かもしれないが、ある程度機能しているし、面倒なことやリスクが少なければそれに従っていればいいじゃないか、というわけだ。

ハウ型の文化と意思決定スタイルを長年にわたって採用して成功してきた企業は多い。「IBM製品を買ってクビになることはない」という常套句があるように、従業員への縛りを厳しくしたために職を追われた経営陣はそこまで多くないはずだ。こうした規則は「コスト管理」や「組織再編」の名の下に設定される。

しかしどういう呼び方をするにせよ、会社が困難に直面すれば、コストを削減したり、食事の無償提供のような特典を廃止したり、すべての経費申請を三度も見直す、といったことは現実としてある。しかもこれらは実際に効果があるのだ（少なくともそう見える）。FAVIで手袋を交換しようとしていたアルフレッドの事例を思い出してほしい。これは、ゴードン・フォワードの言う「三％」の人間が手袋を家に持ち帰るのを防いで年間数フランを節約しよう、という会計係の考えた財務管理法であることは間違いない。表面的には、この方針は成功した。手袋への出費は減少したからだ。しかし、もちろん生産性の低下、官僚主義、書類作業によって発生する追加コスト（工具収納室の「ドアマン」の人件費など）が、その予算で考慮されることはなかった。そして、当然のことながら、会社全体の効率をほんの少し（いや解放型リーダーであれば、「かなり」と言うだろう）低下させるこうしたさまざまな「業務効率化の仕組み」（実際はボートにくっついている甲殻類のようなもの）のおかげで、出荷が遅れるかもしれない注文や製造できない製品が利益率に及ぼす影響も一切考慮されなかった。

コントロールという幻想

GSIのジャック・ライマンはこの現象を十分すぎるほど理解していた。そして最終的に、あらゆる財務管理は創造的なフィクションに過ぎないという大胆な見方をするようになった。契機となったのは二つの経験である。

一つ目は、GSI創業初期の一九七九年に起きた。GSIは急速に成長していたが、同時にライマンは会社により自由な文化を注入しようとしていた。当時、社員数は一〇〇人に達し、会社で新しく定めた非公式な「ゲームのルール」を説明すると同時に、社員が抱えている問題について声を上げる機会を与えるために、少人数式の定期的なセミナーを開催し始めていた。

ライマンは回想する。

「当時は財務関連情報を報告する仕組みを導入していました。そして財務部門は実のところ警察というか、秘密警察のような存在だったのです」

つまりこの部門は、会社の隅々まで目を光らせ、予算と支出方針を押しつける経営の駒の一つだった。あるいはそう考えられていた。ライマンが主催したセミナーの一つで、グルノーブル拠点（フランス）の業務部門長が声を上げた。

「ライマンさん、この仕組みが本当はどう動いているかについて説明させてください。予算が策定されます。まあそれはいいでしょう。しかし、予算で決まった売上目標を超えればその月は祝福されますが、もし下回ると大変です。原因究明の調査や話し合いが始まるからです。けれども対策はそれほど難しくありません。目標を超えたときに数字をごまかして、余った分の売上高を報告せずに翌月用にとっておくんです。私や経営チームも、営業社員も同じようなごまかしをします。ライマンさん、あなたはご自分が（こうした報告システムによって）営業実態を知っているとお考えでしょうが、実は何もご存じないのですよ」[5]

エンロン社の不正会計事件をきっかけに二〇〇二年から二〇〇三年にかけて全米を揺るがせた企業会計スキャンダルを受けて、財務報告書の操作を厳格に取り締まるために大がかりな規制がかけられた。その一環として、企業トップは、財務報告書の真実性と正確性を証明する宣誓陳述書への署名を義務づけられるようになった。こうした文書に署名した経営者であれば、ライマンの経験が特殊な事例ではないことに当然気づくだろう。そして、いくら時間が経過し、膨大な量の新法が制定されたとしても、会社で予算に最も精通しているのは、隙あらば数字を操作して目標を達成し、仕組みを出し抜こうとする現場周辺の人たちだ、という事実は変えられない。

そうはいっても、自社の会長がいることも気にせず赤裸々な事実を語るなど、上品な会社ではめったに起きるものではない。経営幹部がこれだけ本音を語れたのは、開放的で率直なコミュニケーションを促進してきた自分の努力の賜物だと思う、とライマンは述べた。

「パリに帰る列車の中で、これまでと同じような仕組みはもうやめようと決めました。当社の経営（財務）管理は、マネジャーたちに数値をよく理解してもらうためのもので、『独裁者の眼』になることではないからです。もしどこかの事業部門長が業績上の問題を抱えたら、彼は現場の担当者と直接話せばよいのです」

つまり、事業部門がそれまでと同じように数字を本部に報告するにしても、「秘密警察」は解体されることになる。予算の未達が犯罪と扱われることはない。なぜなら、それは何らかの問題の兆候だからだ。しかしこれを罪悪視したとたんに隠ぺい工作が始まり、問題の根幹に到達することが本当に遅れてしまうかもしれない。財務数値を操作する秘密警察を解体すれば、報告された数値に誠実さが戻るだろう。

この判断に対して、経理部長らは不満を示した。

「社内は大騒ぎになりました。財務担当取締役は、私が財務管理を破壊したがっているとか、私が彼らをもう嫌いになったとか、会社を潰す気なんじゃないかとか言われたものです」

ライマンは、財務部門をなくすつもりはないと約束した上で、別の役割を果たしてほしいと説得した。財務担当取締役を解任はしなかったが、責任範囲は縮小した。

「彼が私の説得を心から受け入れたかどうかはわかりませんが、経理部長としての役割を引き続き担い、財務担当取締役として銀行や投資家との折衝などの仕事を続けたのです」

厳格な仕組みの廃止を決めると、他の経営幹部と次々に面談しては、新しい方針を説明して回った。

「パリで行ったあるミーティングのことをよく覚えています。人事担当取締役のジャン＝フランソワ・コッティンとともに、十数人の経営幹部に向かって、社員に敬意をもって接する新しい会社モデルの説明を試みました。『新しいシステムは、古いシステムとは違って現実を反映することになる。なぜならこれまで報告されていた財務数値は間違っていたからだ』と話したのです」

しかし、この試みはライマンが狙っていた結果をもたらさなかった。

「経営幹部たちは、もっとコントロールが必要だと言いました」

ジャックは悲しげなほほ笑みを浮かべて言った。

「そして、こう言う人まで現れました。『(新しいシステムは) 素晴らしいと思います。現場の社員が敬意をもって扱われ、自分たちの裁量で物事を進めていけるのですから。しかしその方針をデータ入力の部門には持ち込まないでください。あそこで働いているのは無知な少女たちなのです。よろしいですか。彼女たちにそんなことをしたら大変です』と」

つまり自由など必要ない、というのである。

こうした抵抗にどう対処したのかを尋ねると、ライマンは、いかにも彼らしく、怒りではなく愛情に満ちた言い方で答えた。「私は彼らのことが大好きだったのです[6]」。会社の経営方針について自分の判断を受け入れない役員がいたとしても、個人的には強い結びつきがあったのだと語る。ここで、ライマンと一緒に我々のインタビューを受けていたコッティンが口を開いた。

「付け加えさせてください。当社の第一のルールは、誰かが何かにしくじったときには、他人から指摘される前に自ら間違いを認めることが最も大切だ、ということです」

この原則を財務報告に適用することを事実上要請したのだから、同じことを経営幹部たちとのやりとりにも当てはめようとするのは当然と言えた。

「そこで、私は自問しました。どうすれば説得できるだろう?」

ライマンは役員たちをアメリカに送って研修を受けさせたり、外部から人を招いてカンファレンスを開催し、「現場の人々の意見を聞き、意思決定に参加してもらうことがいかに大切か」を語ってもらったりした。自由と敬意に基づく文化を、「大改革だ!」とぶち上げることなく、社員に脅威を与えないよう慎重にゆっくりと、少しずつ広げていったという。コッティンが付け加えた。

「私たちは、大演説をぶつようなことをしませんでした。とにかく動きました。ほんの少しずつの努力を数多く、地道に続けたのです」

CEOが経営幹部やマネジャーの慣行を改革したいのであれば、忍耐強く、社員に恐怖感を与えないように進めるこのやり方は、唯一の正攻法だろう。彼が使った説得材料の一つは、「信頼と敬意を欠いた雰囲気の中では、効果的にコントロールすることが無意味とは言わないまでも、そもそも難しい」と訴えることだった。

ライマンは目を輝かせて「素敵な話があるのです」と具体的な事例を紹介してくれた。

「これは、あるアメリカ企業のフランス子会社のCEOから聞いた話です。フランス南部で働いていた若いエンジニアが、ノルウェーの極北部にある製紙工場に派遣されることになりました。四日間の出張に普通の革靴で出かけたそうです。ところが現地に着いてみると凍るような気温で、防寒用ブーツを買わざるを得ませんでした。フランスに戻ると、彼は経費申請書を会社に提出しました。当然五〇ドルのブーツ代金も含まれていました。

ところが、経理部から次のメモとともに請求書が返送されてきたというのです。『請求書の手引きをもう一度お読みください。衣料類は経費で落ちません』。そこで、このエンジニアは『ブーツ』という言葉を消して、請求書のあちこちの費目に三ドルずつを追加して合計が五〇ドルになるよう調整しました。そして最後に次の一文を添えて経理部に出し直したそうです。『ブーツは消しました』。経費申請書の写しをそのCEOからもらったので、私たちはそれをGSIの全社内で回覧しました」

このエピソードの教訓は、厳格な経費管理のおかげでかえって実態がわからなくなることだ、とライマンは指摘した。その管理の仕組みが一般常識から外れているほど、自社のビジネスと経費がどんどんわからなくなってしまうのだ。社員の最善の判断を信頼する方がずっとよい結果が得られるのだ。だが、GSIの誰もがこの考え方に納得したわけではなかった。ライアンは回想する。

「当社はスペインで赤字を出していました。ある日、カナダ人の経理部長が私の元にやってきてこう言ったのです(彼は指揮統制型のアメリカ企業に勤めていたことがありました)。『赤字を止めたいのですか。私なら経費申請書の問題点をすべて炙り出し、内容を徹底的に検証し、どうすれば無駄な資金がなくなるかを明らかにしてみせましょう』」

ライマンは「それではうまくいかないでしょう。無理だと思います」と答えたという。経理部長は、自分の提案を支持してくれないのなら辞めると言った。「私は彼に辞めてもらいました」とライマン。経費申請書を詳細に点検すればGSIのスペイン事業が改善するとは考えていなかったのだ。むしろ、そんなことをすれば現地の社員が疎外感と怒りを抱くことになるだろう。財務部門の秘密警察に取り囲まれ、責め立てられていると感じ、「仕組みに勝つ」ために数字を操作し始めるに違いない――そう考えた。

秘密警察スタイルの財務管理を忌避していたのはライマンだけではなかった。もちろん、こうした考え方があるからといって、不正が発覚したときに処分を甘くするわけではない。実際には、まったく逆だ。解放型リーダーの大半は、自由を悪用する者への引き金の引き方を知っていた。社内の誰もがその悪用に気づいていてCEOがそれにどう対処するかを待っている、ということをわかっていたからだ。

ただし、ライマンは違った。GSIで同僚だったある人物によると、社員を非常に愛し、信頼していた。誰かが(経費をごまかしたなど)自由を悪用したという話を聞くと心から悲しむので、そのようなニュースを誰も彼の耳に入れたがらなかったという。その通り。不本意ではあっても、そうした濫用者に厳正に対処できなくなっていた。その結果、当然予想されることだが、会社の「ゲームのルール」に従って働いていた多くの社員のやる気は挫かれた。

しかし、ライマンは行き過ぎにしても、「社員を信頼するというこのアプローチがサーベンス・オクスリー法*後の世界でも可能なのだろうか。今や社内の管理者は厳密な報告を義務づけられるようになっているのに」とい

＊ サーベンス・オクスリー法：不正会計の多発を受けて、2002年7月にアメリカで成立した企業改革法。

う見方はあるかもしれない。サン・ハイドローリックスのIR担当責任者のリチャード・アーターは、こう説明する。

「この問題に関する私たちの立場は、テストに通ればよいということです。『A』評価を取る必要はないのです」[7]

つまり、財務報告書に関する煩わしい法令を守ることと社員を信頼することは、両立できるのだ。

実際のところ、そのほうが簡単かもしれない――ジャック・ライマンが示唆するように、罰則的な財務報告システムの方が、抑圧的でないシステムよりも「スムーズに」他のごまかしにつながる可能性が高いのだ。ライマンはこう述べている。

「一人のエコノミストとして、私は若い時に、成果を生むことと公平性の間にはトレードオフがあると教えられました。[8]ところが会社で働くと、公平性は成果の基礎であって、その逆はないことを知るのです。私にとっては、公平なマネジャーは、あなたの行動からあなたの価値を計ります。会社を経営することが、人が子どもの頃に学んだ道徳的な価値観と一致した瞬間から、それは『喜び』（un bonheur）になるのです」[9]

この最後の一言は、ゾブリストの発言の一つによく似ている。日々工場の作業場を歩き回って作業員たちの意見に耳を傾けたのは bonheur、つまり「幸せ」または「喜び」を求めていたからだ。

しかしもっと興味深かったのは、公平さと成果の関係に関する彼の思い出の方だ。実際、ライマンが公平性について語るとき、経済的な意味と道徳的な意味の二つを使い分けていた。トレードオフについて話すときは、（アダム・スミス以来）国の経済成長の基盤と見なされてきた競争の経済的不均衡について言及する。だが会社の成果の基礎としての公平性について話すときには、会社とマネジャーが社員をどう扱うかという道徳的な意味で話している。トレードオフについては、スミスの市場経済学の基礎となるシンプルな概念である「自分の物質的な利益を追求することが、経済活動とパフォーマンス向上の原動力になる」を念頭に置いている。道徳的な意味では、ライマンはもっと複雑な教訓を述べる。「道徳的に公平に扱われたいという社員のニーズが満たされれば、効果が高まり、会社の業績も伸びる」ということだ。こうして生産性や利益などの経済的な成果が向上すると、利益分配、賞与、社員持ち株会などを通じて経済的な公平性を社員に与える道が開けるというのだ。

「報酬が増えるよりも、公平性が確保された環境で敬意をもって扱われるほうが社員に感謝される場合がある」と言っても、にわかには信じ難いかもしれない。言うまでもなく、理想的な世界では、誰もが公平性、敬意、できる限り高い報酬の三つすべてを求めるだろう。しかし私たちはそういう世界に生きているわけではないので、選択しなければならない。そのような選択肢を与えられた時に、解放企業の労働組合が、収入よりも公平性と敬意を選んだ事例は少なくとも二社あるのだ。

「Y理論」の労働組合

一つはGSIの事例だ。

ある大手チェーンが、給与サービスの外部委託先(アウトソース)の競争入札を募ったことがある。このタイプの外部委託では典型的な取り決めだったが、契約が成立すると、このチェーンの給与部門全体が、労働組合もろともGSIに統合されることになっていた。

ところがこの会社は、以前にも他のバックオフィス部門をいくつか外部委託したことがあり、統合がうまくいかない事例があった。そのため労働組合は今回の案件に警戒心を高めており、委託先候補の労働組合まで含んだ独自調査を行いたいと主張した。

GSIが契約を無事獲得すると、うれしい驚きが待っていた。労働組合の事前調査に合格していた候補会社はGSIだけだったのだ。大手チェーンの経営陣は、外部委託で散々苦労してきただけに、ストライキのリスクがないよう労働組合の意向になるべく沿う方針だった。つまり、GSIに対する組合の好意的な意見が、契約を勝ち取る上で重要な役割を果たしていたというわけだ。

労働組合とは、経営者から労働者のために多くの「ごちそう（報酬条件）」を引き出すことに全力投球するものだと考える人々は多い。だがGSIの労働組合は、もっと高次元のニーズである公平性と敬意の充足を物質的な報酬よりも重視していた。他の条件が同じなら、恐らく他の労働組合も同じ判断に到るだろう。いずれにせよ、GSIの法人顧客部門長であるジャン＝リュック・バルビエは、社員を大事にすれば経済的な利益に跳ね返ると確信していた。「こうした姿勢が、会社に競争優位をもたらし、顧客を獲得できているのです」[10]。この発言は、出張する営業社員がノルウェーで防寒用ブーツを買う金を拒絶することに対する反論として申し分ないだろう。

二つ目の逸話はハーレーダビッドソンで、リチャード・ティアリンクによる社内改革の最中に起きた。一九九四年はじめに、自社に関する報道があまりにも楽観的すぎると感じた経営陣は、逆に将来を心配し始めた。

需要の急増によって、新車のバイクを受注しても納品までに一八カ月もかかるようになっていた。ウォール街はハーレーの高利益に間もなく慣れて、これまでにないほど高水準の業績を期待するようになっていた。プレッシャーが日々強くなる中、製造能力を高めないと、会社がパンクする危険にさらされているように思えた。つまり、新工場が必要だった。だが、ティアリンクはただ新工場を建てればよいとは考えていなかった。頭の中にあったのは、既存のものとはまったく異なる工場で、労働の柔軟性を高め、社員が主体的に関わり、行動の自由を徹底的に追求する施設にしようと思った。

大半のアメリカ企業にとって、労働権（労働組合に入らずに働く自由）がある州で労働組合のない施設を建てるには、目指す方角は一つ――南部だった。ハーレーの経営幹部とマネジャーの大半は、南部の州に移動するこのアイデアを気に入った。

だがリッチと同僚たちにとってみると、これは長年にわたって築いてきた組合との関係を壊しかねないように思われた。まずは同僚たちを説得し、次に（こちらの方が難しかったが）取締役会を説得して労働組合を切り捨てないことを納得させ、これまでとは根本的に異なる新工場のアイデアを労働組合の代表者たちに説明した。組合側は、既存の就業規則と労働慣行を大きく変える新工場を支えていくことに同意した。

さらに、地元の労働組合は、既存工場の就業規則を変更して新工場で構想されている規則に合わせる用意があると言った。ところが、よくある「イエス、バット（yes, but）」交渉戦略を使って、新工場の建設には断固反対すると申し入れた。彼らの言い分は、就業規則や労働慣行が変わって効率性が高まれば、既存工場の生産量は拡大するはずだ、というものだった。この提案に対するヒアリングを実施した上で、経営陣は新工場の計画を廃止するのではなく、縮小することに同意した。マネジャー一人と労働組合の代表者二人による三人の視察チームが新工場の候補地探しに出発した。どの土地を訪問しても、市役所の幹部が工場を誘致するための営業トークを用意して待っていた。市の有力者たちは、三人の訪問者のうち二人が組合代表だと知ると、現地の環境が経営陣にとっていかに素晴らしいかを説明するためのスライドを急いで飛ばそうとしたため、ハーレーのチームは困惑した。

さまざまな土地を訪ねた上で、候補地は三つに絞られた。第一候補に挙げられていたのは、最終的に工場が設立されたミズーリ州カンザスシティーだった。だが、リチャード・ティアリンクが腰を抜かすほど驚いたのは第二候補を見た時だった。視察チームには二名の組合代表が含まれていたにもかかわらず、彼らは労働組合が従業員を組織化できるとは思えない労働権設定州を次点に選んでいたからだ。

この協力的な精神は現在も受け継がれている。国際機械工労働組合（ハーレーの主要二組合のうちの一つ）で戦略的リソース部門を担当するディレクター、スティーブン・スレイは最近こう語った。

マクレガーの名著を何冊も読み漁り、経営陣も労働組合のリーダーも大いに刺激されて、指揮統制型の労働環境を考え直すきっかけとなりました。当時から一世代半の期間が経過し、私の属する組合もまた、「労働者が考え、計画を立て、創造性を発揮できる」というマクレガーの考えに立脚した、高パフォーマンスを追求する働き方の仕組みづくりに全力を挙げて取り組んでいます。現在のような情報化時代には、彼のような考え方はもはや異例ではなく、むしろ勝者となるべきです。だからこそ現在も生き残っているのだと思います。[11]

11 業界の悪しき常識に立ち向かった者たち

縦割り意識をどう乗り越えるか

コールセンターの仕事を楽しいものに変えるのが難しいと感じるのなら、スタン・リチャーズの仕事はもっと難しかったかもしれない。それは、当時広告業界で当たり前になっていた悪弊から解放された広告会社をつくりたかったからだ。リチャーズはつまり、広告ビジネスを嫌う広告マンだった。嫌悪が怒りに変わり、ついには会社を解放するに至ったのだ。彼は勤めていた広告代理店を一年で辞めるとフリーランスの事務所を立ち上げ、それがリチャーズ・グループへと発展した。悪弊を「これまでがずっとそうしてきたから」というのは、それを続ける十分な理由にはならないことを世に示すためだった。[1]

社員の数が増え、一五〇名（この人数はビル・ゴアも気にしていた鬼門の数値である）に近づくと、リチャーズは広告業界によくある部門間の対立を特に気にするようになった。営業は「クリエイティブ（制作）」を見下しており、クリエイティブ側は営業を格好ばかりで中身がないと軽蔑していた。リチャーズは「平和な王国（ピーサブル・キングダム）」をつくりたかった。これは後に自分の人生について振り返った自著のタイトルである。[2] ダラスにある自分の会社では、ライオンと羊が一緒に横にはならないとしても、営業部門と制作部門は一致協力してほしかった。

社員同士のよい関係は、リチャーズが個人として重視していたことだったが、ビジネス上の理由もあった。社員が同僚を疑ったりその足を引っ張ったりすることに時間をかけなくなれば、顧客を幸せにすることに情熱を注げるようになるはずだと考えていたからだ。そうすれば、社員たちはいずれ破綻しそうな劣悪な職場環境ではなく、健全な成長環境づくりに力を注ぐようになるだろう、そう考えた。

とはいえ、営業担当者と制作担当者を同席させた打ち合わせで「互いにうまくやってくれないか?」と要請しただけではうまくいかないだろう。もちろん、それで事態が好転することもあるかもしれないが。しかし、その効果はロサンゼルス暴動事件の時に、白人警官から暴行を受けたロドニー・キングの訴えと同程度だろう。誰もがニッコリ笑ってうなずき、それまでの二倍の努力をすると約束する。だがそれぞれ自分の仲間内に戻ると、陰で動き出す。相手陣営の誰が自分たちを業務妨害者として告発し、こんな茶番の和解案を持ち出したのか、そしてどうすれば相手に思い知らせることができるかを見つけ出そうとするだろう。

そこでリチャーズは、創造力を働かせた。従来の広告代理店では、営業とクリエイティブには縄張りがあって、それぞれが違うフロアを専有している。それゆえ、両者のオフィスはかなり離れることになる。そこで、まずはこの壁を取り払うことにした。会社を設立したばかりの頃から、社員たちの席をある程度無作為に、つまり、営業がクリエイティブの隣で仕事をし、その逆もあり得るような決め方をした。ただし、一つだけ厳格なルールを決めた。リチャーズは、同じ顧客を担当しているクリエイティブ担当者と営業社員に隣同士で仕事をしてほしくなかった。もっと言えばできる限り離れた座席で仕事をしたほうがよいと考えた。したがって、クリエイティブと営業が隣同士になったとしても、その二人は同じ案件を担当しない体制を模索したのである。クリエイティブ担当者が営業担当者と話さなければならないときには、相手の場所まで歩かなくてはならなかった。

リチャーズの目には、この体制には多くの利点があるように見えた。社員をバラバラに配置したことで、リチャーズは全員が同じボートに乗っていることを強調した。そうすれば、多くの広告代理店に見られるような「自分たち」対「彼ら」の力学が最小化すると考えた。互いをよく知れば敬意も育まれるだろう。

だがリチャーズの狙いはもっと極端だった。社内を歩き回るような座席配置にして、社員同士が親しく交わってもらいたかったのだ。社内で頻繁に顔を合わせ、他の社員の様子を目にすれば、周囲が何をしているのかがわかるようになるだろう。

社員が歩き回ることの意義は大きいと考えたので、会社が成長して二つのフロアを借りることになると、一階の天井に大きな穴を開けて、二つのフロアをつなぐ階段付きの吹き抜け空間をつくった。部門間の交わりで実現した一体感を失いたくなかったし、新しく別のフロアができたことで、誰かの小さな「領土」が生まれることを防ぎたかった。リチャーズはその後もフロアが増えるごとに階段をつくり続け、結局、一階から四階までオフィスの真ん中が吹き抜け空間でつながる劇的な建物をつくり上げた。実はもうワンフロア分同じことをしようとしたのだが、消防法に阻まれた。そこで渋々ながら、最上階の防火扉までの階段を、四階までのものと同じようなつくりにした。

フロア間の移動にエレベーターに乗ることは禁止されてはいないが、この会社でエレベーターに乗っている社員がいると、週末に足でも折ったのかと冗談で尋ねられるかもしれない。階段は明るく、風通しがよく、開放的で楽しい空間なので、階段でフロア間を移動するのはまったく苦労ではない。吹き抜け空間を上り下りしているうちにアイデアが浮かび、情報が入ってくるからだ。社員がただエレベーターを利用していただけなら、そのようなひらめきは起きないし、突然の出会いもないだろう。オフィス内のエチケットという点からも、エレベーター内で即興のミーティングが行われることはまずない。「あまりに危険でしょうからね」とリチャーズもわかっていた。大部分の広告代理店では、他の部門を訪ねるにはエレベーターに乗り込む。リチャーズはこれを第二次大戦後の冷戦期に東西ベルリンの境界線上にあった国境検問所「チェックポイント・チャーリー」にたとえる[3]。それに対して、リチャーズ・グループの階段は、開放的な境界だ。

オフィス空間の使い方にも工夫をこらした。従来のオフィスの作業室といえば暗く、窓がないのが普通である。リチャーズの言葉を借りれば、まるで「地下牢」だ。運の悪い者がそこに送られて「コピーを取り、順番通りに並べて束ねる」場所である。リチャーズ・グループでコピー機やホチキスなどが置いてある作業室は違う。大きな窓に面しているので自然光が豊富に入り、素晴らしい景色が楽しめる。リチャーズが指摘したように、どの部屋も「CEOのオフィス」と見紛うばかりなのだ。

「そもそもの趣旨は、事務作業をしようとここを訪れる人全員に対して、『この会社には重要でない人や重要でない役割などはなく、誰もが何をする場合でも最高の敬意をもって処遇される』という意思を明確に示すことです。素晴らしい空間を確保してそれを作業室に転換するのは大きな投資ではありませんが、その見返りは百倍にもなって返ってきます。社員全員が、自分のしていることが非常に重要だと認識するようになるからです。その結果、仕事の質がよくなるのです」

リチャーズは、さらに続けて、広告コピーに誤植が一箇所でもあったら、広告代理店にとっては実に大変な問題なのだと説明した。ただし、その綴りの間違いを犯したのが、リチャーズ・グループがデザインしたチク・フィルAの広告に描かれている牛だったら、話は別である。この長期広告キャンペーンでは、牛たちはハンバーガー（牛肉）の消費を控えてもらうためのゲリラ的キャンペーンに取り組んでいるキャラクターとして描かれている。「Eat More Chikin（もっとチキンを食べて）」という、スペルがいかにも間違っていそうな（本来は「Chicken」なので実際に正しくない）看板をあちこちに見ることができる。牛たちが文章を正しく綴れないのは誰にでもわかるからだ。

しかしこのケースを除けば、ミスがないように細かい点にまで目を光らせることは重要であり、誤植のダブルチェックをする人や、大手顧客向けの営業資料のプレゼンテーション資料を順番通りに並べ直す人は、会社にとって必要不可欠な役割を果たしているのだ。そして、リチャーズは、こういう仕事をする人たちに魅力的な職場を提供して、広告代理店が彼らを大切に扱っていることを示したいと考えた。

読者もすでにお気づきのように、オフィスの形や位置を変えるだけでは会社は変わらない。むしろ、ごまかしにさえ見えるかもしれない。社員が本当に自由であれば、そもそもオフィス内を自分の思うように動き回り、自分の好みに合わせて席の配置を決めているはずだからだ。スタン・リチャーズの座席配置のやり方に疑問を抱く人もいるだろう。もっとも、そうしたリーダーは広告代理店を経営しているわけではない。この業界では、特有の内部対立が起きて（しかも各グループがフロアごとに固まることによって）深刻化すると、その対立自体が、社員一人ひとりの会社の利益への貢献を阻害しかねないのである。

「職場を解放する」とは、人が、社会から解き放たれて、過激なほど自由に、かつ個人主義的に生きるという、ルソーが表現したような自然状態に戻ることではない。もしそのような状態が可能な社会あるいは理想とする社会なら、そもそも企業は必要なくなるだろう。しかし、そんなことは可能ではない。

現実の世界では、一人ひとりがバラバラに仕事をするよりもコストがかからず効率的である限り、人々は協力し合う。これはノーベル経済学賞を受賞したロナルド・コースが説得力のある議論を展開した通りだ。[4]広告代理店が営業担当マネジャーとクリエイティブ・ディレクターとの縄張り争いのあおりで経営資源を無駄遣いし、あるいはビジネス機会を失っているとすれば、それは行動の自由ではなく、むしろ、自由を阻む構造的な障害物を構築した結果なのだ。とりわけ広告業界の場合、クリエイティブ側は特定の領分の課題解決を任されるが、それ以外は営業の独占的領域という慣習がある。リチャーズが「まずオフィスのドアを外し、そして後になって壁をなくしたのは、おそらく私たちのさまざまな取り組みの中で最も意義深い文化的な解放でした」と言ったのも不思議ではない。[5]

このクリエイティブと営業の分断は、広告ビジネス特有のものであることは指摘しておきたいが、とはいえ、本書の中で取り上げてきたリーダーたちが会社を解放する過程で何度も経験したものと根は同じである。FAVIでは、機械工は自分の使っている装置を修理できなかった。それは保守担当の仕事だったからだ。ハーレーでは就業規則に、職務記述書ごとに労働者ができることとできないことを厳密に定義すべしという決まりがあった。USAAでは、郵便物を開く人、封筒から手紙類を取り出す人、書類を開いて整理する人、と一つひとつの役割ごとに文字通り担当者が一人ずつ決まっていた。

他のリーダーたちと同様、リチャーズはこうした職務の線引きを曖昧にしたかった。しかも、広告業界にはびこる部署間の縄張り意識と対立を熟知していたので、社員が一体化した職場をつくり出すにはオフィス・パーティーを一回開く程度では無理なことを重々承知していた。社内にある精神的な障壁を壊すには、部署ごとの仕切りを物理的に解体する必要があったのだ。

最も独断的なクリエイティブ・ディレクター以外の全員が（少なくとも個人的には）認める通り、営業でも素晴らしく創造的な提案をすることがあるし、クリエイティブ側が営業センスを発揮することもある。リチャーズがやろうとしていたのは、こうした「本来の役割とは違う」場所から生まれたよいアイデアをどう生かすか、ということだった。そしてその解決策が、社員たちをいったんバラバラにして代わる代わる一緒にすることで、互いに鉢合わせする機会を強制的につくることだったのだ。

同時に、リチャーズ・グループの社員を別の方法でも解放した。もっとも、出社時間の選択はその中に含まれていなかった。リチャーズは、社員が仕事を始める時間には自分なりの意見を持っていた。それは本社があるダラスが八時半の時、ニューヨークでは九時半と時差があり、東海岸の顧客が必要な時に社員と話ができるような時間帯に出社してほしかったからだ。実際、リチャーズがこの点を非常に重視していたために、社員は全員が個人識別（ＩＤ）番号を持ち、毎朝八時三〇分までに各フロアの入口にあるキーパッドにＩＤ番号を入力して出勤時間を記録することになっていた。退出時刻が記録されることはなかったものの、これは一種のタイムレコーダーといってよい。

この一種の管理体制が、リチャーズ・グループにおける不安とユーモアの源泉になっている。多くの社員が胸に大きく「八時二九分五九秒」と書かれたTシャツを着ている。私たちがリチャーズ・グループを訪ねた時には、オフィスの中心にある四階まで吹き抜けの階段で行われる、「吹き抜け階段会議（ステアウェル）」と呼ばれる短時間のしばしば盛り上がるミーティングを見学させてもらった。その日に行われていたのはポエトリー・スラム（詩の朗読競技会）で、訪問者のために韻文で会社を表現しようとしていた。その中のいくつかの詩が、時計が八時三〇分になる前にＩＤ番号を入力しようと駐車場とロビーを猛ダッシュする人々の姿を描いていた。リチャーズに対するこのおおっぴらな皮肉は、リチャーズ・グループの人々が出社時間の規則を怒りの源泉というよりも、洒落と捉えているからだと思われる。

同時にリチャーズは、他のリーダーたちと同じく、社員が自分の仕事を終わらせる時間を点検される必要はないと考えている。

「社員が正しい労働時間を申告しないのではないかと不安になる経営者はいると思います。心配しているはずです。そうでなければタイマーが発明されることもなかったでしょうから。けれども私は勤勉こそがルールであることを発見しました。そして、私たちが（もちろん、出勤時間以外は）それを規則にしていないからこそ、自分の才能を使うために必要な道具と自由を得れば、社員は一生懸命働くことを楽しめるようになるのです。

……私の経験によれば、社員が働き方のバランスを欠いていると、たいていは働き過ぎの方向に傾きます。もちろん、サボりがちになる人々もいるでしょう。……けれどもそこは会社の文化によってきちんと対処できると思います。

……大多数の社員は真面目で、彼らが社内の雰囲気と仕事のペースを決めるのです。開放的な職場は驚くほど自己管理が働くのです」[6]

ちなみにそれでもリチャーズは、全社員に出勤時刻を記録させ、遅刻の常習犯には雑用を科している。

こうした社員の扱い方が、リチャーズの働く業界にとっての盲点なのか、それとも現実的な妥協なのかを判定するのは難しい。自著や他の場所で、社員は正しいことをすると信じているというリチャーズの話に矛盾した響きがあることは確かだ。だが彼は経営学者ではない。本書に登場する解放型リーダーの中には、交流関係を持つ人たちもいる。直接知り合った場合もあれば、それぞれ探究するなかでマクレガーやタウンゼンドの著書など同じ理論にたどり着いた結果知り合った場合もある。

リチャーズの場合は、先に述べたように、仲間たちへの信頼と、自分の愛する仕事を進める上での障害を取り除きたいという願望が組み合わさって現在の心境に至ったわけだ。USAAのマクダーモットとハーレーのティアリンクに、自分を会社の変革に駆り立てた要因は何かと尋ねると、二人は自分の子ども時代と育った環境について語ってくれた。クアッドテックのクアッドラッチをかき立てたのは、印刷業界に入った頃に目撃したひどい労使紛争への反動だったと弟のトムが説明してくれた。またゴア、コスキ、フォワードの三人は、労働者のやる気と創造性を押しつぶす大企業のありさまを目撃した時の大きな怒りについて語った。

リチャーズは広告ビジネスについてこう語る。

「私は、自分がやってきたことが過激だなんて思ったことはありませんね。どれもこれも私にとっては自然の行動だったのです」

そして、最も重要なポイントを披露した。

「わかっていただきたいのは、私にとって最も大切なのはこの仕事だということです。私はアート・ディレクターとしての教育を受けてきました。この業界に入ってからずっとこの分野で頑張ってきたのです。あらゆることが仕事に関することです。目指すべき目標は何か。どうすればそこに到達できるのか。仕事を改善し続けるために自分にできることは何か。私がやってきたことはすべてこの目的のためだったのです」

別の言い方をすると、個人の責任の重視と、「午前八時三〇分までに出勤」へのこだわりの間に矛盾があるように見えるかもしれないが、リチャーズにとってみると、いずれも「仕事」にとって現実的に必要なことなのだから問題ない、ということだ。

リチャーズの著書『平和な王国（ピーサブル・キングダム）』*の中に、我々は求めていた哲学的な宣言に近い一説を見つけた。

> 自分の会社の従業員が何か悪さをしないかと見張っているくらいなら、時々痛い目に遭う方がましです。……さらに、人々に整然と仕事をさせようと自ら社内の監視役を買って出ても時間の無駄だということは経験上わかっています。会社の仲間たちは尊敬できる人たちです。彼らの普段の行動がそれを証明しているのです。私の職場では、もしそこで暴れ回りたいのなら暴れ回って構わない環境が提供されています。そのような職場で日々真面目に仕事に取り組んでいるのですから。例外的な人はほとんどいません。悪いことをするかもしれない人の行動を規制しようと、職場全体に厳しい制限をかけることは、とてつもない自己破壊だと思います。そんなことをすれば、人々が自由に発揮できるはずの可能性をあらかじめ奪うことになってしまいます。[7]

リチャーズは、ある基金に会社を譲ってしまった（譲渡は彼の死後になされる約束である）。しかもその基金は会社の売却を禁じられている。その結果、スタンが社員のためにつくり上げた自由な環境は、あわよくば同社を買収

＊『平和な王国』
Peaceable Kingdom（未邦訳）

しようかというマディソン・アベニューにあるどこかの広告代理店に破壊されることはない。

今のところ、リチャーズが会社の株の一〇〇％を所有しているが、会社関連の情報は極めてオープンにしている。よいニュースも悪いニュースもだ。何かが起きると、それが大きな顧客を失ったときでも新しい顧客をつかんだときでも、リチャーズは「ステアウェル会議」を開いて社内の全員にその情報を共有する。この方法については次のように説明してくれた。

「被害妄想を防ぐ唯一の方法は、秘密を守ることではありません。ここでは全員がすべてを知ることができるのです」

　これが、5分間のステアウェル会議を開く第一の理由だ。

「ほとんどの組織では、情報はまず重要な人々に知らされ、それから順に重要でない人々へ伝わっていきます。この会社には重要でない人はいないので、情報は文字通り同時に全員に伝わらなければなりません」

　ステアウェル会議には二つ目の利点がある。見込み顧客、既存顧客、会社への来訪者を社員全員に紹介するために使われているのだ。なぜこれが利点なのか。

「お客様はたいてい、私たちと密接に働いているうちに二〇人程度の社員を知るようになります。けれども実際には、お客様のビジネスに何らかの形で接し、お客様を間接的に支えている社員の数は二〇〇～三〇〇人に及ぶのですが、彼らが直接会うことはありません。……しかし、そういう社員たちにとってみると、ステアウェル会議で実際に会う機会を得られれば、自分たちがお客様とつながっているという実感が湧くので仕事の質も上がるのです。この二番目の利点の方が一番目よりもはるかに重要です」

　こうした情報の開放性のうちで大きな例外が給与の取り扱いだ。リチャーズ・グループでは、自分の給与を同僚に明かすと解雇される。情報をオープンにして社員を信用するという見方と矛盾しないのかという問いに対して、リチャーズはそのやり方のほうが「簡単だから」と答えた。もちろん、リチャーズにとってはそのほうが簡単である。しかし、先ほど触れた被害妄想を防ぐためには公開すべきだという彼の意見は、給与の問題に対しても当てはまるようにも見える。リチャーズが言うには、自分の待遇が公平かどうかは社員自身が決めるべきで、同僚たちと比べるべきことではない。人の経済的処遇は、他の人には当てはまらないさまざまな境遇を反映する可能性がある、というのである。もちろんこの意見には一理あるだろう。だがタイマーの話と同じく、この方針は、リチャーズが給与以外の分野ではそうならないように注意している家父長的なやり方であることは間違いない。

しかしそこに理があろうとなかろうと、これらは例外だ。リチャーズの大半の実践のおかげで、社員は他社よりもはるかに自由かつ自律的に働くことができる。自律的に物事を決め、周囲から敬意をもって扱われ、成長する機会がほしいというニーズが満たされているため、会社は好業績を上げ、社員の幸福感も満たされている。

自由な職場で働くことの「精神的所得」

あらゆる解放企業と同じく、リチャーズ・グループの社員は幸せに働いているので、競合他社の社員ほど頻繁に転職しない。リチャーズの推測によると、年間の離職率はおそらく七％で、業界平均の三〇％以上を大きく下回る。「現実的な点から評価してみましょう。社内のキーパーソンが辞めるような会社で仕事の改善が望めるでしょうか？　答えはノーです。よくなりっこありません。仕事の質が下がり、顧客対応力も落ちていくでしょう」

こうして、ＵＳＡＡのマクダーモットほどの宗教的な意味合いはないものの、リチャーズはゾブリストたちと似たような主張を繰り返す。自分が厚遇されていると感じる社員は、そのお返しに同僚にも顧客にもよく接するということだ。

「私は会議の終わりで必ずこう言うことにしています。『みんな、楽しもう！』。これこそが、仕事のあるべき姿だと思います。楽しんで仕事ができれば、結果は自ずとついてくるからです」――そして、顧客は幸福になる。

スタン・リチャーズのアプローチは非常に現実主義的で、だからこそ変則的な慣行も生まれた。それでも、リチャーズ・グループは、他の解放企業と同じ原則に従って何とかやってきた。

例えば、支配力の強いピラミッド型組織や度を超えた特権に強い不信感を抱いている。社員の座席の配置は原則として自由ではあるが、例外的な慣行がある。それは、一つの部屋の中では、社内の地位とは関係なく、社歴が一番長い人が窓際に座るというものだ。同じような慣行は駐車スペースにもある。多くの解放企業とは異なり、リチャーズ・グループは本社ビルの入口近くに少数の特別な駐車スペースが設けてある。しかしこれはトップ経営層のためのものではない。部屋の中の配置と同様、会社に最も長く在籍している人たちに与えられているのだ。該当する社員が秘書か、営業担当か、ディレクターかといったことはまったく関係ない。さらに、もしその場所の保有者が駐車スペースを使わない場合には、他の社員に賃貸ししても構わない――いくらでも自分の決めた価格で。こうして、一見動かしようのない特権が、最終的にその場所に価値を感じる人の手に渡る可能性を残している。極めつけは、社内の会議室には、経営陣や創業者ではなく、最も長く会社に勤めている社員の名前が冠されているのだ。ここでもまた、年齢や役職は一切関係ない。

確かに、スタン・リチャーズ自身は大半の社員よりもやや大きなスペースで仕事をしているが、壁とドアのついたオフィスを持っているわけではない。こうした慣行はすべて、会社における地位に付随した従来の特権を別のメッセージに置き換えるために設計されている。それは「当社は社員に対して敬意を払い、尊厳を大切にし、社員の会社への愛着度に価値を置く」ということだ。同社の離職率が低い理由の一つが会社のこうした姿勢にあることは間違いないとしても、リチャーズ・グループの大半の社員がただ、自分の名前が会議室につけられるぐらいで会社にとどまり続けられるのかという気がしないでもない。低い離職率はあらゆる解放企業に見られるもう一つの品質証明だ。本書で紹介している会社は、どこも給与は決して業界でトップクラスとは言えないにもかかわらず、である。リチャーズは、自社の基本給の平均は、同業他社よりもやや低いだろうと推測している（もっとも、賞与と退職金がそのマイナス分を補って余りあるほどかなり高いらしい）。

これは事実かもしれない。しかし、人材の引き留めということになると、自由な職場で働くことの「精神的所得」（マクダーモットがこの言い方を好んで使った）のほうが、金銭的報酬よりもはるかに重要である。これは、解放企業全般に見られるもう一つの特徴を説明してくれる。それは「ブーメラン」、つまり他社から高い給与を提示されてそちらに移ったものの、そのことを後悔して戻ってくる出戻り社員のことだ。

私たちは、訪問したほとんどの会社で、ゴアのレ・ルイスのような「ブーメラン」に会った。リチャーズ・グループは、社員七百数十人のうち、およそ一〇〇名が出戻り組で、私たちが見学したステアウェル会議では、彼らの栄誉をたたえて詩人の一人が叙情詩を朗読した。

バーテックスでコンサルティング部門を率いるパット・ペリーノは、他社から戻ってきた社員をバーテックスほど温かく迎え入れてくれる会社を見たことがないと力説した。同社の「ブーメラン」は二七名、全社員の四・五％にあたり、しかもうち三名はトップ経営陣だ。ペリーノはこう語る。

「他の会社は出て行ったらそれでおしまい、という感じでした。退社する時に会社との関係がどんなによくても、戻るチャンスはまったくありませんでしたね」[8]

ペリーノは、解放企業に共通する特徴の一つに気がついていた。バーテックスのジェフ・ウェストファールが新入社員に「バーテックスにようこそ。皆さんはいつ辞めても構いませんよ」と話す時、そこで当然含意しているのは、「いつでも戻って来られる」ということだ。辞めたり戻ってきたりすることを禁止するのは、個人の尊厳を傷つけることになる。言い換えれば、出戻りを禁止するのは「その社員が無能であると示唆している」か、「本人が最も個人的で、最も独立した自由の行使、つまり自分の人生にどう処するべきかを自分で決めることが歓迎されていない」ということだ。

それと同時に、本書で紹介しているほぼすべての会社では、かなりの人々が他社で働いた後に戻って来るという事実は、別のことも物語る。解放企業に働く人たちは、社内での自分の取り扱われ方や、社員が自ら成長し、自律できる社風に本当の価値を見出しており、高い給与や人も羨むような肩書では十分に置き換えられないことを実感したのである。あるいは、自分の普遍的なニーズが満たされているということだ。

一方、地球の反対側では、もう一人の解放型リーダーが、社員と顧客が自分たちのオフィス空間についての考え方を問い直すことを、文字通りビジネスにしてしまった。

12 解放型リーダーシップの秘密

矛盾と知恵はいかにして自由を支えるか

監督一人では、映画館に人々は埋まらない。……映画で最も重要なのは役者である。……そして、映画の退廃は、監督を俳優の召し使いとして扱うのではなく、それらの主人として賛美することから始まるのだ。映画監督の仕事の一つは、俳優全員から豊かな人間性を最大限に引き出すことだ。そうなのだ。役者を尊敬し、愛し、偉大な存在とするために応援しようではないか。我々が見た映画をいつまでも忘れないのはこの人たちがいるからだ。

――オーソン・ウェルズ[1]

間違った方向を騒がしく歩いて行くよりも、よたよた歩きでも正しい道をゆっくり歩く方がよい。

――マルクス・アウレリウス[2]

リサ・ヨロネンは従業員八〇〇〇人、年間売上高二億一二〇〇万ドルを誇るフィンランド第二位の清掃サービス業者〈SOL〉の社長である。ある九月の早朝、たった一人で私たちが宿泊しているホテルまで迎えに来てくれた。その快適なホテルは、実はかつてはヘルシンキの刑務所だった。客室は、空を望む窓の小さい刑務所の独房を改装したもので、ロビーに出て、フィンランド中で、そして恐らくヨーロッパ中で最も自由な会社をつくり上げた女性をそこに見た時、私たちは少しばかり戸惑った。鮮やかな黄色のレインコートを着た小柄な女性が、学齢期の男の子と遊びながら待っていたのだ。髪はブロンドがかっていて、少年の髪もブロンドだった。彼女は私たちと目が合うと自然と笑みがこぼれた。

「こんにちは。私がリサです。ごめんなさい。まず孫を学校に送り届けてから会社に向かってもよろしいですか？」[3]

私たちは同意した。すると、

「トラム（路面電車）に乗って行ってもいいですか。私は車を持っていないんです」

それまでの電子メールでのやりとりで、彼女が現在、フランス南部にある自分の農場で一日の大半を過ごすことは知っていた。「私は子どもたち（娘と息子で、二人ともSOLの経営幹部）に場所を譲る必要があるのです」と数カ月前に書いていた。

「リサ・ヨロネンの子どもでいることは大変なんですよ。自分の子どもたちを手放せないあまり、彼らの成長や自己表現を抑えてしまいかねない父親を私はあまりにも多く見てきたので」[4]

私たちがこの意味を理解するのに少々時間がかかった。しかも、会社を案内するためだけに、フランスからフィンランドまで飛んできて数日を過ごすと聞いた時は本当に驚いた。

トラムに乗って降りるまではしばらくかかった。ところが着いた所は学校ではなかった。「ここで乗り変えなければなりません。よろしいでしょうか」。だがいくら待っても次のトラムが来ないので、タクシーを拾うことにした。男の子を学校で降ろし、ついに本社の通称「SOLシティー」あるいは「SOLスタジオ」に到着した。本社に「スタジオ」というニックネームがついているのは、一九九一年、ヨロネンが父親の事業を引き継いだ時に、家賃を何とか払って借りられた唯一の場所が廃れた映画スタジオだったからだ。ここは今もSOLの本社だが、概観は映画時代の名残をほぼとどめていない。

ヨロネンがこの同族会社、リンドストロームに最初に入社したのは、一四年間の銀行勤務を経験した後の一九八一年のことだ。当時、リンドストロームは清掃業務の請負からドライクリーニング、個人向けの洗濯までさまざまな清掃サービスを手がけていた。父親は当時三五歳のヨロネンをリンドストロームのCEOに任命したのだが、就任直後からトラブルが始まり、それは一〇年後に頂点に達して、ついに会社は破綻した。

ヨロネンは会社をどう経営すべきかについて確固たる考え方を持っていたが、銀行のマネジャー時代にはそれを実践できなかった。

「私には夢がありました。会社とは社員が自分自身にも仕事にも満足し、自分自身の仕事にも顧客関係にも影響を及ぼせる場所であること。不要なルールがなく、人々がよい仕事をしようとするときに邪魔をする余計な上司がおらず、そのようなヒエラルキーがないこと。社員が何をすべきかを決めるのは上司ではなく自分自身、そういう自由を持てれば皆張り切って働くと私は固く信じています」[5]

ところが、その夢の実現を阻んでいたのは同族企業という企業形態だった。父親は古いタイプの、「自分の負け」を絶対に認めない威圧的な経営者で、ヨロネンに正式に代替わりした後も、ほぼ一日中会社に顔を見せては経営に口を出していた。一族の内紛が暴発するのを防ぐため、父親は会社を分割した。ヨロネンは利益の出ない清掃業と小規模な廃棄物処理部門を与えられた。事業規模も当初の会社の五分の一へと縮小した。一方、安定して利益の見込める洗濯業とリネン製品のレンタル業は兄と三人の姉妹が引き継いだ。父親はヨロネンと、彼女とともに新会社に移ったある幹部マネジャーに、戻りたかったら戻っても構わないと告げた。ヨロネンは当時をこう振り返る。

「父は私たちが絶対にうまくいくはずがないと思っていました。そこで私たちは誓ったんです。『自分たち自身にも、私の父親にも、世間にも、成功した姿を見せよう』と」

新会社には金がなかった。ヨロネンは、いったい何人の社員が残ってくれるのかさえ確信が持てなかったが（結局は全員が残った）、何しろ本社は必要だった。ようやく借りることができたスタジオは従来のオフィスとは似ても似つかぬスペースだったが、それはいわば何も描かれていないキャンバスであり、ＳＯＬの新しいリーダーと社員はすぐに創造的に模様替えをしていった。

そして、間もなく他のどんな会社とも異なる様相を呈し始めた。内装デザインは大胆な色使いによって、後のグーグルのオフィスに似ていた。「ＳＯＬ」という社名以外の内装デザインは、社員自身の手によって五週間以内に発案から実装まで完了した。

初日からヨロネンは自分の理念通りの会社づくりに着手し、従来のハウ型の慣行に疑問をぶつけていった。「オフィスをどうして『オフィスらしく』する必要があるのでしょう。勤務時間をどうして九時から五時までにしなければならないのでしょう」といった具合である。二〇〇人の社員には、自分たちが働きたいと思うような職場について色々なアイデアを自由な発想で提案することが奨励された。その結果、四六もの提案が寄せられた。そこには、ＳＯＬという新しい社名と、「前向きな精神、仕事場での幸せ、創造性と勇気」を象徴する明るい、太陽の色をロゴに使用するという提案も含まれていた。

職場の変更案には、ヨロネンも含む全員が、決まった座席を持たないことも含まれていた。299ページの写真の左下部分は、社員たちが仕事を終え、机を片付けた後に各自の所有物を保管しておくケースの置き場所となっている。とはいえ、(この写真では)二人の人間の座席は決まっている。一人は会社の受付担当者(写真の一番奥)で、就職希望者を出迎える仕事を担っている。ただし彼も、自分が席の近くにいないときには他の人が使えるように自分の机を片付けておく必要がある。もう一人は労働組合の代表者で、机は二階のバルコニーにある。ヨロネンが本社を案内してくれたときに通されたのがそこで、階下を眺めながらこう話してくれた。

「今はとても静かなのですが、ここに三〇〇人ぐらい集まって、まるでサーカスや遊園地のようになってしまうこともあるのですよ」

オフィスの混雑具合は何で決まるのですかと尋ねると、「天候です」という答え。驚く私たちに説明が続く。

「ええ、他にどんな理由があるでしょう。夏には、この場所は空っぽになります。みんな自分たちの夏の別荘で過ごす方を選びますから。そして、日曜日の夕方に雨が降っていると、日曜の午後であったとしても、多くの社員がここにやってきます。そして木曜日にも集まりますね……全員にスープを無償提供しているからです。スープ目当てにやってくるんです。わざわざ木曜日にミーティングを開く人たちもいます。だから私はビジネス・パートナーやお客様をいつも木曜日に呼ぶんです。その日はオフィス内が活気に満ちあふれていますし、スープもありますからね」

私たちは、意地悪な質問をしたい気持ちを抑えられなかった。「皆さんがスープをそんなに楽しみにしているのなら、どうして毎日そうなさらないのですか?」

「費用がかかり過ぎるからです」とヨロネンは答えた。

「それに、私は社員に本社にとどまっていてほしくないんです。お客様の近くにいてほしいし、マーケティング担当者にはマーケティングをしてもらいたい。……ここ本社で、何をする必要があるでしょう。本社で何かをしなければならない人はほとんどいないのです。……本社に残っている人の数が多いほど、社内に問題があるとい

SOL本社の内装の様子[6]

うことです。オフィス業務を自分たちで生み出して、それが官僚的な仕組みになっていくのです。すると、社内の人たちの面倒を見るだけの管理職を増やさなければならなくなります」

私たちは、大企業のオーナーでありながら路面電車で通うこの社長の発言や振る舞いに、ある違和感を抱き始めていた。ヨロネンは、CEOの座を子どもたちに譲るべく会社を訪問しないと公言しているが、たまに立ち寄る時には社内にいる一分一秒を明らかに愛おしむように過ごす（今回のインタビューのためにフランスからフィンランドに駆けつけた時でさえそうだった）[7]。社員と来訪者向けの木曜日の無償スープも同じだ。「素晴らしいでしょう」と自慢しながら、毎日提供するのはコストがかかり過ぎると判断している。

インタビューが始まってから一〇分ほどたった時、ヨロネンはこう言った。「私の生活は、まあ混沌としていますよ」。そしてすぐあちこち指さしながら「私はい、い、い、あそこや、あそこや、い、い、い、あそこへ行くことはありませんが、どこかにはたどり着くのです」と強調した。

さらに、「いったん事を決めると、それをやり遂げるために壁を突き破りますが、大き過ぎるリスクは取りません」とも語った。一言で表すなら、矛盾に満ちた人物なのだ。

そして案の定、すぐにもう一つの矛盾も提供してくれた。話題が企業の本社のあり方に戻り、大きな本社を建てる企業は間違いを犯していると思うかと尋ねた。

「大きな本社？　もちろん、私は大好きですよ」

ヨロネンはカリスマ的な、温かくちょっといたずらっぽい笑みを浮かべて答えた。

「だって、そこを掃除するのが私たちの仕事ですから。お客様にスピーチをするときには、こう言って締めくくるんです。『オフィスの自社清掃はなさらないでください。私は皆さんも貴社の大きな本社も大好きです。皆さんは当社のお客様ですからね』ってね」

もちろん冗談だ。しかし、ヨロネンの姿勢にはもっと深い何かがあった。ハーレーのティアリンクの言葉を思い出してほしい。

「人々は変化に抵抗するのではありません。変化を押しつけられることに抵抗するのです」

ヨロネンのユーモアにはこの知恵が隠れていたのだ。大きな本社とサポート部門は「当社には必要ありません」と彼女は言う。

「けれども、おわかりのように、大きな本社を持つか持たないかは、お客様次第です。私はいつもこう言っています。『素晴らしいビジネスを実現するには多くの方法があります。そしてこれが当社のやり方なのです』。ただし、同時に私は社会の中では行儀よく振る舞わなければなりません。なぜなら私はこの社会のほとんどの常識から外れている人間だからです。でも私は社会と関わっていて、社会の人々がお客様なので、行儀よくする必要があるのです」

リサ・ヨロネンの矛盾リストに「反抗的な順応者」を加えることにしよう。

私たちは最初の話題に戻ることにした。同族企業の中で最も問題含みの、最も利益の出ていない会社の経営を父親から提案された時に、彼女は躊躇したのだろうか。

「それは大きなリスクでしたが、大き過ぎるとは思いませんでした。私は計算をしません、昔も今も。経済を学ぶ学校には行きましたが。……五年間、来る日も来る日も会社を経営してくれば、わかってくるようになります」

そして、自分がビジネスに対するこのアプローチにどれだけ真剣かを示すために、こう付け加えた。

「二〇〇九年に初めて、私たちは予算を廃止しました。以来、予算をつくったことはありません」

予算がなくてビジネスをどう管理するのだろう。ヨロネンによると、ＳＯＬは設立当初から、全社予算ではなく、個別の、管理職（スーパーバイザー）ごとの予算を策定する方針を貫いてきた。そして今、ＳＯＬはそれすらも捨て去ったのだと言う。その代わり、管理職（スーパーバイザー）は最終結果である「成長率と利益」だけを予測するという。目標は、支出予算を使い切ることではなく、使う金額よりも多くの売上を上げることだ。

これは単純過ぎるように響くかもしれないが、この予算の話を聞いた私たちは、ゾブリストとのある会話を思い出した。世界的鉄鋼メーカーのミッタルによる、欧州の大手競合のアルセロールの買収についてゾブリストから質問された時のことだ。

「アルセロールにはビジネス指標がいくつあるかご存じですか。一五〇です。では、ミッタルはいくつだと思いますか。四つです。実に賢明な会社です」

そして、これまでの業績を見る限り、ヨロネンの方針に反論することは非常に難しい。二〇〇七年、ＳＯＬは一五％成長した。利益率は八・七％で、業界平均の三〜四％を大幅に上回った。二〇〇九年の世界的な不況の時は、ホテルやフェリー会社をはじめ顧客の多くが苦境に陥ったので、契約価格を引き下げる決断をしたが、それでも赤字にならなかった。[8]

ＳＯＬの利益率が非常に高いのは、コストが非常に低いからだと私たちは考えていた。

「それはまったく違います。フィンランドの人件費は相当高く、当社の費用の九〇％は人件費ですから」とヨロネンが答えたので、ますます当惑した。

それでは、あの高い利益率をどう説明できるのだろうか。

「私たちは一般管理費にお金を使いません。当社の一般管理費は非常に低いのです。……当社は非常に利益の出ている会社ですが、それでも支出を細かく管理しています。つまりきわめて無駄がない（リーン）のです。無駄がなく、しかもケチです」

こうヨロネンは説明し、突然会社から家族へと話題を変えた。「つまり、私の家族もケチなんです」。私たちは家計の倹約度が会社の経費削減とどういう関係があるのかが見えなかったので、管理部門なしでどうやって経費を管理しているのかを尋ねた。

「いえいえ。当社はコントロールなどしていませんよ」とヨロネンは力を込めて言った。

「私たち経営者が飛行機や一流ホテル、自動車にお金をかけたら、社員たちも真似をするでしょう。ここではみんなが私たちの示すメッセージを理解しています。当社は同族会社です。私たち家族が一〇〇％所有する会社としてずっとやってきました。つまり、見本を示すのが私たち家族の役割なんです。これはとても重要なことだと思っています。もし私の使う部屋が大きかったら、皆がそうしたいと思うでしょう。見本は重要なんですよ」

エコノミークラスしか利用しない大企業のオーナー？　これは、矛盾の中でもあまりにも極端だった。しかし、この問題の解決を試みる前に、ヨロネンがＳＯＬで成し遂げたことに目を向けることにしよう。

清掃員からサービス・エージェントへ

ヨロネンが「とんでもない場所ですが、(当時手に入ったオフィスビルとしては)一番安くて快適です」とうまく形容した本社は、現在も使われている。だがヨロネンは、本社はビジネスの現場であってはならないと常に考えてきた。SOLの事業は清掃であり、自分のオフィスを掃除してもたいした商売にはならず、ましてやオフィスに座っていては一銭にもならない。社員には、現場に出て「決定する自由」を行使し、顧客と直接取引することを望んでいた。

その第一段階は、清掃業者が平等な存在として扱われる環境づくりだった。そこで、ヨロネンもビル・ゴアのように、社員の肩書を「清掃員」から「サービス・エージェント」に変えることから始めた。社員からは、制服を明るい黄色と赤色という非常に目立つ色に変えてほしいとの要望があった。通常のオフィス清掃員は地味な格好をしているので、顧客企業で家具以上に目立つことはほとんどないのだが、制服を着たSOLのサービス・エージェントを一度見かけたら、その後は見失うことも見間違えることもない。

また、清掃員と言えばたいてい夜に働くので、顧客からはその存在すらほとんど忘れられている。だがSOLのサービス・エージェントたちは違う。クライアントと交渉して、清掃を夕方や夜ではなく日中に行うようにしたことがSOLのビジネスを大きく変えるきっかけとなった。これはフィンランドでは初めての試みだった。SOLが日中に清掃を行うようになったのは、明るい制服に身を包んで顧客からよく見えるようになることで、サービス・エージェントたちが自分たちの姿や仕事に誇りを持ってほしいと考えたからで、ビジネスを発展させるためではなかった(ただし、この点については後述する)。

いったんこの土台が築かれると、ヨロネンは最初の年の大半を各地のスタジオ訪問に費やすようになった(各地の営業所の内装デザインは社員自身が行い、「スタジオ」と呼ばれている）。そして、同じ応援メッセージを何度も何度も繰り返した。「私たちは最高です。皆さんは何でもできますよ」と。

だがもちろん、社員たちは、単にCEOに優秀だと励まされただけでスキルを磨き「何でもできる」ようになったわけではない。顧客が十分満足したと感じられるサービスを提供するためにエージェント全員を対象とする徹底的なトレーニングが実施された（顧客満足度はサービス・エージェント自らが顧客に取材して回答を収集した）。財務研修も実施されるので、社員は自分の属するチームのビジネス構造、利益、価格体系までも理解できるようになり、清掃サービスのリーダーへと成長していった。

最後に、人々は自分で方向性を決められる自律的な権限を必要としていた。サービス・エージェントは、特定の顧客を専門に担当する自主運営型のチームの一員に配属され、その中で自由に行動できた。各チームは、担当する地域の知識に基づいて、自分たちの成長率や利益予測を決定し、それを達成するための予算をつくった。

ヨロネンは、最初の年は「非常に神経質になった」ことを認める。自主運営チームから申告される数値を集計してSOLの予算が決まるのを待たなければならなかったからだ。

「もし積み上げた予算が非常に低かったら、どうすればよいのだろう。あるいは逆に、あまりに高かったら、と考えていました」

ヨロネンは、銀行員だった時に経験した予算をめぐる駆け引きを思い出した。誰もが成長目標を低く置いていた。なぜなら常に上層部のほうで、申告よりも高い数値をある程度上乗せすることがわかっていたからだ。

だからこそ、手元に来た数値を見て驚いた。ほとんどのチームが野心的な予測を立て、しかも驚くべきことに、当時の経済不況にもかかわらず、自ら立てた予算を達成していた。そして、この自主運営チームの勢いは止まらなかった。一九九二年から二〇〇八年までの年平均成長率は一五％で、利益率は八〜九％を維持したのである。

だが平等な扱いを受け、高度なトレーニングを受けた社員たちが顧客に対して自由に振る舞えるようになると、もっと素晴らしいことが起きた。既存の清掃サービスを提供して顧客に十分な満足を与えようとしただけでなく、自分たちの他のサービスを売り始めたのだ。日中に清掃作業を行うことで生じる顧客とのやりとりや、顧客の満足度を分析している最中に、新たな顧客ニーズを発見することが多かった。例えば木の床のワックスが足りないとか、窓が汚れているので綺麗にしてほしいといったことだ。

サービス・エージェントがそれらに気づくと顧客の購買部門を訪ね、新たに発見されたニーズを説明し、それを解決するサービスの価格を提案した。サービス・エージェント全員が会社の価格設定方針や利益率、財務状況を熟知していた事実がこうした動きの一因となったことは間違いない。しかも、追加サービスの利益率は主業務たる清掃サービスよりもはるかに高いことも知っていた（清掃は他社とのコンペで決まることが多かったからだ）。

したがって、SOLの自由な環境（「方針を持たないことが会社の方針です」）には、矛盾はまったく存在していなかった。社員の普遍的なニーズを満たすと社員の自発性が育まれる、という一貫した論理の上に構築されていたからだ。

だが、いったん自由な環境ができあがったら、その後にCEOが果たすべき役割とは何だろう。

「彼女に尋ねてみましょう」

ヨロネンはこの質問をSOLの現在のCEO、アヌ・エロネンに振ることにした。エロネンは、ヨロネンの右腕として彼女を支え、二〇〇二年にCEO職を引き継いでいた。エロネンがミーティング用に建てられた「別荘」（前述の写真の左上にある建物）から現れると、ヨロネンは私たちが立っていたバルコニーからこの質問を尋ねた。CEOは驚く様子をまったく見せずに少し考えた後、こう答えた。

「経営とは成功を編み出すことです。言い換えればそういう物理的な環境ももちろんですが、もっと重要なのは精神的な環境をつくり上げることです。そしてそのためのツールを提供してあらゆる成功を育むのです」

自分がCEOだった頃には、自分はアヌ・エロネンからずいぶん助けられたが、今日ではアヌが「精神的な環境をつくり上げています」とヨロネンは補足した。例えば会社は今、成長や利益などを重視していると強調した。「口に出せば、それを実現できるのです」と言い切った。これは嘘かと思うほど単純に響くかもしれないが、ビジョンを全社員と常に共有している他の解放型リーダーも重視している点だ。

現CEOは自由な環境を維持しているので、今やフランスの農場に引っ込んだ会長のヨロネンにすることは多くない。今後も時々フランスから飛んできては、私たちのような訪問者を案内したり、外部のイベントに参加したりはするだろう。また、エロネンの後継者となる自分の子どもたちの教育も続けている（二〇一一年にそれは実現した。そして二〇一四年時点で、SOLは社員一万一〇〇〇名、売上高三億四三〇〇万ドルの巨大企業に成長している）。ただしそれ以外の点では、ヨロネンは会社から距離を置いている。

だが、母親が会社にいないことについてどう思うかを尋ねられた息子のジュッペ・ヨロネンは明確にこう答えた。

「リサは社内のあちこちに、いつでもいるのです」

これが究極の矛盾だろう。ヨロネンはどこにもいないと同時に、いつでもどこにでもいる。この矛盾は偶然ではない。実際、この表面的な矛盾は、ヨロネンの事例だけでなく、解放型リーダー全員に見られる。雑な考えに基づいてそうしているのではなく、彼らの知恵が現れた結果なのだ。この矛盾を説明するためには、回り道が必要だ。

西洋と東洋の思考の違い

「知恵」（wisdom）という言葉を聞くと、口語的には一定の共通理解はある。心理学者が最近行った研究によると、知恵には「個人の利益と公共の利益に貢献するような、人生のさまざまな事柄の中で発揮される優れた判断力」という側面がある。[9] だが、人の世界の認識の仕方が及ぼす影響の研究が進み、「頭の回転が速い」とか「知識がある」とかではなく、「賢い」とはどういうことかへの理解が深まった。「知恵」という言葉の正しい意味は、私たちが何を知っているかではない。「知識」は単なる情報にすぎないからだ。もちろん、知能指数（ＩＱ）的な意味の知性とも関係がない。知恵とは、我々が物事をどう考えるかという一つの仕組みのことだ。

三五〇年ほど前、フランスの哲学者、ルネ・デカルトは一見単純な命題を提示した。

「きわめて明晰かつ判明に私の知得するものは真である」[10]

だが、デカルトは次のことを当然のこととみなしていた。心はページの開いた本であり、中身をよく見れば、心が陥りやすいあらゆる過ちの可能性を発見できるということだ。しかし現在の私たちはそれが真実ではないことを知っている。

現実は、デカルトが思っていたよりも複雑である。人間の思考プロセスは、自分でも気づかないうちにさまざまな要因に影響されている。心理学者が「思考スタイル」と呼ぶ興味深い研究分野の一つのテーマが、文化による思考法の違いだ。文化的な差異は本書と直接関係はないが、この分野の研究は、私たちが普段の生活の中でほとんど意識しない思考法に光を当てている。

「根本的な帰属の誤り」、あるいは「過剰な帰属効果」としても知られているケースを取り上げてみよう。これは、個人の行動を説明するにあたって、周囲の状況や環境を考慮せずに、特定の個人に対してある状況の成果または失敗を過度に認定し、あるいは押し付ける傾向のことだ。

例えば自分のひいきのチームが勝ったり負けたりすると、「誰のおかげ」や「誰のせいか」を考えて、勝利や敗北の責任を一人の肩に負わせたくなることがある。一九八六年のアメリカのメジャーリーグのワールドシリーズ第六戦、レッドソックスの一塁手ビル・バックナーは、一塁線に転がった緩い打球をトンネルしてサヨナラ負けとなり、哀れ「根本的な帰属の誤り」の犠牲となった。負けの原因は、そのプレーの前後にもたくさんあったはずだが、「ビル・バックナーって誰?」と尋ねられれば、誰もが「ああ、あの年のワールドシリーズでレッドソックスの敗因となったトンネルした野手だね」と答えるはずだ。

以前の心理学では、「根本的な帰属の誤り」は人の心理における普遍的な特徴と考えられていた。ところが、一九八〇年代はじめに、むしろ文化的な特徴であることが研究によって明らかになった。[11] そして一九九〇年代には、ある学者グループによって、この「ヒーロー/戦犯」問題を主テーマにした研究が実施された。そこでは、中国とアメリカのスポーツ記者が同じイベントをどう説明したかを比較した。[12] すると、アメリカ人のスポーツ記者が、試合結果の説明と個別の選手のプレーを関連づけていたのに対し、中国の記者は状況説明に重きを置いていたことがわかった。つまり西洋的な思考法は、個々のプレーヤーや対象を環境とは区別して捉える傾向がある。それに対して東洋では、状況が何よりも重要なのだ。

この種の研究は何度も調査が行われたが、東アジアの人々は西洋人よりも「根本的な帰属の誤り」に陥る傾向が非常に低いことがわかっている。この違いは生まれつきではなく、教育の賜物と思われる。自分の親や祖先の文化とは異なる文化で育った人々は、自分が育ったほうの文化の特徴的な思考パターンを身につける傾向がある。例えば、中国系アメリカ人には、中国人と欧州系アメリカ人の中間的な思考パターンが見出される。

また、母親が自分の子どもたちにどう話しかけたかに関する研究では、興味深い傾向が発見された。西洋諸国の母親が赤ん坊に話しかけるときの言葉は、たいていが名詞で、対象を選んでは「ビン」「おむつ」「ベビーベッド」といった言葉を当てはめていた。これに対して、東アジアの母親は動詞を使うことが多く、対象物そのものよりも、対象物とその周囲とのやりとりに子どもの注意を向ける傾向が強い。[13]

もし思考スタイルや心の習慣が学習によって身につくのであれば、変えることもできるはずだ。最も賢明なリーダーたちは、このような西洋と東洋で支配的な文化の奴隷になるのではなく、双方の強さを利用する。最も優れた問題解決者は、自分が直面する問題について「全体論的」かつ「弁証法的」に物事を考える。これが、過去三〇年間の発達心理学者の研究で明らかになってきたことである。ここで「全体論的」とは、ある問題が周囲の状況や環境にどのように関連しているか、その可能性についてすべての側面を考慮することであり、「弁証法的」とは、前進に役立つのであれば、矛盾しているように見える二つの要素をどちらも受け入れることを恐れない、ということだ。

矛盾の説明

以上を念頭に、リサ・ヨロネンのリーダーシップ・スタイルと諸問題に対する彼女の思考法をもう一度振り返ってみよう。一般的にオフィスの清掃は、なるべく目立たないように行うのが通例だったが、ヨロネンはこれを変えた。社員が明るい色の制服を着用し、真っ昼間に顧客の建物内の廊下を巡回するように指示を出し、清掃が行われていることが誰にでもわかるようにしたのである。これは、単なる意地でそうしたのではなかった。目立つ服装をしていれば、仕事をしている姿を周囲から見られることになり、顧客にサービスの価値を認識してもらうことができるはずだという発想に基づいていた。同時に、彼らは顧客に対するSOLの顔としても機能した。教会でパン屑を追いかけるネズミのように夜中にオフィスビルの中を歩き回るのではなく、営業時間中にサービスを提供し、顧客とのビジネス上の関係を広げるよう促された。

清掃業務の性質に関する偏見が（ヨロネンが明らかにしたようなやり方で）取り除かれると、清掃サービスに営業を結びつけることの利点は明白で、しかも魅力的である。弁証法的には、清掃担当者が顧客の現場で働く姿を目立たせるのは一見不利だが、彼女はその先に優位性を見出した。全体論的に考えると、目立つ清掃員、解放された社員、そして従来とは異なる労働時間のすべてがつながっている、とヨロネンは捉えた。顧客へのサービスを提供する人が昼間に働きながら薄汚い格好をしていると、ビジネスによいことは何一つない。さらに、本書のテーマにとってもっと重要なのは、今や目立つようになったＳＯＬの社員が、日中の業務時間中にビジネスチャンスがあれば、自分の判断で新製品や新サービスを顧客に売り込めるという権限をもし与えられていなければ、今述べた変化のどれも売上高の増加に結びつかないだろう、ということだ。

ヨロネンのイノベーションは全体論的で、しかも別の意味で賢明だった。会社のオーナーで経営者のヨロネンだけでなく、社員のニーズも考慮していたからだ。制服と日中の業務スケジュールによって、この種の仕事では失われがちな尊厳も取り戻される。社員たちは頭を高く上げ、仕事にプライドを持てるようになる。

ヨロネンが一つひとつのケースにどうアプローチしているかの全体像を捉えると、他の同じような矛盾も理解しやすいだろう。

例えば、会社に来訪者があるとき彼女はフランスから飛行機に乗ってフィンランドまでやってきてヘルシンキ周辺を案内するが、その時の移動手段はトラムだ。これは単に倹約しているわけではない。改めて繰り返すまでもなく、解放型リーダーは誰もがダブルスタンダード（二重基準）を避けたいと望んでいる。これはその一例にすぎないのだ。ボブ・デイビッズが「自分自身を社員に従わせる」という言い方をよくするが、ヨロネンもまったく同じである。自由を自分のために使うことはなく、社員たちが公共交通機関を利用している時に、「要人」の訪問を口実に町中を運転手付きの車で移動することはない。そうした日常の姿勢を通じて社員全員が平等に扱われていることを社内に示しているわけだ。

しかし、シングルスタンダード（単一基準）を求めることは、必ずしも倹約を求めることではない。それよりも重視しているのは「公正さ」と「公平さ」である。FAVIでは、長年にわたってアウディの最高級車A8を社有車の一台として所有しているが、顧客訪問の出張に使う際に特別な地位や許可は必要なかった。サン・ハイドローリックスには美しい庭園があり、植物園や池、噴水など、くつろいだ雰囲気が醸し出される高級感のある造りとなっている。庭園には大きなテラスがあって、誰もが昼食を取りながら景観を堪能できる。SOLのオフィスには、数十もの彫刻や絵画が飾ってある。いずれもヨロネンが自費で買い集めたコレクションだ。

このように自由志向の会社では、解放型リーダーの知恵と全体論的かつ弁証法的な思考で多くの矛盾が説明できてしまうので、初めて訪問する人たちを驚愕させることが多い。しかしこれは、これまで見てきたもう一つの矛盾も説明できる。ゾブリストのような解放型リーダーは、自分の会社の経営慣行を劇的に変えた。しかも脅迫的な手段を用いることは少なく、ゆっくりと時間をかけて転換を進めることが多かった。もっとも、そんなゾブリストでさえ、一部の独裁的なマネジャーにはためらうことなく厳しい措置を、しかも公然と講じた。

この矛盾こそが、実は自社の社員を解放しようと試みるリーダーがほとんどいない――そして試しても成功する人がもっと少ない――理由の核心だということがわかる。自分は現場の人々の能力を完全に引き出せておらず、そうすべきであることを薄々感じている経営幹部はたくさんいる。ところが、何から始めればよいのかがわからず途方に暮れ、あるいは無鉄砲にあれやこれやと試した結果、保守的な古参のメンバーやリーダーを団結させて古いやり方に固執させてしまうことになる。

これまで見てきたことからわかるのは、自由を実現する解決策を見つけ出すためには、矛盾（この場合は、非暴力的な革命）を飲み込む意志と、常に大きな視野を維持する能力が必要であることがわかる。

「計画・準備・実行」では革命を起こせない

「優秀なチェンジ・エージェント（改革推進者）になる方法」、あるいは同様のセミナーが毎年世界中で数限りなく実施されている。そこでは「計画・準備・実行」といったスローガンが強調される。参加したマネジャーたちは、手順を整え、期限を定め、あらゆるリスクとその対処法を想定する方法を教えられる。こうしたセミナーは、新たな会計制度や調達の仕組みを導入する際には大いに役立つだろう。

しかしその中では、「うまくいかないケース」を想定する演習が行われることもあるが、この種の変革で起こりうる最大の危険が見落とされがちだ。社内では、チェンジ・エージェントの気づかないうちに、自分たちが変革によって悪影響を受けると感じ、あるいは十分に相談を受けていないと不満を抱く部門が出てくるだろう。その場合、結果として生じる社内の亀裂が長い間をかけて重荷となるかもしれない。積もり積もって声なき反乱に発展する場合もある。それほどたいしたことのないケースでも、「リーダーの解決策が正しくて他の案は間違っている」ということを論理的に証明することは不可能だ。社内変革を試みた人なら誰でもよくわかっているように、変革をしようとすればするほど、人々はそれぞれのポジションに頑固にとどまろうとする。この手の争いは数十年続く場合もある。

これが会社全体の経営方法を変革するということになると、利害ははるかに大きくなり、抵抗勢力もずっと増えるはずだ。もちろん、マネジャーの中にも、ＦＡＶＩの少数派がそうであったように、まったく抵抗しない人もいるかもしれない。労働組合が組織されているＨＯＷ企業の場合でも、そのような少数派はいるものだ。チャパラル・スチールで製造責任者を務めるアダム・イースターは次のように指摘した。

「私は二〇〇〇年にバージニアに来るまで二〇年以上この業界で生きてきました。……組合のある会社もない会社もありました。アメリカ有数の歴史ある工場でも、新興企業の工場でも働いたことがあります。……そして労働組合が組織されている工場でも私が深刻な問題を抱えることがなかったのは、マネジメントとは、結局働く仲間たちに敬意を払うことだからです。管理職にある者が社員たちの安全と幸福を気遣っていることを示し、精神面を（積極的に）支え、その結果として彼らの生活が充実し、仕事面でそれまでとは違うパフォーマンスを出せるようになれば、そんな深刻な問題など起きないものですよ」[14]

この少数派のマネジャーたちが、社内改革で大きな力となってくれる。しかし、別のグループも存在する。その勢力との安易な対立は避けたほうがいいが、放置してしまうと改革は頓挫してしまうだろう。というのも彼らはダブルスタンダードにこだわり自分たちの縄張りをあくまでも主張して、会社をよくしようという試みを馬鹿にするからだ。

したがって、賢明なリーダーは、頑として自分の考えを変えないマネジャーたちの問題を全体論的に把握し、弁証法的に動いてそれに対処すべきだ。手始めに、保守的な古参のマネジャーたちには、社内の解放に抵抗するだけのもっともな理由があることを受け入れよう。彼ら自身にも相応のニーズはあるのだ。改革のせいで自分たちの役職と地位が脅かされ、将来も危ういと感じているのだ。その点から見れば、抵抗は自然であるだけでなく、合理的ともいえる。

ゾブリストがＣＥＯに就任した時、ＦＡＶＩの経営は順調に見えた。利益も出ており、働き方は当時の時代環境に合ってもいた。たいていの会社と同じく、マネジャーたちは会社の状況にも管理職としての自分の立場にも満足し、何の問題もないと考えていた。ささいなことから「一組の手袋の交代に、実は法外なコストがかかっていたこと」に気づいたり、自宅の芝刈り機が壊れた時に「もしこれが会社で起きていたら悪夢のような手間暇がかかっていたかもしれない」と考えたりしていなければ、ゾブリストでさえ従来のやり方で経営を続けていたかもしれない。

状況を弁証法的に、つまり対立する両方向から見た上で、ゾブリストは抵抗勢力のマネジャーたちを脅かさない変革から着手した。新しいマネジメント手法を学ぶさまざまなセミナーに、彼らを派遣したのだ。GSIのジャック・ライマンも同じで、セミナーに参加させるためにマネジャーたちをアメリカまで送り込んだ。後になってから、ゾブリストが断固とした措置を取った時も、売春婦のたとえ話から説き起こし、「絶対に誰も道ばたに置き去りにしない」という断固たる姿勢を示した。

「生産性が落ちたから」とか「変革に抵抗しているから」という理由で誰かをクビにするのではなく、ゾブリストは社員に「実に面目ない。私は長年にわたって、皆さんが能力をフルに発揮できないような、皆さんにふさわしくない仕事に就かせてきました」と誠実に訴える勇気を持つ必要があると語った。

「勇気」とはまさに適切な表現だろう。業績悪化の責任は自分にあると直属の部下たちに表明する経営者などそうはいない。しかしその結果ゾブリストが何を得たのかを忘れてはならない。ゾブリストは、変革に疑いを抱く後ろ向きな社員を巻き込むという一見不可能なことに挑戦し、自分自身を非難することで全面的な変革を成し遂げた。

「皆さんにふさわしくない仕事に就かせてきました」――もし本気でそう言ったら、聞き手はその痛みを感じるだろう。なぜならゾブリストが自分自身を非難したからだ。

こうして責任を引き受けたら、リーダーは社員に向かってこう提案したほうがよいとゾブリストは言う。

「皆さんには、この会社で、まずは自分のために、次に全員の利益のために、これまでよりもずっと前向きなことを見つけられる自由と時間がたっぷりあります」

ただし、社員がしてはいけないことが一つある——「他の人々の仕事を邪魔しないこと」。それさえしなければ自分で決めていいということだ。仕事のやり方が悪いと非難したり、襟を正すよう諭したりしてマネジャーたちの責任を批判するのではなく、ゾブリストはまさにその逆のことを提案している。自分で責任を負い、どう改善すればよいかを相手に自由に決めさせることだ。だが、このような場合でもゾブリストが決してしそうもないことは銘記しておくべきだろう。それは「平和を維持するために受け入れられない業績や態度を受け入れるふりをすること」、そして「現状維持を選択肢の一つとして残すこと」だ。

FAVIにいた二五年間で、解放企業に変貌したあとでも官僚主義的な働き方を手放せず、役に立たなくなった社員をゾブリストは一人も解雇しなかった。だが、不誠実で、他の同僚を不当に扱った社員三人については、CEO就任後のたった数時間でクビにした。この点についてボブ・デイビッズは「素早く切ったほうが流れる血が少ない」ことを座右の銘にしていた。誰かが次第に独善的になって、「(デイビッズが)そういう状況をどれだけ許容するのかを他の社員が見守っている」と感じると、彼はこの言葉を実行に移した。[15]

解放後には知恵も役立つ。

ゾブリストの弁証法的な知恵は、ダグラス・マクレガーの著作物、中国の古代思想、自分自身の実践経験から育まれたものだ。その中でも彼が「突破口」を見出したときや、自由志向の環境を築いた後の振る舞い方など、一貫して彼の行動を貫いている原則は、第七章で紹介した中国戦国時代の思想家、老子が説いたものである。「『無為を為し』とは、自由主義であっても何もしないことではなく、物事が自然に起きる環境を整えることを意味しています」[16]

このもう一つの逆説的な「無為を為し」を、解放型リーダーたちが自由な環境を維持するためにどう活用できるかは、次章で触れることにしよう。

13 究極の矛盾

世界的デザインファームが追求する幸福の文化

今の仕事はこの文化を守ることです。それが私の仕事です。私は毎日皆に話しかけてこれを実践しています。「やあ、調子はどう？　何か必要なことはある？」とね。

——ボブ・デイビッズ[1]

デビッド・ケリーは、カリフォルニア州パロアルトにあるデザイン・コンサルティングファーム〈ＩＤＥＯ〉の創業者だ。彼自身はボブ・デイビッズに会ったことはないが、ある質問に対して答えた時の口ぶりは、まるでデイビッズその人のようだった。

「あなたは会社の経営に費やす時間と比べて、働く場所の環境あるいは文化づくりにどれくらいの時間を費やしましたか」と尋ねると、次のように答えた。

「私は自分の仕事を文化の維持だと捉えています。これが最も大切です。……他のことは気晴らしのようなものです」

ビジネスを始めた当初からそういう考え方をしていたのかを尋ねると、「もちろん」という答えが返ってきた。[2]

ケリーは、大人になって創業したデザイン会社を、世界で圧倒的に影響力のある会社に育て上げたが、子どもの頃には、クリスマス・プレゼントで初めて買ってもらった大人用自転車の表面を、その日のうちに紙やすりで磨いて明るい朱色を落として緑色に塗り替えるような少年だった。その後、二台の自転車を溶接して二人乗り仕様にした。ハロウィーンの衣装も自作して好評を博したこともある。

高校を卒業すると、まずカーネギーメロン大学の工学部、次にスタンフォード大学の産業デザインプログラムで学び、とにかく格好のいい物のデザインと制作にすべての情熱を捧げるようになった。

今日、ケリーはスタンフォード大のハッソー・プラットナー・デザイン研究所、いわゆる「Dスクール」の教授で、ほとんどの「自由」時間をそこで過ごしている。それでも、質問を受けると、数十年にわたってIDEOの文化を維持することに比べれば、社長業の大半は気晴らしだったと主張する。いったいどういうことなのか？　掘り下げてみることにしよう。

すべては、どうやら無計画に始まったらしい。スタンフォードの博士課程の学生だった時に、ケリーは「創造的なエンジニアリング」に取り組み、医療器具から視覚障害者用の読み上げ装置、コンピュータなどさまざまな製品開発プロジェクトに関わった。[3]一九七〇年代後半のシリコンバレーは、革新的な製品を開発しようという使命感に駆られたスタートアップ企業が集まる場所として一躍注目を浴びた。多くの企業がスタンフォードの学生に協力を求めた。ケリーもその一人だったが、その仕事の中に、単に副収入を得てクリエイティブな現場の経験を得る以上の可能性を見出していた。

「これは大きなビジネスになると思いました」

一九七八年に、一人のビジネス・パートナーとともにIDEO（当初の社名はケリー・デザイン）を設立した。すぐにスティーブ・ジョブズが初期のアップル・コンピュータ（その後に、初代マッキントッシュのマウス）のデザインを発注した。会社の評判は高まっていった。

一九八〇年に共同経営者が（恐らくデザインの仕事そのものよりも起業に強い関心を抱いて）会社を離れることになり、ケリーは彼の所有していた五〇％の株を買い取った。ケリーにとってもっと劇的な変化は、ビジネスを回す経営者がいなくなってしまったことだった。自分を創造的なエンジニアだと自覚していたケリーはまず、会社を運営する人間を雇わなければならないと考えた。すると、驚いたことが起きた。

一五名の社員は、ケリーの意図を聞くと猛反対し、こう言ったのだ。

「あなたは、私たちを本当によくしてくれています。みんな、あなたのために働くことが大好きなんですよ」

ケリーは、それまで会社経営を得意だと自覚したことは一度もなかったので、社員たちが自分を「他者に尽くす人だ」と見ていたらしいことに驚いたという。しかし、明らかに、ケリーがしたある事で、彼のリーダーシップ・スキルを誰もが認めることになる。その「ある事」がこの矛盾を説明する。

「苛立たせる職場にはしない」という決意

ビル・ゴアやボブ・コスキとは違って、デビッド・ケリーにはどのような職場環境を構築したいのかについて明確な考えはなかった。だが、自分が何としても避けたいことはわかっていた。カーネギーメロン大学卒業後に勤めた二社の大手メーカーで経験した、いらいらするような職場環境だ。「自分がまるで牛か羊のように感じていました」とケリーは説明した。

これらの会社がどういう仕組みになっていたかと言うと……入社するとこう言われるのです。「これがあなたの机で、あなたの上司はAさん、同僚はBさんです」。まるで檻の中だ！　まあ、私には（AさんもBさんも）選べませんでした。普通はそんなことしませんよ。自分の友人ぐらい自分で選びたいですよね。一日仕事に八時間、ときには一五時間過ごすことになったとしたら、自分が働く相手は会社に選んでもらうのではなく、自分で選ぶべきですよ。

こういう経験は、新しい会社へのビジョンをつくるのに役には立たなかったが、その後伝説となったある意見表明をする下地にはなった。私たちが訪問した時、ＩＤＥＯは創業一三周年記念式典の準備をしており、ケリーの言葉が記念ポスターに書かれていたのだ。

「私がわかっていること、それは、ここで働く全員が私の親友になるような会社を始めたいということです」

ケリーが会社を一人で経営し始めた後、友人でもある一人の社員が、自分の机は快適ではないと訴えたという。ケリーは「僕の机を使ったら？」と答えて自分の机を友人に与えたので、彼は大喜びして自分の友人に自慢したという。

他の会社であれば、そういう姿勢は相手を馬鹿にしていると受け取られるかもしれないが、ＩＤＥＯでは、自分は社員と同等の地位にあると考えているとケリーは言った。

「私は自分が上司であるかのように社員を扱ったことはありません」

ケリーは友人たちの間ではごく当たり前の習慣も会社に導入した。一つは月曜日朝のミーティングである。「日曜日の夕食時に集まる家族と同じように、社員全員が月曜日の朝に集まって、一人ひとりが前の週に自分が見聞きした最も面白い事柄について、ただ話すのです」

ケリーは、わざといかなる方針を立てることもせず、誰かがそれを提案してきても拒絶すると言う。

「社員たちはいつも方針を求めます。すると、私は答えるのです。『自分が正しいと思うことをしてください。本に頼ってはいけません』と」

ＩＤＥＯでは、リーダーたちは検討中の課題について社員と共有し、社員に十分考えて意見を述べる時間を与えている。これはケリーのパートナーが会社を去り、その後任の新しいマネジャーを決めた時も同様で、社員からは目を見張るような意見が出たという。実際、ケリーの仲間・友人でもある社員たちが、ケリーに経営者の役割を「正式に」担ってほしいと頼んだ時に高く評価したのは、これらの慣行や振る舞い方だった。この時の経験から、ケリーは「自分にはこの文化を育むことができる、という自信がつきました」とコメントしている。

アカデミックな分野で古くからあるジョークが、「同僚ですが私の友人でもある皆さんに、どうぞお会いください」というものだ。これは教授間、あるいは教授と学問上の師匠筋との間に時に起きる緊張関係のことを指している。大学は平和の府であるべきだが、実は他の官僚組織と同じく、同僚同士が友好的関係というよりも、敵対的関係への発展につながる利己的な行動を促進する場なのだ。

ちなみに、ケリーはこれまで紹介した慣行を一気に導入したわけではない。

「それは私が利口だったからではなく、もし私が社員だったらそうしてほしかったと思うからです」

初期の頃に参考にしたのは、社員の処遇が革新的で素晴らしいとシリコンバレーで有名になっていたある大企業の慣行だった。ヒューレット・パッカード(ＨＰ)である。

ＨＰは、一九三八年にパロアルトのガレージで[4]二人の起業家によって設立された。ガレージは今も残っており、「シリコンバレー発祥の地」と書かれた記念碑が建っている。「ＨＰウェイ」と呼ばれる独特の社風は、ＨＰ製品が実現したイノベーションよりもシリコンバレー内ではよく知られていた。

それは平等主義と分権の社風だが、「私たちは個人を信頼し、尊敬します」という第一理念に謳われていた。ヒューレットはかつて、工具収納室の鍵を取り外して「ＨＰは社員の皆さんを信頼しています」と書かれたメモを残した。[5]その後、鍵がかかっているクローゼット自体がなくなった。

ケリーが創業したての頃、ＨＰはまだその新しい文化が広く支持されていた。「ＨＰから社員用マニュアルを入手し、表紙を引きちぎって、自分のバイブルとして使ったものです」とケリー。だがＩＤＥＯで働く人々は単に社員であるだけでなく友人なので、たとえば、ＨＰよりも休暇を多くするなど「一つ上」の経営を目指した。これはしばらく続いたが、ケリーはもっとよいことをしたかった。そうしたある日、「これだ！」とひらめく瞬間が訪れた。

「なんてことだ。要するにデザインの問題じゃないか。僕は文化をデザインする人間になれるかもしれない」

その瞬間、デビッド・ケリーは素晴らしい製品のデザイナーから素晴らしい文化のデザイナーに生まれ変わり、そうなることを自分の「仕事」にした。こうして「経営が苦手」という意識を持っていたのに同僚からは推薦されるという矛盾は解消した。

友人たちのためのデザイン

ケリーがリサ・ヨロネンなどのリーダーたちの見解と一致しない問題の一つは、オフィスの装いについてだった。ＩＤＥＯでは創業時から、社員が自分の職場を自由にデザインできた。

私たちが会社を訪問した時、社内の広場の真ん中に、古くて茶色いフォルクスワーゲンのマイクロバスがあった。社員たちが、ちょっと洒落たいたずら心から、友人である同僚たちのために広告集約サイトのクレイグリストで購入したもので、エンジンとガソリンタンクを取り除き、車体の中に机を一つ置いて、完璧なオフィスとして機能するようにすべての配線を完了させた。その同僚は心から喜んでしばらくそこで働いた。

その後、マイクロバスは再び改装されて、今度は海辺の景色を見渡せる会議室になった。この風変わりな会議室は、SOLの社員が会議用に湖畔の雰囲気を醸し出すべくデザインした「別荘」とそっくりだ。

IDEOの仕事場は、実際のところ、ヒッピーのたまり場のように見えるが、ケリーはその印象を払拭するようなことは何もせず、中には犬や亀、ついには大蛇まで持ち込まれたことがあるという。だが、(大蛇を持ち込むといった)同僚の誰かに影響を及ぼしそうな意思決定をする場合には、その当人に相談することになっている、とケリーは付け加えた。もしその同僚が仕事で悪影響を受ける場合には、そのアイデアは実行されない――これは自由志向の環境であればどこでも共通する原則だ。

影響を受ける人々に相談するという考え方は野生動物を飼うときばかりではなく、たとえば別の建物に引っ越しする場合にも当てはまる。創業間もない頃のIDEOは、パロアルトのビジネス街に小さなオフィスをいくつも構えていた。会社の規模が大きくなると、大きなスペースに社員がまとまって働くほうが、職場環境としても経済的によいという点に全員が同意した。

そこで四階建てのビルに移ったのだが、すると(驚いたことに)社員たちは新オフィスを気に入らなかった。ケリーはこのエピソードを思い出すと声を上げて笑った。

「あれは、いかにも企業の建物でございという代物だったのです。……社員が感じている自由の一つは、いつでも建物を離れたり歩き回ったりできるということです。たとえば今あなたが建物と建物の間を歩き回っていたとしても、『君はサボっているのかい。時間の無駄だろう』なんて言われることはありません。『いやいや、ただ歩き回っているだけだよ』なんて会話も起きません。そんな心配はないんです」

ところが、全員が同じ建物で働いていると、人々は建物と建物の間を歩き回ることができない。そこで、社員たちは元の小さなオフィスに戻ってしまった。そのうちの九つは今日もパロアルトのビジネス街にある。

当時、パロアルトのビジネス街の賃料は全米で最も高い部類に入っており、ＩＤＥＯのように顧客が列をなして待っているような成功企業にとっても高すぎた。そこで、ケリーはもっと好条件のオフィスを探し続けた。そして、高速道路の近くにずっと安い物件を見つけた。その発見に喜びながらも、同僚たちに影響を及ぼすかもしれない判断については相談するという原則に従って、自分のプランを説明するとともに、この提案に「うまみ」を付け加えた。賃料で浮いた金額を会社の経費削減と捉えずに、社員の大幅な給与アップに回すことにしたのだ。

多くの企業では、こうしたことは頭を悩ます問題ではなかったろう。しかしＩＤＥＯでは違った。ケリーの社員たちは引っ越しも給与引き上げも拒絶した。顧客体験（カスタマー・エクスペリエンス）のデザイナーである自分たちの仕事にとっては、消費者の中に生きることが大事だと感じていたからだ。

「私たちは人々を見ていたいのです。女性たちがベビーカーを押している姿を見たり、お母さん方を見たり、そういう消費者のすべてを見ていたいのです」という声が上がった。

次の意見が、ケリーの心を打った。

「高速道路近くへの引っ越しを望まないのは、そうするとＩＤＥＯがいかにも当たり前の会社になってしまうからです」

自分の労働環境を守るために大幅な給料アップを拒絶するにはかなりの勇気がいる。だがケリーの友人たちはただの社員ではなかった。単なる給与以上に仕事から得られるものがあると心から感じている、解放型の人々だったのだ。そして、給与引き上げの代償は何なのか、つまりどの会社のバランスシートにも決して現れないコストを確認した上で、賢明にもその提案を拒絶したのである。

遊び場から生まれる創造力

実はケリーは、インタビューが始まって間もなく、ごく自然に「知恵」（wisdom）の問題に触れた。自分がＩＤＥＯで築き上げ維持していることの核心を「知恵の態度」と呼んだのだ。「知恵の態度」は二人のスタンフォードの研究者がＩＤＥＯのためにつくった概念だ。ロバート・サットンとアンドリュー・ハーガドンは、かつて一九九〇年代半ばにＩＤＥＯで使われていた創造的な手法を研究した。知恵について二人は「知っていることを疑いながら、知識を使って行動する」[6]と表現したが、これは賢者は自分の知識には限界があることを知っているというソクラテス的な見方に由来している。哲学者たちはこれを「認識論的な謙虚さ」[*]と呼ぶ。[7]

ケリーは、ＩＤＥＯにはこの「知恵の態度」を身につけやすい文化があると説明する。

「（そういう文化があるからこそ）人々は……邪魔されることなく自分の意見を表明できるようになります」

同時に、同僚から提案されたアイデアに疑問をぶつけやすい雰囲気も醸成されていた。たった一人で活動している孤独な芸術家という従来の概念とは対照的に、ケリーの目標は「個人スポーツから、チームスポーツへと変わること」だった。

ケリー自身も、多くの解放型リーダーと同様に、自分の判断について同僚たちに相談するときにソクラテス的

＊　認識論的な謙虚さ：すべてを知っているわけではないことを認識すること。

知恵を使っている。

だが、ケリーのＩＤＥＯの文化のつくり方はもっと先を行っていた。ソクラテス的な見方は、現代の哲学者や心理学者が知恵と考えるもののほんの一部しか捉えていない。

前章では、知恵には「個人の利益と公共の利益に貢献するような、人生のさまざまな事柄の中で発揮される優れた判断力」という側面があると述べた。この「個人の利益と公共の利益」という部分は、知恵を幸福とよい人生に結びつけた古代ギリシャのプラトンとアリストテレスの考え方に由来する。いわく、「実践的知恵のある人は、よい人生を導く物事について、じっくり考えることができる」[8]。時に「アリストテレスの知恵」と言及されることもあるこの知恵は、ケリーがＩＤＥＯの文化を設計する際に重視したポイントでもあった。

「大きな会社は、いくら儲かったかを測る単位（ドル）しか持っていません。人々の気持ちの部分、つまり人間関係や感情面の健全さを測る単位を持っていなかったのです。私たちの会社は、それに対する一種の回答です。なぜなら、以前勤めていた会社は人間的ではなかったからです」

ケリーが求めたのは、それとは反対の「自分自身が満足して働ける場所」、簡単に言えば「楽しくてしかたがない職場」だった。

賢者は「よい人生を導く物事についてじっくり考える方法」だけでなく、現代の哲学者たちが説いているように、「人それぞれの置かれている状況に応じて、よい人生につながりそうなパターンを構築する方法」を知っているべきだ――ケリーはそう考えた。[9] 彼は、社員たちを「よい人生」に導くパターン、つまりここではＩＤＥＯの文化を構築し維持する方法を知っていた。だがアリストテレスとは違って、その思考法は単に分析的なだけではなかった。本当の知恵を発揮するには全体論的で弁証法的な思考法が必要で、ケリーはＩＤＥＯの「クリエイティブ・デザイン」という製品開発の手法の中に、経営における非分析的アプローチのヒントを見出した。この手法は、アリストテレスよりも、ソクラテスとの共通点が多い。

まずプロジェクトは、参加メンバーたちがその製品またはサービスについて自分が知っていることをすべて共有するミーティングから始まる。[10] 次に、小さなグループに分かれてフィールドワークを行い、最先端の製品について消費者が実際にどのような体験をしているかを行動観察する。IDEOに戻ると、自分たちの気づきや学びを共有し、ブレインストーミングを通じてどんな新製品を開発すればよいかのアイデアを出して壁に貼っていく。それが終わると、プロジェクトチームのメンバー全員が、すべてのアイデアについてどれが実用可能で「クール（いけてる）」かを考えながら投票する。そこから、高速で試作品をつくるラピッド・プロトタイピングを行い、実物大の模型が消費者や同僚たちに提示される。フィードバックが集められ、試作品を改善してまた意見を募り……といったプロセスを何度も繰り返しながら完成に向かっていく。

IDEOはこの手法を用いて、アップル社のマウスから映画『フリー・ウィリー』（2、3作目）のシャチのロボット、P&Gの絞れる歯磨き粉用チューブ、最近ではスウィッファー（掃除用ワイパー）まで数百もの製品をデザインした。さらに、サービスのデザインにもこのプロセスを利用した。たとえば、AT&Tの「mモード」という無線通信サービスをデザインし直して、一年で会員数を二倍にした。ウォーナー・インティメイト・アパレルの女性用下着のユーザーエクスペリエンスもデザインした。ウォーナーは、デパートでの売上高がライバルのビクトリアズ・シークレットの攻勢を受けてかなりの苦戦を強いられていた。[11]

この手法の力は、そこに参加する人々が過剰に分析的になることを防ぐ点にある。そのためにデザイナーたちはまず、現場にどっぷりと浸かって、まるで人類学者のように人々が実際にどう働き、遊び、生活しているかを観察しなければならない。この手法で集められる顧客体験は、分析的なマーケティング調査やフォーカス・グループでは見落とされがちだが、消費者の実体験を直観的に把握するために欠かせない要素だ。

次に、デザイナーたちはなるべく大量のアイデアを出すことを求められる。「狂ったような」アイデアでも構わない。ブレインストーミングは批判や分析を妨げるので好都合だ。

選別後に生き残ったアイデアを検証するために、ようやくデザイナーたちは「安くて粗っぽい」試作品づくりに移る。試作品は、消費者や同僚たちに披露されて意見を募る。というのも、ソクラテスがわかっていたように、一人あるいは一つのチームの知識にはしょせん限界があるからだ。IDEOのCEO、ティム・ブラウンはこう書いた。

「試作品には、有益なフィードバックを得てアイデアを進化させるために必要なだけの時間をかけ、努力を注ぎ、投資しなければならない。試作品の『完成度』が高いほど作り手はフィードバックに注意を払わないだろうし、フィードバックから利益を受ける可能性も低いだろう。試作品づくり(プロトタイピング)の目標は完成させることではない。アイデアの強みと弱みについて学習して、さらなる試作品で目指す次の方向性を見極めることにある」[12]

ケリーは、このような製品デザインと同じ手法をIDEOの文化デザインに適用した。まず、春の時期に休日を一日追加することを提案した。これはその後、社員の要望によって全員が毎年自分の好きな日に取れる追加の休日になった。誕生日でも、何かの記念日でも、特に何もなくてもオーケーだ。さらにこの制度は、一日の過ごし方に関する「緩やかな自主管理制度」に発展した。というのも、ケリーによれば、「私たちはそもそも、社員がどこで働くか、いつ休日を取るか、休憩するかなど気にしていなかったものですから」。

新しい四階建てのビルへの引っ越しは、筋の悪い試作品であることが判明し、社員は全員が元のオフィスに戻った。高速道路近くのビルはもう一つの試作品と言えるが、こちらの方は、社員は試すこともなく拒絶した。

このように知恵の基礎となっている全体論的で弁証法的な思考(一二章参照)が、ケリーがIDEOの文化をデザインし、維持するために使った「クリエイティブなデザイン手法」の中核を成している。

全体論的アプローチとは、社員や消費者が、周囲の環境と対話している様子を見守ることだ。これは一人ひとりをバラバラに捉えて、インセンティブや製品の魅力に訴求することで行動を誘導しようとする一般的なアプローチとは違う。

試作品を素早くつくりながら、外部からのインプットを積極的に取り入れて改善していくのは、非常に弁証法的なアプローチといえる。ケリーによると、このやり方はうまく機能するだけでなく「何回か成功すると、自分のクリエイティブな物事の進め方への信頼が生まれ、いつでもそれを使えるようになる」という。彼はこのアプローチを非常に高く評価しているので、自分の人生の遺産（レガシー）と捉えている。

「私はこれまでの人生を振り返って、自分の仕事、つまりほんの少しでも宇宙に凹み（影響）を与えられることがあるとすれば、それは私と知り合ったすべての人が（社員であれ、学生であれ）、自分の創造力に自信を持つようになる、ということではないかと思います」

ケリーが影響を与えたのは社員や学生だけではない。顧客（クライアント）の中にも、分析的アプローチから直感に基づくアプローチへと思考習慣を変える人々が現れた。

これも、デザインによってではなかった。それは、顧客から煩わされないようにする試みとして始まった。

「当社を訪ねてくるお客様は、企業人として誰もが異口同音にこう言ったものです。『デビッド、ここは非常に素晴らしいカンパニー（仲間たちの集まり）です。いつここを遊び場ではなく本当の意味でのカンパニー（会社）にするつもりですか？』」

そこで、ケリーは自分たちの仕事に対する問いを「どうすればＩＤＥＯは成長できるか？」から、「どうすれば私たちのお客様は分析ばかりにこだわる存在から、直観的で創造性豊かな存在になれるだろう？」へと再定義した。この問いに対する解決策は、組織変革を専門とするコンサルティング事業だった。サムソン、カイザー・パーマネンテ、プロクター・アンド・ギャンブル（P&G）など、分析的なアプローチから、IDEO流の創造的で直観的なアプローチへとビジネスの考え方を転換して成功した企業は多い。

たとえば、P&Gはなめらかに絞れる直立型の歯磨き粉と、子ども用歯ブラシ「オーラルB」といった新製品のデザインにIDEOの力を借りた。[13] その後、P&G自身のイノベーション力を高めるため、CEOのA・G・ラフリーは優秀な経営陣四〇名全員をIDEOの本社に送り込んで、同社のデザインとイノベーション・プロセスを学ばせた（IDEOはすぐにP&Gの役員たちに自社製品を買いに行かせた）。

しかし、役員たちは熱心に学んだにもかかわらず、IDEOのプロセスをシンシナティの本社で再現できなかった。営業サイドからの抵抗に遭ったのである。そこに至って初めて（デビッド・ケリーの助言もあって）、P&Gの役員たちは、IDEOのイノベーション・プロセスを自社に生かすには、もっと深いレベルで組織自体を転換することが必要だと気がついたのだ。

そこでIDEOは、自社のデザイン・プロセスをP&Gに伝授しただけでなく、P&Gデザイン部門で一〇〇名以上の社内ファシリテーターを育てるトレーニングも実施した。さらに、シンシナティに「イノベーション・ジム」をつくる手伝いもした。IDEOの本社には各チームが試作品をつくりながらデザインをするための理想的なスペースがあるのだが、それと同じものをP&Gにもつくったわけだ。

本書で紹介したリーダーたちのように全面的な組織変革を成し遂げたわけではないとはいえ、これらの試みはすべてP&Gにプラスに働いた。P&Gには多くのよい点があるが、IDEOほどに解放された会社ではない。だが顧客の会社を解放することがIDEOの目標であったことはない。ケリーは説明する。

「私たちの言う『宇宙に凹みを与える』とは、私たちが全部穴を掘りますということではありません。お客様に力を与える、お客様に魚の釣り方を教える、ということなのです」[14]

つまり、分析よりも創造的な直観を使ってビジネスを考えるということだ。独占志向で、自社の利益を守ろうと注意深いアプローチをとっている大半のコンサルタント会社に比べると、ビジネスに対するケリーの「オープンソース」のアプローチはきわめて利他的に響くが、彼は懸念していない。

「私が自分たちの手法を平気で手放せるのは、明日になるともっとよいアイデアが浮かんでくることを知っているからです」

ケリーがIDEOでつくり上げた文化はデザイナーたちを解放し、楽しみながら最高の仕事ができるようにしている。IDEOのデザイナーの中には、P&Gのような顧客企業でも(IDEOほどではないが)同じような文化をつくり、顧客側の研究者とデザイナーが新しいアイデアの創出と実践ができるように支援する仕事に携わる人もいる。

だが顧客企業は、自社の全体を抜本的に再構築しようとしているのではない。イノベーションを起こし、新たなアイデアを生み出す任務を負った特定の社員のための環境とツールをつくり出そうとしているのだ。特にHOW企業の場合は、こうした動きは全体の中のほんの一部にすぎない。IDEOでさえ、全員がデザイナーというわけではないので、次のような疑問が浮かぶだろう。この会社は、才能あるデザイナーのための遊び場だが、デザイナーではない人にとっては歯車の一つのような職場(第一〇章参照)なのではないか。解放された文化かどうかを試すリトマス試験紙は、それが受付や守衛を担う人を含む会社の全員に浸透しているかどうか、ということだ。

IDEOはこうした職種の人々も必要としている。IDEOでは、このようなサポート機能は「経験(エクスペリエンス)チーム」と呼ばれる職務グループに分類される。このチームは電話と訪問者の応対、荷物や郵送物の出荷と受け取り、ケータリングの手配、プロジェクト用の部屋の設置と片付け、会議室の諸設備の維持管理、経費申請書の処理などを担当する数十人の社員で構成されている。

「他の会社では、庶務係の人々は自分が会社の犠牲者のように感じていると思います」と語るのは、ＩＤＥＯのバイスプレジデントで事業開発とＩＤＥＯ文化の案内役を買って出ているデイビッド・ヘイウッドだ。[15] だがＩＤＥＯでは、「生活者として、仕事をする人として、訪問者として」会社に来る同僚や顧客の経験（エクスペリエンス）の調整役になるという責務を担ったチームとして働いているという。そして、同僚や訪問者にできる限り最高の経験（エクスペリエンス）を提供するために、観察し、発明し、何度も試しながら改善するというＩＤＥＯ式クリエイティブ・デザイン手法のトレーニングを受けている。その結果生まれたのが、焼きたてのベーグル、クリームチーズ、コーヒー、果物を毎朝カフェで提供するサービスだ。こうして、郵便物を取りに来る（郵便物は意図的にカフェテリアに届くように手配されている）社員が「友人（同僚）たちと話しながら」素晴らしい経験（エクスペリエンス）をすることになる。

毎年このチームは、他社ならトップ成績の営業担当者向けに予約されるような豪華な場所で二日間のオフサイト・ミーティングすらも行っている。ビーチハウスを借りて食べ物やビールを持ち込み、同僚や訪問者に他にない経験をしてもらうにはどうしたらよいかについて、ブレインストーミングとデザインにじっくり取り組むのだ。

ジョアニー・イチキは経験（エクスペリエンス）チームのメンバーで、受付担当者とフードプランナーとして働いている。ＩＤＥＯで働くことは、これまで勤めてきた他の会社とどう違うかを尋ねられて、はじめのうちイチキは自分の考えをうまく表現できなかった。

「とにかく違うんです。私はこれまで四つの会社で働いてきましたが、それはただ、いや、ちょっと説明できません。これは会社的なものではないのです」[16]

ＩＤＥＯで働いていた人々が親切だったからだろうか。「それ以上だと思います」とイチキは答えた。

「ここでは、誰かがこれまでとは違う何かをしようとすると、背中を押してくれる雰囲気があって、実際にそれをできるのです」

IDEOは、ケリーからデザイナー、そして経験(エクスペリエンス)チームに至る全社員に、新しいソリューションを見つける手法を教え、それが企業文化の改善に寄与している。しかも、そのような環境を自らつくる自由も与えているのだ。

IDEOはデザイン会社なので、ケリーの製品デザイナーとしての活動と、企業文化デザイナーとしての活動に互いに密接な関係があることはすぐにわかる。IDEOは自社の経営の仕組みをオープンにしているが、それは明らかに、同社が顧客にデザインを提供する方法と密接に関係している。つまりどちらも同じプロセスをたどり、同じコミュニケーションの取り方を実践しているのだ。

このように、組織運営のあり方もそこで働く社員もオープンで裏表がないというのは、どの解放企業にも見られる重要な特徴である。ビジネス用語で言えば、情報とアイデアが組織の隅々に至るまで流れている状態が、イノベーションと業績を支える最大の原動力となっていることは間違いない。本書で紹介しているどの企業も、ケリーのクリエイティブなデザイン・プロセスに似た方法をそれぞれ独自のやり方で実践しており、企業環境と製品・サービスの提供プロセスをそれぞれ構築しているのだ。

幸せな職場はカルトにあらず

それでも読者は、このような企業文化の成り立ちを、単に従業員の統制を別の形態に偽装したものと考えるかもしれない。たしかに、自由志向の文化は、指示命令や規則の策定、(アメとムチ的な)インセンティブの仕組みで直接的に統治するのではなく、数多くの基準、あるいは誰もが尊重すべき「不文律」があり、もし不適切な振る舞いをしたら「穏やかな破門」といえる立場に置かれてしまう。

規範なき文化というのは存在しないので、「ここでは物事はこうすべき」的な要素は避けられない。[17] ハウ型の文化では、これは「常に組織の上層部に相談せよ」となり、対照的にホワイ型の企業では、ＩＤＥＯのように「自分自身の判断に影響を受ける可能性のある人々全員に情報を伝え、相談する」ということかもしれない。企業文化が個人の行動に及ぼす、この「社会的なコントロール」があまりに強いので、外部者の目には、一部の解放企業がカルト集団のように見え始めるかもしれない。そして実際のところ、バーテックスやリチャーズ・グループなどでは、自分が「会社の規範を鵜呑みにしてしまった」状況をやや恥ずかしげに話す若手の社員もいる。だが、解放企業の「ゲームのルール」は上から押しつけられたものではなく、社員たちの互いのやりとりから自然に生まれ育ったものだ。そして、ボトムアップ的な性格を保ちながら、しかも自発的に課されている。組織の最下層に方針を押しつける経営陣などは存在しないのである。

ルールを鵜呑みにする人たちは、悪辣なカルト・リーダーにがんじがらめに縛られているのではない。自分たちが働く場所に幸福感を感じているのだが、彼らの友人たちには、それが非常にうさんくさく見える場合がある。ＨＯＷ企業にどっぷりと使っている多くの人々には、職場で幸せな気持ちになれるということがそもそも想像しづらい。

だがこの幸福感の中にハウ型文化とホワイ型文化との大きな違いの一つが横たわっている。ＨＯＷ企業がカルトと呼ばれることがないのは、社内に幸せな人がほとんどいないからだ。なぜなら、こうした企業の文化的規範は、人々の普遍的なニーズを満たすためではなく、企業の特権階級（ノーメンクラツーラ）の特定のニーズを満たすよう設計されているものだからだ。その結果、多くの従業員は単に不幸なだけでなく、慢性的なストレスでまいってしまい、ついには体を壊す羽目になる。こうしてみると、ＨＯＷ企業こそが、カルト・リーダーの利益のために新入社員を利用し、支配とストレスが身近にあるという意味でも、現実の世界でカルトに似ているように思われる。一方、解放企業は、人の普遍的なニーズを満たすために存在しており、社員たちは仕事に習熟し、幸せを求めて自発的に行動する。

最後に、自由志向の環境は、社会決定論的なプロジェクトではない。ハウ型の環境は、従業員の行動を明確に決定しようとするもの（社会決定論的）であるが、自由な環境は、社員たちが自分のため、そして会社にとって最善の利益を生むために自由に行動し、その全責任を果たせるようになることを追求する。ケリーのデザイン・プロセスについてもう一度考えてみよう。これは、人間にできる最高のソリューションを自ら思いつくことを目的とした一連の職場慣行だ。そうした環境の中では、最高のアイデアが自由に湧き出て、行動に移すことができる。

解放企業は、どこもＩＤＥＯの「影響を受ける人たちに相談する」ルールを何らかの形で取り入れている。各社が挙げるもっともな理由の中で一つ共通しているのは、誰のアイデアやフィードバックが問題解決に決定打となるかは誰にもわからないから、という点だ。

解放企業の規範と職場慣行には、ある意味では抑止力が働いているが、別の側面では、もっと深い意味で人々を解放している。こうした慣行は、「認識論的に謙虚」なので、誰の貢献も受け入れ続ける。

「（試作品製作の）目標は完成させることではありません」とＩＤＥＯのＣＥＯ、ティム・ブラウンは指摘する。「アイデアの強みと弱みについて学習し、試作品で目指せるかもしれない次の方向性を見極めることにあります」という。このアプローチに「制約」があるとすれば、それはその開放性を維持するための「不文律」で、確かにそれは存在する。その反対に、官僚制の核心は、まさに閉鎖的な点にある。反復可能な行動を何度も何度もまったく同じ方法で繰り返して「完成させる」ことこそが重要なのだ。別の言葉で言えば、「やるべきことをやる」ということだ。

サン・ハイドローリックスのボブ・コスキは、解放企業の企業文化は、「大人のためのもの」と表現する。「自分のことをきちんと判断できて……（しかも）自分自身の行動に責任を持てる人々のためのものです。……（この会社では）成果が出ていないときに他の人を責めることができないからです」[18]

リサ・ヨロネンもこの点に同意し、解放企業は誰にでも向いているわけではなく、人によっては非常に厳しい場合もあると言う。なぜなら、幸福な職場には自己規律が求められるからだ。

解放企業には誰もが合うわけではない。[19] 次章では、リーダーや現場の社員の離職に直面しながらも、自由志向の文化を長年にわたって維持する上での課題について触れることにしよう。

14 蝶には編隊飛行ができない理由
秩序と自由の絶妙なバランスを保つ

同じ川に二度入ることはできない。

——ヘラクレイトス

会社の成功とパフォーマンス向上は、現場にいる人々を中心に考えるべきで、職場における自由はそこから始まる。ところが本書では、現場の人ではなく解放型リーダーに注目している。矛盾していると読者は思われるかもしれない。この矛盾が起きるのは、私たちの研究で得られた学びのすべてが、同じ結論に向かっていたからだ。それは、解放に向けた改革の成否は、最終的にはトップの双肩にかかっているということだ。つまりリーダーの価値観、創造性そして知恵が成功の鍵だった。

とはいえ、組織の中心にいるたった一人に依存するとなると、重要な疑問が湧き上がる。自由な企業をつくるのに圧倒的な資質を持つリーダーが必要ならば、職場環境はその創造主よりも長生きできるのだろうか？　解放された職場は長続きするのだろうか、それともそれは単に幸運な偶然で、時間がたつとともに官僚制に戻ってしまうのだろうか？

もし戻ってしまうのであれば、ある意味では、マックス・ウェーバーが理想に掲げた官僚制に他ならない。非属人的な制度と手続きを定めることで、個人の選好を抑え込むということだ。これに対して、解放された自由な職場では、予め定められたルールでは捕捉できないあらゆる情報、知見、行動が生かされる。ルールに基づく統治体制では「これは過去にうまくいったのだから、将来もこうしよう」という方針が標榜されるのに対し、解放型リーダーは、こうしたルールの下で有益な情報が何でも得られるとは限らないし、将来も決してそうならないことをよくわかっている。しかも、「うまくいっている」慣行を成文化したくなるのは自然に生まれる強い欲求であることも知っている。この危険性について、チャパラル・スチールで会長を務めていたゴードン・フォワードは経験談を披露してくれた。

ある日、社内を歩いていると入社したばかりの社員から呼び止められて、自分はこの会社に入って目の当たりにした自由に感銘を受けたと言われた。フォワードは礼を述べた。その社員はすっかり興奮して話を続けた。例えば、会社で誰もネクタイを締めていないのは素晴らしいと言う。そしてこう提案した。「社内ではネクタイの着用を禁じるという規則をつくったらいかがでしょうか」

フォワードは答えたという。「もし当社でこれが規則になったら、私はネクタイを締めますよ！」[1]。大笑いしながら、彼はこうも言った。「規則をつくるなんて馬鹿げています」

たしかに馬鹿げているし、浅はかですらある。だが自然な欲求なのだ。入社したばかりのこの若者はチャパラルの企業文化（カルチャー）に感動のあまり、それをルールにしたかった。そしてこの衝動——自分が気に入ったことをルールにして全員に従わせたいという強い欲求は、誰もがつい陥りがちなので要注意だ。とはいえこれは「ルールがあってはならない」ということを意味しない。ゴードン・フォワードが指摘するように、鉄鋼メーカーであるチャパラルには、特に安全面に関する規則がたくさんあった。こうした規則は、三〇〇〇度の溶解金属を取り扱うビジネスでは重要な死活問題だ。

そして、これまで見てきたように、どの解放企業にも何かしらの不文律がある。ＧＳＩの「メモを書くべからず——伝えるなら口頭で」や、ゴアとＩＤＥＯの「何かを決める前に、それによって影響を受ける全員に相談すること」などがそうだ。重要なのは、社員の間で自然に広がって実践されている非公式のルールと、誰かが選んで決めた規範を他の全員に押しつける公式のルールを区別することだ。フォワードは、他のリーダーたちが実践してきたのと同じ意味での企業文化の守護者として、会社にとって大事なことは、ホワイトカラーの社員がネクタイをするかどうかではなく、それを自分たちで決められる自由なのだ、ということをその情熱的な新入社員に気づかせた。

なお、ネクタイを締めるか締めないかという自由は、企業における重大な意思決定とは言えまい。この点こそまさに、フォワードがこの逸話を紹介するのが好きな理由である。そんな下らないことにルールをつくる必要があるのなら、会社のために重要な判断をする社員を信頼することなどできるのか、と言いたいのである。

ルールを求める欲望を抑える

ドレスコードについてのこうした見方は、特にサン・ハイドローリックスとバーテックスの両社で何度も指摘された。サンの人事担当ディレクターのグレッグ・ハイドは、ドレスコードを、本書でこれまでに取り上げた一つのテーマと結びつけた。何もなければ人と人とは普通につきあえるはずなのに、ルールがあるためにそれが阻害されているというのである。「どうしてドレスコードが必要なんでしょうか」とハイドは尋ねた。もし誰かが他の人の服装で不愉快な思いをしたら、「その人自身が文句を言いに行けば済むじゃありませんか」。[2]

ドレスコードとは、公式な規則と、それを強制する階層を用意して、人と人との会話（もちろん、気まずい、緊張度の高い会話になるかもしれないが）を回避するための手段なのだ。ハイドは説明する。

「社内階層があると、上司に『すみません。あの方はルールを破っています！　彼に注意していただけませんか』と言えばよいことになってしまうのです」。そして含蓄のあることを語った。

「すると、やがて人々の間には敵対意識が芽生えるのです」

本来なら個人間のささいな問題として友好的に解決できたはずなのに、ある社員が同僚に対して会社の権威を行使するようになってしまう。このような階層性を利用すると敵対意識、猜疑心、緊張が高まる。今回のドレスコードのようなルールは、礼儀正しさや品位を保つために設けられたものだが、実際にはそれらを悪化させた。そしてゴードン・フォワードが指摘するように、その過程で、責任感のある成人から反抗期の子どもに至るまで、あらゆる人の尊厳を損ねてしまった。

さて、ここで再び指摘したいのは、ドレスコードはどんな会社でも喫緊の問題ではないにもかかわらず、私たちが取材した会社では何度も持ち上がったという事実だ。一部の社員からの要請を受けて、ジェフ・ウェストファールはバーテックスにドレスコードを決めるための委員会の設置を受け入れたことがある。だが、どの程度の「へそ出しルック」が行き過ぎか、といったかなり深刻な問題について真剣に話し合った後で、彼らは常識に立ち返り、サン・ハイドローリックスのグレッグ・ハイドと同じ答えに行き着いた。ある社員の服装が誰かを不快にさせたときには、対立を会社の正式なルートに持ち込むのではなく、当事者二人が話し合える機会を設けるべきだ、ということになったのだ。スタン・リチャーズの意見も、ハイドとほとんど同じだった。

「他の人が不快に感じない限り、自分が心地よいと感じる服装をすればよい」

同じような話題は、バージニア州ピーターズバーグにあるチャパラル・スチールの工場（現在はジェルダウ・アメリスチールが買収）を私たちが訪問した際に、到着して一時間もたたないうちに自然と持ち上がった。

「ゴードン・フォワードが導入したシステムには形式も象徴主義（シンボリズム）もありません」と語ったのはゲイリー・ティトラーだ。ティトラーは、チャパラルのテキサス工場で一九八二年に働き始めた。その前にミシガン州の工場で短期間働いた経験があった。二〇〇八年に取材した時は、ピーターズバーグ工場の原材料担当マネジャーだった。

「葬式以外の場でネクタイを見るのは、入社面接の時ぐらいでした。かつての鉄鋼業界では、ネクタイは普通、持つ者と持たざる者とを分かつ象徴でした」

そしてティトラーはすぐに、ネクタイの話から自由という深遠なテーマへと話題を移した。

「テキサスに来てわかったのは、この会社の文化で私が期待されているのは、自分の頭を使ってアイデアを出すこと、そして仲間たちに何をすべきかを指示することではなく、自分はこれができますと上司に伝えることでした」[3]

クアッド・グラフィックスのアプローチはやや異なるが、それは事業内容と関係がある。この会社の印刷工場で働く人々は、安全上の理由に加え、一日中インク樽に取り囲まれて働いているため、服装には一定の制約がある。だが、ハリーとトム・クアッドラッチはオフィスと印刷工場の服装に明らかな差がつくことを避けたかったので、全員が濃紺のシャツを標準服として着ることに決めた。シャツにはいくつかのスタイルを選べるが、どのシャツにも社名と社員の名前が刺繍されており、創業者ハリーの息子でCEOであるジョエル・クアッドラッチから末端の社員まで、ほぼ全員がこのシャツを着ている。

こうした統一性の強制に対して顔をしかめる解放型リーダーもいるだろう。しかしこの制度は、不平等な地位を外に示す標識を排除すべきだという、社員全員が受け入れている原則に合致しているのだ。ステータスシンボルの廃絶は、取材企業の改革に見られるきわめて重要な取り組みだった。この点では他社より先に進んでいる企業もある。例えばクアッドには、役員向けの専用駐車スペースがある。現場で働く社員は、この点について尋ねられると、さほど抵抗がないと答えた。これは、誰の地位も平等という文化には矛盾していたが、致命的な欠陥ではないと感じていたのだ。[4]

同じ意味で、ステータスシンボルが、時間の経過とともに——とりわけ、経営陣やオーナーが交代した後に——じわりじわりと戻ってくるのを防ぐことも、自由な職場の維持には重要である。首脳陣の交代があると、そうしたシンボルの撤廃だけでは、労働者が自由に行動でき、あたかも自由だと感じる状況が確保されているとは言い切れなくなってくるからだ。ネクタイをめぐるゴードン・フォワードの話が語るように、若手社員が真の意味を理解しないまま、変化の公式化に賛成することはよくあるからだ。

この点が修正されないと陥ってしまう過ちには、二つのパターンがある。一つは、フォワードが会った熱狂的な若手社員と同様、自由だったはずのもの（ノーネクタイ）が正式なルールという形で硬直化するということだ。そうなると、その良さが失われる。かつての非公式な習慣をルール化しようとする人は、第三章で紹介した冷水実験のサルに似ている。なぜ階段に上れないのか、その理由をもはや誰もわかっていないのに、上ろうとするかわいそうなサルがいると叩きのめすべきだということは知っている、という集団だ。

もう一つの過ちは、なぜそれが始まったのかがわからないという理由で、問題となっている習慣（ノーネクタイ）が修正されるか廃止される。ここを正しく理解しておかないと、自然の成り行きとして、現在の方針または慣習の目に見えるコストだけに注目が集まってしまうのだ。

言葉の意味と伝統の維持

ゴアのレ・ルイスは、服装の問題とは異なる、もっと深刻な状況におけるこうした危険性について語ってくれた。ルイスがほぼ創業当初からゴアの社員になっていたことを読者は覚えておられるだろう。私たちが会った当時、恐らく同社の中では二番目に社歴が長かったはずだ。そのためか、ルイスは自分自身を会社の「旗手」と見ており、比較的新しい社員たちの中に、会社の「価値観」のポイントが見えていない社員がいることを嘆いていた。それは創業期のメンバーなら当然理解しているはずのものだった。

第四章で紹介したように、ビル・ゴアは納期に遅れないことを重視していた。この点を強調するあまり、ルイスによると、「誰かが八五％の製品が時間通りに納品できれば問題ないのでは、と提案した時にビルは声を荒らげて怒ったのです」。多くの企業、いや実際のところ大半の企業は、この問題を経済的な判断、つまり、在庫管理費と納期の堅持とのトレードオフと捉えている。その視点からは、納期に間に合わせようとヘリコプターをチャーターしたというゾブリストの経験談は、一〇〇％のパフォーマンスを死守しようとするとコストがいくらでもかかってしまうことの最たる例にしか見えない。だがビル・ゴアにとっては、時間通りに納品することは経済上の損得の問題ではなかった。少なくとも会計士が計測できるようなものではなかった。ルイスはこう説明した。

「ビル・ゴアは、お客様に一度この日に納品しますと約束したのなら、それはコミットメント（絶対守るべき約束）なのだ、という点に徹底的にこだわりました。なぜでしょうか。それは『ウォーターライン・デシジョン*』だったからです。それがウォーターラインなのは、約束したことを実現できなければ私たちの評判が地に落ちるからです。そして、いったん落ちた信頼は決して元に戻りません」

＊　ウォーターライン（喫水線）：それ以上下がると会社に損害を与えるギリギリのライン。

これは、(ルイスの繊細な表現を使えば)ビル・ゴアを「発動させる」数少ない話題の一つだった。この逸話は、ビル・ゴアが会社にどのような文化を望んでいたのか、その核心に近い問題だ、と言っても大げさではない。それは、誰もが自分のコミットメントを守るという文化だ。ゴアテックスが「GUARANTEED TO KEEP YOU DRY(お客様の体を濡らすことは決してないことを保証します)」と謳っているのと同じく、納品日を約束したらそれを現実にしなければならない。実際、ゴアテックスの初期の時代には、ゴアは国内に出回っているすべての製品を覚えていた。というのも、一着のゴアテックス製パーカーで水漏れしたことがあったからだ。その後、四〇〇万ドルをかけて、全ディーラーを対象に全品交換プログラムを提供した。[5] これと同じ態度は、ゴアの「信頼のバケツ」という考え方に示されている通り、社内で同僚に表明したコミットメントでも同じように求められる。

しかしそれでも、ゴア自身がこの問題に注いだ情熱にもかかわらず、ここ数年は数字の計算ばかりしているアソシエートが幅をきかすようになったようだ。「私は今、いやここ一五年ほどは、この点については一匹狼です」とルイスは言った。新しく入社した人々は——とりわけ、ルイスの目には大企業からの転職組にそういう傾向が見えるのだが——一〇〇%納期通りに納品するというコミットメントを(不経済とは言わないまでも)行き過ぎだと見ている。

レ・ルイスを取材した時、ゴアは創業から五〇年がたとうとしていた。その間、三世代以上にわたって多くの面でこの文化が継続してきたのは驚くべき偉業である。しかし、にもかかわらず、今やルイスがたった一人で、ずっと会社のまさにアイデンティティーそのものだった、不文律のビジネス原則を守る最後の盾として奮闘していたのである。

ルイスにとっては、ゴアの文化に対する若手アソシエートの理解がずれてきたという兆候のように感じた。そこで次世代の社員に話しかけたり、悪戦苦闘していた時代の話を語って聞かせたり、古き良き時代の精神を少しでも染みこませようと、ベテラン社員や退職したアソシエートを社内に招いたりしているという。巧みな話術で語られる美しい苦労話は誰もが高く評価する。したがって、若手のアソシエートたちがこうした話に「飢えている」と聞いても、私たちは驚かなかった。だが、伝統を伝えるのにこうした話が有効かどうかは別である。

「最近どんな失敗をしましたか？　ありませんか？　それならあなたは十分なリスクを取っていないのですね」と尋ねるのが好きな男によって設立された会社自身がリスクを取るのをやめたら、実におかしな話だろう。

とはいえ、企業の伝統が進化して解釈し直されるのは必然的で、なおかつ健全なのだ。本書で取り上げた企業はどこも、次のような知恵に基づいて設立され、変革を遂げていった。それは、組織のトップにいる人間がすべての正解を持っているわけではないこと、そして他の人たちのアイデアを引き出すにはＩＤＥＯ式のプロトタイピングが必要だというものだ。

永遠の警戒を怠らない

とはいえ、新入社員にとって会社の慣習が、他社（あるいはそれぞれの成長の過程や学校教育）で経験してきたものと異なる場合、自社の文化の最も大切な部分の再教育がある程度必要になる。

ゴアはこれを五〇年以上にわたって続けている。しかも、その少なからぬ部分を会社の文化を語るときに使われるまさにその言葉で行っているのだ。「アソシエート」「スポンサー」「信頼のバケツ」「ウォーターライン」などはどれも、ゴアが他社とは違うことに気づける用語である。外部の人間や新入社員はこうした言葉の使い方に反感を覚えるかもしれない（中には早々に会社を去る人間もいるくらいだ）。しかし、これは必ずしも同社にとって不利とは限らない。ゴアの目標は外部者を疎外することではなく、社内の責任や権限についての従来の常識から人々を切り離すことなのだ。

ゴアは、自社の文化に根ざした不文律と重要な原則、慣行をこれらの言葉で表現している。ルイスが「顧客へのフェアネス」や「コミットメント」といった原則を若い同僚たちに説明するのに成功すれば、若手社員は一〇〇％納期遵守と在庫費用の削減の適切なバランス地点を自ら見つけ出すだろう。もちろん、それは簡単なことではない。誰もが何の苦労もなく使いこなせるツールなど存在しない。人々に使われる言葉の意味は時間とともに変わるものだ。だからこそ永遠の警戒が必要になる。

ゴアの言葉へのこだわりは、会社の文化を長期にわたって（特に経営陣やオーナーが変わった後に）維持し、伝えるために使えそうな技術の一例にすぎない。本書で紹介しているすべての会社が、ゴアのように言語を使って文化を伝えているわけではない。関係を深めるイベントや儀式などの形で伝えている会社もある。クアッド・グラフィックスの全経営陣が演じる年に一度のミュージカルは、社員とその家族の前で上演されている。ミュージカルに出演する経営者たちは、プロの歌手とダンス・インストラクターの指導の下でリハーサルを三週間にわたって行う（もちろん休憩時間中に）。その他にも、職場のデザインを大胆に変更して自社独特の文化を伝えようとするＳＯＬやＩＤＥＯ、リチャーズ・グループのような会社もある。ところが、会社が売却されるか主要なリーダーが立ち去ると、こうした方法では十分に伝わらないことがある。

オーナーが代わっても持続的にどうやって文化を伝えるかを考える際には、さまざまな事業継承のあり方から検討すると考えやすいだろう。ゴアでは、従業員持ち株制度を通じて従業員が一定の持分を所有しているが、会社の支配権はビル・ゴアの息子であるボブ・ゴアから現在の世代へと創業者一族が引き継いでいる。

他の会社では、リチャーズ・グループは現在も創業者が所有しているが、ＣＥＯのスタン・リチャーズは、所有権を後継者、あるいは自分の子どもたちに譲るつもりはない。とはいえ、なぜ自分が築き上げた事業を子どもたちに譲らないのかと尋ねると、「私が彼らの生活を台無しにしたいはずはないじゃありませんか」と答えた。

本人がまだ現役で会社も所有しているため、本人の目論見通りに進むかどうかは現段階ではわからない。リチャーズは自分の会社の所有権を、会社の売却を認められていない信託に移す手配をしていることを思い出してほしい。後継者候補は三人おり、彼が退任した際にはそのうちの一人がCEOに任命されることになっている（退任前に移譲はしない）。

また、リチャーズ・グループの独特の文化は大企業に買収されたら存続できないと信じているため、自分が死んだ時には所有権を信託に移すという常識外れの対策も取っている。だが他の解放型リーダーの経験が示すように、経営権の承継も所有権の変更と同程度、いや時にはそれ以上の困難を伴うことがある。

ボブ・デイビッズは、ラディカ・ゲームズを二人から八〇〇〇人規模の会社へと九年間で成長させた。一九九九年にCEOを退任した時、取締役会はデイビッズが選んだ人物を後継者に選んだ。ところが、自分が築き上げた文化にその後何が起きたのかを尋ねられると、デイビッズはきっぱりと「完全になくなりました」と答えた。[6] 後任者は「ほぼ六カ月で」それを葬り去ったのだという。

どうやってそんなに早く破壊できたのかを尋ねられると、再びきっぱりと答えた。

「ダブルスタンダードです。これこそが文化を破壊する元凶であり、がんなのです。……これは間違いなく、文化を死に至らしめる最大の要因です」

デイビッズの後継者はすぐに、解放型リーダーであれば行使しないあらゆる特権を使い始めたというのだ。角のいい部屋を社長室にするなどの行為は比較的無害に見えるかもしれないが、社員たちにはすぐに伝わってしまう。新しい経営者はもはや社員のために働いているのではない。彼は自分がついにこの地位に就いたと感じ、それを世間に向けて発信しているのだという。

　ボブ・デイビッズは、一〇年近く費やしてつくり上げたものがいともたやすく解体された事実を淡々と語った。デイビッズの好きな言葉に、「出口戦略がなければ、仕事に支配される」がある。これは、誰が形式上のオーナーであっても真実だ、とデイビッズは主張する。この点で、デイビッズはスタン・リチャーズやビル・ゴアと大きく違う。これまで六つの会社を経営し、後世の人々の評価ではなく、自分が関わっていた期間中の業績で自分を測るのだ。デイビッズは、自分が築き上げてきたものを残したいというゴアとリチャーズの思いは古くさいと見ているだろう。

　ラディカにいた時には、工場長への昇格に抵抗していたある有望な社員と次のような会話をしたのだという。デイビッズは「CEOになるための秘訣を話しましょうか」と切り出した。

「ぜひお願いします」とマネジャーは言って鉛筆を取り出した。

　デイビッズは教えた。

「オーケー。では書き取ってください。CEOになるには、他の誰よりも多くの失敗をしなければならない。だが、同じ失敗を二度としないこと」

　後継者は一度しか選べないので、失敗する確率は高い。しかし結局のところ、自分にできるのは新人の育成に努め、なるべく優秀な人材を残すことだけだ。もし新しいCEOや株主が会社をそれまでとは違った方向に向けるのであれば、それについてはなす術がない。その意味では、デイビッズがラディカのその後の運命にさほど気を病まないとしても理解できる。ラディカはその後マテルに買収され、新しい親会社の下で、単なる一部門に落ち着いた。デイビッズの野心は世界トップクラスの企業をつくり、それを売却することで、会社を元の形のまま未来永劫存続させることではない。しかし、自分がリーダーの地位を離れた後も何かを残したいと考えている人々のために、それが可能だと示す多くの証拠も発見している。

自由を永続させるために、愛情を込めて慈しむ

一九九六年、デビッド・ケリーは自分が保有するIDEO株の大半をアメリカのオフィス家具メーカー、スチールケースに売却した。スチールケースはその後上場している。だがケリーによると、この株式持分の変更後も、さらには二〇〇〇年、ティム・ブラウンにCEOの座を譲った後も、IDEOは独立した部門として活動を続け、この三〇年間、創業以来の文化を維持できている。

リチャード・ティアリンクはハーレーを一九八六年に上場させ、その後一〇年にわたって会社の解放を進めた。一九九九年に退任し、現在ハーレーは三代目の解放型リーダーが経営を担っている。現任のジェームズ・ツィーマーは、「ビジョンある人こそが、代替案を提案できる」ということを認める。[7] だがツィーマーはティアリンクのつくり上げた文化について大胆な例えを持ち出すことを厭わない。

「宗教みたいなものです。精神的なものなのです。その存在を信じ、宗教のように行動しなければなりません。指揮統制のやり方は、うまくいくこともあるのかもしれませんが、同じリーダーでなければ長続きしないでしょう。しかし宗教の場合は、将来まで存続できるのです」

ツィーマーは、ハーレーでは労働組合員として働き始めたため、厳密にはハーレーの企業文化の権威ある聖職者として振る舞ってはいない。だが、ケリーやデイビッズとまったく同じく、「それがいつまでも生き生きと保つために維持し、愛情を込めて慈しむ」文化の守護者(キーパー)なのだ。年間四〇回の小規模ミーティングを開き、工場中を

歩いては社員たちのニーズに耳を傾ける。社員から呼び止められないと不安になるという。

「新しく入ったマネジャーが『ツィーマー氏に話しかけないように』と言い出すのではないか、と心配しています」

レ・ルイスがゴアでまさに気づいたように、ツィーマーは「(文化)を維持するための不断の配慮と、ハウ型の世界から入ってきた新入社員への教育が必要だ」と確信している。ハーレーは新入社員が入ると六カ月の教育プログラムを受けさせて、ハーレーの文化に疑問をぶつけながらそれを吸収する機会を提供している。ちなみに、ツィーマーの出発点は「無宗教者」だった。当初は、ティアリンクの取り組みの素晴らしさがわからず、ただ「付和雷同していた」のだという。

ボブ・コスキは、一九七一年にサン・ハイドローリックスを設立し、一九九八年に上場させた。上場後の株主たちからの圧力と経営トップの二回の交代にもかかわらず、同社の自由な文化は生き続けている。コスキの家族は現在も少数株主だ。コスキ自身は二〇〇八年一〇月一一日に亡くなった。だが二〇〇八年半ば時点ではまだ、病身ながらも日常的に会社に出ていた。その頃にはもう、会社の社員への接し方について同じ考えを持つ役員たちが揃っていた。第五章で紹介した最初の事業計画書から株主向けレターに至るまで、コスキが残した文書類を見れば、会社とその文化に関する彼のビジョンが読み取れる。

取材した時、コスキは私たちが「自由(フリーダム)」という言葉を使うのを気に入らなかった。なぜかという問いに対して、ソクラテスのように、質問で答えた。

「蝶に編隊飛行をさせようとしても無理でしょう?」[8]

コスキが設立したのは品質に高い精度が求められるメーカーだ。競合他社よりも一貫して優れた性能を発揮できる油圧バルブと配管類をつくり続けることが生命線だ。すべての工程を何度も何度も正確にやり遂げる必要がある。こうした作業はサンの非常に得意とするところだ。仕上がりの水準があまりに高いため、同社の基準で不合格品とされた製品でも、たいていの競合他社の部品よりも性能がよい。要するに、サンは一貫性、再現性、統一性で生き残ってきた。

蝶の編隊飛行に関する質問は、自分なりの考え方を控えめに表現したものだ。サンでは、どんなに整然とした飛び方であっても、蝶に工場内を飛び回らせない。しかし、だからといって、コスキは完全自動化を求めているのでも、あるいはヘンリー・フォードのように「両手さえあればよい」(頭脳はいらない)と考えているわけでもない。コスキが求めていたのは大人なのだ。

「この会社で働くということは、保護者として来るのでも、子どもとして来るのでもありません。大人としての人間関係を築かなければならないのです」

つまり、誰もが本質的に平等な存在として接し合うということだ。これは私たちにもしっくりきたので、さらに掘り下げて聞いてみた。コスキはサンの重要な特徴とは何か、その文化を際立たせているものとは何かを、どう定義するのか。最初は、「説明が難しい」と言っていたが、慎重に語った。

「初日から理解できる人も、できない人もいますが、核となるのは、いわゆる『情報の普遍化』、つまり役職員全員が情報を共有できることとです」

これは「重要でない人などいないのだから、情報は全員に対して同時に伝わるべきだ」というスタン・リチャーズの考え方や、「大人同士の人間関係」というコスキの考え方とも似ている。

また、「ダブルスタンダードはがんだ」というボブ・デイビッズの警告にも通じるものがある。ダブルスタンダードは、役員用の駐車スペースなどの特権といった形を取ることもあるが、社内での情報フローに現れることもある。情報が権力格差の元となっている場合、それは社員が大人として平等に扱われていないことの明確な兆候である。このような慣行は多くの企業であまりにも多く見られる。だが、「その情報を得るか得ないかで大きく変わる」というコスキの発言には、上司が上からのちょっとした情報を何でも最高機密として取り扱うかどうかといったことよりも深い意味がある。次の話は、サン・ハイドローリックスにとって「情報の普遍化」の重要性をコスキが説明しようとしたものだという。

「問題山積の工場の作業現場では何が起きているかを見てみましょう。現場監督には二つの仕事があります。一つは、新しい社員が入ってくると、指導しなければなりません。彼はその意味での助言者（メンター）になるわけです」。しかし同時に、ほとんどの会社では、工場長は外部に対する門番（ゲートキーパー）でもあるという。つまり「仕事が来るとそれを受け、部下たちに何をし、何を考えるべきかを指示する」役割だ。指導者としては、部下に仕事をするために必要なツールや知識、経営資源を提供する。そして仕事ができるように手を差し伸べる。だが第二の役割では、指導者として与えていた物の一部の提供を拒む。注文の流れ、締め切り、スケジュールに関する情報だ。

「今やこの労働者は、自分がコントロールできないことについて責任を負っているのです。彼は自分が何を、どのように、どこで、いつするのかを選べません」

　こうしたことはすべて現場監督の支配下にある。にもかかわらず、この労働者は、自分以外の者が定めたスケジュールに従って、時間通りに仕事を終わらせる責任を負っているというわけだ。現場監督には自分の目標と達成すべきノルマがあるので、自分自身を守るために部下に要求を押しつける。

　コスキは、職場のこうした力学について話す「十分な語彙がなかった」し、それを説明できる人を誰も知らないと述べた。そして、時に自分が表現したいと思うことの言葉が見つからずに苦労した。だが、次の発言は物事の本質を見極める能力の高さを明確に表しているだろう。

「そこにこそ心理学上の問題があるのです。『ハード（厳しさ）がソフト（優しさ）を駆逐する』という問題です。時間がたつうちに、この新しい現場監督が、最初はどういう人か周りからはわからないし、指示の出し方も非常に丁寧（ソフト）だったのに、そのうち熱を帯びてきて、あるいは、あえて言えば短気になっていくのです。なぜならば、彼には成果を上げる責任があるからです。それが問題なのです」

要するに、従来のハウ型システムでは、「ソフト」なマネジャーは「ハード」にならないとお払い箱になるということだ。上司が手を緩めると、部下たちは自分の仕事を成し遂げるための情報とツールを持てないので、満足の行く成果を上げられなくなるだろう。厳格な仕組みの下では、ソフトな上司は自由をもたらさない。実際、コスキが指摘したように、必ず逆のことが起きる。つまり、ソフトな上司が自分自身のノルマを達成するためにそのうち少しずつ厳しくなっていくというのだ。

「では、その状態をどう是正すればよいのでしょう」

コスキはこう問いかけ、自ら答えた。

「誰もが必要なあらゆる情報を提供し、自分が知らなければならない情報を探し出す方法を彼らに教えるのです」

「情報の普遍化」とはつまり、単に人々を等しく敬意をもって扱うことではない。これは、コスキが（USAのマクダーモットとまったく同じ意味で）説明したように、破壊的な力の作用する職場における緩和剤になるのだ。情報が不足しがちな職場では、労働者は暗闇の中で仕事をするので、生産性が低下しやすくなる。すると、働く人々への統制が厳しくなって自由度が低下し、統制がどんどん厳しくなっていく……といったことが起こる。教育コンサルタントのヒュー・オズボーンが指摘する「いつの間にか失敗を追いかける」事態に陥るわけだ[9]。実際、人々を平等に扱うあらゆる方法のうちで、「有り余るほどの」豊富な情報を提供することが、彼らのパフォーマンスを大きく伸ばす最も直接的な方法だ。反対に、情報をコントロールしたり出し惜しみしたりすることは、失敗を追いかける状態に最短でたどりつく方法である。

コスキは、もう一つの創造的な方法で目の前の問いを定義し直した。「従業員と情報をうまく統制するにはどうすべきか」ではなく、「仕事に関する情報を適切に提供し、その情報に基づいて行動する権限を人々に持たせるにはどうすべきか」という問いを立てて、それに対する解決策を見出したのである。現場監督が仕事のやり方や期限をいちいち説明しなくても、社員が自分で判断する際に頼るべき情報を与えさえすれば、リーダーと部下との関係が様変わりするだろう。再びコスキの発言を紹介する。

「そうなると、リーダーは助言者（メンター）ということになります。私は会社では『リーダー』と呼ぶのを好みますが、別に『マネジャー』でも何でも構いません。いずれにしても、助言者（メンター）の役割を担う人は、相手に厳しく当たろうとは決してしません。なぜなら、そもそも社員たちに責任を負わせる必要がないからです」

情報と知識が提供されているおかげで、社員の仕事は、マクダーモット曰く「豊かに」なり、マネジャーの仕事も充実したものになったという。そして、どちらも自分の担当以外の分野では余計な責任を負うこともない。

チャパラル・スチールのピーターズバーグ工場で工場長を務めるケビン・グローガンはこう語る。

「工場で働く人たちによく言っているのは、『最も適切な判断がトップで下されるとは限らない』ということです」[10]

同社で溶解工場の保守を担当しているジム・マカルーソは、こう付け加えた。

「現場の人たちは、数百万ドルに相当する意思決定をしています。ですから、私たちは彼らを支え、ツールや知識を提供し、業務改善の方法を示さなければならないのです」[11]

こうした責任を各現場に任せると、リーダーと現場の双方のニーズを満たすことになり、結果として職場でのストレスがなくなる。これは現場で働く人を大人として扱うことでもある。この点についても、創造的な問い直しが可能だ。

「ストレスを減らすためにマネジャーと部下との円滑な関係をどう築くか」という問いは、**「ストレスをなくす**

ために、上下の関係から対等で水平な関係へとどう転換するか」という問いで考えることができる。

私たちが調査した解放型リーダー全員が、それぞれ形は違うものの、「情報の普遍化」を実践していたことは偶然ではない。コスキの表現に従えば、これは従来のHOW企業の力学を変革しようとすれば必然的に生まれるものなのだ。蝶に編隊飛行ができないのは、どの蝶も目的地についての十分な情報を得ていないからかもしれない。こうして蝶たちは（デビッド・ケリーの言葉を借りれば）、どこへ移動するときも牧羊犬に追いやられる羊になる。そして牧羊犬は、ただ一人目的地を知っている羊飼いの命令に従っているにすぎない。そして、リサ・ヨロネンが述べたように、この羊たちには何の動機もなく、単に怠けているだけに見えるとしても驚くべきではない。

「誰もがよい仕事をしたいのです。（人々は）怠け者なわけではありません。……誰もが善人になりたいのです。……動物たちのようなものです。動物たちはそもそも悪くありません。私たちの扱い方が悪いのです」。その報いとして人々は悪い行動に走ってしまう。[12]

ヨロネンはCEOの地位から退くと、自分が所有するフランスの土地で農業を営んだが、そこで実現した動物の共存関係は、まるで第三章で紹介した「平和なヒヒの森林グループ」のようだった。彼女は映画『ベイブ』を五回も観て、映画と同じような環境をじっくりと育みつつ、非常に賢い子豚など数十頭の家畜を購入していった。だが、ヨロネンが『ベイブ』をしのいだのは、単に彼女の農場が現実のものだったからではない。野生の動物（鹿、イノシシ、ウサギ、キツネ）も農場にやってきて、家畜たちと平和的に共存しているように見えたからだ。「なぜなら、私たちはやってきた動物たちを狩ることなく、彼らに食物を与えているからです」とヨロネン。愛情の込もった、手厚い世話とはまさにこのことである。

もちろん、社員は羊でも犬でも野生動物でもない。動物たちは、健康維持に必要な世話があれば十分だ。多くのHOW企業は、現在もこの手の本能的なニーズは満たしている。にもかかわらず、職場環境は皮肉なことに、ヨロネンの農場よりも、ジョージ・オーウェルの動物農場に近い。

社員は、人としての普遍的なニーズを抱いている。だから社員にとって「必要な配慮」とは、「普遍的な情報」に接する機会を与えられたり、知識などを提供されたりといったことを意味する。コスキは言及しなかったが、情報の秘密化の問題点として、その背景に潜む経営陣の自意識過剰が挙げられる。実際、つまり組織のトップまたは中心に近い情報ほど価値が高いので、それ以外の人には見せず秘密にしておくのだ、という考え方である。そうした情報は、「必要最小限で」という枠をはめられながらも、最終的には少しずつ現場の人々に漏れ伝わっていき、従来のＨＯＷ企業では一種の迷信となり、現場の人々の間では繰り返し語られる冗談になる。

その一方で、現場の社員だけが持っている情報にも様々なものがある。例えば誰の時間や原材料が日中どのような時に無駄になるのか、あるいは会社のどのような慣行が顧客を苛立たせたり拒絶させたりしてしまうのか、といった無数の兆候は、経営側が知る価値も耳を傾ける価値もないと見なされている。現場での意思決定に影響を与える情報から社員を遠ざけると、社員の側から上層部に情報を提供することもなくなっていくため、経営陣の意思決定を改善するチャンスが失われてしまう。

デビッド・ケリーが高速道路の近くにオフィスを引っ越すというアイデアを皆に伝えないまま進めていたら、計画は間違いなく実現して経費の節約にはなったかもしれない。だがデザイナーたちは、仕事で成果を出すには自分たちが都会的な環境に没入することが必要不可欠と考えており、引っ越していればそういう要素は失われていただろう。そして家畜の移動のようにデザイナーたちを引っ張っていく必要があったはずだ。

だが、ＩＤＥＯの経営陣は、重要な「目的地」を決める際には、いつも社員たちに知らせて彼らの意見を尋ねる。その判断が受け入れられ共有されると、その目的地にどう到達するかは社員が自分で考えることになっている。たいていの場合、このプロセスは成功する。つまり、恐らく自由な環境があるからこそ人々は「編隊飛行」ができるのだ。例えば、ゾブリストはそれができると確信している。ただし、FAVIを蝶ではなく鳥にたとえた。

ムクドリは数十万羽が集まって雲のような群れをなして動いています。ところが、鷹が近づくと、一瞬のうちに群れ全体が反応するのです。まるで一羽の鳥のように！　ボスが一羽いて情報が順に伝わっていくという複雑な仕組みでは、現場に近いところに意思決定が任されていても、あれほど早くは反応できないでしょう。実際、ムクドリの群れをうまく動かしているのは二つの単純なルールなのです。

①どの鳥もすぐ隣にいる仲間たちと決して衝突しないように気をつけている。

②危険が近づくと、恐怖を感じた鳥たちが群れの中心に飛び込み、群れ全体が即座に動くよう扇動する。[13]

ただし、ゾブリストは次のように警告した。

「ところが、二つのうちどちらかが守られないと、このシステムは崩壊して群れ全体が混乱状態に陥ります。混乱が起こるシステムとは、複雑なルールをつくれないか、単純なルールを重視していないかのどちらかです」

実際、複雑なルールに基づくハウ型のシステムは機能するが、時にはシステムが大きすぎるために、ルールが前進を妨げている現実がなかなか把握されないこともある。だがこれまで見てきたように、ハウ型システムの代わりは無秩序でも混乱でもない。自由（フリーダム）なのだ。ただし全員、もしくはほぼ全員が目的地を共有し、限られた単純なルールに同意していることが条件だ。ムクドリの群れを上から眺めていればそれがわかるはずだ。

人間は「長方形」ではない

「情報の普遍化」、つまり全社員がすべての情報に接することができるという慣行は長期間にわたって継続できるし、企業のオーナーや社内の特定の個人に依存するものではない。もちろん新しく着任した上司が、部下に影響を及ぼす情報を隠そうと決めることはあるかもしれないが、影響を受ける人々とすべての情報を共有するという慣行は、どんな会社にも組み込むことができるのだ。

もちろん、誰もがあらゆる情報を閲覧できるからといって、それだけでは、どんな会社あるいは企業文化も生き残れるわけではない。人々は、自分の知っていることを活かして会社の目標を達成するための「行動」もできなければならない。解放企業の中には、ゴアのように行動の自由を長期にわたって確保しようと大胆なアプローチを採っているところがある。ゴアでは、肩書や仕事よりもコミットメントが重視され、アソシエートの自由な行動を認めているが、これは今に始まったことではなく昔からの伝統である。その方法を紹介しよう。

仕事は、とりわけ組織図の中にいったん定められると、そこで固定化してしまう。それがつくられた瞬間には、その時点で必要不可欠なニーズを満たしているだろう。しかしニーズは時間とともに変化する一方で、役職と組織図はニーズの変化にまったく追いつかない。

ゴアの「コミットメント」というコンセプトは、実際のニーズの進化に合わせて変化することが前提となっている。アソシエートは、突然部署ごと配置転換されたり、定期的な人事の賞罰や組織改編で昇進したり降格したりすることもない。その代わり、時間的制約が許容範囲内であれば、本人の興味関心に応じて一つのコミットメントから次のコミットメントへと移動するのだ。この仕組みは、新入社員の初日から始まる。「私の仕事はどこにあるのですか？」と尋ねると「自分で見つけ出してください」という答えが返ってくるのだから。

この有機的なシステムのおかげで、人々は自ら成長し、自分自身の仕事生活をごく自然に過ごすことができる。一方、多くの企業で働く人々は、オフィスのストレスに年中さらされながら、出世競争に気をもんでいる。そうした立場に置かれた従業員の感情は、「死あるところに希望あり」というような、現代の職場を皮肉るブラックユーモアで代弁される。昇進や活躍の場が得られる唯一の方法は、自分より上のポジションの人が死ぬ（または去る）場合だ、というわけだ。こうした状態は、多くの場合自分でコントロールできないので、当然ながら精神的に非常に疲れる。

昇進や昇給といった人事案件は、かなり人為的なものだというのもストレス要因だ。たとえある仕事について自分自身の能力を証明しようと何年も働き続け、次の大きな昇進機会を捉えるだけの証拠を積み上げるべく努力してきたとしても、それが認められるかどうかは、結局上司の胸三寸で決まるからだ。[14] もちろん現実には、あなたがその期間で会社の業績に事実上どれだけ貢献をしてきたかという問題は、恣意的に決まるものではない。しかし、リチャード・ティアリンクが組織図を皮肉めいて表現した、固定化された「長方形の箱とそれをつなぐ直線」を見ると、人は「組織とはそういうものなのだ」と思ってしまう。

箱はその中にいる人々を閉じ込めると同時に、組織そのものの動きも固定する。あらゆる会社が定期的に実施している大幅な組織改編はその証明である。数年おきに、いくつかの部署が合併され、解体される。ある副社長はいくつかの担当から外され、別の副社長が新しい職務を与えられる。彼らの下にあるすべての箱もそれに応じて移動する。組織改編の際のプレスリリースには毎回「市場の変化」に応じた再編が必要だったというメッセージがついて回る。この儀式には目新しいことは何もない。『組織を再生する』の中で、ロバート・タウンゼンドは、一世紀のローマの風刺家であるペトロニウス・アルビテルの名言を引用する。

「我々は新しい状況に対応するために組織を組み換えがちである。これはあたかも進歩しているかのような幻想を持つには素晴らしい方法かもしれないが、実際につくり出されるのは、混乱、非効率、意欲の喪失にすぎない」[15]

ボブ・コスキは組織図をやや大げさに、「どうせ変わるものを石で固定している」と表現した。それは厳密には「石」ではない。というのも組織図は頻繁に破壊され、つくり直されるからだ。だが間違いなく動かない。これに対して、世界トップクラスを目指す解放企業は、世界そのものが絶えず動いているのと同様に、動きを止めることはない。だからこそタウンゼンドは、組織図を印刷して配るのをやめた方がよいと警告したのだ。組織図には、上層部ほど自社のことをよく知っているという思惑が見え隠れする。タウンゼンドは一九七〇年に、プレイボーイ誌に次のように書いた。

「要するに、男も女も、一人ひとりが人間なのであって、組織図の箱ではない、と考えても罰は当たらないだろう」[16]

そして、夜間に働く清掃員が、本来は床を拭いていなければならない時に電話に出て対応したことで会社の運命が大きく変わってしまった――そんな時がいつ来るかなど誰にもわからないのだ。

ゴアにはそういう適応性があるため、正式な組織図がないからといって会社の持続性は損なわれていない。五〇年の歴史を積み重ねてきた事実がそれを物語る。コスキが主張したように、偉大な会社は絶えず何らかの形で自己変革を続けている。

組織図が示すのは、せいぜい長期にわたって安定しているという幻想にすぎず、それを変えたとしても、（ペトロニウスが書いたように）進歩しているという幻想である。

物事に臨機応変に対応する組織では、突風に煽られても飛び続ける蝶のように、封建時代の小領土のような時代遅れの組織図をつくろうとはしないものだ。そのような組織では、もはや会社の戦略に寄与しないことが明らかになっても、組織にぶら下がる人々の数を簡単には減らせず、組織の改廃が困難になるからだ。ゾブリストは組織図を会社の「胃袋」と呼び、こう問いかけた。

「自分の胃袋ばかりを眺めて、食物がどこからきたか——お客様——に目を向けない会社が、どうして成功できるでしょう？」[17]

そしてこの意味で、解放企業には持続的な優位性がある。そもそも部門ごとの目標達成度を示すグラフがなければ、政治的な理由による組織の硬直化も起きにくくなるからだ。そして人為的な障壁がなければ、顧客や市場、ビジネス機会に関する有益な情報がふんだんに入ってくるはずだ。これがあらゆる企業の持続性にとっての鍵になるのである。

本書に登場したすべての会社がゴアほど進んでいるわけではないが、組織図のような文書への嫌悪はどの解放企業でも繰り返し見られるテーマで、そこには正当な理由がある。だがゴアのこれまでの実績と素晴らしい成長は、会社が意識的に変化し続けている限り、組織構造が硬直化することは決してないことを示してくれる。ゴアの場合、組織でずっと変わらないものは組織図ではなく、同社のアソシエートたちが使う同社独特の言語やコミュニケーションのあり方なのだ。

自由は「微弱信号」を強くする

とはいえ、自由な文化を持つ組織が間違った方向へ漂流したり、悲劇的に崩壊したりすることも決してないわけではない。実際、ボブ・デイビッズが去った後のラディカ・ゲームズでそれに似たことが起こった。

また、ＵＳＡＡに長く勤めていたある社員が、引退後に私たちにこっそりその嘆きを打ち明けたところによると、一九九〇年代初めのロバート・マクダーモットの退任後、会社は悪いほうに変わり始めたらしい。同社は現在も、世界最高レベルの顧客サービスを提供しており、素晴らしい業績を上げている。ただし、その元社員によれば、ここ数年「働きたい会社ベスト一〇〇」のランキングには選出されず、マクダーモットが必死に守ってきた会社の特徴が、後継の経営陣に完全には理解されていないことを心配しているという。

USAAは、恐らくその軍隊の伝統もあって、階級による特権の多くをそのまま残しており、役員室は豪華で要塞のように立派である。ただし、マクダーモットが築き上げてきた文化は、彼が最初にCEOに着任してから四〇年、退任後一七年たってもおおむね健全であることは社内のあちこちで十分に確認できる。それを確かめたければ、同社に電話して顧客サービス担当者と話すか、それとなく社員たちにマクダーモットの実績への評価を聞けばすぐにわかる。ところが、後継者たちが、なぜ彼がそうしたのかを完全に理解しているかどうかは疑問である。同社訪問の折に、豪華に装飾された要塞のような本社に入ると、電話の向こうの顧客の声が会社の成功にとってきわめて重要であるという同社の哲学をつい忘れてしまいそうに思われた。

だが、仮にUSAAの文化が今後完全に崩壊することになったとしても——その可能性は低いが——四〇年の歴史に恥じるべき点は微塵もない。USAAはマクダーモットの退任後からこれまで何人かのCEOが務めたが、現在も、マクダーモット自身も認識できる自由志向の文化を維持している。ゴア（二〇一五年時点で創業五七年、以下同じ）、サン・ハイドローリックス（四四年）、チャパラル・スチール（四二年）、クアッド・グラフィックス（四二年）、そしてIDEO（三七年）も同様だ。いずれも解放への改革を始めてからCEOが少なくとも一人は交代している。

これ以上の継続を求めると、ハウ型の企業文化に傾いて均衡が失われてしまうかもしれない。[18] ハウ型の企業運営は、どの世代の人々にも安定という幻想を与える程度なのだ。最も愛される会社ですら、いや特にそのような企業こそ事業承継という問題を抱えている、という事実にウォール街が頭を悩ませているのは理由のないことではない。業界紙は、成功した企業リーダーによって導入された「システム」を称賛し、それが将来のモデルだと宣言するが、後継者が指名され、環境が変化すると結局崩壊するのを目撃する羽目になることが多い。成功した企業で機能した「システム」は、たいていの場合、実態以上に高く評価され、幸運や素晴らしい社員の貢献が見過ごされてしまう。

こういう視点から見ると、自由志向の企業は、実際にはハウ型の競合他社よりもたくましいのだ。結局のところ自由を奨励することは、「完全な無秩序」と「素晴らしい成果が見込まれる実験」との間の非常に微妙なバランスを取ることではないか、と捉える経営者もいる。あのボブ・コスキでさえ懸念していたのだ。もし銀行破綻に追い込む不正取引や多額の横領が起こったら、新聞の一面を飾ることは間違いないし、それを起こしたずるがしこい張本人が会社の破綻後にまんまと逃げ出すのではないかと（とりわけ上場企業の）CEOが日々を怯えながら過ごすとしても不思議ではない。

だが、解放企業は他の企業よりもこの手のリスクが高い、と考えるのは間違いだ。いやむしろ、基本的には信頼できる九七％以上の人々が、自分たちに託された信頼に応えようとするはずだ。いずれにせよ、会社の安全や財務を脅かすような社員の「三％」を管理しようとすると莫大なコストがかかるし、弊害も伴う。実際のところ、社員たちが文字通り平等に取り扱われることに慣れ、自発的に動ける会社の方が、支配的な文化の前に全員がひれ伏して自分の役割だけをこなすような会社よりも、不心得者や泥棒を捕まえる可能性が高いのだ。第一一章で紹介した、スタン・リチャーズのサボりに対するコメントを思い出してほしい――上司ではなく、周囲の人々がそのような社員を戒めるのである。ピーターズバーグにあるチャパラル・スチールの工場でマネジャーを務めるテリー・ホルダーは、仲間からの圧力が大きな役割を果たすと言う。

「若い職工が安全対策を一つ怠ると、仲間の職工が彼を作業場から連れ出してこう言うのです。『おっと、君は安全手順に従っていないよ。これからは気をつけて二度と同じミスをしないようにしてください』とね。上司よりも仲間たちからこうした注意を受けるのです」

解放企業の多くの人は、ビジネスを進めるために自分自身で意思決定できる。こうした意思決定の分散化が危険だと感じるのはもっとものように思われる。物事を決められる人の数が少ないほど、「間違った判断」も少なくなるように思えるからだ。実はここでも、中央集権的なシステムが過大評価されている。実のところ、そんな優位性など存在しない。

意思決定の分散化は、解放企業の弱点と捉えられるかもしれないが、実は逆である。強さの源泉なのだ。どんな厳格な会社も、そこに働く人々がいなければ存在できない。組織の中心に権限を集めると、判断を間違える頻度は少なくなるように思われる。だが、権限を一切持たない人々でさえ、能力不足や無知、あるいは悪意によってとんでもない大失敗を犯す可能性があるのだ。石油タンカーを座礁させたり列車を衝突させたりするのに、その許可を求めた者も与えた者も存在しないのである。

むしろ、権限の分散化には大きな利点がある。確かに、現場で働いている社員の多くには、ＣＥＯが組織の頂上から見えているものがすべて見えるわけではない。しかし、逆もまた真なのだ。会社のトップは、自分の会社や顧客が何をどうしているのかについて、現場の人間なら誰でも毎日見聞きすることのすべてを知ることなどできない。

経営学者は、現場の人々の持つこの種の情報を表現するために、物理学から用語を借りてきた。これは「微弱信号」と呼ばれている。後になってからその重大性が明らかになる類いの重要な情報のことだ。だがこうした情報は、そもそもの性質上、経営陣の注意を喚起するには至らない。組織図の指揮命令系統に沿ってこれが上に伝わることはなく、上がったとしても、多数のデータの中に紛れたり、強い信号を発する大きな問題のノイズによってかき消されたりするからだ。

その一例が、スペースシャトル用補助ロケットの密閉用Oリングの設計である。米航空宇宙局（NASA）のエンジニアは、一九八六年の「チャレンジャー号事故」の何年も前から、設計に欠陥があることを知っており、その恐れを表明してもいた。しかし、まだ事故が起きていなかったので、信号は弱かった。その欠陥が悲劇的な形で明らかになるまでに、信号が十分に強くなって誰かが行動を起こさなければならなかったのだ。要するに、離れた場所にいるムクドリが、ハヤブサの接近をいち早く察知するのである。あまりにも多くの会社で、そのような知見の共有不足が蓄積していくのだが、それらは大きな顧客を失い、素晴らしいビジネスチャンスを逃して――あるいはもっと悪いことが起きて――初めて顕在化するというわけだ。そういう事態が起きたときに、自動修正する仕組みも存在しない。誤りが見つかり、努力が一段と重ねられ、コントロールが厳しくなっても、情報を持っている人々が自由に動けないため情報が棚上げされてしまう。

鳥籠から飛び去る鳥たち

残念なことに、このような状況は、ハウ型の大企業でも、長期間にわたって続いている。ところが通常の場合、有能な従業員がビジネスチャンスを見つけても経営者は動いてくれないので、自分で機会を求めて外へ出てしまうのだ。オランダから移住してきたリチャード・ティアリンクの父親がまさにそうだった。[19]アメリカの農業機械メーカー、インターナショナル・ハーベスターの警備員だったリッチの父親は、四人の同僚たちと組んで、仕事場にあった中古の装置を買い取り、自前の工場を開いた。五人の仲間たちは、ハーベスターにいる時には実現できなかったすべてのアイデアをすぐに採用して、会社は一〇年で自分たちのニッチ分野でトップ3に入る企業に成長し、さらに『フォーチュン』誌に掲載されるまでになった。もちろん、こうしたスタートアップは頓挫することもあるが、大ヒットを飛ばすこともある。そしてこうした偶然の産物のようなスピンオフ企業の中から、いずれ親会社を脅かすような怪物に育つこともある。よく言われるように、もとの企業は、人材に去られたあとに彼らのアイデアを耳にする。

サン・ハイドローリックス、クアッド・グラフィックス、リチャーズ・グループ、SOL、ゴアは、まさに元の会社から飛び出した人材がつくった企業だ。どんな会社でも、あらゆるビジネスチャンスをものにできるわけではない。だからこそ、自分には能力も適性もあると考えて独立する者が出てくるのだ。

しかし、解放企業の際立ったもう一つの特徴は、これまで見てきたように、社員の離職率が低いことだ。データが入手できて十分な比較ができたどのケースでも、解放企業の離職率は平均値を大幅に下回っている。どのような種類の文化であっても、社員の貢献意欲の高さは存続する上で大いに有利に働く。そういう会社では、社員同士の人間関係が安定しているだけでなく、一人ひとりが会社の仕組みや専門性について精通しているからだ。しかし、中でも自由な文化は、不文律や伝統、そしてそれらを守ることに努める人に本質的に依存するので、社員の貢献意欲が高いほど維持しやすい。

もちろん、低い離職率には問題もある。企業には新陳代謝が必要だからだ。しかし解放企業にとって、これはたいしたリスクではない。というのも、どの会社も人員を増やしながら急成長を遂げているからだ。例えばゴアの従業員数は今でも年率一五%で伸び続けており、アソシエートの数はすでに一万人を超えている。しかも退職しやすい風土になっている。というのも、会社側からすれば、社員が自分のニーズを満たすことができる場所で働くことを純粋に望んでおり、一度他社に移ったとしてもブーメランとして戻ってくることは望ましいと考えているからだ。ゴアのレ・ルイスのように、出戻り組は文化の素晴らしい守り手になるのである。世界でどんなに公平なルールをつくっても、会社にとって必要な人材が戻ってくるのを受け入れられなければ、どんな企業文化も維持できない。

マックス・ウェーバーは、官僚的な組織の管理部門は、物事を処理するときに「正確さ、明確さ、継続性、即時性」が求められると述べたが、そこでの「正確さ」や「明確さ」といった記述は過剰な表現と言える。現在は、コンピュータのプログラムであれば、上記のような正確さなどを実現することは可能である。だが人や組織に関しては、アルゴリズムに従って行動するようコントロールすることに成功した企業組織は、ウェーバー以降、数世紀たっても現れていない。

ジョサイア・ウェッジウッド*からウェーバーに至るまで、先見の明のある人たちが、企業経営におけるこの問題を改善し、ビジネスのやり方を一から再設計しようと試みてきたが、人間はどこまでいっても人間なのだ。

解放型リーダーたちは、問い自体を定義し直して、真逆のアプローチを採っている。人間を人間たらしめる、人生のあらゆる面で自身を突き動かす衝動や欲望やニーズを押し退けるのではなく、それらを自分の行きたい方向に向かわせようとする。権力者が社員たちの後ろに監督者を、そして壁にタイマーを置く前に、彼らは解放に取り組み、発明し、苦悶し、奮闘してきた。時には絶望に陥ることもあったが、成長したい、自己実現を果たしたいと思いながら努力してきたのだ。皮肉なことに、産業革命で莫大な富が生産された結果、先進工業国では、衣食住といった基本的なニーズはたいていは満たされるのが当然のことになった。[20] それでも私たちは、以前の価値観のまま社員のニーズとモチベーションを捉えてしまう。

現代の起業家は、他人から認められたい、自分の道は自分で決めたいという古代の職人が持っていた欲求を具現化する存在だ。これらは普遍的なニーズなのだ。ところが、人は主に物質的欲求を満足させるために働いている、

＊ ウェッジウッド：イギリスの陶芸家、事業家。イギリス最大の陶器メーカー「ウェッジウッド社」の創設者。

という前提で自社の従業員に接することがあまりにも多いのだ。本書で紹介した解放企業が見事なまでの成功を遂げているのは、もっと高次のニーズ――少数の「素晴らしい人材」だけでなく、組織のあらゆる人々のすべてのニーズに応えようとしてきたからだ。

こうしたニーズに幅広く対処するためには、企業規模はどれくらいであればよいのだろう？

常識と経験に照らして考えれば、そこには限度があるはずだ。しかし、上限が何人であろうと、世界中の企業の九七％はそれよりは少ない規模だろう。一方で、ゴアのアソシエートは一万人を超え、USAAは二万六〇〇〇人、クアッド・グラフィックスは二万五〇〇〇人、SOLは一万一〇〇〇人だ。もっと大きい会社も、いやはるかに大きい会社もある（本書の初版が出版されて以降、約一四万人のエアバス・グループ、一一万人のミシュラン、六万人規模でスポーツ用品小売を手がけるデカトロンが解放に取り組んでいる）。だがそれほどの規模の会社はそうあるわけではない。そして、ゴードン・フォワードが言っていたように「残り三％」の規模はあまり気にする必要はない。たとえ大企業であっても、地域や部門単位の事業部門に分かれており、それぞれが一定の自律性を持っていることは事実だからだ。

実際には、「成長」や「平等」などの、より高次のニーズを他の人より強く感じる人もいれば、感じない人もいる。ボブ・コスキは、サン・ハイドローリックスの新入社員で「自分に与えられた自由と果たすべき責任に対応できない」と感じる人は、四分の一にも達していないのではないかと推測している。こうした人々は「いつ辞めても構わない」という――これはボブ・コスキが使い、ジェフ・ウェストファールが無意識のうちに繰り返したフレーズだ。

しかし、本書ですでに見てきたように、息詰まるような、官僚的な企業環境も人々を外にはじき出す――鳥は鳥籠を嫌うのである。チャパラル・スチールのケビン・グローガンによれば、以前テキサス工場で、社員が時給二～三ドル多く払ってくれる組合のある工場に引き抜かれたことがあったという。

「けれども、社員たちはそのうち戻ってきてこう言うのです。『お金がすべてではない』と。彼らが求めているのはお金じゃないんですよ」

解放企業における離職率の低さは、「過剰な自由を恐れる人」の数が、「官僚主義や自分の仕事をコントロールできないことを嫌がる人」よりも少ないことを示唆している。

しかし、ここまで述べた前提が真実ではないとしたらどうだろう。つまり、労働者の大半が、官僚的な組織を動かす歯車の歯でありたいと心から望んでいるとしよう。封建主義の擁護者はかつて、平均的な人間とその自己統治能力について同じように論じていた。だが、仕事に関しては、少なくとも一部の人々はそうであるとして、あなた自身が経営者として、組織の仕組みを選択しなければならない状況を考えてみよう。あなたは、「タイムカードを押して決まった給与をもらうこと以上に何もしたくない人々が自然に採用されるような組織」か、「自分の普遍的なニーズを満たしながら会社の最善の利益のために行動しようと自発的に動く人々が採用されるような組織」の、どちらを選ぶだろうか。別の言い方をすれば、競合他社には競争力を下げてもらうためにどちらの組織形態を選ばせたいだろうか。

同じ川に二度入ることはできない

経営に確実なシステムはない。これは、まぎれもない真実だ。道具を持っていても愚者は愚者である。会社も同じだ。どんなにうまく運営されている会社でも――それが解放企業であろうがなかろうが――愚者が経営すれば瞬く間に倒れても不思議ではない。いくら頭の回転が速くてもおかしな行動をとってしまうことはある。そうしないためには聡明な人が必要だ。したがって本書では「会社を解放するための七つのステップ」のような公式を提示しない。それよりも、成功した解放型リーダーたちが自分の創造力と知恵を利用して何をしてきたのかを紹介することの方がずっと役立つのではないかと考えている。

本書で紹介したリーダーたちには共通の性質があった。世界トップクラスの企業をつくり上げたいという強い意欲を全員が持っていた。しかしそれ以上に、社員を文字通り平等な存在として認め、彼らが成長し、自律できるよう背中を押してやることにこそ価値があると、深く心から信じていた。流行を追うことはしないが、自分の信念に合いそうなものであれば、総合的品質管理（TQM）など多くの経営手法を使った。「人々のニーズに応えたい」という純粋な姿勢が社員を動かす。もし欺瞞があれば、社員は感覚の鋭い子どものように（この場合にはこう喩えても適切だろう）嗅ぎ取るはずだ。会社の利益率が少し改善されるはずだという理由で解放企業の良さを社員に受け入れさせようとしても、大半の人の気持ちを変えることなどできない。それが人間の本質なので、そういう挑戦は失敗に終わるだろう。

自由が機能するのは、ダグラス・マクレガーが一九五七年に「企業の人間的側面[21]」と呼んだものを重視する場合だ。自由とは、仕事に対する社員のエンゲージメントを深め、給与以外の方法で意欲を引き出すことだ。社員が自分の仕事に懸命に取り組めるよう、解放型リーダーはまず、社内に蔓延する不平等感を解消しなければならない。もし経営者が社員に対して、例えばタイムカードを押してただ単純作業をしていればいいんだと命じたとしたら、次のうちどちらかが起こるだろう。従順か離反だ。どちらの場合も、社員の知恵を生かす機会を失うことになる。経営者には見えない問題を解決したり、（これも経営者には見えない）会社にとってのビジネスチャンスを見つけ出したりする能力が生かされないのだ。

ソクラテスが「無知の知」と述べたように、自分の無知を自覚することには知恵がある。従来の組織構造を捨てようというあらゆる試みのうち最も偉大なのは、「できる限り何もしない」というジャン＝フランソワ・ゾブリストの忠告ではないだろうか。ビジネスに対する「ヒントを欲しがる」タイプの人は、そもそもゾブリストの禅的な、道教の姿勢を取り入れたがらない。がむしゃらに動き続けないと今のポジションと給料を維持できないのではないか、と心配しているのだ。

しかし、この点についてボブ・コスキは、自分の給与はサン・ハイドローリックスで最高額に設定したことはないと言った。

「なぜなら、私はそれにふさわしい存在になったことがないからです」

自分は懸命に努力して給料を稼いでいると思われたいというのは、自然の衝動だ。だが、偉大なメーカーが無駄のない動き、つまり「行動の経済性」を説くのとまさに同じように、偉大なリーダーは行動のために行動をしたいという衝動を克服する必要がある。会社を、特に従来のトップダウン型の組織構造に基づいて運営されている会社を解放するには、行動と決断力が必要だ。「社員が会社のビジョンを共有し、自分たちの『なすべきこと』を理解し、それを心にとどめながら自由に行動できることを知っている」——企業のリーダーはそういう状態を確実なものにする必要がある。この目的を達成するためには、社員が仕事に必要な情報とツールを備えていなければならない。だが、社員が自発的に行動する自由を与える会社では、その分だけトップの自由な行動範囲が狭まるはずなのだ。

だからといって、職場の解放を目指すときに神経質になり過ぎる必要はない。財務指標で見ると、本書で紹介した企業は、どこも素晴らしい実績を上げているからだ。しかも、社員たちは幸福感を抱きながら高い生産性を上げられるような環境をつくり、それを維持できているのだから、なおさら素晴らしい。あらゆる証拠が示唆するのは、後者、つまりこのような環境を数年、あるいは数十年にわたって維持することの方が、一定期間の高成長を実現することよりも難しいということだ。

従業員にとっての自由な環境が業績を向上させるのは、単に偶然の産物なのではない。そもそも私たちは自分が何を知らないかがわからないし、自分が知っていると信じていることの中にもすでに間違っていることや、近い将来間違いだと判明するものがあるからだ。この種の心理的な誤りを正すには、仲間のサポートと自由な職場環境が必要だ。そのような職場が実現できれば、私たちは、（ウェーバーには失礼かもしれないが）官僚制よりもすばやく事態に対応できるはずだ。そして、私たちもビジネスの世界もウェーバーの時代よりもはるかに速く変化しているので、知識を活用する唯一の方法は、わざわざどこかの上司の承認を待たなくても、必要に応じて、知識を持っている人たちに今すぐに行動できる自由を与えることなのだ。

「同じ川に二度入ることはできない」――本章の冒頭では、ソクラテス以前の哲学者、ヘラクレイトスの神秘的な言葉を引用した。これは、「川はいつも同じ場所にあるかもしれないが、中身は永遠に流れ変化し続けるので、ある瞬間に真実だったことが、次の瞬間には間違っているかもしれない」という矛盾を表している。

ハウ型のルールに従って川の魚を捕ろうとする様子を想像してみよう。土手の上に立って、ある従業員は流れの中にいる一匹の魚を見つける。運がよければ、その従業員は「ルアー（疑似餌）を投げ入れてもいいですか？」と現場監督に尋ねるだろう。「運がよければ」と言ったのは、魚を探すことはその人の仕事ではないかもしれないからだ。その仕事は川沿いの樹の伐採かもしれないし、土手の上の芝刈りかもしれない。とにかく、もし今この瞬間に運よく自分の仕事と合っていたとしても、自分の上司に尋ね、上司はそのまた上司に尋ね……といった具合に「魚釣り委員会」のトップまで上がっていく。その指揮命令系統が比較的短くて許可がすぐに返ってくるとしても、それが川岸に戻ってくる頃には、魚はすでに泳ぎ去っているはずだ。ちなみにここでの前提は、指示を待っている間に、他に自由に許可なく釣りをできる人が魚を捕ることはない、というものだ。

CEOは、指揮命令系統のトップに位置し、はるかかなたにある執務室の窓から様子を見ているが、毎日何匹の魚が自分の会社の前を泳ぎ去っているのかを知る術がまったくない。そのような機会が行動に移され、あるいはその機会が時間内に発見されることを保証するシステムはない。川は常に流れ続けており、誰もどの瞬間にもそのすべてを知ることはできない。

バーテックスのジェフ・ウェストファールもこう述べている。

「結局のところ私の判断基準は、組織が前に進めるかどうかです。私の豆粒程度の脳みそを振り絞って出てくるわずかばかりのアイデアでも、六〇〇人分の脳から出てくる大量のアイデアでも構わないんです」

ジェフの賢明さは、トップの人間がビジネスについてどんなに多くを知っていても、彼の下で働く人々全員の知恵を結集した知識にはかなわないのを知っている、ということだ。たとえCEOが社内で最も豊富な知識を持ち、最もその職に適していたとしても、この法則は当てはまる——なぜなら川は常に流れているからだ。

人々を解放しよう。そうすれば彼らが捕まえてくるものにきっと驚くにちがいない。

エピローグ　解放への道

二〇〇九年秋に本書の初版を刊行して以降も、私たちは企業を取り巻く環境変化を追い続けた。企業のガバナンス、安全、あるいは社員のモチベーション管理に問題があるという悪いニュースもあった。その一方で良いニュースもあり、価値観の変化が企業やビジネスに前向きな変化をもたらしているようだった。

本書が世に出て以降、それぞれの企業で社内の解放に乗り出した企業や組織の数は爆発的に増えた。それとともに疑問も提示されるようになった。

「これは新たなブームなのか」

「コンサルティング会社がすぐにどの組織にも導入を勧められるような新しいモデルなのか」

「あるいは、リーダーシップと組織に関する一種の哲学なのか」

今やメディアでもソーシャル・ネットワークでも何万人もの人々が企業の解放について議論している。この論争の反響の一部は、私たちのブログでも紹介している（英語版はwww.freedomincbook.com、フランス語版はwww.liberteetcie.com）。そこには、この六年間で私たちが発表した論考も掲載されている。本章（エピローグ）は、その一部を再構成したものだ。

一つお断りしておきたいのは、ここで紹介するのは、ありとあらゆる組織に適用できる総合カタログではない、ということだ。そんなものはできるはずがない。繰り返すが、企業の解放とは一つの哲学であり、言い換えれば、そこで働く人々とリーダーシップに関する一連の信念のあり方なのだ。その哲学が、会社独自の文化的な文脈にぴたりとはまれば、大部分の組織のプロセスと慣行が根底から覆り、今の時代に合った組織へと変貌する。

本章では、企業の解放がどのようにさまざまな課題を解決するかを示す。読者にはそれぞれの事例で紹介する「建築家魂」あるいは「ワイン生産家魂」を十分汲み取って、それぞれの解放企業を実現してもらいたい。

グーグルの20％ルールの誤り[1]

最近の報道によると、グーグルは「二〇％ルール」――従業員が労働時間の五分の一を、自分のやりたい革新的なこと（仮に気が狂ったような内容であっても）に使ってよいという方針――を事実上廃止した模様である。

このニュースは衝撃だ。グーグルはかつて「二〇％ルール」を同社の「イノベーション・マシーン」の礎だと大々的に喧伝していたからだ。創業者であるラリー・ペイジとセルゲイ・ブリンもこのルールのおかげでGメール、グーグル・ニュース、アドセンスなど「圧倒的なイノベーション」の多くが実現したと述べていた。特にアドセンスは今やグーグルの年間売上高五〇〇億ドル超の四分の一を占めている。ペイジとブリンは、元CEOのエリック・シュミットとともにアドセンスを個人的に使っているとも報道された。それではなぜ、グーグルは「少ない弓矢でたくさんの獲物を仕留める」ために、推し進めるプロジェクトの数を減らしたのだろうか。簡単な答えは、自分たちの「無知」を自覚しなくなったからだ。グーグルの上層部は、自分の会社がなぜ成功したのかを理解していないようだ。

イノベーションを起こし続けることは、ビジネスで最も難しい芸当の一つだ。それを数十年にわたって続けられた企業は、３Ｍやゴアなど数えるほどしかない。これは、単に資金と人材を投入すればできるわけではない――会社のＲ＆Ｄ予算とイノベーション比率との間には何の相関関係もないのだから。大半のアイデアは実現しないので、本物を探し出すためにできるだけ多くのアイデアを試すしかない。平均すると、一つの会社は三〇〇〇件のアイデアから三〇〇件を選び、そのうち一二五件が小実験にまで至り、そのうち一〇件に予算がつき、一・七件が発売されて、黒字化するのは一件という調査結果もある。

つまり、成功する見込みはほとんどないのである。したがって、多くの経営者はこの活動を「最適化」しようとする。組織の頂上から状況を眺めて、たとえば一〇件を公式プロジェクトに認定してお墨付きを与える。すると認められなかった大半のアイデアは死んでしまう。そこで従業員たちはそれを自分の胸にしまっておくか、そうでなければ競合他社に持ち込む。しかも、どのアイデアが大ヒットするかを企業のトップが事前にわかることはまずない。

３Ｍとゴアでは、アイデアを新市場に出し続けてきたのは社員の主体的な取り組みである。ゴアのギター弦製品エリクサーは、一人の社員が自転車の変速用ギアに使用するケーブルをつくろうとした時のちょっとした思いつきが始まりだった。今日、エリクサーは市場のトップを走っており、ゴアテックス以降に成功した一〇〇〇の新商品の一つとなっている。

そう考えると、この「二〇％」という時間は単に業務上与えられる特典ではない。社員が自由に行動し、自分のアイデアが真剣に検討してもらえると信じている文化では、各自の「昼間の仕事」の内容にかかわらず個人的な成長と一定の裁量権を全員に与えることは、社員に対する敬意の印なのだ。この制度を廃止する措置は、計算上では経費の節約に見えるかもしれない。だが、「従業員の最も生産的な時間の使い道を知っているのは労働者ではなく経営陣だ」というメッセージを送ることに他ならない。社員がタイムカードを押す企業に逆戻りする第一歩なのだ。

私たちが取材した最も自由で革新的な会社はどこも、本質的な平等、成長、主体性の獲得という普遍的なニーズを育む企業文化を一貫して築いていた。そのような文化では、社員のほとんどが自発的に動き、何が企業のビジョン実現に最も寄与するかを自分たち自身で決めていた。

グーグルは意識的にそのような文化をつくってこなかった。そしてついに、「二〇％ルール」が——ゴアとは異なり——何でも自由に取り組める文化の象徴ではなく、特典の一つにすぎないことが明らかとなった。グーグルは、無料の食事から「死亡補償」に至るまで、さまざまな特典を昔から提供し続けている。グーグルで人事最高責任者（CPO）を務めたラズロ・ボックの説明によると、「死亡補償」とは、従業員が亡くなった場合に、残された配偶者に一定額の賃金を一〇年間支払い、社員に付与されていたすべてのストックオプションが行使されて、子どもは一九歳（学生の場合二三歳）になるまで月額一〇〇〇ドルを受け取れる仕組みのことだ。

特典の追加は企業としての決定だ。これは従業員をつなぎ止める強力なツールであり、離職率が数ポイントでも減れば大幅な経費削減になる。だが特典の廃止も企業としての決定だ。どこかの段階で、特典にかかるコストが利益を上回ることを指摘する役員が現れるだろう。逆説的ではあるが、特典が社内にいったん定着すると、モチベーションを上げる力は失われ、逆に社員がその見返りに何かをすべしという義務になりかねない。グーグルの元社員たちの話によると、「二〇％ルール」の縮小は、世界金融危機後に景気後退に陥り、同社の売上高が落ち込んだ時期に始まったという。つまり、「二〇％」という時間もまた、経営陣からは「贅沢な特権」とずっと見られていたにすぎないのである。

もし、「二〇％ルール」が特典ではなく、社員が何でも自由に取り組める文化の一部と捉えられているなら、経営陣は自分たちの「無知」を自覚していると言えるだろう。つまり、「どんなものがGメールやアドセンスの次の発明となるかは自分たちにはわからないので、社員の皆さんにそれを見つけてほしい」ということだ。これに対し、

「少ない弓矢でたくさんの獲物を仕留めたい」という会社は、自分たちは標的をすでに見つけていると盲信しているのだ。そのような会社は、過去の栄光にすがることで、未来の最高のアイデアを競合他社に輸出する危険を冒している。

原子力の安全を保つのは「現場の力」[2]

フランス議会・科学技術政策評価局の調査団は、国内の原子力関連施設の安全性に関する中間報告を発表した。「さまざまな種類の外部委託が関与しているにもかかわらず、説明責任が欠如している」という妥当な指摘もあるが、「政府は原子力発電所の安全性を保証している」というやや説得力に欠ける説明もある。

読者がバスの運転手だったとする。踏切が近づいたので出し過ぎてきたスピードを落とそうとしているのだが、ブレーキが壊れていることに気づかない状況を想像してみてほしい。遮断機が下りるのが見えるのだが、なす術なく列車に衝突してしまう。そんな事故が起こることを誰も望んでいないが、想像することは簡単だ。原子力についても同様に、政府の反応を想像することも容易である。

実際、そのような「人的ミス」を防ぐよう何らかの措置を取ってほしいと世論は常に要求する。政府当局は、自分たちが知っている唯一の手段でこれに応えるはずだ。それは規制の大幅強化で、例えば速度制限、車輌の安全性テスト、手動踏切の自動化などを進める。テクノロジーは人間よりも信頼できるという印象を抱きやすいので、規制が強化されれば世論は安心するだろう。だが私たちは、この点をもう少し掘り下げて考えるべきではないだろうか。新たな規制や自動化といった安全対策は、安全性を強化するよりもむしろ弱める可能性があるからだ。

残念なことに、道路や空路、石油掘削装置や原子力発電所など、危険を伴う分野で何か事故が起きるとこうした反応を示すのは規制当局の常套手段で、福島県の原発事故以降続いている論争の中心もまさにこの点、つまり規制強化にある。だが一般的な感覚からも徹底的な調査からもわかっているのは、いくら安全を追求しても、「人」を中心に考えないと意味がないということだ。手続きを増やしてルールをこれまでになく精密化しても何の役にも立たず、予想外の結果が生じるのは目に見えている。そして、関与する人々が問題の核心から離れるほど、状況に不適切な対応をする可能性が高くなる。

深刻な事故の徹底的な検証で最も頻繁に明らかになる問題点は、「人的ミス」にはそれをもたらした構造的原因があるということだ。たとえば、北海の石油生産プラットフォーム「パイパー・アルファ爆発事故」（一六七人が死亡）を調査したイギリス事故調査委員会のウィリアム・カレン委員長は次のように指摘した。

「運営会社が実施する安全管理の質は、プラットフォームの安全にとって基本である。安全基準がどんなに詳細で水準の高いものであったとしても、作業員による管理ミスを補うことはできない」

イギリスで新たに設置された安全衛生庁（ＨＳＥ）は、この結論を踏まえて、安全管理にあたってもっと効果的なアプローチを採るよう各企業に助言した。それはつまり「現場で働く作業員または担当者の抱えるさまざまな問題を上司が配慮するような人間性を尊重するマネジメント」であると。

「人間性を尊重するマネジメント」を実現するのは、石油会社や原子力関連企業にとって容易ではない。それまで主流だったビジネス文化とは非常に異なるからだ。その重要な特徴をいくつか紹介しよう。

①社員は互いの地位の違いを気にせず、いつも直接向き合ってコミュニケーションをとる

なぜこれが、メモや階層を重んじることよりも安全に寄与しやすいのか。多くの事件や事故が起きるのは、

何かの兆候に現場の誰かが気づいても、その報告が間接的に伝わると全体に対する強い警鐘まで発展しないからだ。

さらに、人から人に直接伝えられる情報は、解釈の面でも信頼性の面でも、間接的な情報に比べてはるかに豊かな内容を含んでいる。これは、曖昧な状況を理解する上では特に重要で、何らかの予防的措置を講じる場合にも、あるとないとでは大違いだ。

②現場チームが、作業のプロセスや手順の開発、フォローアップ、改善を主導する

この点は重要だ。なぜなら現場チームは、こうした手順の中に自分たちの持つ非公式な暗黙知をすべて盛り込むので、監視の目がなくても、間違いなくそれを遵守するようになるからだ。作業手順はすべて「現場チームのもの」であり、時々刻々と変化する状況に遅れないよう、改善努力を決して怠らない。

③どの会社でも社員たちは物語やゲームによって教訓を伝える

人的ミスがなぜ起こるかはあまり語られることはないが、きちんとその経緯、結果、防止策を学び後世に伝えるためには、過去の事件に関する物語が重要となる。抽象的な手順書では、こうした叡智を成文化できない。そして、深刻な結果がまだ起きていないのであれば、ゲームでさまざまなシナリオを想定して、多種多様な状況への対応策を講じることができる。

こうした文化がヨーロッパ最大の核エネルギー産出国フランスにはある、と指摘する関係者は少なくない。私たち自身も、問題が発生したときにいつでも対応できるように、極めてスキルの高いチームが現場に常駐している様子を実際に目にする機会もあった。だが規制当局は現場に残っている「人間性を尊重する文化」の促進を原子力業界に要請するのではなく、規制を一段と強めるのではないか、と懸念されている。

自動車を運転する人々の大半が制限速度を守るのはなぜか。警察や速度違反レーダーを恐れているからか。いやそうではない。制限速度を過度に超えないことが自分たちの安全にとって重要だと理解しているからだ。まさに目の前のスピードメーターによって自分自身を監視できるからだ。

このように現在は個々の運転手が判断しているが、その意思決定を位置情報の自動追跡システムが下すようになる、あるいは警察官がすべての公共バスに乗ってスピードを常に監視して判断するようになる未来を想像できるだろうか。規制当局は、人間性を尊重する文化を強化して人を安全手段の中心に置くか、あるいはそれをまったく廃止するかを決定しなければならない。両立は不可能なのだから。

柔軟さこそが複雑さへの解[3]

二〇一二年、ＪＰモルガン・チェースのトレーダー、ブルーノ・マイケル・イクシルが会社に五〇億ドル近くの損失を与えた。それ以前には、ソシエテ・ジェネラル（六〇億ドル以上の損失）、住友商事（三〇億ドル以上）、ベアリングス銀行（一〇億ドル以上の損失で同行は破綻）のトレーダー等が同様の過ちを犯している。こうした惨劇が起きると、そのたびに提案される措置はいつも同じである。規制強化だ。しかし、このような新たな規制をいくらつくっても、将来の大惨事は防げないはずである。

この予測は、システム研究者の間では以前から定説となっている。複雑なシステムが多くの事故を防ぐには、それを監督する組織も、特に人間関係の面で少なくとも同じくらい複雑で密なやりとりが交わされていなければならない、ということだ。

組織モデルが原始的で、さまざまな階層構造や手続きで成り立っていると、人々は警報シグナルを無視したり、誤って解釈したり、情報を隠したり、緊急課題の解決を避けがちになる。過ちを犯したトレーダーの同僚たちは誰も彼らの行動の異常性に気づかなかったと言うが、そんなことがあり得るのだろうか。不透明なコミュニケーションがまかり通り、危機が差し迫っても、自分の問題として対処するどころか「それは自分の仕事ではない」という態度を取らせるような各社の組織慣行とは、いったい何だったのだろう。

一九九五年にベアリングス銀行が破綻して以来、銀行と金融システムはますます複雑になっている。ところが、これらのシステムを監視する組織モデルは、相変わらず従来の階層的な官僚制のままだ。いや実際には、悪化さえしている。現実に、どんなに厳しい規制も、不正を働こうとする従業員の悪行を防げたことはない。とはいえ、規則をきちんと守り、罪を犯そうなどと考えたことすらない九九％の従業員に対しては、警告の役割は何とか果たしてきた――いやむしろ、恐怖を植え付けたかもしれない。

将来の大惨事のリスクを低下させるには、企業は人間関係の面で複雑なやりとりが可能な組織をつくる方法を見つけ出さなければならない。だが私たちはまだその段階に達していない。さらに悪いことに、組織は「人の複雑さ」を簡略化する方向へと変化し続けてきた。官僚制では、人々は基本的に、官僚が支配しやすい単純な存在、あるいはロボットとして扱われ、従業員のほうもその前提に則って行動する。最も情熱的で知的な人々でさえ、官僚制に「飲み込まれる」と、不満を抱えたり斜に構えたりする従業員に変貌する。

第三章で紹介した、バナナを取ろうとするサルがいたら全体に冷水を浴びせる実験がよい例だ。水をかけられたくないサルたちはバナナを取ろうとするサルを攻撃するようになるが、メンバーが入れ替わっていくとその理由がわからなくても、新参者への攻撃に加わるようになる。サルがもし話をできれば、バナナを取ろうと階段を上ることは仲間内でのルール違反だから攻撃するのだ、と説明するだろう。

私たちは、銀行システムやその安全性が「サル」の手中にあると示唆しているのではない。問題は、官僚と官僚制なのだ。そして官僚制は、元々情熱的で知的な人々でも、疑わしい行動に気づいてもそれを見過ごすようにさせてしまう。官僚制に基づくルールは、特に安心や安全、品質のような分野では非常に重要である。しかし、ここで官僚たちは二つの重要な過ちを犯している。

第一に、あらゆる分野にルールが必要だと考えている。第二に、何が正しいルールなのかは、現場よりも自分たちのほうが知っていると考えている。前者の考えによって、たとえば、パソコンのメモリーカード一本を発注するのにさえ公式な承認が必要というルールが生まれる。その結果、大半の人々は自分が信頼されていないと感じるだろう。逆説的だが、社員たちは成果を上げるためにルールを破るようになる。しかし、これよりも私たちが興味深いと思うのは、二つ目の過ちだ。

安全担当の官僚によって手続きが文書化されると、従業員は罰則を恐れてルールを遵守する。なぜその手続きが存在するのか、それがどのような危険に対処したものなのか、あるいはこの危険が自分たちの関わるシステム全体をどのように危うくするかを彼らは知らない。しかし、こうした自分の関心外のこと(この場合で言えば安全性)であっても、もし自分が問題を起こしたとなれば安全担当の官僚から叱責されることを知っている。したがって、人々はすぐに警報シグナルから顔を背けてしまう。

だが、世の中にはこうした官僚制とは明らかに異なり、安全性を非常に真剣に捉えている会社もある(金融セクターの会社もある)。なお、ここで非常に真剣に捉えているのは安全担当の官僚ではなく、現場で役立つ安全手順を自分たちで練り上げた従業員チームだ。人々の複雑なやりとりを可能にする組織形態を追求する企業の数はどんどん増えている。こうした企業は、安全確保がなぜ重要なのか、どのような危険が存在するのか、それはどこに潜んでいるのかを従業員に理解させ、こうした危険に対処する手段を現場でつくるように促す。

安全監視に官僚はまったく必要ない。ただし、安全は戦略的なものなので、こうした企業のリーダーたちは社内の安全確保に積極的に関わっており、現場のチームと定期的に安全について議論する機会を設けている。同時に、自分が抱くビジョンや戦略に関する情報を積極的に共有し、組織内の人々の複雑なやりとりをさらに実現しようとする。だからこそ、銀行のシステムであっても、官僚制を避けながら安全性を確保できる。

こうして、「安全か業績かのいずれかしか実現できない」ではなく、「安全も業績も両立する」組織になれるのだ。

なぜ役所でも自由な働き方が実現できたのか[4]

どうすれば政府組織の効率化のみならず、抜本的な改革を実現できるのか。企業では、製品、プロセス、ビジネスモデル、経営方法に至るまで、イノベーションは多くのリーダーが重視しているが、公的部門でもそうなのか。ここでベルギー社会保障省の事例を紹介しよう。

同省は、公務員の志願者数では常に最低ランクで、ベルギーで最悪の職場としてよく知られていた。それは事実だった。二一〇〇名の職員のうち八〇％は仕事のスキルが不十分で、毎日、堅苦しい雰囲気の建物で平均七時間三六分勤務し、市民にひどいサービスを提供していた。

ところが、二〇〇二年にフランク・バン・マサホーブが次官（公務員としては最高の地位）に就任すると変化が訪れた。バン・マサホーブは業務改革推進チームをつくり、職員の働き方を変えて、市民サービスの改善に着手した。

ところが、三年後の二〇〇五年になっても、この役所の組織構造は何も変わっていなかった。

「あなたは職場で幸せ、あるいは不幸せですか。それはなぜですか」という内部調査への回答から、同省の職員がお金よりも時間を大切にしていることが明らかになった。その衝撃的な内容にもかかわらず、バン・マサホーブは調査結果に驚かなかった。二〇〇二年以降、二週間に一度のペースで職員たちと率直な対話を積み重ねてきた結果、職員の平均通勤時間が往復二時間であることを知っていた。昼食にかかる一時間を加えると、ただオフィスに来るだけで毎日三時間を無駄にしていたわけだ。この調査結果から、役所と自宅のどちらでいつ働くかを職員が選べる仕組みをつくるというアイデアを思いついた。新しい勤務形態に参加するかどうかは各人の意思に委ねられた。

二〇〇八年の調査で、職員の七〇％がこの仕組みに前向きなことがわかったので、法律上の許容範囲である週に最大三日までの自宅勤務が始まった。さらに、二〇〇九年のオフィス移転を機に保管文書の完全デジタル化が実現し、自宅で勤務しやすくなった。これはベルギー政府機関の歴史で最も経費のかからない引っ越しとなった。何しろ書類も什器備品の移動も一切なく、職員は私物をたった一つの箱に詰め込んで、地下鉄で新しいビルに移っただけなのだ。

新庁舎の備品と空間は、より協力関係を築きやすいように構成されていた。固定の席や部屋はなく、常に清潔で融通の利く「フレックス（柔軟）な」オープンスペースのオフィスが提供された。ミーティングやディスカッション用には半仕切りの部屋や防音装置の整った部屋も導入された。出勤するのは作業のためというより、ほとんどの場合が各チームの調整のためだった。

この改革の効果測定を行うと、当初の不安な表情が満足と笑顔に変わっていた。職員の平均勤務時間は、オフィス勤務時代には拘束時間ベースで七時間三六分だったが、在宅勤務に変わると六時間になった。ところが、勤務時間が減ったにもかかわらず、生産性は二〇％も上昇した。しかも、職員の七〇％が最大三日間の自宅勤務を選択したので、従業員一〇名当たり「フレックス・デスク」が七台あれば十分だった。その結果、年間の賃料がおよそ八〇〇万ドル節約できた。

最初からこのような良好な結果を得られたため、バン・マサホーブは他のリーダーたち、とりわけ人事部長のローレンス・バンヒーの支持を得たことで、より抜本的な省内改革に乗り出したのである。今や、社会保障省の職員は誰でも、市民ユーザーに提供するサービスの改善のためであれば、どのようなことも自由に、かつ責任をもって実施できる。つまりこの改革は、当時の社会保障省にとってはもちろん、あらゆる組織に根深く残る階層的な官僚制の解体に他ならなかった。バン・マサホーブの当時のコメントを紹介しよう。

「階層型の組織ではさまざまな問題が見えなくなります。問題に気づいても、それを上に知らせようという人は誰もいません。そんなことをすれば上司に逆らうことになりますから。階層の下では、上司は常に『部下より物をよく知っている人』なのです。従来型組織のマネジャーは権限や権力の象徴を手放すことを恐れています。私たちの組織では、誰もオフィスを持っておりません。もちろん私も。以前のマネジャーは、コーチやファシリテーターとしての役割を担うようになりました。この組織形態に賛否があることは事実です。しかし私は職員のみんなを幸せにしたいんです。それは、単に私が人間好きだからではありません。幸せな人々ほどよく働くし、その結果、私たちの顧客である市民の皆さんへのサービスがよくなるからです」

バン・マサホーブは組織のトップとして管理職が不要だと言っているのではない。サービスを提供しているのは現場の職員なのだから、彼らが最も重要な存在なのだという極めて当たり前の、いわば常識に基づく考え方を示しているのだ。その他の協力者たち――サポート部門の職員、管理職や幹部層は、現場で働く職員のためにサービスを提供している、というわけだ。バン・マサホーブが広さ五〇平方メートルあった執務室を廃止したのも、常識に基づく判断だった。自分が執務室にいる時間を計算してもらったところ、何とわずか三％だったからだ。その結果、年間で二万二五〇〇ドルを超える経費節減につながった。こうした改革をするに当たって、大臣の正式な承認を取る必要はないと判断したのも、同じ常識に基づいたものだった。

この件をメディアを通して知った時、大臣はまったく気を悪くしなかった。いやむしろ喜んだぐらいである。なぜなら、社会保障省の改革努力は市民を幸福にし、ひいては国の経済をよくしていたからだ——ここにも常識が働いたわけだ。

今日、「職員の幸福」のためにデザインされたオフィスはグーグルを彷彿とさせるほどスタイリッシュだ。しかし矛盾するようだが、一三〇〇名の職員のうち九〇〇名は現在も仕事を自宅でこなすことを好んでいる。何しろ、バン・マサホーブが繰り返し強調するように、社会保障省では「好きな場所で、好きな時に、好きな方法で」職員たちが働き方を決める。彼らが極めて意欲的な目標を定めて、チームメンバー同士で公平に負担を引き受けるのは、まさに彼らが信頼と自由を得ているからだ。人事部長のローレンス・バンヒーは次のように説明する。

「こうした状況になっているのは、一人ひとりの職員が、自分は最低限のことをしていれば十分だ、と考えるような公務員ではないからです」

「信頼」にはもちろん、事務用品を自由に使えるという意味もある。つい数年前まで鉛筆一本、消しゴム一個買うのにも申請書に記入しなければならなかった役所で、事務用品を自由に入手できるというのは、カルチャーショック以外の何物でもなかった。そしてこの方式は、経費的にも大きな影響があった。事務用品費が一年で三五％も減少したのだから。もちろん、経費削減は他にも見られた。たとえばエネルギー関連の費用は三〇％減った。社会保障省全体では、一年で八％の経費削減を達成した。ベルギー政府が求めていたのはわずか四％削減だったにもかかわらず、だ。信頼は統制ほど経費がかからないのが常である。

この動きはマスコミでも大いにもてはやされた。社会保障省は二年連続して「全国で最も素晴らしい職場環境」に選出され、フランク・バン・マサホーブは「マネジャー・オブ・ザ・イヤー」、そしてローレンス・バンヒーは、「全国のベストHRディレクター」に選ばれた。もっとも彼女の正式な肩書はHRディレクターではなく、「最高ハピネス責任者」である。なぜなら、彼女いわく「HRとは人事（ヒューマン・リソース）のことではなく、ハピネス・レンダリング（幸福演出）だから」なのだ。

そういうわけで、社会保障省が今や公務員の中で最も配属希望が高い職場になったのも不思議ではない。さらに、同省の改革に魅せられて、隣国のフランスを始め世界中の数千の企業が見学に来ている。官公庁からの見学者もいる。遠くは韓国の財務相も訪ねてきた。そしてもちろん、社会保障省の改革はベルギー国内の他の官公庁にも広がった。ベルギー運輸省は、ロラン・ラデューが次官に就任すると信頼に基づく組織改革に着手した。さらにベルギー政府の人事政策を決定する機関や行政改革大臣も大いに刺激を受けた。実際、ラデューは社会保障省と同じ建物の六階にオフィスを構え、多くのことを吸収して他の政府機関に波及させている。

従業員への信頼と自由に基づく組織を七年以上研究してきた結果、私たちはベルギー社会保障省が、世界中で最も成功を収めた組織の一つだと確信している。ここで「世界中で」とは世界の官民を合わせたあらゆる組織の中で、という意味である。今こそ私たちはベルギーの人たちから学ぶ時ではないだろうか。

「唯一無二のワイン」と「組織」をつなぐもの 5

たった今、あなたが素晴らしいワインを試飲した、と想像してほしい。アマチュアであれば、単にその最高の瞬間を存分に楽しむだろう。だがもし鑑識家であれば、そのワインについてもっと知ろうとするはずだ。産地、品種、土壌、ワインの醸造プロセスを尋ねるに違いない。ブドウはブドウ園全体から採れたものなのか、特定の区画のものなのか。木の樹齢は何年か。農薬は使われているか、それとも有機農法やバイオダイナミックス農法など特別な手法で育てられたのか。そして、醸造に関する疑問に移る。収穫は、手摘みか機械収穫か。タンクはステンレス製か、セメント製か、木製か。複数の品種はバラバラに発酵させたのか、それとも(ブレンド・ワインの場合)発酵前に混合させたのか。熟成は樽を使ったか、使わなかったのか。

アマチュアであれば、こうした質問にはすぐに辟易するだろう。逆に、ワインの鑑識家と生産者は、それぞれの疑問を深めて「どのように」をさらに突き詰めようとするだろう。鑑識家は、技術的な情報があればワインをもっと理解できると考える(ただし、ワインを理解するために必要なのは知識か、それとも直感かについては論争がある)。一方、プロの作り手であるワイン生産者は、魔法のレシピを追求する。

偉大なワインをつくるには技術的な専門知識がかなり必要だ。これは間違いない。私は、フランス、ボルドーのペサック・レオニャンのブドウ園にあった巨大な送風機を覚えている。ワイン生産者は、氷結を避けるために秋に送風機を回して冷たい朝の空気を循環させていた。驚くべきことに、偉大なワイン生産者たちは、自分の持つ専門知識を、鑑識家だけでなく、他のワイン生産者に惜しげもなく教える。フランスのラングドック地方でブドウ園のオーナーになったばかりの元起業家のことを、私は今でも覚えている。彼は、ロワール地域の高名なワイン生産者を訪ねてきた。樽の内部をどう管理しているのか、といった類いの技術的な質問を何十も尋ねたが、ワイン生産者は気軽に答えていた。相当の努力と実験を繰り返して得たはずの秘訣をそんなに簡単に教えられるのか、と怪訝に思ったものだ。

だが、ワイン生産者がまったく気にしていないことは、彼のちょっとしたしぐさに表れていた。技術的な質問にすべて答えながら、他の考えにとらわれているように見えたが、自分のワインを試飲するやいなや表情がパッと明るくなった。時に驚いたような表情を見せ、「こいつは悪くない」とか「これにはもっと力を注ぐべきか」と呟いた。その一言一言で、彼がいかに自分のワインにのめり込んでいるか、いや「愛しているか」がわかった。

愛を成就するためのレシピとは何だろう？　ローマ時代初期の詩人であるオウィディウスが『愛の技法』を書いてから、数え切れないほどの詩が生まれてきた。俗っぽい表現としては、ビートルズは「金で愛は買えない（キャント・バイ・ミー・ラブ）」と歌った。「コンサルタントで愛は買えない」と歌ってもよかったかもしれない。ブドウ栽培とワイン醸造に関する技術は、もちろん切っても切り離せない。特別な農法や緻密な配合をマスターするには大変な知識が必要とされる。コンサルタントがブドウ園オーナーを支援して誕生した優れたワインはたくさんある。鑑識家がワインを試飲すると、こう言うだろう。

「これは素晴らしいメドックだ」

「これは、素晴らしいサンタイネスのピノ・ノワールだ」

ところが、彼が特定のワインのドメーヌ（生産者の区画）や名前を識別することは滅多にない。ただしこれは彼らのせいではない。

同じ地域で、同じ技術を使って生産されたよいワインは必然的に似ているからだ。要するに、ワインは一般的にユニークなものではないのだが、偉大なワインはユニーク、つまり唯一無二のものなのだ。そしてそうさせるのは作り手、すなわち偉大な生産者の、ワインに対する執着である。もちろん、特に初期の段階である程度の技術を覚えればプラスには違いない。だが本質的には、彼がワインにどれだけのめり込んでいるか、つまりテロワール（ワインが生育する環境）とワインをどれだけ愛しているかは、本人次第だ。これは後になって身につけるものではなかった。ビートルズは正しかった。

こうしたワインづくりのあり方と解放企業にはどんな関係があるのだろうか。私はかなり強い関係があると思う。

リーダーが自分の会社を解放するのは、他に例のない、世界トップクラスの偉大な会社をつくるという野心を持っているからだ。そのようなリーダーは、もちろん他の解放企業から大いに刺激を受けるだろう。偉大な生産者であれば、他人がつくった超一流のワインを試飲していないはずがない。ただし、企業のリーダーはレシピを探しに行かない。自分のテロワールを持っているワイン生産者と同じく、自分の会社が他の会社とは違うことをわかっている。自分の会社で働く人々、習慣、歴史――すべてがユニークなのだ。リーダーは自分たちが築き上げてきたこうした蓄積（レガシー）にこだわる。他の会社を選べたかもしれないが、何しろ彼はこの特定の会社にのめり込んでいる。潜在能力を最大限に解放して世界クラスになるという夢は、この会社のためのものなのだ。

だからこそ、彼は他の解放型リーダーの経験を、自分の信念や哲学とは切り離して考える。しかしすぐに、他のリーダーたちも自分自身に近い確信を持っていることに気づく。基本的な原則は違う場所でも現れる、ということだ。ではそれは何か。

①敬意を持つ

自分の土地、ブドウの木と房を尊敬するワイン生産者と同じく、解放型リーダーは人々を心から尊敬している。彼は、あれやこれやの方法で社員の行動を変えようとせず、自然と協力関係が生まれる関係をつくり、誰もが自分の能力を最高に発揮できるようにする。まさに、ブドウの木に敬意を払い、それに耳を傾け、可能な限り最高のブドウ、ひいては最高のワインを生み出すのに最適な自然環境をつくり出す偉大なワイン生産者と同じである。

②徹底的に信頼する

社員をとことん信頼することで、彼らが自分の能力を最大限に発揮しやすい環境を整える。自分のブドウ園の可能性を信じる偉大なワイン生産者と同じく、社員一人ひとりの潜在能力を信じている。そして、誰にでも天賦の才能があると見ている。だからこそリーダーは、一人ひとりの可能性、時には本人自身も気づいていない可能性が解き放たれるような条件をつくり出す。まさにワインと同じである。フランス、ロワール渓谷地方で栽培されているムロン・ド・ブルゴーニュ種を使ったミュスカデ・ワインのような、一部のワイン生産者たちが生み出しているものを見てみるとよい。偉大なワインだ。

③主体性に委ねる

偉大なワイン生産者が、自分のワインの木が持っている「知恵」を信じているのと同じく、解放型リーダーは、社員一人ひとりの知恵、つまり彼らの問題解決力の素晴らしさを信じている。ブドウの木の根は、地中深くにどう伸びていけば水を見つけられるかを知っている。解放企業の社員も同じだ。「誰が何をしているのか」を知っているので、問題の解決策を見つけ出せる。

こうした共通原則はあるものの、解放型リーダーは、他社のリーダーの経験をじっくり観察しながらも、ノウハウを求めようとはしない。他のリーダーが独自の哲学と信念を持ち、それに基づいて独自の解決策を生み出して多くの課題を解決し、自分の会社を解放できたことをよく知っているからだ。自分の哲学と信念を身につけると、解放型リーダーは何をするだろうか。

まず、自分がのめり込んでいる会社の中に育まれてきた人や文化の中に、自分の哲学と信念を統合しようとする。レシピもモデルも示さず、会社に望ましい不文律とはどういうものかを提案してほしいと社員に依頼する。過去の実例を見ると、社内で実践されたルールはすべて敬意や自己実現、主体性の発揮に関連していた。そして、これらの不文律とは相容れない慣行があればそれを挙げて、新たな組織に合った新しい慣行を提案してほしいと依頼する。こうして会社独特の労働環境ができあがると、社員の独創力と潜在能力が解放され、偉大な会社になっていく。

偉大なワイン生産者は、自分の信念、土地への敬意、土地の潜在能力、生産能力とは相容れない習慣をすべて変えようと、テロワールの「声を聞く」。解放型リーダーも同じだ。自分の会社を自分の信念に基づいてつくりかえる。この二つの結果——ブドウ園と企業——は完璧ではないかもしれないが、ユニークであることは間違いない。潜在能力と偉大さを引き出す仕組みをつくったという点で。

ブドウ園はどれくらい長い間、偉大なブドウ園でいられるのだろう。たとえば少なくとも一〇年保てば偉大だとした場合、そこには理由がある。だが、偉大さを失う原因としては何が考えられるだろう。

第一に、それをつくったワイン生産者だ。ある日彼がその地を離れるのだ。誰が後を継ぐのか。ブルゴーニュにあるワイン醸造所ドメーヌ・ド・ラ・ロマネコンティの偉大なワイン生産者オベール・ド・ヴィレーヌが言ったように、自分自身はそのテロワールの単なる「番人(ガーディアン)」にすぎないので、「いつか他の人に譲るために後を継ぐ時が来る」と考える人が継ぐかもしれない。あるいは逆に、自分自身に絶対の自信を持っていて、この土地から自然派の新しいワインを生み出せるはずだ、と挑戦する人が引き継ぐかもしれない。

もう一つの原因は、オーナーだ。彼は前のオーナーと同じように、生産者を信頼するだろうか。もしそうでなければ、彼は自分が引き継いだ財宝(ブドウ園)を台無しにするだろうか。一財産を築く最良の方法は、ブドウ園(環境）に大きく投資することだと言われているのではなかったか。

ワインは反乱しないが、変化する。ある日、アマチュアの、このワインの愛好家がこの地のワインを試飲して、こう言うのだ。

「これは以前と味が違う」

幸運なことに、彼が愛したワインはこれだけではない。他に好きなワインもあるし、毎年、新しいワインが彼の味覚を満たすだろう。

「ご健康を祝します！」

組織を解放する哲学とリーダーシップ[6]

解放企業を支える哲学には定形のモデルはないと思われる。実際、専門性やセクターや地域など、その組織が置かれるさまざまな文化的文脈に沿った方法で社員のニーズに応えようとすれば、その社員たちこそが、自社らしい適切な組織モデルをデザインする方法を知っているからだ。

だからこそ、企業の解放を始めるにあたっては、まず会社の中で実現したい価値観やルールについて社員に尋ねるべきなのだ。答えは企業ごとに異なるだろう。なぜなら、たとえば「本質的な平等へのニーズ」を表現する価値観は、「敬意」「信頼」「善意」「傾聴」「よきユーモア」「公平性」などさまざまに存在するからだ。

こうした価値観に全員の同意が得られたら、次のような問いを考えてみよう。

「私たちの価値観に反しているため、これから取り除くべき慣行や象徴（シンボル）は何か。そして価値観を促進するために採用すべき慣行や象徴（シンボル）は何か」

こうして会社ごとに独特の文化的文脈を反映する多様な組織形態が出現する。

たとえば、フィンランドの解放企業で清掃サービスを提供しているＳＯＬの全社を貫く唯一の価値観は、「ＣＥＯも含めた社員の誰にも、個人のオフィスや社用車、専用駐車場、ビジネスクラスといった『特権』がない」というものだ。しかし、リチャーズ・グループ（アメリカ最大の非上場広告会社）では、同じ平等主義的な価値観ではあるが、社歴の長い社員向けに専用駐車場と景色のよい席が用意されている。

解放企業の組織形態はそれぞれユニークだが、ほぼどこにでも共通している特徴が一つある。それは、業務ユニットの規模が比較的小さいということだ。「小工場（ミニプラント）」「村（ビレッジ）」「快速艇（スピードボート）」「自律型チーム」など呼び名はさまざまだが、どの単位でも二五〇名を超えることはない。人数が多すぎると価値観を共有するのが難しくなるだけでなく、基本的なニーズを満たす慣行を維持するのも容易ではなくなるからだ。たとえば、お互いの名前や顔もわからない環境下で、メンバーが互いへの敬意と信頼を保ちながら、直接、口頭でコミュニケーションをとっていくのは至難の業だろう。だから電子メールによるやりとりが始まってしまう。

企業の解放には定形のモデルがないし、組織づくりのレシピもない。取材した解放型リーダーの中にも、何か特定のモデルを使ったと答えた者はいなかった。ＳＯＬのリサ・ヨロネンのように、「あなたの組織形態をモデル化したい」と研究者から持ちかけられたことがあると話してくれたリーダーはいる。

一方で、自らモデル化を試みた人たちもいる。ＦＡＶＩのゾブリストは、既存の理論の扱いには注意していたが、やがて自社の組織づくりのモデル化に取り組んだ。一九五八年から続く解放企業のゴアでは、二〇〇〇年代初めに、四名の社員が四〇年の歴史を誇る組織文化を体系化し始めた。

一度総括しておくと、すべての解放企業に共通している唯一の要素は、「社内の文化や人間的文脈の中に受け継がれ、唱えられてきた哲学があり、それがユニークな組織形態につながっている」ということだ。だからこそ、企業の解放は、伝統を無視し、多様な現実に単一の理論モデルを押しつける革命ではなく、むしろ急進的な進化なのだ。

それでは、企業の解放においてリーダーはどのような役割を担うのだろうか。一見したところ、彼らは建築家と非常に似ている部分がある。まず構想を練ってから設計を始める建築家のように、企業の解放に乗り出し、結果を保証するレシピも持っていない。その活動は、あらゆる創造的なプロセスと同じくとても複雑なので、リスクが高く苛立たしくなることも多い。だが、似たもの同士の大半がそうであるように、両者は非常に似ているがまったく同じわけでもない。

建築家は、将来誰が建物に住むかには関与しないが、解放型リーダーは、解放企業の主な柱を社員たちと一緒につくる。それはビジョンと、共通の価値観だ（もちろんビジョンについてはまず自分で考えて皆と共有する起業家もいる）。だからこそ、解放企業は、リーダーが社員と協力して行う解放プロセスと密接不可分なのだ。

もう一つの違いは、多くの建築家は自分の名を挙げて独自の存在として認知されようと努力する（当然それは理解できる）が、逆に解放型リーダーはそうした自我（エゴ）を持たず、自分がいなくても済む存在になろうとする、という点だ。これは、信頼、自己実現、主体性の発揮という人々のニーズに応える組織がうまくいく条件とも言える。自分がいなくても済む瞬間が訪れた時こそ、リーダーが解放企業をつくり上げたと主張できるだろう。社員が、上司も決められた手順でもなく自分自身の自由意思と責任で、会社の将来にとってベストだと判断できる企業だ。FAVIのジャン＝フランソワ・ゾブリストが、三年ごとに自分に社長でいてほしいかを社員たちに尋ねたのはこういうわけだ。エイビスのロバート・タウンゼンドは、一九六〇年代はじめに会社を解放し、その後は後任のCEOたちに、五年以上職にとどまらないよう助言した。

解放型リーダーは、このように自らが率いることを嫌い、官僚制を拒否する。彼の目標は、さまざまな問題が社員たちによって解決されて、自分が必要なくなることだ。これに対し、官僚的な組織のトップはさまざまな問題に対処することで、必要不可欠な存在で居続けようとする。

解放型リーダーが歩む4つのステップ[7]

官僚的な組織を改革できるかどうかは、それぞれの職場のリーダーが従業員を解放し、改革後もその状態を維持できるかどうかにかかっている。解放型リーダーたちが学んだ教訓を紹介しよう。

ステップ1　現場の人々に仕事のやり方を指示するのをやめて、彼らの考えた解決策に耳を傾けよう

そして、社員たちが信頼され、公平、平等の精神で扱われるのを阻む官僚的なさまざまな象徴（シンボル）や慣行を廃止しよう。これらは現場の人たちに「皆さんを信用できません。皆さんは基本的に愚かなのです」と毎日言いふらしているのと同じだからだ。さらに、専用駐車場など、経営幹部向けのあらゆる種類の特権も廃止しよう。

伝説的なバスケットボールのコーチ、ジョン・ウッデンはこう言った。

「二流の市民が一流の仕事をすることは難しい。要するに、自分を見下すような組織や仕事に誇りを持つことは難しいということだ」

そしてこう付け加えた。

「これは彼らのせいではない。上に立つあなたのせいなのだ」

だからこそ、この駐車スペースの標識を「取締役」から「訪問者」へ変えるべきだ。

ステップ2　何事も隠し立てせず、組織のビジョンを積極的に共有して、人々にそれを「自分のもの」にしてもらおう

だが、ステップ1の前にこれをしてはならない。平等な扱いをされていなければ、誰もあなたのビジョンを受け入れようとしないからだ。役職や立場にかかわらず、すべてのメンバーと共有しよう。ビジョンを労働組合とも共有すれば「組合のもの」になっていくだろう。ビジョンの実現に近づくためのパフォーマンス指標を設定するのも役に立つ。例えば、「顧客が自社のサービスと最初に接触した時に何％のニーズが解決したか」などが考えられるだろう。

ステップ3　人々の尻を叩くのをやめ、人々が成長し、自分で方向性を決められるような環境づくりをしよう

つまり、自発的なモチベーションを促すということだ。ステップ2を通じてビジョンが人々に理解されれば、あとは彼らに任せておけば大丈夫。もし経営者が社員のモチベーション低下をどうしても避けたいのであれば、相手を鼓舞しようと試みるのは無駄だ。自発的なモチベーションを社員が持てたときに初めて最善の意思決定ができるようになるし、会社のビジョン実現に向けて取り組めるようになるのだ。大半の人々は官僚制を毛嫌いしている。だからその重荷から彼らを解放してあげれば、ビジョンに向かう仕事をするのにはそもそもモチベーションがほとんど必要なくなることに驚くかもしれない。

ステップ4　油断しないようにしよう

社員の自由を守るために、経営者はその文化の守護者（キーパー）になるべきだ。官僚制に慣れた社員は、会社全体のビジョンにとって最善な策を講じるのではなく、いつも新しい手順書をつくって問題解決を図ろうとする。解放型リーダーは、官僚制というウイルスを再び職場に蔓延させないよう気を配らなければならない。まさに「自由を得ることの対価は、永遠の警戒」（トーマス・ジェファーソン）なのだ。

ステークホルダーを多数抱える大企業の解放には時間がかかり、しかも一筋縄ではいかない。働き方を変えるのに近道はない。人間とは、よりよい仕事をしたいし、それができないと苦しくなるものだ、ということを知っておくことは役立つだろう。さらに、人々は変化に抵抗するのではない。変化を押しつけられることに抵抗するのだ。ハーレーダビッドソンの場合は一〇年かかった。組織の解放を目指すリーダーを見つけ出し、彼らにそれを実行するだけの時間を与えられるかどうかで、あなたの企業の変革が成功するか、あるいは失敗するかが決まるのだ。

日本——不信も監視もない世界へようこそ[8]

昨今のビジネスメディアでは、信頼に基づくマネジメントを実践する企業を取り上げるようになってきた。いつ休暇をとるのか、いつどこで働くのかを自由に決める会社もあれば、給与すらも自分で決められる会社もある。どれも新しい話ではない。信頼に基づく企業は数十年以上にわたってこの世界に存在してきたのだ。ところが、どの会社もかなり常識外れのマネジメントに見えるため、そうした企業を「宗教（セクト）」と呼ぶ声すらある。

社員が与えられた環境を利用して悪事を働かないのは、何か変わったことが起きているからに違いない、というわけだ。とはいえ、それはもっともな不安でもある——従来型企業の階層的な官僚制は、隙あらばごまかそうという人々をつくり出す仕組みなので、なおさらだ。しかし仮病やサボタージュ、嘘の数字や報告（しかもさらに監視という隠れたコストが上乗せされる）にもかかわらず従来型企業が生き延びられるのなら、信頼に基づく企業は、三％のただ乗り社員がごまかしたぐらいで経営が揺らぐはずがない。しかも、誰かが信頼を悪用するたびに新たな規制を設けなくても機能している。きちんとルールを守る大多数の社員を犠牲にせずに、ただ乗り社員が排除されるようになっているのだ。

これは一つの宗教（セクト）だろうか？　そうかもしれない、しかしここで働く人々が「おめでたい人たち」でないことは確かだ。信頼にどこまで頼れるかの議論に決着がつくことはないだろう。ただし信頼に基づく企業は、従来型企業の経営者の関心を惹きつけてやまないが、それはまるで、従来型企業に足りない何かを埋めようとしているかのようだ。そして足りないものとは、まさに信頼なのだ。だが精神分析学によると、足りないものを本当の意味で埋めることはできない。囚われから解放されるためにできるのはただ、埋めるのではなく別のものに転換することだけなのだ。

最近、日本に出張予定のできたあるビジネスリーダーが、信頼に基づくビジネスに非常に興味があるので、日本でそういう企業をどこか知らないかと私に尋ねた。私は、参考にするなら代表的な企業ではなく日本社会のあり方です、と助言した。

日本から帰国した多くの欧米人が非常に驚くのは、日本の列車内の光景だ。車掌が車両に入ってくる。乗客全員に向かってお辞儀をする。そして反対側のドアのところまで来ると、振り返ってまたお辞儀をする。それは素晴らしい、と読者は言うかもしれない。だが彼らは切符も点検するんですよね。ええ、もちろんです。けれども、次に紹介するエピソードのことを考えると、わざわざそんなことをしなくてもよいかもしれない。

奈良駅は、日本文化の首都とも言え、多くの観光客が押し寄せる。人通りの多さから判断すると、この駅には大きな土産物店があるはずだ……とここまでは、特筆すべきことではない。だが普通と違うのは、駅のホールと土産物店の間にはドアも壁もないという点だ。駅を歩いて行くと突然、土産物店の通路にいるというわけだ。支払いには店舗の前方に移動しなければならない。「ということは、どこかに警備員が隠れているはずですね」と日本人に尋ねれば「いいえ。なぜなら日本人は盗みを働きません。そして旅行者も盗まないと考えているのです」と説明してくれるだろう。

私は別に特殊な例を持ち出しているのではない。実際自分でも経験したのだから。

最近日本に出張した時のことだ。新幹線に乗って京都駅で降りた時に、プラットフォームで携帯電話（サムスン製のギャラクシー4）がないことに気がついた。社内でポケットから落としたらしい。「これは新品を買い直さなければいけないな」と思いながら駅事務所に出向いた。予想通り、英語を話せる人は誰もいなかった。多くの観光客の不便を和らげるため、「私たちは英語を話します」という大きな標識の横にボランティアの人たちがいて、私の状況を説明してくれた。

駅員の表情を観察してみると、彼は明らかに当惑していた。通訳を通じて私の災難を申し訳ないと言い、私が座席番号を覚えているかと尋ねた。私は覚えていた。すると私の乗っていた新幹線の車掌にすぐに電話をかけた。話し終わると「今、お客様の携帯電話を探しに行きました」とのこと。しばらく待つと電話が来たが、話している駅員の顔が暗くなるのがわかった。

「何も見つからなかったそうです」

しかし、話はそこで終わらなかった。もし列車の中で電話を落としたのであれば――それは間違いないと思っていた――清掃担当者が終点の大阪駅で見つけるだろうと私に告げ、「どうぞ明日のお昼頃においでください」と言った。

翌日の正午に行ってみると、前日に応対してくれた駅員も通訳のボランティアもいなかった。だが私の件を通訳から聞いた、その日当番の駅員の表情が明るくなり、私にスマホを渡してくれた。こうした状況に慣れている私は、ホーム画面など電話の特徴を説明して、「これが本当に私の所有物であることを証明する必要はないですか」と駅員に尋ねた。私はその表情から、その駅員がなぜ私がそんなことを尋ねるのかまったく見当がつかないと思っていることを見て取った（現在は携帯電話を鳴らすなどの最低限の手続きはある）。

私はこの体験を友人の一人に話した。彼は小さな会社の経営者で、日本社会のファンだ。私は自分の話をこう締めくくった。

「日本人は、信頼の欠如を想像できない人々だと思う」

友人の反応はこうだった。

「まさに。そして信頼を前提にすると日々の生活がガラッと変わってしまうよ！」

実際、人々が監視し合うのは互いを信頼していないからだ。見張っているからこそ遅延が起きて、面倒な手続きやいらいらするような問題が起きるといった、隠れたコストが発生する――さらに問題回避のためのコストも馬鹿にならない。だが他の人々に疑念を抱かなければ見張る必要はこれっぽっちもなくなる。

もちろん、「太陽の出ずる国・日本」では何もかもがバラ色というわけではない。とはいえ、本稿の目的はこの国の特徴のすべてを論じることではなく、信頼がいかに大きな役割を果たすかを読者に知っていただければ十分である。

信頼があればいったいどれくらい生活が楽になるか、あらゆる取引や交換がいかに流れやすくなるかを想像してみてほしい。監視や、監視を逃れるために捧げられてきたあらゆる努力が、社員や顧客、取引先、訪問者といった人たちにとって本当に有益なことのために使えるようになるのだ。

本書で紹介した企業はこれを理解している。だからこそ社員を信頼しようと決断したのだ。それによって解放されるエネルギーが新たな価値を生み出し、自分と周囲の人々の生活を豊かにしてくれる力になる、と。

13. Zobrist, La belle histoire de FAVI, pp. 107–8.
14. あるゴアのアソシエート（インドからの移民の第一世代）は、彼が10年以上も勤めているのにまだ「アソシエート」であることを、社会的地位を強く意識する故郷の家族が非常に心配していたという冗談を話してくれた。
15. Townsend, *Up the Organization*, p. 111.
16. Townsend, "Further '*Up the Organization*,'" pp. 86, 89.
17. ジャン=フランソワ・ゾブリスト。ESCP欧州ビジネススクール（パリ）のセミナー（2009年2月18日）。
18. 40業種の「ハウ型」の大企業6,772社を調査したところ、10年以上にわたって競争優位を維持できる企業はわずか2～5%で、20年以上になるとわずか4社であることが判明した。さらに、およそ99%の企業が（大企業も小企業も）社歴40年以内に消滅している (C. I. Stubbart and M. B. Knight, "The Case of the Disappearing Firms: Empirical Evidence and Implications," *Journal of Organizational Behavior* 27, [2002]: pp. 79–100.)。
19. 本人へのインタビュー（2005年8月15日）
20. 本書第2章の注1に述べたように、アンガス・マディソンは1820年から2001年までの間に、西欧諸国の1人当たり国民所得は20倍になったことを突き止めた。つまり、最低限の物質的な生活水準を超えるニーズの充足は、もはや一握りのエリートに限られないのである。先進国の大半の住民は、今や「もっと高度な」、人であるからこそ追求するような普遍的欲求を懸念するようになった。
21. 1957年4月9日にマサチューセッツ工科大学のカンファレンスで発表された論文のタイトル。*The Human Side of Enterprise*[『企業の人間的側面』], pp. 341–56. に再掲された。

エピローグ

1. Brian M. Carney & Isaac Getz, "Google's 20% Mistake," *The Wall Street Journal*, Aug. 27, 2013.
2. Isaac Getz, "Reconnaître l'homme au coeur de la sureté nucléaire", *LeMonde.fr,* July 7, 2011. http://www.lemonde.fr/idees/article/2011/07/07/reconnaitre-l-homme-au-c-ur-de-la-surete-nucleaire_1545122_3232.html.
3. Isaac Getz, "Pour éviter de nouvelles affaires JP Morgan…," *LaTribune.fr*, May 21, 2012. http://www.latribune.fr/opinions/tribunes/20120521trib000699472/pour-eviter-de-nouvelles-affaires-jp-morgan.html.
4. Isaac Getz, "La confiance comme base pour innover l'Etat," *LesEchos.fr*, May 19, 2014. http://www.lesechos.fr/idees-debats/cercle/cercle-98023-la-confiance-comme-base-pour-innover-letat-1006992.php.
5. Isaac Getz, "Cette affection qui libère la grandeur des terroirs et des entreprises," *Huffington Post*, Sept. 2015.
6. Isaac Getz, "L'entreprise libérée est une question de philosophie, ses créateurs des anti-bureaucrates," *LeMonde.fr*, June 5, 2015. http://www.lemonde.fr/emploi/article/2015/06/04/l-entreprise-liberee-est-une-question-de-philosophie-ses-createurs-des-anti-bureaucrates_4647696_1698637.html.
7. Isaac Getz, "How to Liberate the NHS," *The Wall Street Journal*, July 16, 2010.
8. Isaac Getz, "Bienvenue dans le monde sans méfiance, ni contrôle… au Japon," *LeMonde.fr*, Nov. 6, 2014 http://www.lemonde.fr/emploi/article/2014/11/06/bienvenue-dans-le-monde-sans-mefiance-ni-controle-au-japon_4519748_1698637.html.

5. Ibid.
6. R. I. Sutton and A. Hargadon, "Brainstorming Groups in Context: Effectiveness in a Product Design Firm," *Administrative Science Quarterly* 41 (1996): p. 685.
7. ここで引用されているさまざまな哲学者たちの見解や引用は、Sharon Ryan, "Wisdom," Stanford Encyclopedia of Philosophy, http://www.science.uva.nl/~seop/entries/wisdom (accessed November 26, 2008) に基づいている。
8. Aristotle, *Nichomachean Ethics*, (Stillwell, KS: Digireads, 2005), p. 66, VI, 1140a–1140b.[『ニコマコス倫理学(上)(下)』アリストテレス著、高田三郎訳、岩波書店、1971年]
9. J. Kekes, "Wisdom," *American Philosophical Quarterly* 20, no. 3 (1983): p. 280.
10. IDEOの手法は、"The Deep Dive (at IDEO)," a *Nightline* segment that originally aired on ABC on July 13, 1999 に基づいている。
11. Bruce Nussbaum, "The Power of Design," *Business Week*, May 17, 2004, p. 96.
12. Tim Brown, "Design Thinking," *Harvard Business Review*, June 2008, p. 87.
13. See Linda Tischler, "A Designer," *Fast Company*, February 2009, pp. 78–101; and A. G. Lafley と Ram Charan, *The Game-Changer: How You Can Drive Revenue and Profit Growth with Innovation* (New York: Crown Business, 2008).[『ゲームの変革者――イノベーションで収益を伸ばす』A・G・ラフリー、ラム・チャラン著、斎藤聖美訳、日本経済新聞出版、2009年]を参照。
14. Tischler, "A Designer," p. 78–101.
15. 本人へのインタビュー(2008年9月15日)。「経験(エクスペリエンス)チーム」に関するこれ以降の引用は、このインタビューからのものである。
16. 本人へのインタビュー(2008年9月15日)
17. 例として、次を参照のこと。C. A. O'Reilly III and J. Chatman, "Culture as Social Control: Corporations, Cults, and Commitment," *Research in Organizational Behavior* 18 (1996): pp. 157–200.
18. 本人へのインタビュー(2008年5月20日)
19. このことは必ずしも、従来の意味で「最高の」人材を採用することを意味しない。1980年代に、ロバート・タウンゼンドがチャパラル・スチールを訪問した時、彼はゴードン・フォワードにこう言った。「ゴードン、騙したな。ここの社員の皆さんは素晴らしいじゃないか!」(2007年9月25日、ゴードン・フォワードへのインタビュー)

第14章　蝶には編隊飛行ができない理由

1. 本人へのインタビュー(2007年9月25日)
2. 本人へのインタビュー(2008年5月20日)
3. 本人へのインタビュー(2008年5月22日)本章のすべての引用は、チャパラル・スチールのピーターズバーグ工場で、この日に行った社員へのインタビューである。2007年7月に、ジェルダウ・アメリスチールはチャパラル・スチールを42億ドルで買収した。インタビューを行ったときには、チャパラルはまだ新しい親会社への統合のまっただ中だった。チャパラルがジェルダウにとって魅力的な価格になったのは同社の企業文化によるところが多いが、この文化が今後引き継がれるかどうかは、本稿執筆時点ではわかっていない。
4. ハリー・クアッドラッチは、以前の勤め先で敵対的なストライキを目撃していたので、クアッド・グラフィックスの労働組合結成には強く反対していた。その結果、クアッドは組合労働者たちの関心と怒りを買っていたが、今のところ誰もクアッドでの組合づくりに成功した者がいないので、クアッドラッチは社員たちとの間で充実した関係を維持しているとの証拠になっている。
5. Frank Shipper and Charles C. Manz, "Employee Self-Management Without Formally Designated Teams: An Alternative Road to Empowerment," *Organizational Dynamics* 20, no. 3 (1992): pp. 48–61.
6. 本人へのインタビュー(2008年5月18日)
7. 本人へのインタビュー(2005年8月17日)。ツィーマーは2009年初めに引退した。
8. 本人へのインタビュー(2008年5月20日)
9. 本人へのインタビュー(2008年11月26日)
10. 本人へのインタビュー(2008年5月22日)
11. 本人へのインタビュー(2008年5月22日)
12. 本人へのインタビュー(2008年9月8日)

4. Ronald Coase, "The Nature of the Firm," in *The Firm, the Market and the Law* (Chicago: University of Chicago Press, 1990), p. 33–56.
5. *The Peaceable Kingdom*, p. 20.
6. Ibid., p. 142.
7. Ibid., p. 143.
8. 本人へのインタビュー(2006年3月3日)

第12章　解放型リーダーシープの秘密

1. 高等映画学院(パリ)でのカンファレンス(1982年)。このビデオを紹介してくれたジャン=フランソワ・コタンに感謝する。
2. Cited in P. B. Baltes and U. M. Staudinger, "Wisdom: A Metaheuristic (Pragmatic) to Orchestrate Mind and Virtue Toward Excellence," *American Psychologist* 55 (2000): p. 133.
3. 本人へのインタビュー(2008年9月8日)。リサ・ヨロネンの発言は、特に断りのない限りこのときのインタビューのものである。
4. 本人へのインタビュー(2008年7月18日)
5. "The SOL Story," SOL社内文書(2006年2月)
6. 写真：アニー・ニスラSOLの許可を得て掲載した。
7. 2000年、リサ・ヨロネンはSOLの株式の90%を3人の子どもたちに譲渡し、本人は10%のみを保有することにした。しかし、会社の意思決定の多くについて拒否権を行使できる「黄金株」は手元に置いた。ヨロネンは、彼女の言葉を借りれば「子どもたちを幸せにするために」最終決定権を自分に残したのだと言う。
8. リサ・ヨロネンへのインタビュー(2009年5月10日)
9. P. B. Baltes and U. Kunzmann, "The Two Faces of Wisdom: Wisdom as a General Theory of Knowledge and Judgment About Excellence in Mind and Virtue vs. Wisdom as Everyday Realization in People and Products," *Human Development* 47 (2004): pp. 295–96.
10. René Descartes, "Meditations on First Philosophy" in *The Philosophical Writings of Descartes*, Vol. II, trans. John Cottingham, Robert Stoothoff, and Dugald Murdoch (Cambridge: Cambridge University Press, 1984), p. 24.
11. M. W. Morris and K. Peng, "Culture and Cause: American and Chinese Attributions for Social and Physical Events," *Journal of Personality and Social Psychology* 67 (1994): pp. 949–71; and R. E. Nisbett, K. Peng, I. Choi, and A. Norenzayan, "Culture and Systems of Thought: Holistic versus Analytic Cognition," *Psychological Review* 108 (2001): pp. 291–310.
12. F. Lee, M. Hallahan, and T. Herzog, "Explaining Real-Life Events: How Culture and Domain Shape Attributions," *Personality and Social Psychology Bulletin* 22 (1996): pp. 732–41.
13. A. Fernald and H. Morikawa, "Common Themes and Cultural Variations in Japanese and American Mothers' Speech to Infants," *Child Development* 64 (1993): pp. 637–56; and T. Tardif, M. Shatz, and L. Naigles, "Caregiver Speech and Children's Use of Nouns versus Verbs: A Comparison of English, Italian and Mandarin," *Journal of Child Languag*e 24 (1997): pp. 535–65.
14. 本人へのインタビュー(2008年5月22日)
15. 本人へのインタビュー(2008年5月18日)
16. Zobrist, La belle histoire de FAVI, p.1この原則はこの書籍の冒頭にある。

第13章　究極の矛盾

1. 本人へのインタビュー(2008年5月18日)。本章で取り上げるデイビッズの発言は、これと2007年9月24日に行ったインタビューからのものである。
2. 本人へのインタビュー(2008年9月15日)。特に断らない限り、本書におけるケリーの発言は、すべてこのインタビューからのものである。
3. この段落は、一部を次の文書に基づいている。"Designed Chaos: An Interview with David Kelley, Founder and CEO of IDEO," Virtual Advisor, Inc., http://www.va-interactive.com/inbusiness/editorial/bizdev/articles/ideo.html (accessed July 7, 2007).
4. Peter Burrows, "Hewlett & Packard: Architects of the Info Age—The Founding Fathers of Silicon Valley Steered Tech Away from Hierarchy," *Business Week*, March 29, 2004.

問題があるからだ」。実際、デュポンの中央研究所とAT&Tのベル研究所などの調査研究センターでは、特別な人材を引き留めておくために自由な環境がつくられていた。だがこの自由な環境は、両社とも他の部署では維持されていない。今日、「知識労働者」に大きく頼っているトップクラスのコンサルティング会社やソフトウエア会社では、デュポンやAT&Tに似たアプローチが取られている。SASインスティテュートは、ソフトウエア開発担当者の待遇が抜群によく、離職率が極端に低い会社としてよく知られている。グーグルはSASを慎重に研究し、同じようなアプローチを採用した模様である。

8. 本人へのインタビュー(2006年3月2日)
9. 本人へのインタビュー(2007年9月26日)
10. John Fennell, *Ready, Fire, Aim* (Pewaukee, Wisconsin: Quad Graphics, 2006), p. 182.
11. 本人へのインタビュー(2006年3月2日)
12. 本人へのインタビュー(2005年8月15日)
13. 本人へのインタビュー(2007年10月18日)。この部分を執筆してから、ジャック・シュリビッチと当時の社長、ジャック・ライマンは、残念なことに亡くなってしまった。
14. ミルトン・フリードマンはこの言葉をつくった人物として称賛されることが多く、実際このタイトルのベストセラー本も書いたが、このフレーズは一九三〇年代にマスコミで取り上げられ始めたらしい。本当の出所は謎に包まれている。
15. Fabienne Gambrelle and Félix Torres, *Générale de Service Informatique* (Paris, France: Albin Michael, 1996), p. 122.

第10章　「失われたブーツ」を求めて

1. インタビューは2006年3月6日に実施した。同年8月28日、ロバート・マクダーモット将軍は心臓発作からの合併症で86年の生涯を閉じた。
2. 本人へのインタビュー(2006年3月7日)
3. 本人へのインタビュー(2008年2月4日)
4. Avishai Margalit, *The Decent Society* (Cambridge, Massachusetts: Harvard University Press, 1996), p. 217.[『品位ある社会――〈正義の理論〉から〈尊重の物語〉へ』アヴィシャイ マルガリート著、森達也、鈴木将頼、金田耕一訳、風行社、2017年]
5. タウンゼンドが自著の中で、外部のステークホルダー向けの予算策定に関して次のような助言をしているのは興味深い。「大半の貸し手、取締役、オーナーが毎月の財務報告で注目するのは、予算を達成したかどうかという点だ。達成したら、ファイルの中身をよく検討する。達成していなければ、報告書は、下らない質問を延々と繰り出す無知なあら探し屋の元に行く。この苦しみから逃れるには、外部に発表する報告書の概要欄に、ある程度の予防線を張っておくべきだ。そうすれば、社員が数値をゆがめることもなく、あなたの投資家/貸し手に対しても、予算を下回ることなく予想外の不振を相殺するための対応策を確保できる」。Townsend, *Up the Organization*, p. 9. グルノーブルの業務部長がこの一説を読んでいたことはほぼ間違いない。なぜならGSIのマネジャー全員に本書が一部ずつ配られていたからだ。
6. フランス語の*aimer*には「好きだ」という意味と「愛している」の両方の意味があるが、ここでは単に好きだというよりも、愛情に近い。
7. 本人へのインタビュー(2008年5月20日)
8. ライマンがここで用いているフランス語は*justice*だ。彼の他の意見表明では、公平な(フランス語ではjustes)マネジャーに関する議論が示すように、私たちはこれを「公平性」と訳した。
9. フランス語の*bonheur*は、「喜び」とも「幸せ」とも訳せる。
10. 本人へのインタビュー(2008年11月21日)
11. Joel Cutcher-Gershenfeld, "Introduction to the Annotated Edition," in McGregor, *The Human Side of Enterprise*, p. xlii.での引用。

第11章　悪しき常識に立ち向かった者たち

1. 本人へのインタビュー(2006年3月6日)特に断らない限り、本書におけるスタン・リチャーズの発言は、すべてこのインタビューからのものである。
2. Stan Richards, *The Peaceable Kingdom* (New York: John Wiley, 2001).
3. Ibid., p. 9. リチャーズはマディソン・アベニューにある広告会社の雰囲気を冷戦時代の米ソ関係によくたとえる。

に最低限必要な物質的ニーズは、もはや少数のエリートだけが充たされているのではなくて、先進国の大半の人々が手にしている。

19. デシとライアンは、関係性を「愛し思いやり、愛され思いやられたいという欲望」、能力の発揮を「環境に影響を及ぼし、その中で価値の高い結果を達成する傾向」、そして自律性を「経験と態度を自ら組み立て、活動を自らの統合された自己意識と調和させたいという欲望」と定義している。Deci and Ryan, "The 'What' and 'Why' of Goal Pursuits," p. 231.
20. 私たちは、2つの理由によって、人の普遍的なニーズを示すには、デシとライアンの「関係性」「能力の発揮」「自律性」よりも、「本質的な意味での平等」「成長」「主体性」の方が望ましいと考える。第1に、「能力の発揮(コンピテンシー)」や「自律性」といった用語は、経営では特別な意味がある。「能力の発揮」は、指揮命令的な「コンピテンシー・マネジメント」に見られるように、人事用語として使われることが多く、「自律性」は、会社内における統制との「バランス」で論じられることが多い。第2に、人々はそもそも善良で、主体性と自制心があるというマクレガーの説を私たちはより支持しているからである。
21. Dabney, *Mr. Jefferson's University*, p. 6.
22. Ellis, *American Sphinx*, p. 338.
23. Ibid., p. 310.
24. Dabney, *Mr. Jefferson's University*, p. 21.
25. "History of the Honor Commitee," University of Virginia, http://www.virginia.edu/honor/intro/honorhistory.html (2008年6月12日に閲覧). タッカーの自由と責任に対する信奉は、家族教育の賜物かもしれない。父親であるセント・ジョージ・タッカー判事は、アメリカ版ブラックストーンの編者として知られるばかりでなく、1803年にはアメリカ合衆国憲法の最初の論評を執筆し、次のように書いた。「権利章典(アメリカ合衆国憲法の人権保護規定)は、設立されようとしている政府に法律を与え、制限を課すだけでなく、人民に情報を与えることを意図していると考えてもよい。思索的真理を基本法に還元することによって、能力と理解力の乏しいすべての人が自分自身の権利について学び、どういう時にそれが犯されるかを知ることができる」。*View of the Constitution of the United States with Selected Writings* (Indianapolis: Liberty Fund 1999) からの引用。
26. この事例の出所は次の通り。Lars Kolind, *The Second Cycle: Winning the War Against Bureaucracy* (Philadelphia: Wharton School Publishing, 2006); N. J. Foss, "Selective Intervention and Internal Hybrids: Interpreting and Learning from the Rise and Decline of the Oticon Spaghetti Organization," *Organization Science* 14 (2003): pp. 331–49; N. J. Foss, "Internal Disaggregation in Oticon: Interpreting and Learning from the Rise and Decline of the Spaghetti Organization" (working paper, Department of Industrial Economics and Strategy, Copenhagen Business School, 2000); Pernille Eskerod, "Organising by Projects: Experiences from Oticon's Product Development Function," in *Managing the Unmanageable for a Decade*, ed. Mette Morsing and Kristian Eiberg (Hellerup, Denmark: Oticon, 1998), pp. 78–90; Tom Peters, *Liberation Management* (New York: Ballantine Books, 1994), pp. 201–4; および、ラース・コリンドに対する電子メールによるインタビュー(2007年5月)
27. Kolind, *Second Cycle*, pp. 195–196
28. Ibid., p. 115.
29. Eskerod, "Organising by Projects," p. 87.
30. Kolind, *Second Cycle*, pp. 209.

第9章　セルフ・モチベーション

1. Warren Bennis and Robert Townsend, *Reinventing Leadership* (New York: Quill, 1995), pp. 66–67.
2. Ibid., p. 67.
3. Ibid.
4. Ibid., p. 68.
5. Ibid., p. 75.
6. 本人へのインタビュー(2005年8月15日)
7. マクレガーの『プロフェッショナル・マネジャー』の編集者注記でワーレン・ベニスが述べているように(*Professional Manager* (p. 14, note 5))、「この科学分野の研究所では……経営陣は(自由を重んじる環境の構築)に向けて相当の努力を惜しまなかった。その主な理由は、人に関する新しい発想を受け入れたからというよりもむしろ、優秀な科学者を獲得して引き留めるのが非常に難しいという

第8章　解放が失敗するとき

1. トマス・ジェファーソンからリチャード・プライスへの書簡（1789年）
2. トマス・ジェファーソンからジョセフ・C・キャベルへの書簡（1818年）
3. バージニア大学設立プロジェクトの描写は、Virginius Dabney, *Mr. Jefferson's University: A History* (Charlottesville: University Press of Virginia, 1981); Joseph J. Ellis, *American Sphinx* (New York: Knopf, 1997); Daniel Walker Howe, "Religion and Education in the Young Republic," in *Figures in the Carpet: Finding the Human Person in the American Past*, ed. Wilfred M. McClay (Grand Rapids, Michigan: Wm. B. Eerdmans Publishing, 2007), p. 382, およびバージニア大学学長、ジョン・T・キャスティーンへのインタビュー（2008年5月21日）に基づいている。
4. とはいえ、学位を取得するには、学生は少なくとも3つの「科（スクール）」と呼ばれる分野で試験に合格しなければならない。あるいは、1つ以上の科で課せられる課題を終了することによって「卒業認定証」を得ることもできた。なお、「科」は今日では学部に相当すると思われる。
5. Dabney, *Mr. Jefferson's University*, p. 8.
6. 言うまでもないことだが、ジェファーソンの時代には、アメリカに住む全員が文字通りの平等というわけではなかった。ただし1819年の時点で、「この地球上でジェファーソンほど奴隷制度を終わらせたい者はいなかった」（Ellis, *American Sphinx*, p. 317）。だが、奴隷制度を廃止しようとすると、南部地域の経済に破壊的影響を及ぼすことは避けられず、代替案を見つけることができなかったのである。
7. 目に見える報酬に関する論争は、心理学者たちの間では完全には解決していない（例えば R. Eisenberger, W. D. Pierce, and J. Cameron, "Effects of Reward on Intrinsic Motivation—Negative, Neutral, and Positive: Comment on Deci, Koestner, and Ryan," *Psychological Bulletin* 125 [1999]: pp. 677–91を参照のこと）。子どものサッカーについての逸話をめぐる議論、およびそれと類似の実験は、目に見える報酬の悪影響が問題なのではなく、最初に約束し、後になってからその報酬をなしにしたことが問題なのだとする研究者もいる。しかし、これはまさに、企業における賞与や特典にほぼついて回る問題に他ならない。それは会社の業績が傾いたり、景気が悪くなると必ず表面化する。しかし、ここで重要なことは、目に見える報酬が動機づけにおよぼす悪影響に関する心理学者たちの知見がHOW企業では事実上無視されている、ということだ。
8. 本人へのインタビュー（2007年9月24日）
9. John Dewey, *The Later Works*, 1925–1953, ed. Jo Ann Boydston (Carbondale and Edwardsville: Southern Illinois University Press, 1985), 12, p. 112.
10. D. L. Rubenson, "Art and Science, Ancient and Modern: A Psycho-economic Perspective on Domain Differences in Creativity," in *Creative Intelligence: Toward Theoretic Integration*, ed. D. Ambrose, L. M. Cohen, and A. J. Tannenbaum (Cresskill, New Jersey: Hampton Press, Inc., 2003), pp. 131–46.
11. Robert J. Sternberg and Todd I. Lubart, *Defying the Crowd: Cultivating Creativity in a Culture of Conformity* (New York: Free Press, 1995), pp. 93–94.
12. Douglas McGregor, *The Professional Manager* (New York: McGraw-Hill,1967), pp. 10–11.［『プロフェッショナルマネジャー』］強調部分は原著者による。
13. McGregor, *The Human Side of Enterprise*, p. 265.［『企業の人間的側面』］
14. Townsend, *Up the Organization*, p. 96.
15. Blaise Pascal, *Pensées*, trans. W. F. Trotter (New York: P. F. Collier and Son, 1909–14), p. 347.［『パンセ（上下）』パスカル著、塩川徹也訳、岩波文庫、2015年］
16. デシ、リアンらの見解と調査は、Edward Deci and Richard Ryan, "The 'What' and 'Why' of Goal Pursuits: Human Needs and the Self-Determination of Behavior," *Psychological Inquiry* 11 (2000): pp. 227–68; and M. Gagné and Edward Deci, "Self-Determination Theory and Work Motivation," *Journal of Organizational Behavior* 26 (2005): pp. 331–62に基づいている。
17. マズローの欲求段階説で最高位のニーズ（自己実現）が十分に満たされることはないので、人々はいつまでもそれを満たすために新たな行動を取るという主張はあり得る。これは、ほんの一部の人間にとっては真理かもしれないが、満たされていないニーズに対する見解も研究者によって非常に異なる。マズローは、満たされていないニーズは「自分が減らそうとすることから来る葛藤」から生じていると捉え、デシとリアンは「栄養分になる」と捉えている。
18. 私たちは身体的ニーズと安定のニーズを無視しているわけではない。絶えず飢えているか傷ついている子どもは、あきらかに遊びに興じることはないだろう。職場では、従業員の過半数が、基本的な身体的ニーズと安定のニーズを満たされているかどうかは、もちろん議論の余地がある。先進国で働く従業員に関しては、アンガス・マディソンが示したように（第2章の原注1を参照）、生活のため

4. Robert Townsend, "Further '*Up the Organization*,'" *Playboy*, July 1970, pp. 86, 89.
5. Townsend, *Up the Organization*, p. 66.
6. Ibid., p. xxviii. ちなみに、アメリカンフットボールにおける「クォーターバック」とヨーロッパのサッカーにおける「ウォーターボーイ」と類似している。ウォーターボーイとはディフェンシブ側のミッドフィルダーのポジションのことであまり目立つポジションではないが、ほかのプレーヤーたちがプレーしやすくなるような仕事をするという点で、非常に重要な役割を担っており、大試合でMVPに選ばれることも多い。2006年ワールドカップで準優勝した時のフランス代表クロード・マケレレと、2008年欧州選手権で優勝したスペイン代表マルコス・セナが代表格だ。
7. 「サーバントリーダーシップ」という考え方はロバート・グリーンリーフによって提唱された。サーバントリーダーは、社員を単に平等に取り扱っているわけではない。社員が顧客を満足させ、付加価値を高めるのだから、リーダーは彼らに奉仕する役割を担うのだ。グリーンリーフ著『サーバントリーダーシップ』を参照のこと。
8. Bob Davids, "How Robert Townsend Talked Me Out of Getting an MBA," preface to Townsend, *Up the Organization*, p. xx.
9. Ricardo Semler, *Maverick: The Success Story Behind the World's Most Unusual Workplace* (London: Random House, 1993), p. 68. [『セムラーイズム――全員参加の経営革命』リカルド・セムラー著、岡本豊訳、ソフトバンククリエイティブ、2006年]
10. Teerlink and Ozley, More Than a Motorcycle, p. 54.[『ハーレーダビッドソン経営再生への道』]
11. Ibid., p. 19.
12. Ibid., p. 16. 興味深いことに、アメリカで最も「トップへの依存度が高い」組織で、最近メンバーの自由化運動の事例がある――軍隊だ。デイビッド・マルケは著書『米海軍で屈指の潜水艦艦長による「最強組織」の作り方』(花塚恵訳、東洋経済新報社、2014年)の中で、どのように原子力潜水艦を、1年間でアメリカ海軍で最悪の潜水艦から最高の艦に生まれ変わらせたかを描いている。 L. David Marquet, Turn the Ship Around!: A True Story of Turning Followers into Leaders (New York, Portfolio, 2013).
13. Ibid., p. 49.
14. Ibid., p. 137.
15. Ibid., p. 129.
16. Ibid., p. 135.

第7章　既存企業を解放する

1. ゾブリストとFAVIに関するここからの描写は、2005年4月8日と2006年1月25日に行ったゾブリストへのインタビューに基づいている。筆者らは、ゾブリストの著書 *La belle histoire de FAVI* [FAVIの素晴らしい物語] とFAVIのウェブサイト http://www.favi.com/ で閲覧したノートからの資料も利用している。私たちはすべての資料を翻訳した。英訳および編集されたゾブリスト関連の他の資料は、Shoji Shiba et al., *Transformation Case Studies* (Salem, New Hampshire: GOAL/QPC, 2006), pp. 3–20. を参照のこと。
2. Zobrist, *La belle histoire de FAVI*, p.26.
3. 後日、ゾブリストは自社の社員に対するこうした話し方はピカルディの地元の人々の嗜好に合わせたのだと振り返った。こうした下卑た表現を経営手法として標榜しているわけではない。
4. Douglas McGregor, *The Professional Manager* (New York: McGraw-Hill,1967), pp. 67– 68.[『プロフェッショナル・マネジャー』ダグラス・マグレガー著、逸見純昌、北野徹、斉藤昇敬 訳、産業能率大学出版部、1968年]
5. David Montgomery, *The Fall of the House of Labor: The Workplace, the State, and American Labor* Activism, 1865–1925 (New York: Cambridge University Press, 1987), p. 251.
6. ここで、ゾブリストはお気に入りのフレーズ"faire en allant"を使っている。「歩きながらする」という意味だ。他の機会には、ある映画のヒーローが遭遇したエピソードを紹介している。運転していた自動車のブレーキが砂漠で壊れると、ジェリー缶(燃料を入れておくための19リットル缶)を持って歩き始める。聡明な仲間がどこに行くのかと尋ねると、ヒーローはこう答える。「僕は座ったままの10人のインテリよりも、歩き続ける馬鹿のほうが好きなんだ」。ゾブリストは過激なモデルでうまくいくとは考えていなかったが、FAVI独自の方法を発見できると信じていた。
7. Jean-Christian Fauvet, *Comprendre les conflits sociaux* (Paris: Editions d'Organisation, 1973).
8. Vasily Grossman, *Life and Fate* (New York: New York Review Books Classics, 2006), pp. 82–83. [『人生と運命』ワシーリー・グロスマン著、斎藤紘一訳、みすず書房、2012年]

7. マックス・デプリーの好んだ言葉。デプリーは、自身の説明によると、世界的家具メーカー、ハーマンミラー(アーロン・オフィス・チェアで有名)のCEOとして、社員が自由に働ける環境をつくり上げた。
8. 1999年、ボブはラディカのCEOを退任し、シー・スモーク・セラーズの経営に専念することになった。2006年に、マッテルはラディカを2億3000万ドルで買収した。

第5章　始めた理由

1. *Online Encyclopedia*, "Wilkens, Lenny (1937-). Basketball coach, basket- ball player, Early life, Chronology, First taste of intolerance, Another shot at the Olympics," http://encyclopedia.jrank.org/articles/pages/4513/Wilkens-Lenny-1937.html(accessed January 22, 2009). 2010年に、勝利数はドン・ネルソンに抜かれた。
2. 本人へのインタビュー(2006年3月3日)
3. Robert K. Greenleaf, *Servant Leadership* (New York: Paulist Press, 2002), pp. 24–25. [『サーバントリーダーシップ』ロバート・K・グリーンリーフ著、金井壽宏監訳、金井真弓訳、英治出版、2008年] 強調部分は原著。
4. Albert Camus, *The First Man* (New York: Penguin, 1996), p. 256 for the first sentence, then, p. 241; [『最初の人間』アルベール・カミュ著、大久保敏彦訳、新潮社、2012年] 強調部分は原著。
5. このビジネス戦略に相当する専門用語は、「ジョージ・コスタンザ」と呼ばれている。これは、「となりのサインフェルド」というアメリカの国民的コメディドラマの86話「あべこべで人生バラ色」というエピソードから来ている(1994年5月19日にNBCで放映)。
6. Sun Hydraulics, *Observations from Bob Koski and Clyde Nixon*, no. 7 (2003).
7. 本人へのインタビュー(2008年5月20日)
8. Linda A. Hill and Jennifer M. Suesse, "Sun Hydraulics: Leading in Tough Times (A)," Harvard Business School case study, 2003, p. 1.
9. Sun Hydraulics, *Observations from Bob Koski and Clyde Nixon*, no. 7 (2003).
10. Sun Hydraulics, *Observations from Bob Koski and Clyde Nixon*, nos. 1–2 (2003).
11. 本書への掲載を許可してくれたボブ・コスキに感謝する。
12. Ibid., no.1. ここで「投資家」に引用符が付されているのは、サン・ハイドローリックスにとって「投資家」とは株主だけでなく、顧客やサプライヤーも意味するから。
13. デュポンには、いや当時のAT&Tそのほかの研究開発型企業にハウ型の環境と自由な環境が同居していたことに矛盾はない。科学者とエンジニアの不足と、研究開発部門(R&D)での高い離職率に直面し、こうした企業はR&Dに「自由の孤島」をつくり出した。大学の研究室の文化に触発され、人々は追求したいプロジェクトやビジネスをどう進めるかについて自由に決めることができた。しかし、ビル・ゴアにとって残念だったことに、こうした「自由な島」は、会社のほかの部門には拡大しなかった(第9章の原注7を参照のこと)。
14. 次の発言は、ビル・ゴアの社内用メモ「ラティス(格子状)組織――企業のひとつのあり方」(1976年5月7日)に基づいている。その表紙には、ビルの妻であるジュネヴィーヴが次のように書いている。「添付されているのは、ビルがさまざまな機会に話してきたものを文書化したものです。多くの人々が以前に聞いたことがあると思いますが、読んでみるのも悪くないと思います。初めての方へ:これは私たちの会社の基本原則の多くについての概要を説明したものです」
15. Ibid., p. 4.
16. Ibid., p. 5.
17. Richard Arter。電子メールでのやりとりから(2009年1月30日)。
18. 本人へのインタビュー(2007年9月24日)
19. 本人へのインタビュー(2007年9月24日)

第6章　真に「平等な関係」を目指す

1. ハーレーダビッドソンとリチャード・ティアリンクに関する本章の記述は、すべてティアリンクへのインタビュー(2007年9月27日に実施)および『ハーレーダビッドソン経営再生への道』に基づいている。注のついていない引用句は我々によるインタビューからのものである。
2. "Telluride Town History," Mountain Studies Institute, http://www.mountainstudies.org/databank/history/Towns/Telluride.htm, (2008年9月29日に閲覧した)。
3. ハーレーのヨーク工場(ペンシルベニア州)は、ハーレーの新しい文化にかなり抵抗を続けた。2007年2月には2週間のストライキを打って会社全体の生産に影響を与えた。

402–9; S. Cartwight and C. L. Cooper, *Managing Workplace Stress* (Thousand Oaks, California: Sage, 1997); "Are You Working Too Hard? A Conversation with Herbert Benson, M.D.," *Harvard Business Review*, November 2005, pp. 53–58; L. M. Cortina, V. J. Magley, J. H. Williams, and R. D. Langhout, "Incivility in the Workplace: Incidence and Impact," *Journal of Occupational Health Psychology* 6 (2001): pp. 64–80; R. S. Lazarus and S. Folkman, *Stress, Appraisal, and Coping* (New York: Springer, 1984); J. H. Neuman, "Injustice, Stress, and Aggression in Organizations," in *The Dark Side of Organizational Behavior*, ed. R. W. Griffin and A.M. O'Leary-Kelly (San Francisco: Jossey-Bass, 2004), pp. 62–102; Anne G. Perkins, "Medical Costs," *Harvard Business Review* 72, no. 6 (November-December 1994): p. 12; Oakley Ray, "How the Mind Hurts and Heals the Body," *American Psychologist* 59, no. 1 (2004): pp. 29–40; Paul E. Spector, "Employee Control and Occupational Stress," *Current Directions in Psychological Science* no. 4 (2002): pp. 133–36; and Joanne Wojcik, "Cutting Costs of Stress," *Business Insurance* 35, no. 13, March 26, 2001, pp. 1–2.

28. "Gallup Study: Engaged Employees Inspire Company Innovation."
29. ここで示された事例は"Workplace Aggression Research Questionnaire," Neuman, "Injustice, Stress, and Aggression," p. 66からの抜粋。
30. Bosma, Stansfeld, and Marmot, "Job Control, Personal Characteristics, and Heart Disease," p. 406

第３章　職人からオートメーションへ

1. バーミンガムと月光協会（ルナー・ソサエティ）に関する説明は、Jenny Uglow, *The Lunar Men: Five Friends Whose Curiosity Changed the World* (New York: Farrar, Straus and Giroux, 2002)に依拠している。
2. 「馬力」という用語は、ワットとボールトンのおかげでできた用語である。2人は、自分たちがエンジンを売り込む相手企業から手数料を取るというビジネスモデルを採用した。工場や鉱山は、エンジン1台を導入すると、いったい何頭の馬を省力化できるかを推定し、その値に基づいて手数料が計算された。エンジンが強力であればあるほど不要な馬が増え、ワットとボールトンのロイヤルティが増えるという取り決めだった。
3. Uglow, *The Lunar Men*, p. 199.
4. *Encyclopaedia Britannica Online*, s. v. "Work, history of the organization of," http://www.britannica.com/eb/article-67037 (2008年2月15日にアクセスした).
5. David Mckie, "Last Train to Etruria," *Guardian*, November 16, 2005.
6. Richard Weaver, *Ideas Have Consequences* (Chicago: University of Chicago Press, 1948).
7. *Encyclopaedia Britannica Online*, "Work, history of the organization of."
8. Tim Lambert, "A History of Northampton," http://www.localhistories.org/northampton.html (2009年1月28日にアクセス)。
9. 本書の霊長類に関する記述については、次の記事を参考にしている。Robert Sapolsky, "Culture in Animals: The Case of a Non-human Primate Culture of Low Aggression and High Affiliation," *Social Forces* 85, no. 1 (2006): pp. 217–33; Robert Sapolsky, "A Natural History of Peace," *Foreign Affairs* 85, no. 1 (January–February 2006); and G. Hohmann and B. Fruth, "Intra- and Inter-Sexual Aggression by Bonobos in the Context of Mating," *Behaviour* 140 (2003): pp. 1389–1413.
10. F. B. M. de Waal and D. L. Johanowicz, "Modification of Reconciliation Behavior Through Social Experience: An Experiment with Two Macaque Species," *Child Development* 64 (1993): pp. 897–908; and F.B.M. de Waal, "Peace Lessons from an Unlikely Source," *PLoS Biology* 2, no. 4 (2004): pp. 434–36.

第４章　「自由」＝「何でもあり」ではない

1. 本人へのインタビュー（2007年9月24日）ボブ・デイビッズによると、このアプローチはロバート・タウンゼンドから拝借したとのこと。
2. 本人へのインタビュー（2007年9月24日）
3. クリス・カーランへのインタビュー（2007年9月24日）
4. 本人へのインタビュー（2006年3月1日）
5. 本人へのインタビュー（2006年3月3日）
6. 電話インタビュー（2008年8月7日）

3. James Hoopes, *False Prophets: The Gurus Who Created Modern Management and Why Their Ideas Are Bad for Business Today* (New York: Perseus Books,2003), p. xv.[『経営理論 偽りの系譜――マネジメント思想の巨人たちの功罪』ジェームズ・フーブス著、有賀裕子訳、東洋経済新報社、2006年]
4. マックス・ウェーバー以降の主要経済思想家たちの多く(メアリー・パーカー・フォレット、ピーター・ドラッカー、W・エドワーズ・デミング、トム・ピーターース、ラッセル・アコフ、スマントラ・ゴシャール、ゲイリー・ハメル) は、ウェーバーの意見に反対し、官僚主義に対しては極めて悲観的な見方をしてきた。
5. 主要な経済思想家たちの見方に対する懐疑的な議論については、ジェームズ・フーブスの『経営理論 偽りの系譜』を参照のこと。
6. Isaac Getz and Alan G. Robinson, *Vos idées changent tous!* [あなたのアイデアがすべてを変える!] (Paris: Editions d'Organisation, 2007).
7. Rahul Jacob, "TQM: More Than a Dying Fad?" *Fortune*, October 18, 1993, pp. 66–72.
8. Jeffrey K. Liker and Michael Hoseus, *Toyota Culture: The Heart and Soul of the Toyota Way* (New York: McGraw-Hill, 2008).
9. Ibid., pp. 381-82.
10. リチャード・ティアリンクへのインタビュー(2005年8月15日)。
11. Christine Buckley, (London), August 5, 2004.
12. 本人へのインタビュー(2007年9月25日)
13. Gallup's State of the American Workplace, 2013.
14. Isaac Getz and Alan G. Robinson, "Innovate or Die: Is That a Fact?" *Creativity and Innovation Management* 12, no. 3 (2003): pp. 130–36.
15. G. A. Stevens and J. Burley, "3,000 Raw Ideas = 1 Commercial Success!" *Research-Technology Management*, May–June 1997, pp. 16–27.
16. D. Harhoff, F. Narin, F. M. Scherer, and K. Vopel, "Citation Frequency and the Value of Patented Inventions," *The Review of Economics and Statistics* 81, no. 3 (1999): pp. 511–15.
17. "The TR Patent Scorecard 2001," *Technology Review*, May 2001, pp. 48–49. その後、IBMは特許件数がイノベーションにとって役に立たないばかりか、有害ですらあることを認めた。"Why Technologists Want Fewer Patents," *Wall Street Journal*, June 15, 2009, p. A13.
18. Florida and Kenney, *Breakthrough Illusion*, p. 171.
19. 本人へのインタビュー(2005年8月19日)
20. 本人へのインタビュー(2007年9月25日)
21. "Gallup Study: Engaged Employees Inspire Company Innovation," *The Gallup Management Journal*, October 12, 2006, http://gmj.gallup.com/ (accessed July 3, 2008).
22. 2015年11月に実施されたギャラップ社のエンゲージメント調査の結果は、それ以前の調査とは若干異なっている。2013年の調査では、「やる気を感じている」と答えた社員が32%、「やる気を感じていない」あるいは「反感を抱いている」と答えた割合は68%となっている。
23. Jeffery McCracken, ' "Way Forward' Requires Culture Shift at Ford," *Wall Street Journal*, January 23, 2006; and Dee-Ann Durbin, "Ford's Restructuring Plan Calls for 30,000 Job Cuts," Associated Press, 2005,http://www.staugustine .com/PalmPilot/stories/012406/new_3595454.html (2007年5月25日にアクセス).
24. "'Churn': How to Reduce Customer Abandonment," *The Marketing Intelligence Review*, no. 6, December 2005, http://www.daemonquest.com/en/the _marketing_intelligence_review/6/1192 (2008年12月14日にアクセス).値段の高さを理由にした顧客の割合はわずか24%だった。驚いたことに、各社の経営幹部が顧客離反の主な理由を尋ねられると、50%が「価格」と回答し、「お粗末な顧客サービス」と考えていた人の割合は21%だった。
25. G. Gitelson, J. W. Bing, and L. Laroche, "The Impact of Culture on Mergers & Acquisitions," *CMA Management*, March 2001, http://www.itapintl.com/(2007年5月15日にアクセス).
26. Towers Perrin-ISR, "Engaged Employees Drive the Bottom Line," http://www.isrsurveys.com/ (accessed April 20, 2007).
27. 職場のストレスと健康への影響に関するこれ以降の著述は、次に依っている。William Atkinson, "Managing Stress," *Electrical World* 214, no. 6 (November-December 2000): pp. 41–42; Hans Bosma, Stephen Stansfeld, and Michael Marmot, "Job Control, Personal Characteristics, and Heart Disease," *Journal of Occupational Health Psychology* 3, no. 4 (October 1998): pp.

原注

はじめに

1. Richard Florida and Martin Kenney, *The Breakthrough Illusion: Corporate America's Failure to Move from Innovation to Mass Production* (New York: Basic Books, 1990), p. 157. からの引用。
2. 本人へのインタビュー(2008年5月17日)。
3. Robert C. Townsend, *Up the Organization: How to Stop the Corporation from Stifling People and Strangling Profits*, commemorative ed. (San Francisco: Jossey-Bass, 2007), p. 59.
4. In Tom Peters and Robert Townsend, *Winning Management Strategies for the Real World* (Niles, Illinois: Nightingale Conant Corp, 1986), audio-cassette.
5. Douglas McGregor, *The Human Side of Enterprise*, annotated ed. (NewYork: McGraw-Hill, 2006), pp. 45–46.[『企業の人間的側面』ダグラス・マグレガー著、高橋達男訳、産業能率大学、新版 新訳版、1970年]
6. Ibid., pp. 65– 66.
7. Warren Bennis, foreword to McGregor, *The Human Side of Enterprise*, p.xx.[『企業の人間的側面』へのウォーレン・ベニスによる序文]
8. ESCP欧州ビジネススクールでのセミナー(2009年2月18日)

第1章　動き出すフリーダム・インク

1. Alan Deutschman, "The Fabric of Creativity," *Fast Company*, December 2004, pp. 54– 60.
2. 本人へのインタビュー(2006年3月1日)
3. Peter Marsh and Stefan Stern, "The Chaos Theory of Leadership," *Financial Times*, December 2, 2008.
4. Deutschman, "The Fabric of Creativity."
5. Jean-François Zobrist, *La belle histoire de FAVI: L'entreprise qui croit que l'homme est bon* (Tome 1: Nos belles histoires) [FAVIの素敵な物語——人は素晴らしいものだと信じている会社(第1巻:私たちの素敵な物語)] (Paris: Humanisme et Organisations, 2007), pp. 24-25. 同書の裏表紙には、その著者が「ファヴィエン(FAVIの大ファン)」で、他のファヴィエンたちから聞いた話を「書き留めた」だけだと書いてある。その著者とはゾブリスト本人で、12年間にわたって毎週自分で書いては全社員に配っていた物語を編集したものだった。本書では、同書からの一部を引用する許可を与えてくれたゾブリストに感謝する。
6. Ibid., p. 26.
7. 本人へのインタビュー(2005年4月8日)
8. 「ゾブリスト」という名前は、「頂上から降り立つ者」という意味のスイス・ドイツ語zu obersteに由来する。「頂上」とはスイスのアルプスのことだと思われる。FAVIのCEOは、しかしこの語源のように振る舞うことを拒絶し、その代わりに、社員をトップに据え、自由に振る舞ってもらうことにした。
9. 本人へのインタビュー(2005年4月8日)
10. Rich Teerlink and Lee Ozley, *More Than a Motorcycle: The Leadership Journey at Harley-Davidson* (Boston: Harvard Business School Press, 2000), p. 28.[『ハーレーダビッドソン経営再生への道——トップダウンから全員参加型経営へ』リッチ・ティアリンク、リー・オズリー著、伊豆原弓訳、翔泳社、2001年]

第2章　3%のための経営?

1. 1500年から1820年までの間に、西欧およびそこから派生した諸国(北米およびオーストラレーシア)の国民1人当たり所得は60%上昇したが、世界のそのほかの地域の上昇率はわずか7%だった(人口増加率はどちらもさほど変わらなかった)。つまり、一握りのエリートを除くと、大半の人々は、飢餓状態とは言わないまでも、事実上最低限の生活水準で暮らしていたことになる。ところが、1820年から2001年までの間に、西欧諸国の人口1人当たり国民所得は20倍になった(そのほかの諸国では6倍)。Angus Maddison, *Dynamic Forces in Capitalist Development* (Oxford: Oxford University Press, 1991); and Angus Maddison, "Contours of the World Economy and the Art of Macro-measurement 1500– 2001" (Ruggles Lecture, IARIW 28th General Conference, Cork, Ireland, August 2004)を参照のこと。
2. Max Weber, *Economy and Society* (Berkeley: University of California Press, 1978), p. 227.[『支配の社会学1——経済と社会』マックス・ウェーバー著、世良晃志郎訳、創文社、1984年]

索引 （「★」付きの項目は解放企業・解放型リーダーとして紹介された組織・人物である）

3％のための経営　50, 82, 265
FAVI★　15, 38, 151, 232, 311, 313, 356 →ゾブリスト，ジャン＝フランソワ
GSI★　216, 268 →ライマン，ジャック
HOW企業　41, 50, 76, 96, 113, 266, 268, 312, 333
IDEO★　316, 348, 355 →ケリー，デビッド
SOL★　295, 394 →ヨロネン，リサ
USAA★　249, 360 →マクダーモット，ロバート
WHY企業　41, 259
X理論　14
Y理論　14, 276
ウェストファール，ジェフ★　103, 113, 134, 233, 253, 292, 339, 372 →バーテックス
エイビス★　13, 211 →タウンゼンド，ロバート
オーティコン　196 →コリンド，ラース
カーラン，クリス　97, 130 →シー・スモーク・セラーズ
ガレゴス，ビクトール　93 →シー・スモーク・セラーズ
官僚主義　50
逆委任　168
クアッド・グラフィックス★　228, 340
クアッドラッチ，ハリー★　228, 340 →クアッド・グラフィックス
経費管理　251
ケリー，デビッド★　316, 348, 355 →IDEO
ゴア，ビル★　23, 86, 102, 126, 220, 342 →ゴア
ゴア，ボブ　29, 38, 345 →ゴア
ゴア（W・L・ゴア＆アソシエーツ）★　23, 86, 102, 220, 342 →ゴア，ビル
ゴアテックス　23, 343 →ゴア
コールセンター　249 →USAA
コスキ，ボブ★　118, 122, 174, 334, 349, 367 →サン・ハイドローリックス
コッティン，ジャン＝フランソワ　217, 271 →GSI
コミットメント（自ら定める業務上の約束）　31, 34, 128
コリンド，ラース　197 →オーティコン
根本的な帰属の誤り　307
ザッポス　104, 254 →シェイ，トニー
サン・ハイドローリックス★　48, 118, 122, 174, 275, 334, 338, 349, 367 →コスキ，ボブ
産業革命　50, 76
シー・スモーク・セラーズ★　12, 92, 129, 138, 267
シェイ，トニー　104, 254
自然に現れるリーダー　128, 207, 226, 228, 234, 249
就業規則　134, 278
情報の普遍化　350
信頼のバケツ　28, 35, 343
ゼネラル・モーターズ（GM）　56
全体論的思考　309
ソクラテス的なアプローチ　27, 29, 324, 369
組織図　35, 123, 137, 161, 357
ゾブリスト，ジャン＝フランソワ★　15, 38, 68, 150, 313, 356, 359 →FAVI
タウンゼンド，ロバート★　12, 93, 138, 211, 358, 395 →エイビス
ダブルスタンダード　310, 313, 346, 350
チェース，バート　221 →ゴア
チャパラル・スチール★　312, 337 →フォワード，ゴードン
チンパンジー，ヒヒの研究　87
ティアリンク，リチャード★　47, 126, 132, 218, 232, 258, 267, 277, 348, 358, 364 →ハーレーダビッドソン
ディズニー　234
デイビッズ，ボブ★　12, 92, 129, 138, 267, 315, 346 →シー・スモーク・セラーズ
テイラー，フレデリック・W　7, 162
ディルバート　9, 52
デュポン　23, 123, 220
ドレスコード　338
日本　7, 53, 228, 398
バージニア大学　179 →ジェファーソン，トーマス
バーテックス★　103, 113, 134, 233, 253, 292, 339, 372 →ウェストファール，ジェフ
ハーレーダビッドソン★　126, 132, 232, 267, 277, 348 →ティアリンク，リチャード
ビジョン　11, 92, 136, 167, 267, 397
ヒューレット・パッカード（HP）　320
ブーメラン　292
フェアネス（公平性）　31, 101, 267, 345
フォーヴェ，ジャン＝クリスティアン　155, 159, 169
フォワード，ゴードン★　60, 265, 337 →チャパラル・スティール
普遍的なニーズ　74, 174, 188, 211, 265, 305, 334, 355, 366, 393
ブラウン，ティム　327, 334, 348 →IDEO
フリッチェン，カール　228 →クアッドテック
分業　78
平和な王国（ピーサブル・キングダム）　280, 288
マクダーモット，ロバート★　119, 249, 361 →USAA
マクレガー，ダグラス　14, 158, 187, 191, 279
マズロー，アブラハム　182, 189
松下，幸之助　7
耳を傾ける　114, 138, 145, 153, 191, 209, 349, 396
モチベーション　182, 211 →普遍的なニーズ
養分　188 →普遍的なニーズ
ヨロネン，リサ★　295, 354 →SOL
ライマン，ジャック★　216, 234, 269 →GSI
ラディカ・ケームズ　92, 346, 360 →デイビッズ，ボブ
ラティス構造（格子状）　127
リチャーズ・グループ★　48, 118, 280, 345 →リチャーズ，スタン
リチャーズ，スタン　48, 118, 280, 339, 345 →リチャーズ・グループ
ルイス，レ　25, 86, 101, 342 →ゴア
労働組合　52, 56, 59, 119, 133, 276

著者

アイザーク・ゲッツ
ISAAC GETZ

ESCPヨーロッパ・ビジネススクール教授。コーネル大学、スタンフォード大学、マサチューセッツ大学客員教授。心理学と経営学で博士号取得。イノベーション、リーダーシップ、組織変革を専門として世界中の企業を研究する。『ウォール・ストリート・ジャーナル』『フィナンシャル・タイムズ』『フィガロ』などへの寄稿多数。

ブライアン・M・カーニー
BRIAN M. CARNEY

宇宙開発事業を手がけるリバダ・ネットワークス シニアバイスプレジデント。『ウォール・ストリート・ジャーナル』の編集委員、および同誌ヨーロッパ部門の編集長を経て現職。ジャーナリストとして、2003年にバスティアット賞、2009年にジェラルド・ローブ賞を受賞。

本書特設サイト：www.freedomincbook.com

訳者

鈴木立哉
TATSUYA SUZUKI

フリーランス金融翻訳者。一橋大学社会学部卒業、米コロンビア大学ビジネス・スクール修了(MBA)。野村證券勤務などを経て現職。訳書に『Q思考』(ダイヤモンド社)、『ティール組織』(英治出版)、『FUZZY-TECHIE』(東洋館出版社)、『ビッグミステイク』(日経BP)、『ベンチャーキャピタル全史』(新潮社)など。著書に『金融英語の基礎と応用』(講談社)がある。

フリーダム・インク
「自由な組織」成功と失敗の本質

発行日 2024年 1月 22日 第1版 第1刷

著者 アイザーク・ゲッツ
ブライアン・M・カーニー

訳者 鈴木立哉（すずき・たつや）

発行人 原田英治

発行 英治出版株式会社
〒150-0022 東京都渋谷区恵比寿南1-9-12 ピトレスクビル4F
電話 03-5773-0193 FAX 03-5773-0194
www.eijipress.co.jp

プロデューサー 下田理

スタッフ 高野達成 藤竹賢一郎 山下智也 鈴木美穂 田中三枝 平野貴裕
上村悠也 桑江リリー 石﨑優木 渡邉吏佐子 中西さおり 関紀子
齋藤さくら 荒金真美 廣畑達也 木本桜子

印刷・製本 中央精版印刷株式会社

装丁 竹内雄二

校正 株式会社ヴェリタ

ISBN978-4-86276-296-2 C0034 Printed in Japan